清華簡集釋叢書

李學勤 主編

清華簡《金縢》集釋

黄甜甜——著

中西書局

目　録

前　　言

于右任先生在評價《説文解字詁林》的價值時云："昔人窮老盡氣而不得者，今費半小時即可得之。"《説文解字詁林》爲研究《説文》提供了巨大便利，産生了深遠的學術影響。《説文解字詁林》出版於上個世紀三十年代，由丁福保先生撰集，該書以《説文》原書次第爲綱，彙集 182 種 1036 卷注釋和研究《説文》之著作，"檢一字而頃刻即得，得一字而各説咸備"（于右任語）。

踵繼其後的《甲骨文字集釋》《金文詁林》《甲骨文字詁林》《古文字詁林》等著作，也都成爲了古文字研究者案頭必備的學術名著。

詁林、集釋類著作給我們的啓示是：一個有着豐富研究成果和廣闊拓展空間的重要研究對象，花一些時間作詁林或集釋是非常必要的，也是非常值得的。

有鑒於此，清華簡整理報告第一輯發表後，我們適時策劃了這套集釋叢書。

當時特别强調了以下幾點：第一，收集資料力求全面。不管是紙質媒體還是電子媒體，不管是中文還是外文，一併收録。第二，引用資料力求保真。所有成果按發表時間先後編排，儘量采取"直接引用"的方式，注明出處。外文則附中文翻譯。第三，簡明扼要。重複的意見，只録最早出現的；太長的文字，可以節選。第四，有感而發時，酌加按語，反映編纂者的認識和理解。

我們的想法得到中心幾位博士生的熱烈回應，也得到了中西書局秦志華社長的大力支持。陳鵬宇、鄧少平、韓宇嬌、黄甜甜、劉麗、牛鵬濤六位同學踴躍參加了清華簡第一輯的集釋工作。

清華簡第一輯共有九篇文獻，包括《尹至》《尹誥》《程寤》《保訓》《耆夜》《金縢》《皇門》《祭公》和《楚居》。《尹至》《尹誥》都不長，且性質相近，我們把它們合併爲一篇。這樣八種文獻，擬出八種集釋。六位同學，劉麗、黄甜甜一人承擔兩種，其他四位一人一種。爲保障這一工作的順利進行，我們從有限的項目經費中拿出一小部分，專門立項，予以支持。中西書局還爲這套叢書申請了國家古籍整理出版專項經費資助。

項目尚未完成，幾位同學陸續畢業。陳鵬宇、韓宇嬌、劉麗留京，其他幾位分赴福州、深圳、武漢，都成了各自單位的業務骨幹。在繁忙的本職工作之餘，他們克服重重困難，繼續完善集釋工作，如今終於蕆事，將集釋成果提交出版，十分令人欣慰。

捧着這套厚厚的集釋，同學們"動手動脚找東西"（傅斯年語）的情形歷歷如在眼前。他們願意爲他人作嫁、爲學術奉獻，讓我心中產生了一種莫名的感動。

清華簡第一輯的出版距今已經八年，清華簡的研究工作還在如火如荼地進行着。我們希望並且相信，這套集釋的出版能對清華簡的研究產生積極的推進作用。

李學勤

2018年11月25日

凡　例

一、本書“釋文校釋”部分先以段或句爲單位録出釋文，釋文在整理者基礎上綜合各家説法修訂而成；後依發表時間先後引用整理者注釋及研究者意見。

二、對各家論著一般直接引用，若有删節，以……號標出。引文原有注釋一般皆删汰，需要保留的在脚注末尾以[原注]形式標明。引文中原有的文字和標點錯誤徑改。引文中以〖編按〗形式注明編者的提示語或相應字形圖。脚注中以【編者注】的形式補充必要的注釋。

三、各家論著以“整理者姓名＋年份＋序號”形式爲序，網文下回帖用§號標出。其中，“年份”爲發表或出版時間；當年同作者文獻數量超過一篇的以大寫英文字母爲序。“集釋”中引用論著的具體出處參看文末“參考文獻”。

四、對同一則集釋中不同字、詞、文句研究意見的按語以◇號區隔。

五、釋文中通假字、異體字隨文注明，加以（ ）號；殘泐或無法辨認的字用□號標示；訛字用〈 〉號標示。

六、本書所收論著截至2022年2月28日。

第一章　緒　論

2008 年 7 月，清華大學入藏了一批時代約在戰國中期的竹書，其中有一篇在簡 14 的簡背題名爲“周武王又(有)疾周公所自以弋(代)王之志”。除了没有今本記述周公占卜的一段文句，全篇内容與《尚書》的《金縢》篇大致相同。2010 年 12 月出版的《清華大學藏戰國竹簡(壹)》正式刊布了簡本《金縢》的圖版和釋文，全篇由 14 支簡組成，完整簡長 45 釐米，簡 8 和簡 10 上端有殘缺，簡背有漢字簡序、兩道斜向劃痕和三道編痕。① 全篇字迹與《尹至》等 11 篇相同，可能由同一書手所寫。②

《金縢》是今文《尚書》二十九篇中的一篇，也是《史記·魯周公世家》部分内容的來源。篇中講述的是：周武王有疾，周公向先王祝禱，想要代王受疾。武王病逝後，管叔、蔡叔等人散布流言説周公將不利於成王，周公被迫居東二年，隨後貽詩成王以表明心迹。成王誤會未解，造成秋天大熟却没有收成。成王開啓

---

① 《金縢》篇的圖版及釋文參見清華大學出土文獻研究與保護中心編，李學勤主編：《清華大學藏戰國竹簡(壹)》，中西書局，2010 年，第 14—17、75—84、158 頁；形制的相關分析參見賈連翔：《戰國竹書形制及相關問題研究：以清華大學藏戰國竹簡爲中心》，中西書局，2015 年，第 91 頁；程浩：《有爲言之：先秦“書”類文獻的源與流》，中華書局，2021 年，第 32—33 頁。

② 《金縢》篇字迹的相關研究，參見賈連翔：《談清華簡所見書手手迹和文字修改現象》，《簡帛研究 二〇一五(秋冬卷)》，廣西師範大學出版社，2015 年；賈連翔：《清華簡“尹至書手”字迹的擴大及相關問題探討》，《出土文獻綜合研究集刊》第 13 輯，巴蜀書社，2021 年；李松儒：《清華簡書法風格淺析》，《出土文獻研究》第 13 輯，中西書局，2014 年；羅運環：《清華簡(壹—叁)字體分類研究》，《出土文獻研究》第 13 輯，中西書局，2014 年。

寫有周公祝禱之辭的金縢之書，誤會解除，親自出郊迎接周公，最終獲得了大的收成。自宋代以來，一直有學者懷疑此篇是僞書。究其原因，主要是篇中有鬼神觀念，而且周公的祝禱有與先王講條件的嫌疑，被質疑者視作非聖人之作爲，可能是秦漢以後人的僞作。① 清華簡《金縢》的問世，足以證明《金縢》是先秦古書，不存在後人作僞的可能。

學術史上，對《金縢》篇的詮釋存在較多歧異。聚訟的焦點不僅有文字訓詁問題，亦關涉到今古文經學之争、武王克商後在位年數和周初大事年代等問題，簡本《金縢》成爲解決這些問題的契機。同時，清華簡《金縢》《尹至》《尹誥》《程寤》《祭公》《皇門》《説命上》《説命中》《説命下》《厚父》《命訓》《封許之命》《攝命》《四告》等多篇"書"類文獻的問世，也爲我們考察"書"類文獻的起源、文本性質、《尚書》的成書和流傳情形，提供了豐富的研究空間。

簡本《金縢》刊布已近 14 年，隨着研究文獻的增多和研究的深入，有必要對現有研究成果加以詳盡細緻的整理。本書卽出於這樣的考量，從正文考釋和專題問題討論兩方面搜羅並歸納學界看法，同時給出裁斷按語和補充性的討論意見，以期爲今後的研究提供參考。

一、簡本《金縢》研究綜述

儘管除了占卜一段文句之外，簡本與今本内容大體相同，但

---

① 歷代懷疑《金縢》僞書諸説的簡述，參見蔣善國：《尚書綜述》，上海古籍出版社，1988 年，第 233—236 頁。

是簡本是戰國時期楚地流傳的本子,[1]而今本是源自西漢的今文本,二者在用字、用詞和具體文句上仍存在多處差異。自簡本刊布以來,學界圍繞《金縢》篇的文字訓詁、簡本與今本的差異、簡本與今本的關係、《金縢》的體裁和文本性質、《金縢》的成文時代和真僞、克商後武王在位年數、周公居東的實質、《金縢》錯簡問題、《金縢》與今古文經學、《金縢》乃至《尚書》的成書及流傳等問題,展開了語文學和歷史學等維度的討論,形成了不少有益的意見,有力地推動了簡本《金縢》乃至清華簡和《尚書》的研究。以下,按照後文的章節次序分別作出簡述。

(一)字詞考釋

簡本與今本的文本差異不在少數,學界對簡本的字詞進行了詳細考釋,一些字詞的考釋意見趨於一致,但對不少字詞的考釋還存在争議。

1. 考釋意見趨於一致的字詞

"𡰥"字。整理者據《説文》,將"𡰥"讀作"遲",訓爲"久"。宋華强、蘇建洲和羅新慧分别從出土文獻舉證,説明當時的語言在表達"久病不愈"的意思時習慣用"𡰥(遲)"這個詞。陳劍更是指明應理解爲"停留""留止"義。

"𢆶"字。"秉璧𢆶珪"對應今本"植璧秉珪",整理者讀"𢆶"爲"植"。復旦讀書會、宋華强、袁金平和陳劍等先後指出該字在楚簡中一般用作"戴"。

"力"字。"就後武王力"的"力",整理者據《康王之誥》稱成王"新陟王",以及《韓昌黎集・黄陵廟碑》"《竹書紀年》帝王之没

① 簡本已經高度楚文字化,相關考證參見本書第六章第四節《從金縢看〈尚書〉的成書和流傳》。

皆曰陟”，讀爲“陟”，表示帝王亡故。《周公之琴舞》簡 2“陟降其事”的“陟”寫作“砊”，《説命上》簡 2“説方築城，縢降重力”，張富海指出當讀作“縢降踊陟”，“縢降”和“踊陟”相對成文。

“石”字。今本“居東二年”，簡本作“石東三年”，整理者讀“石”爲“宅”。李學勤先生後又主張“石”即楚文字常見的“迈”，爲“適”字異體，意爲“前往”。馮勝君指出戰國文字中多見表示“適”“往”義的“迈”字，學界公認讀爲“蹠”，從用字習慣來看，“石”亦應讀爲“蹠”，訓爲“適”。

2. 考釋意見仍有争議的字詞

“備子之責”。今本“丕子之責”，簡本作“備子之責”，《魯世家》作“負子之責”。鄭玄讀“丕”爲“不”，李學勤先生認爲鄭説可從，“備子”亦即“丕子”。陳民鎮、胡凱主張“備”讀作“服”，“責”可作“責任”解，即下文所言侍事鬼神之事。朱鳳瀚認爲“備”讀作“服”，“備子”即可讀爲“服兹”，即“服侍於祭藉”。劉國忠認爲“丕”可能應釋爲“大”，“丕子”即年長的兒子，指武王。“責”有求、索取的意思。米雁主張讀爲“丕子”，釋爲首子、元子，“丕子之責”屬於上古“殺首子”習俗的遺留。廖名春認爲可讀作“服”，“服子之責”即“用子之求”。陳劍則認爲“備子”的説法則與古書中“備姓”“備官”“備嬪嬙”等相近，周公認爲武王病重的原因在於先王要責取子孫，使在其側的子孫更齊備。

“[illegible]”字。今本“爾之許我”和“爾不許我”的“許”在簡本中寫作“[言卸]”。陳劍認爲其聲符部分實爲“御”字簡體，字應即“許”之繁體。蘇建洲則認爲可看作“[illegible]”（“[言卸]”，《祭公之顧命》簡 16）字與“[illegible]”（“御”，《郭店・緇衣》簡 23）字的字形糅合。

“[illegible]”字。今本“爾之許我，我其以璧與珪歸，俟爾命；爾不許我，我乃屏璧與珪”，簡本作“爾之許我，我則[石晉]璧與珪。爾不我許，我乃以璧與珪歸”。整理者認爲从石，晉聲，可讀爲“晉”或

“進”。復旦讀書會認爲該字屢見於新蔡簡，徐在國讀爲“厭”，此處亦可通。宋華强認爲可讀爲“贛”，表示對神靈貢獻祭品。陳劍主張讀爲“瘞”，表示對祭品的“埋藏”。

“社”字。今本作“功”，《魯世家》改爲“質”。劉樂賢認爲可分析爲从左邊的“示”得聲。楊筠如、吴國泰、朱廷獻等曾提出過“功”讀爲“貢”之説，米雁認爲“社”與“功”都是“貢”字的假借，在《金縢》中應該訓爲向先王獻祭的貢品，陳劍亦主此説。陳民鎮和胡凱認爲可讀爲《周禮・大祝》“六祈”之一的“攻”，鄧佩玲也認爲指的是周公以“攻”祭向先祖祈禱。陳偉則認爲可讀爲“工”，接近於楚卜筮禱祠簡“社執事人”。

“逆”與“誚”的異文關係。今本作“王亦未敢誚公”，簡本作“王亦未逆公”。陳劍認爲古“逆”“御”“迎”三字音義皆近，簡文此“逆”字或有作“御”之本，而“御”又寫作“□”形，與“誚”形極近而易致誤。李春桃認爲“遡”可通作“逆”，古陶文和傳抄古文有“逆”字寫成“□”形的情況，右上部本爲“朔”旁，因右上部與“肖”旁寫法極近，容易被誤認爲“逍”字，又因“逍”字於文意難通，改成音近之“誚”。

“□”字。簡文末尾講到秋天“未穫”時，此字兩次出現，整理者隸定爲“𢾊”，讀爲“穫”。同時指出左半又見於上博四《采風曲目》簡 3“□也遺夬”，和《鮑叔牙與隰朋之諫》簡 4“□民獵樂”。疑“𢾊”即“叡”字，可讀爲“穫”。宋華强認爲从“列”得聲，讀爲“穫”，蘇建洲亦有類似看法。李學勤先生認爲可釋作“𣪠”字。張振謙分析爲从“攴”，“完”聲，或可讀爲“穫”。鄔可晶認爲該字是爲刈穫之“穫”所造从“刀”，“𣦼(壑)”聲的形聲字。徐在國引安大簡《詩經・葛覃》“是刈是濩”之“刈”从“禾”从“□”，因此“□”可分析爲从“攴”，“刈”聲，是“刈”字繁體，“刈”和“穫”的意思均爲收割、收穫，二者同義互换。馮勝君認爲該字從“列”得聲，釋作“䄅”，讀爲“刈”，“大刈”也可成立。

“[illegible]”字。整理者隸定爲“繞”。今本“王與大夫盡弁”一句的前後，簡本大致對應作“邦人□□□□弁，大夫繞”。馬楠認爲所从之“舛”疑爲“癶(址)”形之訛。舛、癶皆似兩足相背之形，因而致誤。“癶”“黻”聲韻並同，可借“癶”表“黻”。“大夫黻”，“黻”則爲“紼”“芾”之借字，即蔽膝。復旦讀書會隸定爲“縩”。陳劍隸定爲“縩”，从“糸”，“祭(祋)”聲，即“綴”字之繁體，當讀爲“端冕”“玄端”“端委”“端章甫”等之“端”。李鋭則認爲當讀爲“惙”，表“憂愁”之義。白於藍和周悦主張隸定爲“縩”，讀作“髽”，表示喪服。

“[illegible]”字。即“天動威”的“威”。整理者和多數學者隸定爲“畏”，讀爲“威”。周波認爲當改釋爲“鬼”。劉洪濤亦主張視作“鬼”字的異體，讀爲“威”。李學勤先生主編的《清華大學藏戰國竹簡書法選編(第一輯)》之《金縢》篇中也改隸爲“鬼”，讀作“威”。程燕則認爲當釋爲“亜”，安大簡《詩經・殷其雷》的“殷”作“[illegible]”，即“𣪊”，左下所从即“亜”，亦即《金縢》此字，可讀爲“威”。

“穆卜”。開篇處二公言“我其爲王穆卜”，古今有“敬卜”“卜穆”“卜瘳”和“默卜”等多種説法。簡文發表後，不少學者主張參考僞孔傳的“敬卜”説來解釋“穆卜”。清代學者王鳴盛和現代學者唐蘭先後提出“卜穆”説，即卜問武王之穆，馮時和朱鳳瀚傾向用“卜穆”説來解釋“穆卜”。陳偉則提出“穆”字應讀爲“瘳”。《周禮・春官・大卜》“以邦事作龜之八命，一曰征……，八曰瘳”，鄭玄注：“國之大事待蓍龜而决者有八。……鄭司農云：‘……瘳謂疾瘳不也。’”“瘳卜”即卜瘳，卜問疾愈之事。

（二）簡本與今本的對比性研究

上一小節僅是對簡本《金縢》篇重點字詞考釋意見的簡單概

述,簡文還有不少地方與今本的差異屬於表述的不同,甚至也有今本無、簡本有,或簡本無、今本有的情況,學界對這些差異也作出了詳細的考辨,以下簡要介紹。

1. 簡本與今本差異之比較

(1) 謚稱的有無

今本對在世的武王和成王無謚稱,後文對已逝的武王才有謚稱,簡本中武、成二王在世亦謚稱武、成。馮時和彭裕商主張今本符合當時稱謂原則。①

(2) 祝辭的不同

周公祝辭中,對武王的稱謂,簡本作"元孫發",今本作"元孫某"。馮時認爲古代祝禱之文,於名臨文可諱可不諱,但讀辭必諱。此處祝文乃周公所作,史佚所讀,不可直誦王名。因此,簡本當非《尚書》原典。② 彭裕商認爲篇中祝禱之辭本是周公對太王等先王而言,以"君前名父"的原則,太王等三王尊於武王,祝辭應直稱武王之名,以示尊崇。③ 朱鳳瀚認爲無論周公自稱還是稱呼所爲求佑之武王,在祖先神靈面前均無避諱名字之必要。周厲王所作幾件器銘在贊頌先王以祈求福佑的文句中,對先王皆自稱己名"㝬"。簡文直稱"元孫發"合乎禮制。④ 謝能宗指出《左傳》等傳世文獻中也有資料表明貴族向祖先或其他神靈祝禱

---

① 馮時:《清華〈金縢〉書文本性質考述》,《清華大學藏戰國竹簡(壹)》國際學術研討會,清華大學,2011 年 6 月;正式發表於清華大學出土文獻研究與保護中心編:《清華簡研究(第一輯)》,中西書局,2012 年,第 154—158 頁。彭裕商:《〈尚書·金縢〉新研》,《歷史研究》2012 年第 6 期,第 158—159 頁。

② 馮時:《清華〈金縢〉書文本性質考述》,第 159—160 頁。

③ 彭裕商:《〈尚書·金縢〉新研》,第 161 頁。

④ 朱鳳瀚:《讀清華簡〈金縢〉兼論相關問題》,"簡帛·經典·古史"國際論壇,香港浸會大學,2011 年 11 月;正式發表於陳致主編:《簡帛·經典·古史》,上海古籍出版社,2013 年,第 50 頁。

時,可徑直稱名。①

(3) 簡本無占卜一段

簡本在周公祝禱之後没有今本"乃卜三龜,一習吉"一段文句。廖名春認爲簡本缺失占卜的一段文字導致整個事件的發展出現斷環,這可能是後人删節時的疏忽造成的。② 馮時指出今本"乃卜三龜,一習吉"事同殷周三卜制度,且"習卜"也是當時占卜術語,此段内容當本諸原典。簡本缺少占卜文辭,似應出於儒家《書》教之需而做的刻意省略。③ 彭裕商則主張簡本没有"乃卜三龜一習吉"及其以後的相關文句,也没有武王瘳的記載,這可能是因武王在周公祝禱之後不久卽去世,與三卜皆吉的説法不合,所以被删。④ 朱鳳瀚認爲楚簡本缺少占卜的内容,或許是此篇在楚地流傳之初,占卜行爲不爲楚人信奉而被删去,或許由於周公旣不同意二公"爲王穆卜"而自己又占卜,顯得互有矛盾,而被删。⑤ 趙思木認爲這段文字措辭古樸,而且除病之祭後進行占卜的行爲見於楚卜筮祭禱簡,應是淵源有自的。簡本雖無這段文字,但恐不宜將這段文字視爲很晚所加。⑥

陳劍認爲後人因不明白周公之禱係試圖直接移武王之病於己身,故添加了關於占卜的内容。⑦ 黄湛認爲後人增入"乃卜三

---

① 謝能宗:《〈尚書·金縢〉篇武王避諱問題補論》,《中國史研究》2017 年第 3 期,第 207—208 頁。

② 廖名春:《清華簡與〈尚書〉研究》,《文史哲》2010 年第 6 期,第 121 頁。

③ 馮時:《清華〈金縢〉書文本性質考述》,第 161 頁。

④ 彭裕商:《〈尚書·金縢〉新研》,第 161 頁。

⑤ 朱鳳瀚:《讀清華簡〈金縢〉兼論相關問題》,第 56 頁。

⑥ 趙思木:《〈清華大學藏戰國竹簡(壹)〉集釋及專題研究》,華東師範大學博士學位論文,2017 年,第 247 頁。

⑦ 陳劍:《清華簡〈金縢〉研讀三題》,《出土文獻與古文字研究》第 4 輯,上海古籍出版社,2011 年,第 168 頁。

龜,一習吉"一段文句,目的是化解周公以身代死與武王病愈兩情節之間的矛盾。①

(4) 簡本無"王翼日乃瘳"

今本在周公占卜一段的末尾有"王翼日乃瘳"一句,《魯周公世家》作"明日,武王有瘳",簡本没有相關記載。陳劍結合《史記·周本紀》和《封禪書》等記載,認爲武王之死就是《金縢》所言之疾導致,從"有疾"到崩殂,時間不長,很難如今本所説"已瘳"。今本添加"王翼日乃瘳"一句,當是後人爲了神化周公而加入的。②

(5) 今本無"成王猶幼在位"

簡本在"武王陟"以後,有"成王猶幼在位"一句,《魯周公世家》作"成王少,在强葆之中",今本則無。彭裕商指出"成王幼在位"的説法,是爲周公攝政説服務的,與事實不符,這句可能是後人所加。③

(6) 簡本在"秋大熟"後多出"是歲也"

簡本與今本相比在"秋大熟"之前有"是歲也"三字,緊接在"周公石東三年,禍人乃斯得,於後周公乃遺王志(詩)曰《鴟鴞》,王亦未逆公"之後。劉國忠認爲對於"天降灾異"時間的交代,簡本明言爲"是歲也",説明這是周公平定三監叛亂之後當年即已發生的事實。④ 杜勇認爲簡本"是歲也"一句,説明"王亦未逆公"與"王乃出逆公至郊"發生在同一年,皆屬周公生前之事。後人在整編時可能認爲事件發生的時間爲人所熟知,故删除"是歲

① 黄湛:《簡本、傳世本〈金縢〉校釋——兼論經典文本的流變與"合理化"》,第十三届青年經學學術研討會,高雄師範大學經學研究所,2017 年 10 月;後以《簡本、傳世本〈金縢〉校釋——兼論經典文本的流變與詮釋》爲題正式發表於《中國經學》第 25 輯,廣西師範大學出版社,2019 年,第 45—46 頁。

② 陳劍:《清華簡〈金縢〉研讀三題》,第 158 頁。

③ 彭裕商:《〈尚書·金縢〉新研》,第 160 頁。

④ 劉國忠:《從清華簡〈金縢〉看傳世本〈金縢〉的文本問題》,《清華大學學報(哲學社會科學版)》2011 年第 4 期,第 42 頁。

也”，造成後世理解上的分歧。[①]

白於藍和周悦據《魯周公世家》，發現從周公東征歸來至“秋大熟，未穫”之前，其間歷經了多件大事。若將“是歲也”三字理解爲周公東征歸來之當年，則與《史記》所記相差甚遠。簡本可能比較原始，編撰者在節取周公相關史料時，發現“是歲也”之前有關周公史事與《金縢》主旨關係不大，故未加引録，但仍舊保留了“是歲也”三字。[②]

(7) 其他差異

彭裕商發現簡本缺少“以旦代某之身”一句，導致祝辭的主旨不明確；簡文中也没有寫明祝告對象是太王、王季、文王三王，祝告對象不明；祝辭中“命于帝廷”以下指武王，其上緊接“是佞若巧能多才多藝，能事鬼神”又指周公，“命于帝廷”幾句遠承上文“惟爾元孫發也”，文句不如今本通順。[③] 陳劍則認爲簡本“爾元孫發”是“惟爾元孫發也，不若旦也，寔佞若巧，能多才多藝，能事鬼神。命于帝庭，匍有四方，以奠爾子孫于下地”兩句共同的主語。[④]

程浩注意到今本“四方之民罔不祗畏。嗚呼！無墜天之降寶命，我先王亦永有依歸。今我即命于元龜”32 字雖不見於簡本，但是簡本每簡的字數在 32 字左右，因此簡本的祖本在流傳過程中可能脱失了一支簡。[⑤]

簡文“禍人乃斯得”，今本作“則罪人斯得”，馮勝君認爲“禍人乃斯得”應理解爲管、蔡這些禍亂周邦之人被(武庚)俘獲。使用

---

① 杜勇：《清華簡〈金縢〉有關歷史問題考論》，《古籍整理研究學刊》2012 年第 2 期，第 65 頁。

② 白於藍、周悦：《清華簡〈金縢〉文句新釋》，《歷史研究》2020 年第 5 期，第 205 頁。

③ 彭裕商：《〈尚書·金縢〉新研》，第 161 頁。

④ 陳劍：《清華簡〈金縢〉研讀三題》，第 166—167 頁。

⑤ 程浩：《有爲言之：先秦“書”類文獻的源與流》，第 44 頁。

“禍人”而非“罪人”，實際上暗示了管、蔡自始至終都没有參與武庚叛亂。清華簡《繫年》“武王陟，商邑興反，殺三監而立彔子耿”，説明“三監”被以“彔子耿”（即武庚禄父）爲首的殷人所殺。今本“周公居東二年”與“罪人斯得”之間，多一“則”字，似表明這兩件事具有因果關係。簡本作“禍人乃斯得”，没有“則”字，表明簡本“禍人乃斯得”與“周公遮東”之間至少在文本層面没有明顯因果關係。①

2. 簡本與今本的優劣比較

立足於對簡本和今本差異的仔細比較，一些學者從整體上比較了二者的優劣。或認爲今本優於簡本，或認爲簡本優於今本。

(1) 今本優於簡本

廖名春認爲簡本整體上要晚於今本，存在删減的疏失，劣於今本。主要根據有二：第一，今本叙述周公祝告的文句比簡本邏輯清晰。第二，簡本缺失占卜的一段文字導致整個事件的發展出現斷環。② 黄懷信認爲今本更多地保留了原始面貌，如於成王稱“王”而不作“成王”。③ 程元敏則從楚人對《金縢》改造的角度，歷數其改造的痕迹，認爲簡本劣於今本。④

(2) 簡本優於今本

陳劍揭示了簡本多處可以改正今本字句訛誤或後人誤説的地方。例如，今本多出的“即命于元龜”部分的内容，他認爲，按照今本，三王許之，則周公帶着璧與珪回去了；三王不許，則摒除璧與珪。如此一來，祝禱時出現璧和珪就没有意義。簡本不存

① 馮勝君：《也談清華簡〈金縢〉及〈詩・豳風・鴟鴞〉所見周初史事》，《簡帛》第 18 輯，上海古籍出版社，2019 年，第 18—19 頁。

② 廖名春：《清華簡與〈尚書〉研究》，第 121 頁。

③ 黄懷信：《清華簡〈金縢〉校讀》，武漢大學簡帛網，2011 年 3 月 21 日；正式發表於《古籍整理研究學刊》2011 年第 3 期，第 28 頁。

④ 程元敏：《清華楚簡本〈尚書・金縢篇〉評判》，《傳統中國研究輯刊》九、十合輯，上海人民出版社，2012 年，第 36—37 頁。

在此問題。①

王坤鵬從文本的叙述和結構上區分了簡本與今本的差異，認爲今本是多中心的，尚保留有過多的史官所記的政府檔案的色彩，整理者只是將相關檔案記録粗略地整合在一起，尚未捋順前後的邏輯關係；而簡本叙事有一個鮮明的主綫，整個故事前後十分緊湊，很好地協調了整個故事前後的邏輯關係。②

3. 簡本與今本的關係

從文本流傳的角度，簡本與今本之間存在什麽樣的關係，也是學者討論的重點。

（1）同源異流

李學勤先生最早指出簡文没有今本《金縢》中涉及占卜的文句，而《魯世家》所引該篇是有那些内容的。他由此主張，清華簡與今本《金縢》應分屬於不同的傳流系統。③ 李鋭强調二者雖然"屬於不同的傳流系統"，但是有共同的源頭。④ 杜勇主張《金縢》成篇時的寫本可視爲初始本，今本和簡本的歧異並非全由删節或摘抄所致，各有優長。整體上可以説，竹書本除删去有關占卜文字外，大體上更接近初始本。⑤ 黄懷信、楊振紅和程浩等學者亦持類似看法。

（2）今本源自簡本

陳劍從簡本用詞和叙事邏輯上提出了不同的認識，認爲簡本整體上比今本的面貌更爲原始，今本脱胎於簡本。例如，禱辭中在許與不許的應對上，今本與簡本文句位置正倒，今本係脱胎

① 陳劍：《清華簡〈金縢〉研讀三題》，第168頁。

② 王坤鵬：《簡本〈金縢〉學術價值新論》，《古代文明》2012年第4期，第26頁。

③ 李學勤：《清華簡九篇綜述》，《文物》2010年第5期，第54頁。

④ 李鋭：《〈金縢〉初探》，《史學史研究》2011年第2期，第121—123頁。

⑤ 杜勇：《清華簡〈金縢〉有關歷史問題考論》，第68頁。

於簡本，後人不明白周公之禱係試圖直接移武王之病於己身，故意添加了占卜的一段，並對有關文句加以顛倒改寫，但却未能照顧到叙事邏輯不通的問題。① 魏慈德傾向認爲今本是簡本在流傳過程中抄者將經師注語混入而成。例如將"先王"改爲"太王、王季、文王"，將"執事人"增衍爲"諸史與百執事"。②

（3）簡本改自今本

程元敏主張《尚書·金縢》成文於春秋中葉，初爲中原齊魯寫本，至戰國中葉或稍遲，南傳至楚地，楚國學人抄寫改動形成簡本《金縢》。③

（三）《金縢》的文本性質、成文年代和真僞

語文學的研究往往立足於文本的考釋，進而探討文本的文本性質、成文背景和成文時代等深層問題。簡本簡背題寫有"周武王又（有）疾周公所自以弋（代）王之志"，一般被視作篇題，"志"的提法引發了學界對《金縢》文本性質的討論。研究《金縢》的文本性質，又關涉到最初的創作背景、成文時代和創作目的。此外，宋人以來多有《金縢》爲漢人僞作的看法，簡本問世後亦有學者質疑簡本的真假，學界就此也有許多回應。

1.《金縢》的文本性質

（1）從體裁等角度論文本性質

李學勤先生認爲《逸周書》在《國語》等古書中常常被稱爲《周志》，簡本篇題的"志"當和《周志》相似。④ 馮時比較了篇題

① 陳劍：《清華簡〈金縢〉研讀三題》，第 168 頁。

② 魏慈德：《楚地出土戰國書籍抄本與傳世文獻同源異本關係試探》，《出土文獻》第 9 輯，中西書局，2016 年，第 115 頁。

③ 程元敏：《清華楚簡本〈尚書·金縢篇〉評判》，第 36 頁。

④ 李學勤：《清華簡與〈尚書〉〈逸周書〉的研究》，《史學史研究》2011 年第 2 期，第 105 頁。

的“志”和正文“王得周公之所自以爲功以代武王之説”的“説”，認爲二者含義相近，相當於《周禮》六祈之“説”，也卽包山簡祝禱簡之名“敚”。簡本《金縢》篇題的“志”應是古書的原始名稱。[①]李守奎在討論清華簡《繫年》文本性質時，藉助《國語・楚語》申叔時所主張的教學科目和内容，主張《金縢》和《祭公之顧命》可以視作其中的“故志”一類教材。[②]

朱鳳瀚認爲“書”是周王朝史官對王及像周公之類重要王臣之言行（或稱“事”）的實録，其編寫目的是要流傳下來作爲教育王室及貴族子弟、規範其言行之教材的。《金縢》篇應該是屬於“書”中以記行爲主，但也兼記“言”和“事”的類型。這類“書”在春秋中期以前當長久保存於西周王朝，春秋中期以後，流入各諸侯國，簡本亦應是這樣一個傳本。[③] 程浩亦主張簡本《金縢》可能是楚地貴族教育中的一種教材，從簡本對人物的稱謂和簡文中墨點兩個方面可以佐證簡本的教育用途。[④]

此外，金仕起認爲簡本《金縢》内容比較近乎劉向《戰國策書録》所提到的“事語”。[⑤]

（2）以簡本今本對比視角論文本性質

馮時根據簡本和傳本存在五方面的差異，推斷簡本非《尚書》原典，爲後人叙史説經的《書》教之作，近於《魯周公世家》一類後人引述説論之文，甚至可能是孔門後學據原典《金縢》增删改作的《志》書。簡本作用顯然在於《書》教，其教旨當在弘揚周

① 馮時：《清華〈金縢〉書文本性質考述》，第 163 頁。

② 李守奎：《楚文獻中的教育與清華簡〈繫年〉性質初探》，《出土文獻與古文字研究》第 6 輯，上海古籍出版社，2015 年，第 298 頁。

③ 朱鳳瀚：《讀清華簡〈金縢〉兼論相關問題》，第 55 頁。

④ 程浩：《清華簡〈金縢〉篇性質與成篇辨證》，《上海交通大學學報（哲學社會科學版）》2013 年第 4 期，第 94 頁；《有爲言之：先秦“書”類文獻的源與流》，第 62—64 頁。

⑤ 金仕起：《出土古代醫療相關文本的書寫與編次》，《“國立”政治大學歷史學報》第 55 期，2021 年，第 20 頁。

公德行。①

彭裕商則認爲意思清楚、文筆流暢的今本爲原典的可能性較大。簡本的紀年及所記内容與相關史實不合，記事體例又不符合古人的原則，應是戰國中晚期人改寫過的本子。②

王坤鵬認爲簡本與戰國時期子書的叙述模式類似。簡本已經完全擺脱了在今本中還略有遺存的檔案性質，摻入了尊崇王權的觀念和君勇於改過、臣忠心不二的君臣倫理。於史事的叙述中或明或暗融入政治倫理的做法，與戰國時期子書的叙述模式類似。③

麥笛（Dirk Meyer）對比分析了簡本、今本和《魯世家》針對相同的素材所作的不同故事，認爲簡本和今本的故事、文本意圖存在明顯差異。簡本是戰國時代對周公忠誠有過懷疑的政治文化共同體編撰的文本；而今本一開始就明確了周公的忠誠，没有限定明確的讀者。④

馬瑞彬（Magnus Ribbing Gren）認爲今本的周公是忠誠完美的形象，而簡本的周公實際上意欲接替武王，核心證據在於對周公祝禱部分關鍵詞"責""備"和"在上"的重新理解。例如"備子"可讀爲"别子"，是周公試問三王是否希望他這個"别子"接替武王。簡本反映的是那個時代反對貴族世襲制、主張"尚賢"、重用功臣一類的思想。⑤

---

① 馮時：《清華〈金縢〉書文本性質考述》，第 168—169 頁。

② 彭裕商：《〈尚書・金縢〉新研》，第 162 頁。

③ 王坤鵬：《簡本〈金縢〉學術價值新論》，第 28 頁。

④ Dirk Meyer, "The art of narrative and the rhetoric of persuasion in the '＊Jīn Téng' (Metal Bound Casket) from the Tsinghua collection of manuscripts," *Asiatische Studien-Études Asiatiques* 68, no. 4 (2014): 937 - 968.

⑤ Magnus Ribbing Gren, "The Qinghua 'Jinteng'金縢 Manuscript: What It Does Not Tell Us about the Duke of Zhou," *T'oung Pao*102, no. 4/5 (2016): 291 - 320.

2.《金縢》的成文時代

對於今本《金縢》，學界先前已經有成文於西周和東周等不同説法。簡本問世後，學界又有進一步的推論。或從整體推斷《金縢》的成文時代，或探求篇中不同部分的成文時代。

李鋭主張《金縢》故事主體的形成，應該要早於今本和簡本《金縢》。藉助清華簡等相關文獻，仍然難以完全斷定《金縢》晚於春秋戰國時期，不能排除西周中晚期已經産生，但是個别字詞後來或有改易的情况。① 杜勇認爲《金縢》文字平順，不似《尚書》誥體風格，非西周作品。孟子論《詩》，以及引述孔子以《鴟鴞》論"道"，可知成篇不晚於春秋前期。簡文説明周天子始終處於權力核心的地位，符合周室東遷以後，在卿權膨脹的情况下傾力維護王權的情勢。《金縢》可能是出於這種政治需要，由史官根據有關材料在春秋前期寫成的一篇文字。② 扈曉冰綜合《金縢》的語法特點、流傳情形和主旨思想，發現《金縢》文本既有春秋時期也有戰國時期的特徵，最可能成書於春秋末期戰國初期。③ 王坤鵬認爲簡本典型用語的時代和史事背景顯露出戰國時代的特徵，其文本的形成應當不早於戰國早期。④ 羅新慧也認爲簡本所見戰國要素較多。⑤

禄書果則認爲清華簡《金縢》是三篇不同時代"書"類文獻的組合拼接。第一篇從開頭到"勿敢言"，爲武王時史官所記。第二篇從"就後武王陟"到"王亦未逆公"，爲成王時史官對檔案記録的

---

① 李鋭：《〈金縢〉初探》，第 121 頁。

② 杜勇：《清華簡〈金縢〉有關歷史問題考論》，第 67 頁。

③ 扈曉冰：《清華簡〈金縢〉篇研究》，天津師範大學碩士學位論文，2012 年，第 24 頁。

④ 王坤鵬：《簡本〈金縢〉學術價值新論》，第 27 頁。

⑤ 羅新慧：《〈尚書・金縢〉篇芻議》，《史學史研究》2014 年第 2 期，第 106 頁。

整合與追述。最後一部分爲成王時史官所記,屬於“史書”。①

3.《金縢》的真僞

宋代以降,程頤、金履祥、王廉、王夫之和袁枚等人曾從事理和聖人觀念上質疑《金縢》内容的可信度。簡文發表後,不少學者對此作出了辯駁。也有個别學者懷疑簡本爲今人僞造,整理者和學界對此亦有批駁。

針對歷史上袁枚等人質疑今本《金縢》用“元孫某”之不當,李鋭發現簡本《金縢》用了“元孫發”,説明今本可能有改動,而簡本可能保持了原貌。② 陳劍則回應王廉和袁枚等人質疑周公藉璧與珪與三王討價還價的行爲不合情理的看法,認爲按照簡本“爾之許我,我則瘞璧與珪”,並非僅奉獻上璧和珪就能打動三王,同時也完成了轉移武王之疾於己身的巫術,周公將回去等死。而“爾不我許,我乃以璧與珪歸”,更多地是表示一種無可奈何的意味。③

杜勇認爲現在不僅有類似民族學材料,而且近年出土的戰國楚簡禱辭,都提供了該篇成於古時的證據。《金縢》所用材料都有一定的來源和根據,不能因爲它的晚出而全盤否定其歷史叙事的真實性。④

朱歧祥對簡本的真僞提出了一定的質疑,他發現簡本六例有意補充今本疏略的地方,“似乎透露着清華簡某些文句可能是先根據或參考今本《尚書》爲底本而完成的”。⑤ 房德鄰則完全

---

① 禄書果:《清華簡〈書〉類文獻文本組合的三種形態》,《中州學刊》2018年第9期,第131頁。

② 李鋭:《〈金縢〉初探》,第121頁。

③ 陳劍:《清華簡〈金縢〉研讀三題》,第165頁。

④ 杜勇:《清華簡〈金縢〉有關歷史問題考論》,第67—68頁。

⑤ 朱歧祥:《由金文字形評估清華大學藏戰國竹簡》,《東海中文學報》2012年第24期,第51—66頁;收入朱歧祥:《朱歧祥學術文存》,藝文印書館,2012年;亦收入朱歧祥:《釋古疑今——甲骨文、金文、陶文、簡文存疑論叢》,里仁書局,2015年。

否定簡本，認爲簡本是今人的僞作，甚至認爲簡文參考了《魯世家》、《尚書》傳注乃至明清人的著作。① 針對篇題出現“周武王”的稱謂不符合當時文例的質疑，劉國忠從楚國的政治地位、戰國與前代稱謂區别這兩重視角給予了回應。②

（四）《金縢》相關史事疏證

今本《金縢》開篇言“既克商二年”，簡本作“武王既克商三年”，而且武王不久卽離世，這一年數關係到武王克商後的在位年數。學界歷來對“居東”究竟是東征還是避居亦有較大争議。今本説周公“爲詩以貽王”，簡本則説“周公乃遺王詩”，關涉到《鴟鴞》究竟是周公創作還是引用，以及周公賦詩的真正意圖。簡本的問世，讓學界得以重新探討這些問題的真相。

1. 武王克商後在位年數

(1) “二年”説

彭裕商立足《尚書大傳》“周公居攝，一年救亂，二年克殷，三年伐奄、多方”等説法，傾向認爲今本武王克商後“二年”有疾較簡本的“三年”爲優。③ 黄懷信引《逸周書・作洛》：“武王克殷……既歸，乃歲十二月崩鎬。”認爲“乃”讀爲“仍”，二也。所以不可能有既克殷三年病，簡書作“三”應當是錯誤的。④

(2) “二年”“三年”無實質差别説

杜勇從紀年方式的差異來解釋簡本和今本的不同，他指出

---

① 房德鄰：《清華簡〈周武王有疾周公所自以代王之志（金縢）〉是僞作》，《故宫博物院院刊》2013 年第 6 期，第 42—49 頁；《清華簡注釋之商榷》，《中國高校社會科學》2014 年第 2 期，第 56—60 頁。

② 劉國忠：《試析清華簡〈金縢〉篇名中的稱謂問題》，《清華大學藏戰國竹簡（壹）》國際學術研討會，清華大學，2011 年；收入清華大學出土文獻研究與保護中心主編：《清華簡研究（第一輯）》，中西書局，2012 年，第 175—178 頁。

③ 彭裕商：《〈尚書・金縢〉新研》，第 155 頁。

④ 黄懷信：《清華簡〈金縢〉校讀》，第 25 頁。

簡本“既克殷三年”的異文，可能就是楚地經師將武王崩逝之年由所見原本的“二年”改訂爲“三年”。① 郭偉川認爲“二年”和“三年”的差異是楚地在計年上將實歲改爲虚歲的習慣造成的，無實質差異。② 黄澤鈞也主張“二年説”和“三年説”只是計數方式以自身爲第一或以下一次序爲第一兩種計算法。③

(3) “四年”説

李學勤先生早先有《武王在位有四年説》一文，推斷武王克商後在位四年。李鋭在此基礎上指出，簡本《金縢》“武王既克殷三年”可理解爲武王克商後第四年。此外，古書也有其他記載可推出“四年”説。④ 吕廟軍也認爲，簡本“武王既克殷三年”的記載更加印證了武王克殷在位四年的説法。⑤

2. 周公“居東”的實質

(1) 東征説

李學勤先生認爲古代注家關於“我之弗辟”之“辟”的讀法和周公居東實質的種種異説，根源在於《金縢》“居東二年”與《豳風・東山》周公東征三年的矛盾。簡本的這一句不作“二年”而作“三年”，就恰與東征一致了。⑥ 他後來進一步指出簡本“周公石東三年”的“石”即楚文字常見的“迈”，即“適”字，可訓爲“前往”。“周公迈東三年”即言周公前往東國三年，正是東征之

---

① 杜勇：《清華簡〈金縢〉有關歷史問題考論》，第 64 頁。

② 郭偉川：《武王崩年考》，《光明日報》2012 年 9 月 17 日第 15 版。

③ 黄澤鈞：《關於出土、傳世本〈金縢〉中二處“計年”的問題》，季旭昇主編：《孔壁遺文論集》，藝文印書館，2013 年，第 327—332 頁。

④ 李鋭：《由清華簡〈金縢〉談武王在位四年説》，《學術交流》2015 年第 7 期，第 215—217 頁。

⑤ 吕廟軍：《清華簡〈金縢〉與武王克殷在位年數研究》，江林昌、孫進主編：《清華簡與儒家經典國際學術研討會論文集》，上海古籍出版社，2017 年，第 243 頁。

⑥ 李學勤：《清華簡九篇綜述》，第 54 頁。

事。[①] 劉國忠也認爲“居東三年”説與東征三年説法相一致，居東的目的只可能是東征。[②] 廖名春持類似看法。[③]

李鋭認爲簡本作“周公宅東三年”，“宅”與今本的“居”義近，“三年”之説正好和東征三年之説相合。此外，據《尚書大傳》，“周公攝政，一年救亂，二年伐殷，三年踐奄”，卽使單論今本《金縢》，“居東”也當指東征。[④] 朱鳳瀚亦有類似的看法。[⑤]

杜勇也力主“居東”卽東征的説法，提出了多條推論，如從《鴟鴞》看，周公遺詩於王，把“鴟鴞”比作武庚，“我子”比作管、蔡，“我室”比作周室，與今本《金縢》説“周公居東二年，罪人斯得”（簡文作“禍人乃斯得”）正相表裏。[⑥]

（2）居東説

彭裕商指出《金縢》所記周公居東的時間是在成王卽位之初，管蔡流言之時，尚未與武庚發動叛亂。將居東理解爲東征，於時間上不合。其次，據典籍和古文字材料，平息武庚、三監的叛亂和踐奄，是由成王親自主持的，周公只居於輔相地位。鑒於當時的形勢，周公居東只能是避居於東，以待成王查明事實真相。至於居東的地點，可能是東都。[⑦]

馮勝君也認爲“居東”不是“東征”。考慮到後文記述由於天現異象，成王最終到郊外親自迎接周公，“是夕”就挽回了災害損失，説明從瞭解情況到迎接並見到周公，是發生在同一天

---

① 李學勤：《由清華簡〈金縢〉看周初史事》，《中國經學》第 8 輯，廣西師範大學出版社，2011 年，第 4 頁。

② 劉國忠：《清華簡〈金縢〉與周公居東的真相》，《出土文獻》第 1 輯，中西書局，2010 年，第 40 頁。

③ 廖名春：《清華簡與〈尚書〉研究》，第 121 頁。

④ 李鋭：《〈金縢〉初探》，第 122 頁。

⑤ 朱鳳瀚：《讀清華簡〈金縢〉兼論相關問題》，第 58 頁。

⑥ 杜勇：《清華簡〈金縢〉有關歷史問題考論》，第 67 頁。

⑦ 彭裕商：《〈尚書·金縢〉新研》，第 156—157 頁。

的事,因而所蹠之"東"離國都並不遠。①

(3) 創造記憶説

西山尚志考慮到西周早期金文和清華簡《繫年》等一手史料没有明確記述"周公居東"、管叔等人的誹謗與叛亂、周公征伐管叔等人的内容,主張"居東説"與"征伐説"可能全部或至少一方是被創造的歷史。②

3. 周公與《鴟鴞》

杜勇指出《孟子・公孫丑上》稱引《鴟鴞》第二章"迨天之未陰雨"諸句,引孔子曰"爲此詩者,其知道乎!"可知孔孟也不知《鴟鴞》爲周公所作。而簡本"周公乃遺王詩曰《周鴞》"可確定周公只是"遺詩"而非"爲詩"。《鴟鴞》可能只是當時流傳的一首禽言詩,周公以此詩遺王的行爲,性質接近春秋時代"賦詩言志"。③

朱鳳瀚認爲周公賦《鴟鴞》目的在於藉凶鳥譴責當時破壞、動摇周王室基業的勢力,並以鳥類護巢抒發自己對周王室與王朝的摯愛之心。④ 馮勝君結合《繫年》所記史事來理解《鴟鴞》,詩中"既取我子",即言武庚已經俘獲了管、蔡等"三監"。⑤

(五) 簡本《金縢》與尚書學

簡本《金縢》的 14 字篇題,是否相當於《書序》的功能,引發了學界對《書序》成文時代和早期流傳情形的討論。清代學者孫

---

① 馮勝君:《也談清華簡〈金縢〉及〈詩・豳風・鴟鴞〉所見周初史事》,第16—17 頁。

② 西山尚志:《被創造的"三監之亂"的記憶: 以與周公旦的關係爲中心》,《東洋古典研究》第 75 輯,東洋古典學會,2019 年。

③ 杜勇:《清華簡〈金縢〉有關歷史問題考論》,第 67 頁;《從清華簡〈金縢〉看周公與〈鴟鴞〉的關係》,《理論與現代化》2013 年第 3 期,第 57 頁。

④ 朱鳳瀚:《讀清華簡〈金縢〉兼論相關問題》,第 53—54 頁。

⑤ 馮勝君:《也談清華簡〈金縢〉及〈詩・豳風・鴟鴞〉所見周初史事》,第19—22 頁。

星衍等人懷疑《金縢》“秋大熟”以下本爲《亳姑》篇逸文，因錯簡被編入《金縢》，簡本的問世足以證明此説難以成立。簡本雖非西漢寫本，但有助於討論今古文《尚書》學的一些觀點成立與否，以及這些觀點的來源。此外，簡本作爲戰國時期流傳的寫本，亦有助於研究《尚書》的成書和早期流傳的情形。

1. 篇題及《書序》問題

《書序》明確稱這一篇爲《金縢》，李學勤先生推測清華簡的墓主人很可能没有見過《書序》。[①] 廖名春推論簡背這 14 字可能是原來的篇題，係概括文意而來，而“金縢”之名則應是後人從文中擷取的。[②] 劉國忠認爲簡背 14 字是篇題，可能當時有不同的《尚書》流傳版本，而且清華簡的抄寫者未見過或者不同意《金縢》這個篇名。[③] 馮時推測簡本篇題前半句可能取自《書序》，後半句取自經文。以《書序》一般體例來看，簡背 14 字的前半爲因，後半爲全篇之核心。[④]

劉光勝認爲“代王之志”交代了《金縢》篇寫作的背景及主旨，與今本小序“武王有疾，周公作《金縢》”作用相同，從位置、内容及作用看，此句可能是清華簡《金縢》篇的序言。[⑤] 高中正則指出作爲文體的“序”的得名與“次序”之義有關，《書序》《詩序》就是以《詩》《書》“本事”爲順序來編次篇目的，這 14 字還是視作篇題爲好。[⑥]

2.《金縢》錯簡問題

簡文刊布後，馬楠明確指出“錯簡”説根源在於前人不明“秋

① 李學勤：《清華簡與〈尚書〉〈逸周書〉的研究》，第 105 頁。

② 廖名春：《清華簡與〈尚書〉研究》，第 120 頁。

③ 劉國忠：《從清華簡〈金縢〉看傳世本〈金縢〉的文本問題》，第 42 頁。

④ 馮時：《清華〈金縢〉書文本性質考述》，第 163 頁。

⑤ 劉光勝：《清華簡與先秦〈書〉經流傳》，《史學集刊》2012 第 1 期，第 79—81 頁。

⑥ 高中正：《文本未定的時代——先秦兩漢“書”及〈尚書〉的文獻學研究》，復旦大學博士學位論文，2018 年，第 35—36 頁。

大熟”於何年，因“秋大熟”幾句在《魯世家》被載於《亳姑》以下，誤以爲《亳姑》逸文。有了簡本明言的“是歲也”，“逸文”説可祛疑。① 李學勤、劉國忠、李鋭和杜勇等人也提出了類似的觀點。

3.《金縢》與今古文經學

今文篇末的“王出郊”的“郊”，今文家一般認爲指“郊祭”。馬楠注意到簡本篇末“王乃出逆公至郊”與今本“王出郊”對應，“王乃出逆公至郊”説明“王出郊”之“郊”只是郊野，而非“郊祭”。②

楊振紅結合簡本《金縢》提供的信息，評判了該篇的今古文經説成立與否，還推論出漢代《尚書》古文説淵源有自，至遲在戰國中晚期或更早已經出現，相對於秦漢時期通行的今文説，它不僅出現的時間早，而且應當更接近原初的《尚書》本。③

黄人二根據簡本推論今古文問題早在戰國時代已出現，而且簡本既云“昔周公勤勞王家”“余沖人其親迎公，我邦家禮亦宜之”表明周公已死，又云“王乃出，逆公，至郊”，於理不通。説明簡本本爲今文家説，但爲古文學家改動過，可視爲古文學家“改編自今文的改編本”。④

鄭玄注《尚書》，一般認爲所用是古文本。李晶認爲簡本《金縢》篇是真正的古文本，通過文本對讀可以推斷《尚書》鄭玄所用本的用字，以及鄭注和《史記》中《尚書》經説的具體情況。如今本“未可以戚我先王”，簡本作“未可以慼吾先王”，《魯世家》集解

① 馬楠：《〈金縢〉篇末析疑》，《清華大學學報（哲學社會科學版）》2011 年第 2 期，第 66 頁。

② 馬楠：《〈金縢〉篇末析疑》，第 65 頁。

③ 楊振紅：《從清華簡〈金縢〉看〈尚書〉的傳流及周公歷史記載的演變》，《中國史研究》2012 年第 3 期，第 57 頁。

④ 黄人二：《〈周武王有疾周公所自以代王之志〉通釋》，《中國經學》第 8 輯，廣西師範大學出版社，2011 年，第 20 頁。

引鄭注"未可以憂怖我先王",鄭注合乎古文。①

4. 從《金縢》看《尚書》的成書和流傳

李鋭反思了前人所舉的今本《金縢》晚出的證據,認爲簡本和今本雖屬不同流傳系統,二者在流傳過程中皆有改動,但却有共同源頭,而且其源頭有可能在西周中晚期産生。② 楊振紅也認爲簡本與今本同源異流,最初都來源於一個相同的祖本,後來在流傳的過程中逐漸産生差異。她對《尚書》的形成過程作推測:春秋戰國時期保存了很多前代遺留下來的典策,或稱"書",或稱"志",或稱"言",或稱"告"。孔子之後,這些《書》《志》等開始按照時代和國别被分類,從《周武王有疾周公所自以代王之志》到《金縢》篇名的變化,正是這一過程的個案反映。至荀子時代,已經完成了經典化的過程,《尚書》和《書序》可能已經成書。③

禄書果認爲清華簡"書"類文獻有三種文本組合形態,《金縢》篇屬於"以事綴合"。這種綴合型是將若干篇具有相關人物、相關事件或相關情節的獨立文本根據特定主題重新拼接綴合,形成一篇内容貫通、叙事完整、主題突出的新文本。《金縢》就是三篇不同時代"書"類文獻的組合拼接。④

以上對簡本《金縢》五個方面的研究簡述,顯示出學界在一些字詞的考釋、簡本與今本關係、文本的成文時代、周公"居東"的實質等方面仍有争議,有必要繼續研究;同時,在簡本《金縢》與《尚書》學等議題上還有很大研究空間。

---

① 李晶:《據清華簡談〈尚書·金縢〉之鄭注——兼論〈史記〉述〈金縢〉的今古文問題》,中國典籍與文化:古委會第三届青年學者學術研討會,南京大學,2011 年10 月;正式發表於《古代文明》2016 年第 3 期,第 40 頁。

② 李鋭:《〈金縢〉初探》,第 121 頁。

③ 楊振紅:《從清華簡〈金縢〉看〈尚書〉的傳流及周公歷史記載的演變》,第60—61 頁。

④ 禄書果:《清華簡〈書〉類文獻文本組合的三種形態》,第 130 頁。

二、研究内容與方法

（一）研究内容

第一部分爲第二章，内容是簡本《金縢》考釋意見的集釋。以簡本《金縢》先後的字、詞和文句爲順序，輯録學界十餘年來的研究成果；在輯録後逐條加入按語，或提煉學界研究的要點，平議其不足之處，或作補充性論證，或作新的考釋論證。

第二部分爲第三至六章，分專題歸納並討論簡本《金縢》的相關問題。包括簡本與今本的對比性研究，《金縢》相關史事疏證，《金縢》的文本性質、成文年代和真僞，以及簡本《金縢》與《尚書》學等多個方面。

第三部分爲第七章，即結語。高度概括本書在簡本《金縢》字詞和諸專題方面的觀點。

（二）研究方法

1. 語文學的方法

現代學術語境下，廣義的語文學是關於文字、文本和文獻的方法技藝。① 李學勤先生曾指出對出土文獻的研究主要存在兩個層面：一是古文字學和文獻學的途徑，包含文字、音韻、訓詁、校勘等方法；一是學術史的途徑，就其思想内涵作出分析，辨章源流。這兩種途徑彼此補充，交相爲用。② 這兩個層面的研究方法皆隸屬語文學方法論的範疇。

---

① 沈衛榮、姚爽編著：《何謂語文學：現代人文科學的方法和實踐》，上海古籍出版社，2021年，“導論”第22頁。

② 李學勤：《馬王堆漢墓帛書〈德行〉校釋》序，載魏啓鵬：《馬王堆漢墓帛書〈德行〉校釋》，巴蜀書社，1991年；收入李學勤：《擁篲集》，三秦出版社，2000年，第238頁。

研究簡本《金縢》，需要先立足文字和文本層面，以古文字學等方法疏通字詞和句意，進而分析其成文背景、文本性質和學術史的意義。研究這類既有簡本也有今本的古書，須特别注意避免不恰當的"趨同"和"立異"。前者指將簡帛古書和傳世古書中意義不相同之處説成相同，後者指將簡帛古書和傳世古書中彼此對應的、意義相同或很相近的字説成意義不同。①

2. 歷史學的方法

《金縢》篇關涉到武王克商後在位年數和周公"居東"究竟是東征還是避居等西周史問題，對此類問題的研究，既要遵循上古史研究的一般路徑，也要特别注意對《尚書大傳》等相關史料的批判研究，注意分析其史料來源、書寫體例、成書背景和撰述意圖，客觀分析其史料價值，②避免誤信誤用。

三、研究意義

《金縢》是今文《尚書》中的一篇，在古代學術史和思想史上影響深遠。簡本《金縢》是清華簡中唯一一篇可與今文《尚書》直接對應的篇章，又作爲清華簡首册公布的九篇之一，引發了學界廣泛的關注。截至目前，與簡本《金縢》相關的研究論著，已有近兩百篇，包括國内外學界多位學者的研究成果。隨着研究文獻的增多和研究的深入，對現有研究成果作出詳備的歸納整理，有助於推進簡本《金縢》乃至整個清華簡和《尚書》的研究。

《金縢》作爲《尚書·周書》的一篇，對其進行深入研究將對

---

①　裘錫圭：《中國古典學重建中應該注意的問題》，收入裘錫圭：《中國出土古文獻十講》，復旦大學出版社，2008 年，第 8 頁。

②　古史研究中史料批判的途徑和旨要，參見孫正軍：《通往史料批判研究之途》，《中國史研究動態》2016 年第 4 期，第 35—38 頁。

先秦史，特别是西周早期歷史的研究具有重大意義。

簡本《金縢》作爲一篇戰國時代古文字寫本，對一些關鍵字詞，特别是對那些可與今本直接對讀的字詞的研究，有助於古文字學研究的推進。

簡本《金縢》帶來的新知，關涉《金縢》篇今古文經説的成立與否和來源，此類研究有助於增加今人對西漢經學的各種認識。

簡本《金縢》作爲一篇戰國時代流傳的"書"類文獻，在《尚書》成書與流傳等古文獻學和《尚書》學研究領域具有極高價值。

此外，隨着清華簡其他篇和其他戰國竹簡的陸續公布，出現了一些與簡本字詞和史實相關的新材料，如"武王力"之"力"的相同用法、安大簡新見的"叕"旁字形、清華簡《繫年》對周初歷史的記述等，相信此類材料還會繼續增加。新近出土文獻給簡本《金縢》的研究提供了直接或間接的新材料，亦有必要在現有基礎上繼續研究。

第二章　《金縢》文本校釋

一、清華簡《金縢》原釋文

武王既克𩁹(殷)三年，王不瘵(豫)又(有)𡰥(遲)。二公告周公曰："我亓(其)爲王穆卜。"周公曰："未可以【一】慼(戚)虐(吾)先王。"周公乃爲三坦(壇)同鍲(墠)，爲一坦(壇)於南方，周公立女(焉)，秉璧旹(植)珪。史乃册【二】祝告先王曰："尔(爾)元孫發也，䔍(遘)邁(害)䖈(虐)疾，尔(爾)母(毋)乃有備子之責才(在)上，隹(惟)尔(爾)元孫發也，【三】不若但(旦)也，是年(佞)若丂(巧)能，多忎(才)多埶(藝)，能事㝬(鬼)神。命于帝䇡(廷)，尃(溥)又(有)四方，以奠(定)尔(爾)子【四】孫于下陛(地)。尔(爾)之䛗(許)我=(我，我)則晉(晉)璧與珪。尔(爾)不我䛗(許)，我乃以璧與珪逿(歸)。"周公乃内(納)亓(其)【五】所爲祍(功)自以弋(代)王之敚(説)于金紎(縢)之匱，乃命執事人曰："勿敢言。"

臺(就)遂(後)武王力(陟)，㘫(成)王由(猶)【六】學(幼)才(在)立(位)，官(管)弔(叔)返(及)亓(其)羣䍐(兄)俤(弟)乃流言于邦曰："公牆(將)不利於需(孺)子。"周公乃告二公曰："我之【七】□□□□亡以遉(復)見於先王。"周公石(宅)東三年，禍(禍)人乃斯旻(得)，於遂(後)周公乃遺王志(詩)【八】曰《周(雕)鴞》，王亦未逆公。

是戢(歲)也，蘇(秋)大管(熟)，未敓(穫)。天疾風以雷，禾斯妟(偃)，大木斯䃺(拔)。邦人【九】□□□□㫄(弁)，夫=(大夫)繞(綀),以攷(啓)金紎(縢)之匱。王旻(得)周公之所自以爲社(功)以弋(代)武王之敚(説)。王䎽(問)執【十】事人,曰:"訐(信)。殹(噫),公命我勿敢言。"王捕(布)箸(書)以瀥(泣),曰:"昔公堇(勤)勞王冡(家),隹(惟)余谘(沖)人亦弗返(及)【十一】智(知),今皇天遳(動)畏(威),以章公悳(德),隹(惟)余谘(沖)人亓(其)親逆公,我邦冡(家)豊(禮)亦宜之。"王乃出逆公【十二】至鄗(郊)。是夕,天反風,禾斯记(起),凡大木斎=(之所)壓(拔),二公命邦人尽(盡)復(復)笙(筑)之。戢(歲)大有年,蘇(秋)【十三】則大穀(穫)。【十四】

一【一背】 二【二背】 三【三背】 四【四背】 五【五背】 六【六背】 七【七背】 八【八背】 九【九背】 十【十背】 十一【十一背】 十二【十二背】 十三【十三背】 十四 周武王又(有)疾周公所自以弋(代)王之志【十四背】

二、釋文校釋

武王既克䁅(殷)三年[1],王不瘵(豫)又(有)层(遲)[2]。

[1] 既克䁅(殷)三年

【整理者】既克殷三年,今本作"既克商二年",《史記·魯世家》亦云"克殷二年"。

【劉國忠 2011C】關於武王滅商後在位的年數一直有很大的爭議,據梁玉繩《史記志疑》的統計,有二年、三年、四年、六年、七年、八年等異説,但傳世本文獻記述武王史事無超過四年以上者,因此《夏商周斷代工程 1996—2000 年階段成果報告》曾根據鄭玄《詩譜·豳風譜》等材料,認爲武王克商後在位四年。現在清華簡《金縢》明確記載了武王是在克殷三年之後生病的,而且此後不久卽不在人世,因此其在位時間最大可能性是三年或四年，與斷代工程的相關結論比較一致，因此這一時間也更合理。

【黄懷信 2011A】克殷者卽“王弗豫”之王，“旣克殷”前不必有“武王”，今本長，簡書“武王”二字，當是後人所增。……《史記·周本紀》“武王病”亦在“武王已克殷，後二年”下，與今本同。《逸周書·作洛》載：“武王克殷……旣歸，乃（仍）歲十二月崩鎬。”“乃”讀爲“仍”，二也。所以不可能有旣克殷三年病，簡書作“三”當誤。

【黄人二、趙思木 2011B】此字〖編按：字形爲 〗之所以釋爲“殷”，實因文意之必然；其字實从户从支从邑，而“殷”則當从月从殳作，“户”實“月”之誤寫，而“支”實“殳”之代换。故此字實當隸定爲“啓”，乃“䣢”之誤寫。

【黄人二 2011】“三年”與“二年”相差一年，此乃古文、今文經説不通所導致。“克”，《説文》“克”字小篆字形不好分析，從金文和戰國文字看，應是从皮、由聲之字，簡文此字亦是。至於“殷”字，簡文寫的完全就不是“殷”，簡文从邑、从户（應該从反身，卽《説文》“月”）、从攵（應該从殳），是個誤摹字。

【陳民鎮、胡凱 2011】簡文言“旣克䣢（殷）三年”，今本言“旣克商二年”，年數未同。《史記·魯周公世家》沿承今文家説。另《史記·周本紀》謂“武王已克殷，後二年，問箕子殷所以亡”，皮錫瑞云此卽武王訪箕子之歲（見《今文尚書考證》）。據“夏商周斷代工程”的結論，武王克商在公元前 1046 年，武王在位四年；據《管子》《漢書》《文獻通考》等，武王在位七年；據《逸周書》《帝王世紀》等，在位六年；據《淮南子》以及章鴻釗、陳夢家、馬承源諸先生説，則在位三年。無論《金縢》所叙當旣克商三年抑或二年，無論武王在位四年抑或三年，皆未可據一説而否定他説。《史記》所載與今本同，清華簡所見乃戰國傳本，在史料的可信性上更具優勢。

【黄澤鈞 2013A】清華簡《金縢》中的二處年歲，與相對應的《尚書·金縢》剛好都多出了一年。因此筆者認爲，這可能不是實際年歲的不同，而是由於計年方法的不同所導致的結果。在甲骨卜辭中，對於"計日法"有二種：董作賓首先提出差異，後陳夢家、許進雄、黄天樹等皆各有論述，可分爲"卜日爲第一日"和"卜後次日爲第一日"二種計日法，以下試舉例説明（所舉例子多據黄天樹《關於卜辭的計日法》一文）。首先，關於"卜日爲第一日"者，如：

甲辰卜，亘貞：今三月光呼來？王占曰："其呼來，乞至唯乙。"旬㞢二日乙卯，允㞢來自光，以羌芻十五。（《合集》94 正）

……

"甲辰"至"乙卯"爲十二日……包含所卜之日計算，也就是"卜日爲第一日"計日法。另外關於"卜後日爲第一日"者，如：

丙午☐王占曰：其雨☐二日戊申☐（《合集》11918）

……

"丙午"至"戊申"爲二日……没有包含所卜之日在内，也就是"卜後次日爲第一日"的計日法。而除了甲骨之外，後代的傳世典籍中也有"計數法"的不同，關於這一部分，周法高《中國古代語法·代稱篇》曾經有所討論……

甲骨文"計日法"、《禮記》"計日法"、《韓非子》"計日法"、《史記》"計世法"之中都有差異存在。也就是説，在古代"計數法"當中，有包含所數自身（自身爲第一），以及下一次序開始計算（下一次序爲第一）二種計算法。因此筆者認爲，古代"計數法"的差異，可能是造成《尚書·金縢》二處"二年"於清華簡《金縢》中皆作“三年”的原因。也就是説這二處“二年”與“三年”可能不是實際時間的差異,而是由於計數法不同所造成。

【李鋭 2015】今傳本的“既克商二年,王有疾弗豫”,有可能是在已知武王克商後在位四年説的基礎上,爲了增加周公禱祠的功效而將“三年”改爲“二年”。

編按: ◇今本“既克商二年”和簡本“既克殷三年”之間“二年”和“三年”的差别,恐不是古人計數法差異所致。上古漢語中,“殺”“成”“得”“克”和“定”等都是表示動作達成的動詞。①在“既+達成動詞+表時段成分”結構下,時段的起始往往包括動作自身所在時段。也就是説,簡本“既克殷三年”的年數包括克殷之年,合計三年;今本“既克商二年”的年數也包括克商之年,合計二年。因此,“二年”與“三年”説的差異是明確存在的。結合《尚書·多方》武王設三監至成王伐奄歸來共計五年等説法,武王克商後包括克商之年共在位兩年,今本“既克商二年”,更爲合理。詳細論證參見本書第五章第一節《武王克商後在位年數》。

◇目前所見的戰國文字材料中“殷”字左旁“月”多訛爲“户”形,②此處可徑直隸定爲“㲰”。

[2] 王不痵(豫)又(有)𡰥(遲)

【整理者】不痵,亦見於清華簡《保訓》。痵,今本作“豫”,字或作“忬”(《釋文》引或本)、“悆”(《説文》),或云“不懌”(《書·顧命》)。懌,孔傳釋爲悦豫。𡰥,《説文》“遲”字或體“𨒈”所从。

---

① 焦一和:《上古漢語的時間副詞“既”》,《河南師範大學學報(哲學社會科學版)》2017年第6期,第122頁。

② 周波:《秦、西漢前期出土文字資料中的六國古文遺迹》,《出土文獻與古文字研究》第2輯,復旦大學出版社,2008年,第253頁;蘇建洲:《利用清華簡(壹)字形考釋楚簡疑難字》之《戰國“殷”字補釋》,收入蘇建洲:《楚文字論集》,萬卷樓圖書股份有限公司,2011年,第401—402頁。

《廣韻》:“久也。”

【廖名春 2011】《尚書·金縢》篇、《史記·魯世家》皆云“有疾”,簡文“有𡰥”應與此義近。《說文》辵部:“遲,徐行也。从辵犀聲。《詩》曰:‘行道遲遲。’迡,遲或从𡰥。遟,籀文遲。从屖。”《玉篇·尸部》:“屖,先帝切,今作栖,亦作犀。”……

“𡰥”通“犀”,而“犀”亦作“屖”。因而簡文的“𡰥”可讀作“㾒”。《說文》疒部:“㾒,寒病也。”徐鍇《繫傳》:“《字書》,寒噤也。”《正字通·疒部》:“㾒,今感寒體戰曰㾒。”《廣韻·混韻》:“㾒,㾒㾓,惡寒也。”《玉篇·疒部》:“㾒,同瘮。”桂馥《義證》:“《六書故》:噤㾒,感寒健忍之狀也。……㾒,又作瘮。《易緯·通卦驗》:人足太陰脈虚,多病振寒。案:噤,《玉篇》作𤸷,云疾瘧,惡寒振也。”劉禹錫曾有《述病》一文記其得“寒病”的情況:“如是未移日而疾也瘮如,覆癩於躬。進藥求汗,凡三焕,然後目能視。”中醫文獻則有更多“寒病”的記載。……《尚書·金縢》篇、《史記·魯世家》説武王“有疾”,簡文則説武王“有㾒”。“㾒”也是“疾”,不過簡文較《尚書·金縢》篇、《史記·魯世家》更具體,指出武王是得了“寒病”而非一般之“疾”。

【宋華强 2011A】“㾒”字整理者從今本讀爲“豫”,顧頡剛、劉起釪先生説“弗豫”即身體不安,與今人身體有病時説“不舒服”一樣,其説通達可信。《尚書·顧命》作“王不懌”,僞孔傳云:“王有疾,故不悦懌。”段玉裁《尚書撰異》云:“《孔傳》‘不悦懌’,猶今人言‘不爽快’‘不自在’也,其疾淺。”葛陵簡有“君不懌”(乙一4、10、乙二12,乙一17,乙一28),其義與《顧命》同,説的正是平夜君成“疾淺”(開始發病)之時。葛陵簡又常見“少遲瘥”“疾遲瘥”“遲已”等語,説的是平夜君成發病以後遲遲不見好轉,“遲”或作“迡”(零330),與《説文》正合,簡本《金縢》的“𡰥”就是葛陵簡的“迡”,整理者的釋讀正確可從。不過“王不豫”和“又遲”是兩句話，主語、謂語各不相同，應該斷開。“又”似如字讀卽可，不必讀爲“有”，“又”表示遞進，相當於“而且”。“王不豫，又遲”是説：武王生病，而且遷延日久。

【蕭旭 2011】《玉篇》：“𡰥，古文夷字。”此簡讀爲痍。《左傳·宣公十三年》釋文：“痍，音夷，本又作夷，傷也。”《説文》：“痍，傷也。”《釋名》：“痍，侈也，侈開皮肉爲創也。”卽指創傷。今本《金縢》作“有疾”，未言何疾。據此簡，則知王疾爲外傷。

【黄懷信 2011A】“有遲”不可通，“遲”，當借爲“疾”，二字古皆舌上音（“疾”从“矢”得聲可知），“遲”在脂母，“疾”在質母，陰、入對轉。總之是指武王有病。

【黄人二 2011】“王不豫、有遲”，“不豫”，病則“不悦”“不懌”，懼怕病痛、死亡，而爲之諱。“豫”，今本《尚書》所作，《魯世家》亦是，簡文作从疒、余聲之字，另有从心、予聲（《經典釋文》），从心，余聲（《説文》）之各種異文。“有遲”之“遲”，整理者訓“久也”。案，此卽包山楚簡第二三六、二四七簡云“舊（久）不瘥，尚速瘥”之義。

【陳民鎮、胡凱 2011】簡文言“不瘵”，《保訓》簡 1 亦見及，《祭公》簡 1、2 則作“不余”，同今本之“不豫”。《史記·魯周公世家》作“不豫”，與清華簡同。孔傳云：“伐紂明年，武王有疾，不悦豫。”《釋文》云：“豫，本又作忬。”“不瘵”卽典籍中的“不豫”“弗豫”“不懌”，猶言“不樂”。《爾雅·釋詁》云：“豫，安也。”亦可通。《逸周書·五權解》云：“維王不豫，于五日。”《穆天子傳》卷六云：“内史將之以見天子，天子告不豫而辭焉。”《尚書·顧命》云：“惟四月，哉生魄，王不懌。”上博簡《周易》多見“余”讀作“豫”之例，“瘵”字余紐魚部，“余”字余紐魚部，雙聲叠韻，自可相通。亦作“悆”。《説文》云：“《周書》曰：‘有疾不悆。’悆，喜也。”《玉篇》：“悆，豫也，悦也。”段玉裁《古文尚書撰異》云：“《孔傳》‘不悦懌’，猶今人言‘不爽快’‘不自在’也,其疾淺。”據今本,武王稍候即瘳,此指小恙,當可相信。……

簡文“又(有)𡰥(遲)”,可與今本“王有疾”參看。蕭旭先生認爲讀作“痍”,這事實上也是筆者最初的想法。……“𡰥”通作“痍”固然可以成立,然細按文意,仍有扞格之處。“痍”之釋義,幾乎無一例外指創傷。《説文》云:“痍,傷也。”指外傷。睡虎地秦簡《法》208 所見字亦訓傷。此處武王之疾,難以解釋作創傷。清華簡《祭公》簡 1、2 云:“我䎽(聞)且(祖)不余(悆),又(有)𡰥。”下文又見及“疾”,知“𡰥”與“疾”殆非對應關係。筆者以爲整理者之説可從,“有遲”即就“不悆”而言。“遲”,訓久。《祭公》今本謂“有加”,意殆同。“遲”,《説文》或體即从“𡰥”,楚簡亦見“𡰥”讀作“遲”之例,並無疑義。

【蘇建洲 2011C】廖名春先生之説與楚文字用字習慣不同,恐不可信。筆者以爲簡文斷讀爲“王不瘵(豫)又𡰥(遲)”或“王不瘵(豫),又𡰥(遲)”皆可,只是文意有所不同。若是後者,則應該讀爲“王不瘵(豫),又(有)𡰥(遲)”,可以比對《包山》239—240“占之:恆(恒)貞(貞)吉,疾【239】弁(弁),又(有)瘤(續),遅(遲)瘥(瘥)”。或是《新蔡》乙三 39“☐無咎,疾迡(遲)瘥(瘥),又(有)瘤(續)”。《金縢》的“又(有)𡰥(遲)”相當於“又(有)瘤(續)”。若是前者,則應該讀爲“王不瘵(豫)又𡰥(遲)”,“又”字的解釋采用宋華強先生之説理解爲“而且”的意思。有一個證據可以説明:顧史考先生指出《左傳・昭公二十年》“齊侯疥,遂痁”(《晏子春秋》外篇“齊侯”作“景公”)的“痁”字爲“痁”字之訛;《晏子春秋》内篇“景公疥且瘧”之“瘧”字乃該書整理者誤認“虐”爲“虐”所致,原本大概與《上博六・競公瘧》簡 1 一樣寫作“瘧”,讀爲“痁(痼)”,意爲“景公久病”。劉嬌女士同意此説,她説:“整理者指出:關於齊景公的病,傳世文獻的記載有兩種:《左傳》和

《晏子春秋》外篇作‘景公疥遂痁’，《晏子春秋》内篇作‘景公疥且瘧’。歷史上有兩種解釋：一取直解，説齊景公是‘疥’和‘瘧’同患，‘疥’是皮膚病，‘瘧’是瘧疾，前兩種文獻所説的‘痁’是‘大瘧’，包括在‘瘧’中。一説‘疥’讀爲‘痎’，‘痎’是小瘧，兩日一發；‘痁’是大瘧，一日一發。由‘痎’到‘痁’即由小瘧到大瘧，是病情加重的過程。竹書篇題爲‘景公瘧’，而不是‘景公疥且瘧’，印證了第二種説法。第一種説法之誤不言自明。顧史考疑《左傳》及《晏子春秋》外篇之‘痁’字爲‘痁’字之訛，《晏子春秋》内篇之‘瘧’字乃該書整理者誤認‘虐’爲‘虐’所致，原本大概與簡文同，實即‘瘧’字而讀爲‘痁(痼)’，意爲‘景公久病’。我們認爲顧説有理。”可見《競公瘧》“齊景公疥且瘧(痼)”的“且瘧(痼)”正相當於《金縢》“王不豫又遲”的“又遲”，都是指病況加重，延遲好轉。

【朱鳳瀚 2011】“王不痊，有戹”，今本作“王有疾，弗豫”。“余”“豫”均喻母魚部字。僞孔傳釋“不豫”爲“不悦豫”，孔穎達疏曰“《顧命》云‘王有疾不懌’，懌，悦也，故‘不豫’爲‘不悦豫’也”。按此説，則今本是説武王已有了疾病，因而不愉悦。《説文》釋“悆”曰：“《周書》曰‘有疾不悆’，悆，喜也。”是讀《顧命》中的“懌”爲“悆”，“不悆”也是解釋爲“不喜”，與僞孔傳所釋意同。但如按這種解釋，武王只是因爲有疾病心情不好，這種情況似不會引起下文二公爲王穆卜之行爲。……所以今本之“弗豫”，應有其他的解釋。現簡文作“王不痊，又戹”，戹是《説文》“遲”字的或體，作“迡”，从“戹”。清華簡整理者以《廣韻》“久也”之義釋此“遲”字，可從，“又(有)遲”即今語“有相當一段時間”。如此，則“王不痊”之“痊”即使如今本寫作“豫”，也不宜釋作“懌悦”了，因爲如按此解釋，説“王不懌悦已很久”，未説明任何王不懌之理由，還言此況已延續很久，很不合情理。所以，“不痊”之“痊”肯定是講身體有疾病。《曲禮》正義引《白虎通》“天子病曰不豫,言不復豫政也”。但僅作如此解釋,今本所云“王有疾,弗豫”即不好講通了,王有疾前面已説明白,後邊再講“弗豫”卽重複了。所以“痵”應該是指有疾而尚未能痊愈的病況。依此種分析,簡文“痵”似應讀作“除”,痵、除皆从余得聲。而从余得聲字均屬魚部韻,聲母分部在喻、定二母中。余,喻母魚部;除,定母魚部,韻同而聲相近。《方言》第三:“愈或謂之除。”《廣雅・釋詁一》:“除,瘉也。”《説文》:“瘉,病瘳也。”是“除”有“瘉”義,卽病好康復之義。“不愈”卽有病而不能康復。簡文“王不痵(除),又(有)屖(遲)”,用今語言之,卽“王有病不瘉,已經有相當一段時間了”。按此種解釋,簡文“王不痵(除),又(有)屖(遲)”比今本“王有疾,不豫”,多出“有遲”,卽説明病已久。這樣記載更易與下文三公爲武王病况緊張活動之文句内容相合。所以簡文這句話有可能更合於此篇文章之原本。

【程浩 2012】從簡本《金縢》與《祭公之顧命》皆有此句來看,“不悆有遲”或爲當時成語,意爲“(因病而)長時間不能愉悦”。與之相較,傳本“王有疾,弗豫”的表達雖然在文意上更爲通順,但很可能已經失之本真。

【高中華 2012】“有遲”究係何意?考之於《詩》,或可溯其源而得其實。《小雅・四牡》云:“四牡騑騑,周道倭遲。”《毛傳》:“倭遲,歷遠之貌。”“倭遲”何以能訓爲“歷遠”?按《説文》卷二“逶”字注云:“逶迤,邪去之貌。”邪去者,邪曲也。邪曲必迂遠。其字又作“逶蛇”。《淮南子・泰族訓》:“河以逶蛇,故能遠。”又作“委蛇”。《詩・召南・羔羊》“退食自公,委蛇委蛇”……“委蛇”“逶蛇”“逶迤”“逶遲”並皆一聲之轉,乃同一詞族之聯綿詞,其形雖異,其義則近。故“倭遲”可訓爲“歷遠”,正取“逶迤”迂遠流長之意。“倭遲”又可作“遲遲”。《小雅・采薇》“行道遲遲,載渴載饑”,《毛傳》云“遲遲,長遠也”,誠確詁。……“遲遲”,又可單言“遲”。由於文言修飾,多尚偶儷,故單言之時,往往增虚字以足成其句。如“憂心忡忡”(《召南·草蟲》《小雅·出車》),又作“憂心有忡”(《邶風·擊鼓》),與“有齊季女”(《召南·采蘋》)、“臨下有赫”(《大雅·皇矣》)句式並同。此處“有”乃語辭,不可以實義解。“有齊季女”,言季女之莊敬;“臨下有赫”,言上天照臨下土之赫赫然,並以“有”助言事之情狀。“有遲”之“有”亦同此用。“有遲”即“遲遲”,歷久之貌也。由《詩經》諸例觀之,亦可窺見簡本此處辭氣之古。……綜上,可知簡文“不豫有遲”當繹爲遲遲然“不豫”久矣。《國語·晉語八》載韓宣子對鄭子産問,曰“寡君(晉平公)之疾久矣”,可爲注脚。《金縢》篇言武王不豫良久,有危急之勢,故周公祝禱,願以己身代之;《祭公》篇言祭公不豫良久,或不久於人世,故穆王親來探視。兩處“有遲”,皆言病勢之耽溺,天意之難測,人情之不安也。

§ 知北游(網名)2012 年 8 月 6 日回帖高中華 2012:“夷”讀爲“遲”當可信,可能周人所説的“遲”相當於殷人説的“延”,卜辭裏經常看到某人有疒占問“其延”“亡(或不)延”的記録,姚孝遂先生認爲“延訓長,引申之爲連綿繼續之意”。占問疾病是否會“延”,殆謂疾病是否會遷延不愈也。周人云“夷(遲)”,疑與之同義。

【陳偉 2012】“不豫”有不同理解。《逸周書·五權》:“維王不豫,于五日召周公旦。”朱右曾校釋:“天子有疾稱不豫。”應大致不差。《書·金縢》作“王有疾,弗豫”,《魯世家》作“武王有疾,不豫”,竹書本 14 號簡背云“周武王有疾周公所自以代王之志”,都直接説到疾病。楚卜筮簡習見“遲瘥”,表示病情延滯,如包山 240 號簡、望山 1 號墓 62 號簡所記。“有遲”大致是説經久不愈。

【高中華 2013】“有遲”即“久”,“有”作爲詞頭,無實義。相同語詞又見於簡本《祭公》，“我聞祖不豫有遲，余惟時來見”。“不豫有遲”即《國語》的“之疾久矣”；與《保訓》“不豫，王念日之多歷”亦可互證。《金縢》篇言武王不豫良久，有危急之勢，故周公祝禱，願以己身代之；《祭公》篇言祭公不豫良久，或不久於人世，故穆王親來探視。兩處“有遲”，皆言病勢之耽溺，天意之難測，人情之不安。簡文“不豫有遲”不誤。或以今本“有疾不豫”疑之者，未可從也。

【林素清 2013】《清華簡·祭公》簡一至二的“不豫有遲”，今本《逸周書·祭公》正作“不豫有加”。“有遲”與“有加”互爲異文，不是單純的“𡰥”與“加”形近，更由於“遲”“加”二字古音通假關係。“遲”古音定紐脂部，“加”見紐歌部，定、見聲紐可通；歌、脂韻部相通，“遲”讀爲“加”是没有問題的。除了異文和古音通假的證據，還有其他的文獻用法可提供書證，如《論衡·死僞》：

> 鄭子産聘於晉。晉侯有疾。韓宣子逆客，私焉，曰：“寡君寢疾，於今三月矣，並走羣望，有加而無瘳。今夢黄熊入於寢門，其何厲鬼也？”對曰：“以君之明，子爲大政，其何厲之有？”

這段對晉平公疾病的描述，正是用“有加”而“無瘳”來形容。

【季旭昇 2013B】不豫，婉辭也，段注謂“不爽快”“不自在”，可從。《公羊傳》桓公十六年何休注：“天子曰‘不豫’，諸侯曰‘負兹’，大夫曰‘犬馬’，士曰‘負薪’。”其疾未必特指深淺，但加“有遲”則知不輕。

【羅新慧 2014】“有遲”應即戰國竹簡中常見的“疾遲瘥”（疾病久而不愈）之意，如新蔡簡甲三：153“少遲瘥”，甲三：173“疾遲瘥”，望山簡 45“疾少遲瘥”，簡 62“有，遲瘥”等。

【范麗梅 2014】上述學者提出遷延日久的解釋却不够精確。

《説文》:"遲,徐行也。从辵,犀聲。《詩》曰'行道遲遲'。"《爾雅・釋詁》:"遲遲,徐行也。"準確詞義應是緩慢的狀態,遷延日久只是結果引發的延伸義。若查考文獻,"遲"多與"疾""速"相對,表達慢與快兩種相反的狀態,包括"有遲疾""有遲速""有遲有速"等。《尉繚子・勒卒令》:"其致有遲疾而不遲疾。"《後漢書・律曆志中》:"月行當有遲疾。"《黄帝内經・素問》:"行有逆順,至有遲速。"《新書・大政》:"與民爲仇者,有遲有速,而民必勝之。"皆表達緩慢的意思。若檢視"遲"在葛陵與包山楚簡中的用例,其詞義亦然。通過詞例比對,可發現其與"速""弁"等快速義相反,表示的正是緩慢義。葛陵簡《甲一》簡 24:"疾遲瘥。"《乙二》簡 2:"宜少遲瘥。"《乙二》簡 3:"疾速損,少遲恚瘥。"包山簡 239—240:"疾弁,有續,遲瘥。"簡 243:"病遲瘥。"可見葛陵與包山楚簡的"遲"亦表達緩慢的意思,指疾病的緩慢痊愈。因此"有㞐"讀作的"有遲"應指一種緩慢的狀態,指武王或祭公的不豫之疾在緩慢地拖延着。

唯"有㞐"所讀作的"有遲"或是與之相當的"遲""遲遲""倭遲",在經典文句中並不僅僅表達緩慢的狀態,它其實還形容着先秦思想有關身體心志、血氣修養的狀態。同時,包括"委遲""遲遲"等書寫形式、表達身心氣三位一體樣態的"委蛇"與"威儀"的語義場,"有遲"正屬於此一語義場,是立足於深刻的身體思維所作的經典表述。其蘊含武王或祭公因不豫之疾而呈現身體遲緩、虚弱、病厭等委蛇狀態,進而導致威儀喪失,值此生死存亡之際,來自天命的政權亦隨之動摇。

【陳劍 2015】"有"並即有無之"有",如《左傳》昭公七年謂晉侯之病"有加而無瘳",與"無"對言。名動相因是古漢語習見的現象,用於指疾病加重的"加"字既可以作動詞,如《説文・七下・疒部》謂"病,疾加也",也可以作名詞……

從詞義來説，“有遟”之“遟”應理解爲“停留、留止”義，係由動詞而轉爲名詞，作“有”的賓語。當然，如果直譯爲“(疾病)有停留、有留止”，好像顯得不大通，但這只能説是不大合乎今天的表達習慣而已。略作調整，卽“(疾病)有停留、留止的情況”“(疾病)留止不去”，就很通順了。……從有關詞義引申的脈絡結合古文字用例來看，“遟”之本義既非“徐行”也非“久”，而應爲“等待”。“遟”字的其他常見義項，都是以此作爲引申起點的。

編按：◇“悆”與“豫”可通，“不豫”指身體不適，甚至有疾，不必深究而讀爲“除”。“不豫”又作“不悆”“不懌”，新蔡葛陵簡也有類似説法，如“以坪夜君不㾶(懌)”(乙二 37)、“[以君不]𧾷睪(懌)之古(故)，祈福于司禍……”(乙三 5)。

◇宋華强、蘇建洲和羅新慧三説中的出土文獻例證説明當時的語言在表達“久病不愈”的意思時，習慣用到“遟”這個詞。整理者據《説文》，將“㞭”讀作“遟”，也符合當時語言習慣。但“遟”在句中的詞義，陳劍從詞義引申脈絡所作的分析更爲有理。

二公告周公曰[3]：“我亓(其)爲王穆卜[4]。”周公曰：“未可以【一】慼(戚)虗(吾)先王[5]。”周公乃爲三坦(壇)同鎺(墠)，爲一坦(壇)於南方[6]，周公立女(焉)，秉璧肯(戴)珪[7]。

[3] 二公告周公曰

【整理者】二公，《魯世家》以爲太公、召公。

【陳民鎮、胡凱 2011】二公，據孔傳，指召公、太公。《史記·魯周公世家》同。今、古文均無疑義。周公旦、太公望、召公奭皆王室棟梁，深爲周王所倚重，權勢煊赫，自有采邑而身居朝廷。

【黄懷信 2011A】今本無“告周公”三字。按：下文有“周公曰：‘未可以戚吾先王’”(今本同)，則此“告周公”三字不必有，且二公亦未必專告周公，今本長，簡書三字當是後人據意而增。

【程元敏 2012】楚簡“二公告周公曰：我其爲王穆卜。周公曰：未可以戚我先王”。告周公三字，簡本編者妄加；今本作“二公曰”，文義已圓足，因上文太、召二公欲爲武王卜吉凶一事，必是向當朝公卿大夫宣明，周公立聞之，故卽回應曰：“二公之爲武王卜也，未可以感動我周家先王，因二公與周室關係疏（而我周公親，故後文乃有‘周公乃自己爲功’云云之語）。”簡本編人不通文理，謬會經義，此必其授課講義，增此三字欲以顯豁經義，不知欲益反損也。《尚書·周書》各篇（侯國之書《費誓》《秦誓》例外），凡單稱“公”，必指周公旦，示尊崇其爲天下唯一之“公”，簡本頗將《金縢》之“公”改爲“周公”，其昧於《尚書》之立義至此。

【黄澤鈞 2013A】關於“周公”一詞，於《尚書》中多見，如：

> 《召誥》：“若翼日乙卯，周公朝至於洛，則達觀於新邑營。”
>
> 《洛誥》：“周公拜手稽首曰：朕復子明辟。”
>
> 《多士》：“惟三月，周公初於新邑洛，用告商王士。”

“周公”可有省稱“公”者，如《君奭》全篇爲周公勸勉召公之語，第一次爲“周公若曰”，其後八次爲“公曰”，皆爲“周公曰”，可知“周公”可有省稱爲“公”。然《君奭》爲避免混淆，第一次仍稱“周公”。另外也有不省之例，《無逸》全篇也爲周公之言，全篇共有七次“周公曰”，皆無省成“公曰”。至於《尚書·金縢》中有六處“周公”，八處指“周公”之“公”。因此《尚書》中似乎無單稱周公爲“公”以示尊稱之例。清華簡《金縢》有作“周公”者，亦有作“公”者，應該也只是行文簡稱與全稱的差異，與“《尚書》體例”無關係。

【金正男 2015】根據“告周公”三個字，我們並不能斷定説“後人據意而增”，因爲我們並没有今本《尚書·金縢》比簡本成書更早的確證。且在文獻的傳播過程中,除了"據意而增"外,還有"據意而删"的可能性。"發話者+告(于)+接受者"之類的用例,在甲骨文或者西周時期的出土文獻裏可以看到。例如,"王告于祖乙"(合集 01583 正 1),"王其去告于祖辛"(合集 01724 正 1)、西周中期《曶鼎》的"昔饉歲,匡衆氒(厥)臣廿夫,寇曶禾十秭,以匡季告東宫,東宫迺曰"(集成 02838)、《尚書・大誥》的"肆予告我友邦君越尹氏庶士御士,曰"。而且簡本《尚書・金縢》中的"周公乃告二公曰"也是"發話者+告(于)+接受者"的用例。由此可見,與黄懷信的説法相反,今本的"二公曰"也可能是由簡本"二公告周公曰"縮寫而來的。所以説,簡本"二公告周公曰"並不能作爲成書年代的證據。

簡本"二公告周公曰",今本作"二公曰"。"告周公"三個字只不過是給我們提供了推測經文的具體語境。簡本的"二公告周公曰"比今本的"二公曰"三字更明確地表示三人對話的場面。清華簡《金縢》2—3 號簡"史乃册祝告先王曰"也有相同的作用。

【趙思木 2017】"告周公"三字爲後人所增,或者將"公"改稱"周公",並無證據。程氏所謂"《尚書・周書》各篇凡單稱'公'必指周公旦",確實如此,但這種現象只見於《金縢》《洛誥》《君奭》。《洛誥》單稱之"公",絶大多數出現在成王與周公的對話中,是對周公的指稱,《金縢》中單稱之"公",多數也都是對話等場合下指稱周公,這恐怕不能作爲周公專門稱"公"的證據。《君奭》記周公告召公語,每段話以"周公曰"或"公曰"起首,"公曰"居多。《無逸》也是周公誥語,但每段話都以"周公曰"起首。或許《君奭》之"公曰",只是"周公曰"的簡稱,而《無逸》並未簡稱而已。《金縢》只有一處管叔流言"公將不利於孺子"之"公",似可能被認爲是周公專門稱"公"的證據。其實無論從《尚書》還是金文來看,周公都不是其生前"唯一的公"。《尚書・周書》中單稱之

“公”都指周公,恐怕只是巧合,而並非尊崇周公。

編按: 黄澤鈞和金正男説法較爲可取。從簡本的篇章文意脈絡來看,本句“二公告周公曰”是周公在文意中第一次出現,明確説出“周公”二字,有助讀者明白對話中的基本人物和人物關係。但是無論簡本還是今本都没有明確交代二公的身份,而且今本“既克商二年”相對簡本也没有提示行爲的主語“武王”。究其原因,《金縢》前面部分可能有西周原始記録作基礎,像西周銅器銘文一樣,凡是涉及時王的記録,篇首交代完時間後一般直言“王”而不交代爲何王。比較而言,今本“既克商二年,王有疾不豫。二公曰……”更像原始記録,而簡本“武王既克殷三年,王不豫有遲。二公告周公曰……”增加“武王”和“周公”,可能是後人對原始記録所作加工。深入的討論,參見本書第四章第一節《〈金縢〉的文本性質》。

[4] 我亓(其)爲王穆卜

【李煒、田佳鷺 2011】簡 1“我亓(其)爲王穆卜”、簡 12“隹(惟)余沓(沖)人亓(其)親逆公”,“亓(其)”字表時間,意爲“將”。《詞詮》曰:其,“時間副詞,將也”。

【張顯成、王玉蛟 2011】其,寫作“亓”。用作時間副詞,用在謂語之前,表示將要進行某種行爲動作。可譯爲“將要”。

【黄人二 2011】“穆卜”照字面講,即“恭敬的卜”,但這是没意義的話,任何占卜,鮮少有不恭敬的。又,意“枚卜”(《大禹謨》),是一種簡單的卜,據《尚書·洪範》“三人占,從二人之言”,知“穆卜”爲“單卜”,否則要三位占卜官最少各自占一卜的,此稱“習卜”,這點在包山、新蔡所謂卜筮祭禱竹簡中,可以看出。是以,下文周公乃有“未可以戚吾先王”之語,以其誠意不足、禮備不豐,不能感動在天之先王,懼不能使其來格也。“穆”,《魯世家》作“繆”。

【馮時 2011】“穆卜”之義，僞孔《傳》訓爲“敬卜”，甚誤。唐蘭先生據西周金文所見京宫、康宫之廟制，考“穆卜”實卽卜穆，乃卜武王之繼承者成王，卽武王之穆，文從意順，可謂的解。故舊傳如王廉、袁枚輩據“穆卜”而疑《金縢》者，皆不足據。是“穆卜”與下文“乃卜三龜，一習吉”所反映的卜事根本不同，“穆卜”旨在棄武王而卜成王，“乃卜三龜”則爲禳武王疾，二事不可混淆。

【朱鳳瀚 2011】唐蘭先生之説可以訂補者，是“爲王穆卜”似不必讀作“爲王卜穆”，而可以讀作爲“王穆”卜，“王穆”卽是“王之穆”，此是占卜是否已要爲王確定下一代繼任者，故周公認爲此舉實不可爲，曰“未可以”作如此占卜，因爲這樣作將會“戚我先王”，也卽會使武王早卒。如此“王穆”之説確是出於西周時史官記録之原本，則此應是昭穆之稱較早出現的例子。

《史記·魯周公世家》兩次出現“繆(穆)卜”，先是記“武王有疾，不豫，群臣懼，太公、召公乃繆卜”，相比簡本，將“爲王穆卜”寫作“繆(穆)卜”，遂使所卜之内涵不甚明朗。《魯周公世家》還記成王開金縢書後“執書以泣，曰:‘自今後其無繆(穆)卜乎！……’”，今本也有此句作“王執書以泣曰:‘其勿穆卜……’”，此句簡文無。如原本確有此句，原文是否有“穆卜”一詞亦未可知。今本僞孔傳釋曰:“本欲敬卜吉凶，今天意可知故止之。”但今本此句與《史記·魯周公世家》所引也有差别，如按《史記·魯周公世家》所引，僞孔傳所云並不妥當，其文是曰“自今後其無穆卜乎!”並非是講因爲得知此一次天象灾異是“天動威以彰周公之德”(今本文)故不用卜，而是講今後不宜再作“穆卜”之舉。由此亦可見所謂“穆卜”(卽簡文“爲王穆卜”)必是一種特殊的有固定目的的占卜，而將“穆卜”訓爲“敬卜”，亦不能解釋《史記·魯周公世家》所引“自今後其無穆卜乎!”這句話，成王泣而所言此話，很可能是感慨於周公反對“爲王穆卜”以“戚我先王”之舉所顯現之周公對武王之忠心，而要廢除在時王有疾時再舉行"爲王穆卜"(卽占卜是否要爲王立繼承人)之行爲，以承繼周公之品德。

【陳偉 2012】"繆"或"穆"字應讀爲"瘳"。《説文》:"瘳，疾瘉也。"《方言》卷三:"南楚病愈者謂之差，或謂之閒，或謂之知。知，通語也。或謂之慧，或謂之憭，或謂之瘳，或謂之蠲，或謂之除。"《周禮・春官・大卜》:"以邦事作龜之命，一曰征，二曰象，三曰興，四曰謀，五曰果，六曰至，七曰雨，八月瘳。"鄭玄注:"國之大事待蓍龜而决者有八。定作其辭，于將卜以命龜也。鄭司農云:'……瘳謂疾瘳不也。'"瘳卜，猶卜瘳，卜問疾愈之事。

在傳世文獻和出土簡牘中，有關於瘳卜比較詳細的記載。《左傳》昭公元年:"晉侯有疾，鄭伯使公孫僑如晉聘，且問疾。叔向問焉，曰:'寡君之疾病，卜人曰實沈、臺駘爲祟，史莫之知。敢問此何神也?'"包山楚簡 245—246 號:"大司馬悼滑以將楚邦之師徒以救郙之歲荆夷之月己卯之日，五生以丞德以爲左尹佗貞:既腹心疾，以上氣，不甘食，尚速瘥，毋有柰。占之:恒貞吉，疾弁變，病窔。以其故説之。舉禱荆王，自熊麗以就武王，五牛、五豕。思攻解於水上與溺人。五生占之曰:吉。"《論衡・祀義》:"世信祭祀。以爲祭祀者必有福，不祭祀者必有禍。是以病作卜祟，祟得修祀，祀畢意解，意解病已。"比較好地概括瘳卜的程序。……如果西周(或者《金縢》作者心目中的)瘳卜與前揭春秋、戰國至漢代文獻所示略同，那麼周公先祝告，請求以自身替代武王，然後再卜問吉凶，確實與通常行事頗不相同。

《書・金縢》記成王啓金縢之書、明瞭真相後，寫道:"王執書以泣，曰:'其勿穆卜。昔公勤勞王家，惟予沖人弗及知。今天動威，以彰周公之德，惟朕小子其新逆，我國家禮亦宜之。'"竹書本略同，但無"其勿穆卜"四字。此句《魯世家》寫作:"自今後其無繆卜乎。"如果將"繆(穆)"讀爲"瘳"不誤，成王此語可理解爲，周公這樣用自己生命來進行瘳卜使得例行的瘳卜相形見絀。

【姚蘇傑 2013】先秦文獻見“穆卜”者僅此《金縢》一篇。可想見,成王“其勿穆卜”的禁令似爲周人所遵循,後世便不再進行穆卜,乃至忘却其確切含義。因此,我們無法確知所謂“穆卜”究竟如何,特殊在何處。僅能據《金縢》之記載推測如下：首先,“以身代死”當爲“穆卜”的核心内容。所以周公在穆卜祝辭中説明願以自身代武王死,以求得武王能够病愈。……不過這種做法却違背周代出現的敬天命而重人事的思潮,尤其違背儒家思想。所以歷來就有學者或者道學家質疑其真僞,指出這種占卜是“不知命”“滋後世刲股醮天之俗”。這種觀念的衝突,不一定周初即已産生,但未嘗不能視作是成王禁止穆卜的原因。這種衝突也可側面證明《金縢》史料的原始性。其次,將卜祝時所用的策書藏於特殊的“金縢之匱”,且其事必須秘而不宣(除參與者外),這當是穆卜應驗的必要條件。這就可以解釋周公爲何先阻止二公占卜,又私下自己進行占卜,以及爲何在占卜完成之後一直保密。周公首先不希望由太公和召公代死(符合儒家凸顯周公聖德的目的),其次又認爲自己與武王血緣更近、占卜能力更出衆,因此穆卜更有可能應驗。……第三,穆卜的靈驗程度,同占卜者的個人才能及其與被占卜者的血緣關係有關聯。這一點我們可以從周公阻止二公的這一行動和他的祝辭中推測出來。周公在穆卜祝辭中説“予仁若考能,多才多藝,能事鬼神”,十分强調自己的才能。而在血緣關係上,《金縢》中提到能進行穆卜的太公、召公、周公三人,他們就都與武王有血緣關係：太公姜姓,是武王的母族親屬;召公姬姓,是武王的父族親屬;周公則是武王的親兄弟。……第四,穆卜有一套特殊的儀式流程,與普通的占卜不同。《金縢》對此作了詳細記録,即“公乃自以爲功,爲三壇同墠,爲壇於南方,北面,周公立焉,植璧秉珪,乃告太王、王季、文王。史乃册祝”，以及册祝完之後“乃卜三龜”“啓鑰見書”“納册於金縢之匱中”等。這些應當都是穆卜有别於普通占卜的特殊之處。若不然，編輯《金縢》的史官不會大費筆墨記載一個司空見慣的占卜儀式。

【黄澤鈞 2013B】釋“穆卜”爲卜繼承人，與殷周代繼承法不合，據史傳，商代晚期已是傳嫡長子，周人從古公亶父起也是父死子繼了。《周禮·春官宗伯·大卜》有“凡國大貞，卜立君，卜大封”，賈公彦疏：“卜立君，君無冢適，卜可立者。”也就是説在没有嫡長子時，才會行占卜繼承人。……另外，占卜某一件事，通常是“卜某”，而非“某卜”，因此，“穆卜”不得釋“卜穆”。同樣的，如果是“卜瘳”也不會作“瘳卜”。而且自商代甲骨文字來，一直都有對生病卜問的記録，甚至會明言疾病的部位是首、目、耳、鼻、口、齒、胸、腹等部位。在大量的出土文獻和傳世典籍中，似乎還未見到“瘳卜”或“卜瘳”一語。因此不考慮釋作“瘳卜”。此處仍從僞孔《傳》以來的説法，將“穆”訓爲“敬”。

【趙思木 2017】陳偉所舉古文獻中所見“瘳卜”之例包括下列三事：

> 晉侯有疾，鄭伯使公孫僑如晉聘，且問疾。叔向問焉，曰：“寡君之疾病，卜人曰實沈、臺駘爲祟，史莫之知。敢問此何神也？”（《左傳》昭公元年）
>
> 昭王有疾，卜曰“河爲祟”。（《左傳》哀公六年）
>
> 晉襄公使人于周曰：“弊邑寡君寢疾，卜以守龜曰：三塗爲祟。”（《吕氏春秋·精喻》）

陳氏認爲三例都是“瘳卜”。我們認爲這些事例是在卜問何神作祟導致君王疾病，這種占卜常見於殷墟卜辭。從周公答話説“未可以戚我先王”可知，三人應該已經認爲是先王作祟導致武王疾病,所以"穆卜"應該不是卜問是否先王作祟。殷墟卜辭中也常見卜問疾病何時好轉之例,蔡哲茂也將這種卜辭中用爲病情好轉義的"㳉"字讀爲"瘳"。從這個角度認爲"穆""繆"讀爲"瘳",可能更有道理。但讀爲"瘳卜"所不易解釋的一點是爲什麼要用倒裝來表達,而不是説成"卜瘳",而且楚文字自有"瘳"字,未見"穆""繆"用爲"瘳"之例。我們亦暫從僞孔傳説,訓"穆"爲"敬",但占卜的内容可能是武王能否瘳愈。

【王化平 2017】二公欲"穆卜",其實是想知道周武王久疾未愈是何方鬼神作祟,並爲下一步的祭祀做準備;或是詢問疾病是否可以痊愈,以便做相應準備。但周公否定了這種做法,決定禱於先祖,移禍於自身。……"穆"字可與"繆"通,後者从"翏"得聲。在戰國簡中,"瘳"字常寫作"翏"。是以"穆"與"瘳"之讀音亦當相近。因此,所謂"穆卜"就是"卜穆",也卽"卜瘳"。……"其勿穆卜"當指以後不必就疾病是否痊愈施行占卜,因爲周公移禍使武王痊愈已經説明,與其卜問痊愈,不如像周公那般虔誠地施行禱祝。

【馮勝君 2022】雖然目前還不能對"穆卜"的含義做出準確的解釋,但"穆卜"應該是與後文周公所舉行的"册祝"相對而言的。在册祝過程中,周公不僅自己扮作犧牲,而且承諾如果先王答應請求,則貢獻圭璧。與之相對的,"穆卜"可能是一種比較單純的占卜活動,没有獻祭等環節,故周公説這種方式不足以打動先王。

編按: ◇ 關於"穆卜",古今至少有"敬卜""卜穆""卜瘳"和"默卜"等多種説法。① 馮時和朱鳳瀚二説略有差異,皆重提唐

---

① 對今本"穆卜"解釋的梳理參見晁福林:《"穆卜""枚卜"與"蔽志"——周代占卜方式的一個進展》,《文史》2016 年第 2 輯;簡本發表以後相關解釋的梳理參見黄澤鈞:《出土、傳世〈金縢〉合校——"穆卜"一詞爲對象》,《有鳳初鳴年刊》第 9 期,東吴大學,2013 年,第 564—569 頁。

蘭先生"穆卜"實爲"卜穆"之説，雖可備一説，但黄澤鈞的質疑不無道理。而且，由後文周公所説"未可以戚我先王"可推知，周公認爲二公的"穆卜"不足以打動先王，説明二公的目的也是去打動先王，但其行爲的程度不够。"卜穆説"核心是卜問即位人，這種行爲不存在打動先王的目的，基本可以排除。"卜瘳"説實爲後人所謂"卜祟"，古人疾病占卜或者卜問病祟的源頭；或者卜問患者是否可以治愈，卜問痊愈或死亡之期。①

周公言"未可以戚吾先王"是認爲二公的"穆卜"還不足以打動先王，言外之意是二公"穆卜"的功能和效果遠不如下文周公的"以身代禱"。殷墟卜辭和周原卜辭中的一些材料可以輔助我們理解"穆卜"和"以身代禱"的差别。時人對於疾病，常常求告於先祖，祈求神靈的"賜愈"，如卜辭中對於耳鳴的症狀，出現過用百隻羊爲祭牲來求告先祖的例子：

(1) 庚戌卜，朕耳鳴，有御于祖庚羊百有用，五十八有毋用，今日。(《合集》22099)

也有不用祭品向祖先作一般性求告和祭祀的占卜：

(2) 貞：疾口，御于妣甲。(《合集》11460)②

又如周原甲骨中同版的卜辭中出現先後求禱病瘳的記録：

(3) 翌日甲寅，其厄使瘳。

(4) 八七五六八七

(5) 其禱，使有瘳。

---

① 楊華：《出土日書與楚地的疾病占卜》，《武漢大學學報(哲學社會科學版)》2003年第5期，第564—569頁。

② 第(1)和(2)一類卜辭的初步研究參見李宗焜：《從甲骨文看商代的疾病與醫療》，《"中研院"歷史語言研究所集刊》第72本第2分，"中研院"歷史語言研究所，2001年，第348—349、351頁。

(6) 八六七六八八

(7) 我既厄,禱,使有瘳。

(8) 八七六八六七

第三條是在占卜病情是否好轉;第五條則是要卜問采取祈祝的方式,病情是否有所好轉;第七條再次占卜説自己遭遇病情,已經禱祝,病情是否會好轉。[①] 整體上六次占卜,三次以數字卦形式的筮占,三次龜卜。二公的"穆卜"則接近上述卜辭中涉及疾病的一般性求祝和占卜。相對於上述八則一般性的求告和占卜,周公的禱祝則屬於層次更深的疾病轉移禱告,希望以已身取代武王,去承受武王的疾病。周公認爲唯有如此才能打動先王。

對於先秦時期占卜前後的程式,儘管材料有限,學界大體上確定在重要的占卜之前常伴隨詔號和祝禱一類的環節,然後才會命龜和占卜。[②] 裘錫圭先生就曾明確區分《金縢》此處周公的册祝和後面的占卜,認爲册祝後還要占卜,占卜是决疑的手段,還引《論衡·知實》"武王不豫,周公請命,壇墠既設,策祝已畢,不知天之許己與不,乃卜三龜,三龜皆吉"爲證。[③] 簡本與今本一大差異是簡本没有今本在周公祝禱之後"乃卜三龜,一習吉"等占卜的一段文字。馮時指出"乃卜三龜,一習吉"事同殷周三卜制度,"習卜"也爲當時占卜術語,"王其罔害"的"罔害"即卜辭之"亡害",因此此段文字當本諸原典,簡本缺少占卜文辭,似應

① 此處采取寬式釋文,卜辭摹寫與基本隸定參見曹瑋:《周原新出西周甲骨文研究》,《考古與文物》2003 年第 4 期;學界考釋意見的集釋參見許子瀟:《西周甲骨材料整理及相關問題研究》,吉林大學碩士學位論文,2017 年,第 59—65 頁。

② 杨升南、王宇信:《甲骨學一百年》,社會科學文獻出版社,1999 年,第 206 頁;朴載福:《先秦卜法研究》,上海古籍出版社,2011 年,第 202—212 頁。

③ 裘錫圭:《關於殷墟卜辭的命辭是否問句的考察》,《中國語文》1988 年第 1 期;收入《裘錫圭學術文集·甲骨文卷》,復旦大學出版社,2012 年,第 337 頁。

出於儒家《書》教之需而做的刻意省略。① 這種説法考慮到了殷周時期具體的占卜制度，因而是可取的。按照占卜前後的程式，周公祝禱在先，祝禱的目的是希望先王允許由他來分擔武王的疾病；"乃卜三龜"的占卜發生在後，卜問的當是判斷先王是不是允許周公來分擔王的疾病。

類似於上述(1)至(8)條卜辭那樣，二公所謂的"穆卜"在周公心中可能是一種較爲簡略的占卜，只是一般性的求告和占卜，或獻上祭品，或只是卜問武王疾病能否痊愈。因此，"穆卜"不是一種特有的占卜類型，"穆卜"之"穆"可能强調的是占卜時該有的肅穆、虔敬和莊重，"卜瘳"説恐難成立。"穆卜"之"穆"還是應該取常用義，訓作"敬"。

［5］未可以慼(戚)我先王

【整理者】慼：《説文》作"慽"，"憂也"。今本作"戚"，《史記集解》引孔安國云"近也，未可以死近先王也"；鄭玄訓爲"憂"，云："未可憂怖我先王也。"鄭説較長。

【釋文索引 2011】隸定爲"慼"，讀爲"慼"。

【廖名春 2011】"慼"訓"近"、訓"憂"都欠妥當。戴鈞衡云："竊謂此言僅卜未足以動我先王也。'戚'讀若《孟子》'於我心有戚戚焉'之'戚'，趙岐注：'戚戚然心有動也。'僅卜未可以感動先王，故下文特爲壇墠，先册告而後用卜耳。"是"憂"義引申爲"心有動"義。其實，"戚"當爲"俶"之假借。《方言》卷十二"俶，動也"，錢繹(1770—1855)箋疏："《釋詁》：'動、俶，作也。'是'俶'與'動'同義。《説文》：'埱，氣出於土也。'《廣雅》：'俶，動也。'義並

① 李學勤早先在未見清華簡材料時已從甲骨和楚簡材料論證"一習吉"等説法淵源有自，參見李學勤：《〈尚書·金縢〉與楚簡禱辭》，收入李學勤：《文物中的古文明》，商務印書館，2008 年，第 408—412 頁；商代習卜制度的初步研究可參考宋鎮豪：《殷代"習卜"和有關占卜制度的研究》，《中國史研究》1987 年第 4 期。

與‘俶’同也。……《孟子·梁惠王》篇:‘於我心有戚戚焉。’‘戚’與‘俶’聲近,義亦同。”可見“未可以慼吾先王”即“未可以俶吾先王”,亦即“未可以動吾先王”。周公的意思是説,只憑“穆卜”,不可能打動我們的先王,還得先爲壇墠而册告才行。

【黄懷信 2011B】今本“慼”作“戚”,舊訓近也。今按作“慼”是。慼,憂也。未可以慼吾先王,言不可以使先王憂慼。言下之意,就是應當滿足先王的要求。

【黄人二 2011】依據簡本,“慼”即“蹙”之義,面色憂戚,即漢鄭玄“未可以憂怖我先王也”之説;又,此字可通假爲“就”“造”,指先王之神靈,可以從天來格,享用子孫之祭祀。“吾”,今本作“我”。“先王”,據今本,亦稱“太王”“王季”“文王”。又案,簡文“慼”字應該視爲从心、从戈,聲符部分从“丵”省聲,“丵”古聲韻爲崇母、宵部,古聲與“戚”爲旁紐,古韻部與之爲旁轉,故得取其一部爲省聲。今之“戚”乃从“尗”得聲,古聲韻爲清母、幽部,故此字之聲符亦當與之相近。另外,簡文此字的聲符或許可以再考慮一下,或與“帶”“察”“契”“竊”諸字有關,必需另文詳論。

【陳民鎮、胡凱 2011】筆者竊以爲訓憂或動,文意難通,舊注仍有合理之處。“戚”本有親近義,可讀如字。此處“戚”或亦可讀作“蹙”。“戚”或“慼”皆可與“蹙”通。《公羊傳》莊公三十年:“蓋以操之爲已蹙矣。”《周禮·考工記》鄭注、《詩經·大雅·江漢》正義均引“蹙”作“戚”。《禮記·禮器》:“不然則已蹙。”《釋文》謂“蹙”本又作“慼”。郭店簡《語叢一》34見及“戚”字,即讀作“蹙”。“蹙”可訓作接近。《説文》云:“蹙,迫也。从足戚聲。”《詩經·大雅·召旻》曰:“昔先王受命,有如召公,日辟國百里;今也日蹙國百里。”即用作此義。包山簡卜筮禱辭中常見“有慼於躬身”一語,或可與此處參證發明。準此,則包山簡所見“慼”亦或當重新理解。《金滕》一篇,多占卜術語,且多並見傳世文獻與出土文獻。

【朱鳳瀚 2011】今本作:"二公曰:'我其爲王穆卜。'周公曰:'未可以戚我先王。'"與簡文基本相合。要理解這句話的意思似首先應明白周公所言"未可以戚我先王"的意思。今本僞孔傳曰:"戚,近也,……周公言未可以死近我先王。"孔穎達疏曰:"死則神,與先王相近,故言近先王,若生則人神道隔,是爲遠也。"所釋比其他諸説可能更合乎此句話之本義。按此説,則"戚""慼"可以讀作《説文》訓作"迫也"的"蹙"字。周公如此説,實際是認爲二公所言占卜之事,只會出現"蹙我先王"之結果,亦即會促使武王早卒,故否定二公"爲王穆卜"之考慮,而認爲此舉"未可以"。

【陳偉 2012】對二公瘳卜的提議,周公説:"未可以慼吾先王。"……戴鈞衡指出:"竊謂此言僅卜未足以動我先王也。戚讀若《孟子》'于我心有戚戚焉'之'戚'。趙岐注:'戚戚然,心有動也。'僅卜未可以戚先王,故下文特爲壇墠先册告而後用卜耳。"

【黄澤鈞 2013B】二公要爲武王"穆卜",周公説"未可以戚吾/我先王",那麼表示周公認爲"穆卜"不足或是無法"戚先王"。因此周公才"以身代禱",如此才能够"戚先王"。不過,如果像是《尚書》《史記》中成王在知道周公"以身代禱"後説"其勿穆卜",那表示"以身代禱"也是"穆卜"的一種。那麼,要反推爲什麼周公要説"未可以戚吾/我先王"了。原本"未可以戚吾/我先王"的關鍵是在於"穆卜"與"以身代禱"的差别,但是根據《尚書》《史記》第二出現的"穆卜",讓周公的"以身代禱"也成爲"穆卜"的一種。如此一來"未可以戚吾/我先王"還是周公反對二公穆卜嗎?僞孔《傳》説這句是"相順之辭";也就是説,"未可以戚吾/我先王"不是反對二公穆卜,而是聽到二公要穆卜後同意或是補充的話。如此"未可以戚吾/我先王"該如何理解?僞孔《傳》將"戚"訓"近",説"未可以死近我先王",但是何人"死近我先王"?……

孔穎達認爲僞孔《傳》是將"戚"訓"近","戚先王"卽"近先王",靈魂靠近在上天的先王,就表示過世了。依照僞孔《傳》和孔穎達對這裏的理解,簡單的翻譯就是:二公説"我們虔誠地爲武王占卜"。周公説:"對啊,不能讓武王靈魂接近先王。"不過《金縢》原文是周公回答二公"未可以戚吾/我先王",這裏没有看到主語是武王,僞孔《傳》和孔穎達混淆了這句話的主語。因此將"戚"訓作"近"指"武王近先王"之説不可從。另外鄭玄將"戚"訓"憂",……鄭玄之説爲孔穎達所引。鄭玄根據《禮記·文王世子》記載,武王夢見自己有九十歲,文王有百歲,便向文王説此夢。文王便説我給你三歲,故文王年九十七歲,武王年九十三歲。鄭玄認爲由於周公知道"文王給武王三歲"之事,所以知道武王此不會死,要二公不要以此事來打擾先王。不過此説更不可信,第一,"文王給武王三歲"這一説法爲後世傳説意味濃厚的記載;第二,若周公真知道"文王給武王三歲"之事而認爲不必占卜打擾先王,那後來自以爲貢,以身代禱之事應該如何理解?

而至後代學者反覆玩味經文,加上清儒認爲孔《傳》晚出,對於孔《傳》敬意較低,才逐漸相信"未可以戚吾/我先王"不是"相順之詞",而是阻止二公穆卜。而爲何阻止二公穆卜,王鳴盛云:

> 周公方欲止二公卜,而自爲請代,如徒爲"相順之辭",則當與二公同卜矣,何爲獨自潛卜,不使二公知乎?《傳》非也。……止二公卜而自以爲功者,公親,二公疎也。

王鳴盛雖然已經明確指出僞孔《傳》的問題,但是對於爲何周公反對二公穆卜,也只能説因爲"周公親,二公疏",所以要周公自己穆卜。但是如果根據清華簡《金縢》成王没有説"其勿穆卜"這句,就可以瞭解周公説"未可以戚吾/我先王"不是因爲"周公親,二公疏",而是因爲周公認爲"穆卜"不足以打動先王,必須要"以身代禱"才行。

以上這些經説紛擾,可能還是由於《尚書》《史記》在成王知周公以身代禱後説了"其勿穆卜",而造成後人不明"未可以戚吾/我先王"的關鍵是在於"穆卜"與"以身代禱"之間,而造成"戚"字有諸多解釋。然今幸有清華簡《金縢》的問世,知成王未説"其勿穆卜",對於"未可以戚吾/我先王"一句理解大有助益。

【馮勝君 2022】簡本與今本有二重要歧異,卽"我其爲王穆卜"之前今本爲"二公曰",簡本則作"二公告周公曰"。黄懷信、程元敏都認爲簡本多出來的"告周公"三字爲後人誤增,無據。本來"我其爲王穆卜"之"我"就是"我們"的意思(至少包括太公、召公二人),據簡本,二公談話的對象就是周公,則"我(我們)"指稱的範圍還應該包括周公在内。而且"我其爲王穆卜"之"其"是表示祈使語氣的副詞,可翻譯爲"我們應該爲王穆卜","我們"無疑應包含周公在内。從這個角度看,"未可以慼吾先王"的主語不可能是二公,"慼/戚"也不可能是親近、親附的意思。裘錫圭(1988)①針對今本《金縢》相關記載,認爲:"周公正是由於不同意爲武王之疾進行占卜,而采用'册祝'的方式向先王提出讓武王病愈的要求的。册祝和占卜是兩回事。册祝後所以還要占卜,'卽命於元龜',是爲了判斷先王是否答應周公的要求。這正好説明占卜僅僅是決疑的手段。"裘先生此説也認爲周公與二公的分歧在於是占卜還是册祝,在裘錫圭(1989)②文中再次强調:"從中國上

---

① 【編者注】裘錫圭:《關於殷墟卜辭的命辭是否問句的考察》,《中國語文》1988 年第 1 期。

② 【編者注】裘錫圭:《對〈關於殷墟卜辭的命辭是否文句的考察〉一文的評論的答覆》,載 Early China No. 14(1989),收入《裘錫圭學術文集·甲骨文卷》,復旦大學出版社,2012 年。

古文獻來看,謀求鬼神祐助一般用祭祀、祝告等方法,占卜則是人們瞭解鬼神意志的一種手段。"簡本與今本相對比,没有記載"册祝"之後的占卜程序(即今本中"乃卜三龜,一習吉"云云)。但裘錫圭(1989)指出,今本"《金縢》所記的册祝之辭在最後提到,將要進行占卜來判斷先王是否答應周公的要求,以决定是否把圭璧獻給他們",這樣的理解,同樣適用於本篇簡文。因爲簡文雖然没有提到占卜過程,但如果不進行占卜,則無法確定先王對祝告的態度("爾之許我""爾不我許"),並采取相應行動(是否獻圭璧)。綜合各種因素考慮,我們贊同"未可以戚吾先王"的主語當爲"穆卜"的意見,"戚"應理解爲觸動、打動。

編按: ◇"戚",諸説或訓爲"憂",或訓爲"動",或訓爲"就",或訓爲"迫"。分歧在於如何理解周公對"爲王穆卜"的態度,或認爲周公已認同"穆卜",但"穆卜"不足以"動""就"先王;或認爲周公不贊同"穆卜","穆卜"反而會"憂怖""迫近"先王。從後文周公爲武王向先王"以身代禱"的情形看,這裏周公所言"未可以戚我先王"當指周公不太認同二公"穆卜"之行爲,認爲二公"穆卜"不足以達到效果,不足以"戚我先王",所以才有下文周公的"以身代禱"。《孟子》"於我心有戚戚焉"之"戚",趙岐注:"戚戚然心有動也。"此處的"戚",亦有類似的意思,"未可以戚吾先王"即言二公"穆卜"還不足以打動先王。"穆卜"是這句話省略的主語。

◇如黄澤鈞所言,今本第二次出現的"穆卜"確實給經學家帶來了困擾,所以才有"穆卜"和"戚"字的種種説法。清華簡簡文没有"其勿穆卜",祛除了此一煩擾。

[6] 周公乃爲三坦(壇)同䢔(墠),爲一坦(壇)於南方

【整理者】築土爲壇,除地爲墠,孔傳、《説文》、《禮記・祭法》注並同。

【劉雲 2011】的上半部分整理者隸定爲“尔”，單就字形來説，這種隸定是没有問題的。不過，這裏的“尔”恐怕並不是真正的“尔”字，我們認爲這裏的“尔”是“亩”的省簡。在古文字中，相似的形體往往具有相似甚至相同的演變環節。在戰國文字中，“亩”與“爾”形體相似，甚至有混同的現象。戰國文字中的“爾”可以省簡爲“尔”，那麽，戰國文字中的“亩”也是完全有可能省簡爲“尔”的。事實上，戰國文字中的“亩”也確有省簡爲“尔”的。戰國中山王墓兆域圖中有字作，該字从“心”“圖”聲，“圖”从“啚”，“啚”从“亩”，“亩”已省簡爲“尔”。清華簡《皇門》簡 3、13 中有从“貝”从“亩”的字，凡三見，字作（簡 13）。劉洪濤先生認爲，郭店簡《老子》甲簡 27 中从“貝”从“尔”的是該字的異體。劉先生的觀點很有道理，後者就是前者的省變之體。此例爲“亩”省簡爲“尔”的例子。的上半部分是“亩”，下半部分的左邊是“土”，右邊是“旦”，我們不難看出，“亩”與“旦”可以組成“亶”字。“亶”與“土”又可以組成“壇”字，也就是説，應就是从“土”“亶”聲的“壇”字。……

簡本中的對應着今本中的“墠”字。這樣看來，與“墠”應該有着比較密切的聯繫，整理者將讀爲“墠”當也是意識到了這一點……此處的“壇”應讀爲“墠”。“壇”的古音是定母元部，“墠”的古音是禪母元部，兩字聲母同屬舌音，韻部相同，古音很近。傳世文獻中“壇”與“墠”多有相通之例，如：《詩・鄭風・東門之墠》“東門之墠”之“墠”，陸德明《釋文》作“壇”；《左傳》宣公十八年“壇帷”之“壇”，《公羊傳》作“墠”；《左傳》襄公二十八年“舍不爲壇”，孔穎達《正義》“壇，服虔本作墠”；《周禮・大司馬》“暴内陵外，則壇之”，鄭玄注“壇，讀如同墠之墠”；《禮記・曾子問》“望墓而爲壇”，陸德明《釋文》“壇，或作墠”；《史記・孝文本紀》“其增廣諸祀墠場珪幣”之“墠”，《漢書・文帝紀》作

“壇”。傳抄古文中“墠”字作“壇”,也就是説,戰國文字中的“壇”字曾有用爲“墠”的現象。可見,讀“壇”爲“墠”是没有問題的。

【陳民鎮、胡凱 2011】壇者,指土築的高臺,用諸祭祀,良渚文化土築大祭壇爲其濫觴。清華簡寫作“坦”,此前該字形已見諸包山簡、九店簡,包山簡 175 所見字即讀作“壇”。墠者,指平整過的土地。清華簡寫作“𨤵”,通作“墠”。此前郭店簡《成之聞之》28 見及[illegible],隸作“𨤵”,訓除。《詩經·鄭風·東門之墠》:“東門之墠,茹藘在阪。”是之謂也。《禮記·祭法》云:“是故王立七廟,一壇一墠。”此處爲三壇同墠,與《禮記》所載禮制不同。孔傳云:“因太王、王季、文王請命於天,故爲三壇。壇築土,墠除地,大除地,於中爲三壇。”可從。周公復立一壇於南方,面北,以告先王。今本明言先王(三王)指大王、王季、文王,清華簡未言及。

【黄懷信 2011A】“周公乃爲三壇同墠,爲一壇于南方”,今本無“周”字,“公”下有“自以爲功”四字,無“一”字。按:今本下文云“以旦代某之身”,則有“自以爲功”四字長,謂以自身爲抵押以求成功。簡書後文云“周公乃納其所爲功自以代王之説于金縢之匱”,明顯是以“自以爲功”四字移用於後,可見是對原作有改寫。唯“爲一壇”之“一”字以意當有,謂三壇之外另爲一壇,今本蓋脱。

【朱鳳瀚 2011】簡文記周公爲三壇同墠,爲一壇於南方,以禮玉祝告先王,與今本内容大致相同,證明此一記載確應是此文原本所有。周人爲人事祭告先王要在郊野築壇進行,並使用禮玉,頗似祭天神之禮儀,其原因大概正是要通過周先王之侍奉上帝而求得“命于帝庭”,即求得上帝之布佑于四方,而且與周人相信周先王等王室成員去世後“瀕在帝廷陟降”即在天上的信念有關。周人的這種宗教觀念,實際是將上帝視爲自己的保護神與至上神，這與商人對上帝的信念所反映出的宗教觀是有明顯差別的。

【孫合肥 2015】劉雲先生將此字釋爲“壇”，正確可從。我們認爲此字從構型上看或可看作是戰國文字中形體共用之一例。……此字並不是“尔”與“坦”形體上的簡單組合。當分析爲“土”與“”兩部分。戰國文字“亶”字異體繁多。或作(璽彙 0324)、(璽彙 3327)、(陶録 5・51・3)、(集成 9977)，或又增繁作(璽彙 0290)、(清華貳・繫年 123)、(陶録 2・17・1)等形，增“米”“秝”“攴”。

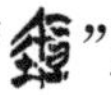

“”所从“”，形體上下兩部分共用中部“日”形，爲、兩部分形體共用。“”爲“旦”，與簡文中“坦”所从“旦”形同。“”與上述“亶”字繁體、、中的“亶”形近，乃“亶”字，只是於“尔”形豎畫上增加了一横畫飾筆。此種現象楚文字中存在，如楚文字“亶”字又增繁作(清華壹・皇門 3)、(清華壹・皇門 13)、(清華壹・皇門 13)，於“尔”形豎畫上增加了一横畫飾筆。

“”旁上部从“亶”，下部从“旦”，所从“亶”與“旦”共用“日”形，乃“亶”字省體。因此，“”字應由“土”與“亶”兩部分形體組成，“亶”旁所从“亶”與“旦”形體共用。“”字，从土，亶聲，即壇字。“壇”字今本《尚書》作“墠”，簡文中讀“墠”。同一簡文中出現的“坦”讀爲“壇”。

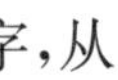

【金正男 2015】“”正與今本“墠”相對應。對於今本“爲三壇同墠”的解釋，諸家意見基本一致。“墠”是“設三壇”的場所，或者“清除一塊土地”的意思。但筆者認爲“”字或有另一個釋讀可能。“墠”可讀爲“禪”。從字源來講，“禪”字本來是“墠”。段玉裁在《説文解字注》裏説“古封禪字蓋只作墠”。段氏所引的項威注“除地爲墠，後改墠曰禪”。這兩字有很密切關係。

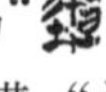

先秦文獻所見的"墠"本有"經過整治的郊野平地"之義,後兼有"供祭祀用的經清掃的場地"之義。如《禮記·祭法》云:"天下有王,分地建國,置都立邑,設廟祧壇墠而祭之,乃爲親疏多少之數。"由此可以説明,"禪"字是由"墠"引申而來的字。"禪"有"祭天"的意思。祭祀對象是"天",但至於"天"所指的具體對象却很模糊。《孟子·梁惠王上》"天油然作雲"的"天"是"天空"。《左傳·宣四》"君,天也,天可逃乎?"的"天"是"萬物主宰者"。《詩·柏舟》"母也天只"的"天"是"父母"。"天"所指的具體對象,這是一個最具關鍵性的端緒。我們還要注意的是在虢姜簋蓋銘文裏的"禪"字。銘文中的"用禪追孝于皇考惠仲"是很有啓發性的一句。"禪"的對象無疑是皇考。這句所表述的對象與周公所祈求的情況很接近。由此可見,"爲三壇同墠"的"墠"可訓爲"禪"。"同"有"同時"的意思。《尚書·顧命》"乃同召太保奭、芮伯、……、御事"的"同"與該句"同"是相同的用法。總之,"爲三壇同墠"可讀爲"爲三壇,同禪",解釋爲"築成了三個祭壇,同時舉行祭祀而祈求先王"。……

簡本"爲一坦於南方",今傳本作"爲壇於南方"。兩句的區别只不過是"一"字,但可能會有不同解釋。今傳本的"壇"會有兩種解釋。一種是與"三壇"不同的另一個"祭壇",另一種是"三壇"的代稱。……簡本"爲一坦於南方"所表達的意思很清楚。"一"確實是與"三壇"不同。除了"三壇"以外,周公還在南面起了另一座祭壇。

【石小力 2021】劉説可從。在戰國文字中,从"亩"之字所从"亩"旁可省作"尔"形:

[illegible][illegible]清華六《子産》簡 22"䝨" [illegible]清華六《子産》簡 25"䝨"

清華十《四告》簡 22“饢”

因此，在《金縢》篇中，“坦”“鉭”二字皆爲“壇”字異體，今本《金縢》與“鉭”對應之字作“墠”，而“壇”“墠”音義接近，二者常連言，指祭祀之場所，對言則有“封土曰壇，除地曰墠”之别。

編按：◇ 如劉雲和石小力所言，戰國文字確有“亩”簡省爲“尔”形的。“”可分析爲从“尔(亩)”，“坦”聲，爲“壇”字異體。“單”與“坦”音近，因而，“鉭”可通作“墠”。

◇“墠”與“壇”當有區别，“壇”是於墠上築土，“墠”本是人工平整出的空場。墠可位於城市附近，特别是城門之外，如《詩經·東門之墠》鄭箋“城東門之外有墠”；也可在郊野，經常被用來舉行祭祀活動。[①]

◇ 從《儀禮·士喪禮》采用龜卜之法卜問葬日以及《士冠禮》采用筮占之法卜問冠日的程式來看，“爲位”是占卜的重要儀節，《金縢》“三壇同墠，爲一壇於南方”基本相當於“爲位”這一儀節。[②]

[7] 周公立女(焉)，秉璧旹(戴)珪

【整理者】秉璧植珪，今本作“植璧秉珪”，故孔傳、鄭玄皆訓植爲置。《魯世家》“植”作“戴”，段玉裁云《魯世家》《王莽傳》《太玄》作“戴”，《易林》作“載”，戴、載通用，陳喬樅釋載璧爲加玉璧於幣上。按珪形窄長，故可云植，簡本璧云秉，珪云植，不一定轉訓爲置。

【復旦讀書會 2011】隸定爲“女”。……今本《尚書·金縢》作“植璧秉珪”，“旹”字，楚簡多讀爲“戴”，沈培先生有文章專門

---

① 對“墠”的起源和功能的研究，參見曹大志：《説“單”——商至漢代的城市居民治安防衛組織》，《中國國家博物館館刊》2008 年第 7 期。

② 相關梳理，參見朴載福：《先秦卜法研究》，第 199—206 頁。

討論過。[①] 清華簡的“㞢”字也當讀爲“戴”。《史記·魯周公世家》即作“戴璧秉圭”。

【釋文索引 2011】隸定爲“女”,即“安”字,讀爲“焉”。

【宋華强 2011A】“貴”,整理者讀爲“植”,復旦大學讀書會讀爲“戴”,並引《史記·魯周公世家》作“戴璧秉圭”以爲證。按:“戴璧”語義難通,疑不可從。今本“植璧秉珪”,學者多把“植”解釋爲和“秉”不同的詞義,或讀爲“載”,或讀爲“置”,似求之過深。我們認爲既然今本“植璧秉珪”在簡本作“秉璧貴珪”,“璧”“珪”的謂語“植”“秉”可以互換,説明“植”“秉”義同。《顧命》又有“秉璋”,是璧、珪、璋皆可稱“秉”。“秉”有“持”義,如《楚辭·天問》“該秉季德”,王逸注:“秉,持也。”《禮記·禮運》“故天秉陽”,鄭玄注:“秉,猶持也。”“植”與“蒔”“志”相通,“蒔”“志”“持”的基本聲符都是“之”,所以“植”可讀爲“持”。《魯周公世家》“戴璧”亦當讀爲“持璧”。傳世本作“持璧秉珪”,竹書本作“秉璧持珪”,意思都是手持璧和珪。

【蕭旭 2011】《史記·魯周公世家》即作“戴璧秉圭”。今本《金縢》作“植璧秉珪”,傳:“植,置也。”孔疏引鄭注:“植,古置字。”《易林·中孚》:“武王不豫,周公禱謝,載璧秉圭,安寧如故。”又《需之无妄》:“載璧秉珪,請命于河;周公尅敏,冲人瘳愈。”《同人之晉》《離之否》同。段玉裁曰:“載、戴古通用也。戴、植二聲同之咍職德部,是以所傳各異……古假借植字爲置字。”錢大昕曰:“戴即植字……載、置聲相近。”孫星衍曰:“史公‘植’作‘戴’者,戴亦植也……《説文》‘植’重文作‘櫍’,故知櫍、置爲古字。”考《史記·禮書》:“側載臭茝,所以養鼻也。”《索隱》:“側

① 沈培:《試釋戰國時代从“之”从“首(或从‘頁’)”之字》,簡帛網 2007 年 7 月 17 日。[原注]

爲邊側。載者,置也。”是“戴”“載”並讀爲植,訓爲置。

【黄人二、趙思木 2011B】“秉璧植珪”,今本作“植璧秉珪”,簡本與之有很大不同,“秉”字很好解釋,重點是“植”字。《魯世家》作“戴”,關於異文,段玉裁云“《魯世家》《王莽傳》《太玄》作‘戴’,《易林》作‘載’”,整理者有如下的結論,其云:“按珪形窄長,故可云植,簡本璧云秉,珪云植,不一定轉訓爲‘置’。”案,整理者又引清陳喬樅釋“載璧”爲加玉璧於幣上,陳説甚是,此即《禮記·郊特牲》“束帛加璧”也。

【黄懷信 2011A】今本“周公”上有“北面”二字,“秉璧植珪”作“植璧秉圭”。按:既言爲一壇於南方,則有“北面”長。秉,動詞,謂把於手中。璧爲圓物,不得言秉,今本作“植”當是。植,孔傳訓“置”,放置。然觀下文云“爾之許我,我則晉璧與珪;爾不我許,我乃以璧與珪歸”,則此時玉當在手,故疑“植”借爲“執”。《禮記·雜記上》:“含者執璧。”可見璧可言執。

【袁金平 2011】簡 2 云:“周公立焉,秉璧旾(下以 A 表示,或隸作岦,同)珪,史乃册祝告先王……。”“秉璧 A 珪”今本作“植璧秉珪”,簡文“A”對應今本“植”。……A,从之、百(首),字形上可確定與“植”字無關。此字及其異體(所从首或作頁)屢見於戰國文字,……《試釋戰國時代从“之”从“首(或从‘頁’)”之字》(下簡稱“沈文”)一文中,對戰國文字中 A 字的用例及用法做了詳盡搜輯與考證。爲了方便下文討論,今將沈文所涉包山簡、上博簡用例臚列如下:

(1) 一和贏甲,A 胄,緑組之縢;禦右二貞犍甲,皆 A 胄,紫縢。(包山簡 269—270、包山牘 1)

(2) 首 A 茅蒲,撰筱執鋤。(上博六《慎子曰恭儉》簡 5)

(3) 此以桀折於鬲山,而紂 A 於岐社,身不没,爲天下

笑。(上博五《鬼神之明》簡 2 背和簡 2 正)

(4) 陳公子皇 A 皇子。(上博六《申公臣靈王》簡 4)

沈文在多位學者論述的基礎上,將 A 所从"之"確定爲該字聲符,並以此語音條件爲綫索解讀相關簡文。他認爲,在戰國文字裏,A 除作姓氏外主要有兩種用法,一種用爲"戴",如例(1)(2)以及包山簡等材料;一種用爲"得",如例(3)(4),都是抓獲、捕獲的意思。……我們已知 A 及以之爲聲符的字在楚簡中可以用作加戴之"戴"(如例 1、2)、執獲之"止"(如例 3、4,用爲"執獲"義不應讀作"得",詳下);還可與傳世典籍文字"置""植"構成異文(如郭店《尊德義》簡 28 、簡本《金縢》A)。"戴""止""置""植"語音上皆可通,那麽 A 有可能是以上四字中的某一個,也可能都不是。但根據 A 所从形符"首"(包含百、頁)以及相關用法,我們傾向於認爲其就是本義爲加物於頭頂的"戴"字在戰國文字尤其是楚文字中的寫法,而其可用作"止""置"皆屬於音近通假。

"戴"是"異"之後起分化字,《説文》以爲"从異,𢦔聲"。从異从𢦔之"戴",就目前所及最早見於戰國秦文字,是《説文》"戴"正篆所自。楚文字"戴"从首,之聲,與秦文字"从異,𢦔聲"之"戴"在構字方式上有異曲同工之妙。"異"甲骨文形體即爲用雙手往頭上戴甾之意,所以與人"首"有關。……簡本《金縢》"秉璧𦣻珪"之"𦣻",其實也是"戴",應如字讀,義同於"加",今本"植"乃是同音借字。《史記》《漢書》《太玄》等典籍引作"戴",與簡本相合,這在一定程度上也增强了將 A 釋作"戴"的可信度。陳喬樅不盲從大家之言,得出"璧加於幣之上,故曰'戴璧'"的認識,難能可貴。"戴璧"或作"加璧":

册告自客(文)王以就聖趄王,各束絵(錦)珈(加)璧。

（新蔡簡甲三 137）

受享束帛加璧，受夫人之聘璋，享玄纁束帛加琮，皆如初。（《儀禮・聘禮第八》）

三享皆束帛加璧，庭實唯國所有。（《儀禮・覲禮第十》）

公享晉六卿于蒲圃，……，賄荀偃束錦加璧、乘馬，先吴壽夢之鼎。（《左傳》襄公十九年）

古人在册祝祭獻時"秉璧戴珪""束錦加璧"，無非是隆重其禮，以求厚佑。

【劉國忠 2011C】傳世本説是"植璧秉圭"，而清華簡《金縢》則作"秉璧植圭"，圭形窄長，故可云植，而璧爲圓形，不好爲植，可見清華簡《金縢》更爲準確，而孔傳、鄭注皆訓"植"爲"置"。《魯世家》"植"作"戴"，都没有清華簡合理。

【劉信芳 2011】秉璧旹珪，今本作"植璧秉珪"，釋文植音"置"。《史記・魯周公世家》引作"戴璧秉圭"，戴《易林》作"載"。按："戴""載"乃解釋性異文。旹讀爲"植"可信，植猶"植杖而耘"之"植"，謂持圭的方式爲竪直持於手中。今本作"植璧秉珪"，則植、秉互文，渾言之可也。

【陳民鎮、胡凱 2011】"旹"字，整理者讀作"植"。復旦讀書會改讀作"戴"，甚是。《史記・魯周公世家》以及《王莽傳》《太玄》作"戴璧秉圭"，與此同，《易林》作"載"，與"戴"通。"戴"，《漢語大字典》訓捧、舉。張衡《東京賦》："戴金鉦而建黄鉞。"然此處"戴"（同"載"）當義同今本的"植"。孔傳云："植，置也，置於三王之坐。"孔疏引鄭注："植，古置字。""戴"義同。《小爾雅・廣詁一》："戴，覆也。"《禮記・喪大記》云："皆戴圭。"此處的"戴"，訓值。《説文》云："值，措也。"是故"戴""植""置"義皆同。且"值""植"相通，"置""植"亦通。劉起釪先生謂今文作"戴"，古文作

“植”，非是。璧、珪，皆玉禮器，祭祖禮神之瑞器也，亦濫觴於良渚文化。今本與古本對璧、珪的持奉動作恰好顛倒。宋華强先生認爲既然今本“植璧秉珪”在簡本作“秉璧峕珪”，“璧”“珪”的謂語“植”“秉”可以互換，説明“植”“秉”義同。筆者以爲二者功能不同，不當同時握持。

【陳劍 2011】按如復旦讀書會所引，沈培先生已經論定，楚簡“峕”字及其異體从“之”聲、以“首”或“頁”爲意符，就是“戴”之本字，楚簡也大多就用爲“戴”，結合今所見諸作“戴”之本，此字的解釋無疑應該優先考慮就以“戴”字作解。

陳喬樅《今文尚書經説考》云：“古者以玉禮神，皆有幣以薦之。璧加於幣之上，故曰‘戴璧’。亦作‘載璧’，讀如‘束牲載書’之‘載’，今文家説當如是。”此説有其合理之處（《尚書校釋譯論》第 1227 頁從之解爲“以璧置於幣（帛）上”），但此“戴璧”的主語只能是周公，説成將璧加在“幣（帛）”上，卽係“幣（帛）戴璧”，於句法實不合（况且前後文也並未提及尚另有“幣”）。黄人二、趙思木先生謂：“陳（喬樅）説甚是，此卽《禮記・郊特牲》‘束帛加璧’也。”也很有啓發性。按古書“束帛加璧”多見，本指具體的將璧放置在帛的上面，後演變爲籠統地指帛再加上璧這兩樣東西。“加璧”的説法又如《韓非子・十過》：“（釐負羈）盛黄金於壺，充之以餐，加璧其上，夜令人遺公子（重耳）。”《左傳》成公二年：“韓厥執縶馬前，再拜稽首，奉觴加璧以進。”“加”還都是很具體的“放置在上面”之意。新蔡卜筮祭禱簡中兩見“束綄（錦）珈（加）璧”（甲三137、零 409＋零 727）。又“▨一勆（羁）。北方祝禱乘良馬，珈（加）璧▨”（乙四 139）此簡下殘，最可能就是將璧加於犧牲“乘良馬”的身上之意。“束帛/錦加璧”“束牲載書”一類説法係就饋贈者、祭祀者的角度而言，是主動的“加”“載”“放置在其上”；而如就幣帛、犧牲的角度而言，則就是“戴璧”“戴書”了。周公“戴璧”，就是將玉璧頂戴在頭上,模仿犧牲之象。“戴璧”並非“語義難通”。

簡文“秉璧戴珪”,傳本及諸引文雖有“戴”字作“載”“植”等之不同,但其後皆爲“璧”,而圭則皆言“秉”。聯繫習見的“加璧”,頗疑《金縢》之文很可能本來就是作“戴璧秉珪”的。不過作“秉璧戴珪”於文意亦影響不大,故簡文“秉”“戴”二字位置互易。同時,不管是本作“戴璧”還是“戴珪”,對於我們所論將玉器戴在頭上係模擬犧牲來説,也並無影響。

【程元敏 2012】鄭釋“秉”爲“執”,以爲周公先置璧於三王神座,於是執珪祝告,祝畢,復置方所執之珪於三王神座,與前所置之璧並爲禮三神之器也。鄭説當理。《尚書全解》(卷二六)云:“案:下文曰‘爾之許我,我其以璧與珪,歸俟爾命;爾不許我,我乃屏璧與珪’,則圭、璧似皆以祈神,……《雲漢》之詩曰‘圭、璧既卒,寧莫我聽’、《周禮·典瑞》曰‘四圭有邸,以祀天旅上帝;兩圭有邸,以祀地旅四望;祼圭有瓚,以肆先王、以祼賓客;圭、璧以祀日月星辰’。則古者禱祠,兼用圭、璧。”圭、璧皆以禮神,諸説皆然,故後文云“爾之許我,我其以璧與珪”,否則“我乃屏璧與珪”,則二物者以禮神明甚。圭,上圓下方,法象天地,體形便於秉執,故經典多作“秉圭、秉璋、執圭”;璧,形圓,稍不便於秉持,則今本“植璧秉珪”是,楚簡“秉璧植珪”非也。諸説(如宋華强《清華簡校讀》)未盡詳正,茲不具引。

【金正男 2015】漢代以後在今傳本《尚書》、《史記·魯世家》《漢書·王莽傳》等皆作“秉珪”。“秉珪”是跟“執圭”相同説法。在先秦文獻中,與“執圭”相關情況有三種。第一,一種先秦楚國官名。第二,在《儀禮·聘禮》中所見的禮儀節次。第三,君臣之間或者衆臣之間所用的一種誠信、信賴的標志。周公通過以手持圭,表示周公自己的誠信。《禮記·郊特生》“朝覲,大夫之私覿,非禮也。大夫執圭而使,所以申信也”、《孔叢子·論勢》“韓與魏,敵侔之國,而鼇侯執圭見梁君者,非好卑而惡尊,慮過而計失也”。冢田虎説:“圭,瑞玉,所執以通信。”今傳本中周公所執的“珪”也屬於這類。這種推測可靠的話,今傳本的“秉珪”是他向上天表示誠信的行爲,具體内容就是“惟爾元發也,不若旦也。是佞若巧,能多才多藝,能事鬼神”。由此可見,漢代以後的各種文本把“上天”看作一個對象,周公所做的祭祀也是與上天溝通的過程,跟“以自身爲犧牲”的觀點很有不同之處。

【書法選編 2016】“貴”讀爲“戴”。

【黄湛 2017】從黄氏〖編按:黄懷信〗所説,“植”字通“執”。珪、璧俱可手執,璧作爲禮器,不一定要“置”於壇上。古書即有“執璧”之例,如《禮記·雜記》:“執璧將命”。《周禮·射人》:“三公執璧。”且前文設壇,既已交代周公立於其上(“周公立焉”),則後文應是描寫周公手拿珪璧、立於壇上的狀態,也就是説“植璧秉珪”當看作周公“立”這一動作的補語。若理解爲“置璧”,則變作周公立於壇上——璧放在壇上——周公手拿珪玉,文意頗不通順。或以爲周公不可同時手執璧、珪二物,然查《漢書·王尊傳》:“尊親執圭璧,使巫策祝。”《後漢書·孝明帝紀》:“親執珪璧,恭祀天地。”可知璧、珪未必不可同時手執。

編按: ◇“秉璧貴珪”之“貴”,似不必參《魯世家》讀爲“植”。從楚文字用字習慣來看,可直接讀爲“戴”,於義稍長。

◇如陳劍言:“周公‘戴璧’,就是將玉璧頂戴在頭上,模仿犧牲之象。‘戴璧’並非‘語義難通’。”①

◇簡本作“秉璧植珪”,今本作“植璧秉珪”,《魯世家》“戴璧植珪”。從禮制和詞的搭配習慣而言,“戴璧秉珪”較爲合理。

---

① 周公直接將自己模擬爲犧牲來獻祭,詳細分析參見陳劍:《清華簡〈金縢〉研讀三題》,《出土文獻與古文字研究》第 4 輯,上海古籍出版社,2011 年,第 161—165 頁。

史乃册【二】祝，告先王曰[8]："尔（爾）元孫發也[9]，𩛥（遘）𧊒（害）蠹（虐）疾[10]，尔（爾）母（毋）乃[11]有備子之責才（在）上[12]。隹（惟）尔（爾）元孫發也，【三】不若但（旦）也，是年（佞）若丂（巧）能，多忎（才）多埶（藝），能事𩲸（鬼）神[13]。命于帝𨑨（廷），尃（溥）又（有）四方，以奠（定）尔（爾）子【四】孫于下墬（地）[14]。尔（爾）之𧦝（許）我[15]＝（我，我）則晉（瘞）璧與珪。尔（爾）不我𧦝（許），我乃以璧與珪逯（歸）。"[16]

［8］史乃册祝，告先王曰

【釋文索引 2011】史乃册祝，告先王曰："尔（爾）元孫癹（發）也，𩛥（遘—遘）𧊒（遏—害）蠹（虐）疾，尔（爾）母（毋）乃又（有）備子之責才（在）上。"

【黄懷信 2011A】今本作"乃告大王、王季、文王。史乃册祝曰"。按，册祝告，謂以册書祝告。簡書以大王、王季、文王合成"先王"，明顯屬於縮寫，而不會相反。

【趙思木 2017】卽便簡本《金縢》似仍應讀爲"史乃册祝，告先王曰"，不可將"史""祝"理解爲兩個官，史書祝辭於册，祝持册告先王。"册祝"似當理解爲"册"作狀語修飾動詞"祝"，卽以寫有祝辭的簡册祝。

【馮勝君 2022】"册祝"，《史記・魯世家》作"策祝"。《集解》："鄭玄曰：策，周公所作，謂簡書也。祝者，讀此簡書以告三王。"僞孔《傳》："史乃册書，祝辭也。"孔疏："史乃爲策書，執以祝之。"孫星衍《尚書今古文注疏》："册，《説文》有'𠕁'字，云'告也'。疑孔壁古文'册'作'𠕁'，與下'納册'之'册'異。祝者，《説文》云：'祭主贊詞者。'"甲骨文有"𠕁"字，不少學者認爲卽《説文》之"𠕁"。"𠕁"爲祭名，具體含義有争議（參看《甲骨文字詁林》2964—2968 頁）。但從"𠕁千牛千人"（《甲骨文合集》1627 正）的記載來看，有學者認爲"册"是只把犧牲的數量登記在簡册上用以祭祀的觀點可能是正確的。總之,“册祝”應該是一種把祭禱内容書寫在册書上,並進行祝告的行爲。

編按:“史乃册祝,告先王曰”的斷句法確實更爲合理。這裏的“祝”實質是以言語向鬼神祈禱,“册祝”即將祝禱之語也書於簡册之上。《尚書·洛誥》:“王命作册逸祝册。”孔穎達注:“讀策告神謂之祝。”楊筠如《尚書覈詁》解釋道:“祝册,謂以册祝之。《金縢》‘史乃册祝曰’,義正同也。”[①]馮勝君結合卜辭所作推論,或可成立。

[9] 尔(爾)元孫發也

【整理者】元孫發,今本作“元孫某”,孔傳以爲臣諱君,鄭注以爲成王啓匱讀之,因諱父名。《魯世家》作“元孫王發”。

【黄懷信 2011A】元孫,長孫。發,武王名。今本“爾”前有“惟”字,“發”作“某”,無“也”字。按:告先王,稱名當是,今本作“某”當是後人所改。唯“爾”前有“惟”字,較合古例,無“也”字亦是。

【馮時 2011】今文《金縢》於祝文諱稱武王名而言“某”,清華《金縢》書則徑言其名“發”,二者不同。僞孔《傳》:“元孫,武王。某,名。臣諱君,故曰某。”鄭玄《注》:“諱之者,由成王讀之也。”然此乃周公代王之祝文,成王不知,知鄭説殊誤。孫星衍《疏》:“發,武王名,禮臨文不諱。又父前子名,古文本作‘王發’,與鄭康成所見本異也。”然皮錫瑞《今文尚書考證》以孫説非是,今文爲得其實,甚確。此祝文乃周公所作,史佚所讀,故不可直誦王名。

古祝禱之文,於名臨文可諱可不諱。稽考天子禱文,如唐玄宗禪地祇玉册文,直稱“嗣天子臣隆基,敢昭告於皇地祇”,而《舊

---

① 楊筠如:《尚書覈詁》,陝西人民出版社,2005 年,第 331 頁。

唐書·禮儀志三》所載其封天玉牒文則云“有唐嗣天子臣某”，知其臨文不諱，但祝史誦讀變口。而宋真宗禪地祇玉册文稱“嗣天子臣(某)，敢昭告於皇地祇”，與《宋史·禮志七》所載其封禪天地之玉牒玉册文並諱其名，又屬臨文避諱。事實上，無論臨文諱名與否，讀辭必諱之。王自讀或王祝之辭猶然，况臣子稱君之文。故皮氏以今文《金縢》稱“某”乃得其實，可謂有見。

今見先秦祝禱禳祛病祟之文皆合此制。秦駰玉版云：

有秦曾孫小子駰曰：孟冬十月，厥氣戕凋，余身遭病，爲我慼憂。……小子駰敢以玠圭、吉璧、吉璱以告于華大山。大山有賜□，已吾腹心以下至於足髀之病，能自復如故。

此爲秦惠文王自禱之辭。新蔡葛陵楚簡云：

唯顫慄恐懼，用受繇元龜、巫筮曰：有祟，見於大川有浙，小臣成敬之懼之。(甲三15、60，零198、203，乙四48)

小臣成速瘳。(甲三16)

此爲平夜君成自禱之辭，主名皆於文不諱。又戰國楚簡云：

盬吉以保家爲左尹㐌貞：出入侍王，自夏层之月以就集歲之夏层之月，盡集歲，躬身尚毋有咎。占之：恒貞吉。少有惡于王事，且又慼於躬身。(包山212、213)

應嘉以衛侯之筮爲平夜君貞：既有疾，尚未瘥，毋有……(葛陵甲三114、113)

……

此則卜巫爲君祝禱，祝文中於君名皆加避諱，或但稱“君”，或稱“躬身”，甚至記事之文也諱名而僅稱“君”。可明凡臨文不諱者，讀辭時則需諱稱。而先秦盟詛之辭也時諱主名，如：

而敢不盡從嘉之盟(《侯馬盟書·宗盟》1：9)

而敢[不]盡從子趙孟之盟(《侯馬盟書·宗盟》1:22)

而敢不盡從某之盟(《侯馬盟書·宗盟》1:86)

有秦嗣王(《詛楚文》)

侯馬盟書之"嘉"即趙桓子嘉,爲主盟者,盟辭或諱名而稱其字"子趙孟",或更諱稱"某"。《廣雅·釋詁三》:"某,名也。"王念孫《疏證》:"《金縢》云:'惟爾元孫某。'凡言某者,皆所以代名也。"據此可明,即使主名臨文不諱,參盟者讀辭時也必改口避稱其名。此外,宗盟類盟辭還有相當一部分於"嘉"字的位置空出,有些可能由於原字漫漶所致,有些則也不應排除屬於諱名而未書。古人諱名的做法既可避名稱字或"某",當然也可空而不書其名。而《詛楚文》於秦君但稱"嗣王",亦諱君名之例。於此可知,周公祝辭徑言"元孫"已明爲武王,故不應直寫王名。即使寫出,於史佚讀辭也必變口諱之。

《史記·魯周公世家》云:

史策祝曰:"惟爾元孫王發,勤勞阻疾。若爾三王是有負子之責於天,以旦代王發之身。旦巧能,多材多藝,能事鬼神。乃王發不如旦多材多藝,不能事鬼神。"

此行文格式與今文《金縢》諱稱"某"明顯不同,已實寫王名。此乃出史家敘事之需,故體例異於今文《金縢》,而近於清華《金縢》書。明後者之文本實非《尚書》原典,實爲晚出。

【陳民鎮、胡凱 2011】元孫,長孫也。今本言"元孫某"。孔傳云:"某,名。臣諱君,故曰某。"孔疏云:"'某'者,武王之名,本告神云'元孫發',臣諱君,故曰'某'也。……《泰誓》《牧誓》皆不諱發而此獨諱之,孔惟言'臣諱君',不解諱之意。鄭玄云:'諱之者,由成王讀之也。'意雖不明,當謂成王開匱得書,王自讀之,至此字口改爲'某',史官録爲此篇,因遂成王所讀,故諱之。上篇

《泰誓》《牧誓》王自稱者，令入史制爲此典，故不須諱之。"《史記·魯周公世家》作"元孫王發"，今見清華簡亦作"元孫發"。孔疏之説爲江聲、王鳴盛、王國維諸先生所沿承。從戰國傳本看來，孔疏之説未必成立。

【朱鳳瀚 2011】今本此段文字作"史乃册祝曰：惟爾元孫某遘厲虐疾"。簡文作"爾元孫發"，《史記·魯周公世家》亦曰"惟爾元孫王發"，亦稱王名，同於簡文。但今本僞孔傳曰"元孫，武王；某，名。臣諱君，故曰謀"。僞孔傳所曰"臣諱君"應是指此祀同是由史代讀故要諱君。但是，史代讀祝辭並不等於是史本人稱呼王，而是代周公言，而且祝辭是向三王祈求，無論周公自稱還是稱呼所爲求佑之武王，在祖先神靈面前均無有避諱名字之必要。所以簡文記周公之祝辭稱武王爲"爾元孫發"似非不合禮制。在西周青銅器中，王所作器很少發現，王所作器中以對祖先神所佑的口吻所寫銘文僅知有周厲王所作的三件器，即㝬鐘（舊稱宗周鐘，《集成》260），五祀㝬鐘（《集成》358）與㝬簋（《集成》4317）。在這幾件器銘所見贊頌先王（或前文人）以祈求福佑的文句中，因是對先王（或前文人）所言，周厲王皆自稱己名"㝬"。……由此幾件周厲王自作器銘的例子，應可以推測西周諸王（及周公之類王室成員）在以先王爲申述對象時徑稱己名，以及簡文記史代周公祝告先王時所稱武王爲"爾元孫發"，是合乎當時制度的。

【張顯成、王玉蛟 2011】語氣詞"也"用在句中，表示語氣的停頓。

【黄澤鈞 2013A】根據《詩》《書》未有避諱的情況，加上當時避諱還未嚴格規範，甚至未産生，在録此事時應該也是作爲"發"。而是本篇在經過歷代的傳鈔，照理説後代無須避前朝君王之諱。然而可能因爲傳鈔時揣摩此段爲周公語；周公爲人臣，理應避諱,故而改爲“某”字。

【羅新慧 2014】不僅西周諸王在先王之前直稱己名,戰國時人祈禱之時,亦需對神靈報出己名,如新蔡楚簡禱辭記載“(昭)告大川有浙,曰:嗚呼哀哉! 少(小)臣成蓦生孤”(零:9、甲三:23、57),在這裏,竹簡之主人平夜君成稱自己爲“小臣成”;秦駰禱病玉版銘文謂“小子駰敢以芥圭、吉璧、吉叉以告華大山”,在這裏秦駰向華大山祈禱時亦稱自己爲“小子駰”,此例甚多,不繁備舉。因之,不唯西周時期,即便戰國時代禱請神靈時禱者亦當自稱其名,此爲通例。故此,竹簡本記爲“元孫發”,亦可視爲符合戰國時期之通制。

【謝能宗 2017】祈禱之時,不論是周公自言,還是史官代讀策書,都不應避諱。除了朱先生所舉之青銅器銘文以外,傳世文獻中也有資料表明貴族向祖先或其他神靈祝禱時,是徑直稱名的。兹舉數例:

《左傳》隱公七年(前716)在解釋《春秋經》書滕侯之卒時説“凡諸侯同盟,於是稱名”,楊伯峻先生注“盟時以名告神”。桓公六年(前706),魯桓公問申繻如何取名時,申繻回答説:“周人以諱事神。”可見在神靈前是要稱名的。

襄公十八年(前555),晉侯帥聯軍伐齊,戰前,荀偃禱曰:“齊環怙恃其險,負其衆庶,棄好背盟,陵虐神主。曾臣彪將帥諸侯以討焉,其官臣偃實先後之。”環爲齊靈公之名,彪爲晉平公之名,偃則是荀偃自稱。……

實際上,在神靈前稱名,與在比自己尊貴之人前稱名,性質是一樣的。在中國古代,地位高者可以呼地位低者之名,反之則否;地位相若之人,自稱己名以示謙卑,以凸顯對方的高貴。所以在更高一級的貴族面前,即便是君父,亦須稱名,即《禮記·曲禮上》所謂的“父前子名,君前臣名”,這樣做自然是爲向更高一級的貴族表達敬意。例如：

文公十五年（前612），宋國司馬華耦聘於魯，在宴會上，華耦説："君之先臣督得罪于宋殤公，名在諸侯之策。"華督乃華耦曾祖，但因華耦之談話對象是魯君，故稱曾祖之名。……

爲表達敬意，在更爲尊貴之人面前提及自己的父祖與君上，尚且要直稱其名，更何况於神前。所以，周公在向先王神靈禱告時，不避武王之諱才更符合歷史實際。再者，申繻答魯桓公問，説取名"不以國，不以官，不以山川，不以隱疾，不以畜牲，不以器幣"，乃是因爲"名，終將諱之"，楊伯峻先生注："人死曰終，終則諱之，生則不諱。"如果按照這一説法，則傳世本《金縢》中，周公在武王久病後禱告就避諱，分明是在盼望武王早死，是萬萬講不通的。

總之，《史記·魯周公世家》和簡本《金縢》不避武王之諱，更符合西周春秋時期的實際情况；而傳世本《金縢》避武王之諱，應該是後人改定的。

【趙思木2017】朱説甚是。其實周厲王作器，也應是經過多道工序，其銘文也應是史官所撰或記録，但仍稱王名，可見當時史官並不在這種場合下避諱王名。《金縢》周公稱王名之場合與周厲王自稱名場合類似，當時史官恐亦無由避諱王名。今本《金縢》作"某"，可能出於後人之手，其認識與僞孔傳的認識相當。簡3、4周公兩次提及武王名，一次提及己名，後都加"也"字，而傳本《金縢》皆無。這種用法又見於《繫年》，簡50—51"行蔑與隨會招襄公之弟雍也于秦"提及晉公子雍，後有"也"字。簡76—78兩次出現楚人"黑腰"之名，"其子墨要也又室少孟。莊王卽世，共王卽位。墨要也死"，後亦皆有"也"字。李守奎《清華簡〈繫年〉"也"字用法與攻吾王光劍、欒書缶的釋讀》指出"也"字的這種用法在傳世文獻中並不罕見，如：

人不堪其憂,回也不改其樂。(《論語·雍也》)

然明曰:"蔑也今而後知吾子之信可事也。"(《左傳》襄公三十一年)

簡子有臣尹綽、赦厥。簡子曰:"厥愛我,諫我必不于衆人之中;綽也不愛我,諫我必于衆人之中。"(《説苑·臣術》)

他認爲"也"字的這種用法應理解爲語氣詞,表示"停頓、舒緩,同時兼有提示作用",可信。他根據"也"字的這種用法,指出攻吾王光旃劍之"光旃"即"光也",其"也"字,連同書也缶之"也"字,皆當理解爲此種用法,甚是。其實這種用法的"也"字出現的場合有其特點,李文所舉傳世文獻中這種用法的"也"字皆見於人物話語之中。《金縢》中的三個"也",也都出現在周公話語中。……傳本《金縢》不保留這樣的"也",或許是經過整理,去除口語詞的結果。

【高中正 2018】戰國(春秋或西漢也應該有)時人拿當時的觀念來改動經文的現象,也一樣存在。……但這種臨文不諱的原則,戰國時也未必盡然,馮時就舉出侯馬盟書中稱"某"之例,……按照《金枝》的理論,祭祀時往往稱名,是因爲"名字和他們所代表的人或物之間不僅是人的思想概念上的聯繫,而且是實在的物質的聯繫"。《金縢》中這段周公禱辭,用語頗爲古樸,它的來源,恐怕不會全是戰國甚至春秋時人的造作。稱"發"反而更符合西周的祭禱通例。除此以外,簡本及《史記》作"發"者,我們認爲也更符合《尚書》的體例。對於今本作"某",過去的經學家已經注意到跟《尚書》的其他篇目不同。如桓公六年《左傳》孔穎達《正義》就有一段自相矛盾的説法。……孔疏也注意到《尚書》中除《金縢》外,無一例稱諱。按照西周春秋時祭禱多不諱及《尚書》不諱的通例,簡本跟《史記》作"發"顯然更合適。

編按：諸説争議在直稱王名是否合乎禮制。馮説認爲"無論臨文諱名與否，讀辭必諱之"，"此祝文乃周公所作，史佚所讀，故不可直誦王名"，並由此推證簡本晚出。朱説以爲即使由史代讀向三王祈求的祝辭，也無避諱之必要。謝能宗所舉多例也説明"祈禱之時，不論是周公自言，還是史官代讀策書，都不應避諱"。如高中正所論，今本此處可能是後人不明禮制而改。

［10］敄(遘)遠(害)盧(虐)疾

【整理者】敄，敂聲，在溪母屋部，讀爲見母侯部之"遘"，《説文》"遇也"。遠，从害即舝(轄)聲，讀爲"害"，《淮南子·修務》注："患也。"盧，从虐，《説文》"虐"爲"虐"之古文。今本作"遘厲虐疾"，孔傳："厲，危。虐，暴。"厲亦月部字。《魯世家》作"勤勞阻疾"，《集解》引徐廣云"阻一作淹"，淹多與蓋通用，蓋亦月部字。謂武王勤勞而有此淹久之疾，與"有遲"義合。

【廖名春 2011】"遘害虐疾"，"害"與"虐"都是修飾"疾"的，此是説武王所"遘"之"疾"既"危"且"暴"，或是説武王"遘"遇既"危"且"暴"之"疾"。

【復旦讀書會 2011】隸定作"敄"。

【黄人二、趙思木 2011B】此字對應今本之"遘"，宜其讀爲"遘"也。其字从力，从《説文》之"敂"字。按，"敂"字古聲韻爲見母侯部，當爲此字聲符。據《説文》，知此字可組成一連綿詞作"敂瞀"，段注爬梳古書，謂此詞《荀子·儒效》又作"溝瞀"，《漢書·五行志》又作"傋霿"。按，是皆此字古聲韻與"遘"相近之證，故此字可讀爲"遘"。

【宋華强 2011A】"厲""虐""害"同義，葛陵簡甲三 64"小臣成逢害虐"，"逢害虐"即"遘厲虐""遘害虐"。

【黄懷信 2011A】今本"害"作"厲"。按："遘"，遇也、遭也。"害"，猶患，今人患病猶曰害病。然則二字義複，不如作"厲"。

“厲”字孔傳訓“危也”，謂危險、嚴重。“虐”，孔傳訓暴。虐疾，即暴病。然《説文》訓“殘也”，似無暴發、突發之義，故疑借爲“瘧”。《説文》：“瘧，熱寒休作。”即今瘧疾病。所以，“遘厲虐疾”，就是患上嚴重瘧疾。今本後文云“王翼日乃瘳”，而“就後”武王又陟，説明武王所患可能就是瘧疾。

【黄人二 2011】“遘”，簡文作一从攵、从力、穀省聲的字，《説文》：“穀，乳也。从子㱿聲。一曰穀瞀也。”清段玉裁云：“《荀子・儒效》篇作‘溝瞀’，《漢書・五行志》作‘傋霿’，《楚辭・九辨》作‘怐愗’，《廣韻》五十候作‘怐愗’，又作‘瞉瞀’，又作‘嫛瞀’，其字皆上音寇，下音茂。”是以知，此字讀爲“遘”是不會有問題的。

【蔡偉 2015】“蘆(虐)疾”應當作爲一個獨立的名詞，如上博二《容成氏》簡 36“民乃宜肙(怨)，唇(虐)疾訂(始)生”，即可爲證；而“敄(遘)遠”“遘厲”當連讀，即王國維所説的成語，可讀爲“遘罹”。尹灣漢簡《神烏賦》：“何命不壽，狗罹此咎。”“狗罹”即“遘罹”。“厲”“罹”二字古音相近而通用較爲常見。……“遠”，古音爲匣母月部字，“罹”，古音爲來母歌部字，匣、來二母，可以相通，首先可以從諧聲關係上得到一些證據，如以來母字“里”爲聲旁的字“趕”字讀户來切；以來母字“鬲”爲聲旁的“翮”“碣”二字讀下革切；“降”字有下江切，爲匣母字，“隆”从“降”得聲而讀爲來母。其次從出土文獻的異文，也可以得到證明。北大藏漢簡《老子》“有物綸成”，傳世本作“有物混成”，“綸”爲來母，“混”爲匣母。韻部方面，歌部月部位陰如對轉的關係。……“敄遠”“遘厲”“遘癘”“狗罹”“遘罹”，爲同一語詞之異寫，是“遭遇”的意思。近似的詞有“遭罹”“遭離”，它們是同義並列的複音詞。

【馮勝君 2022】認爲“害虐”爲“疾”的修飾語的觀點，難以信從。整理者將簡文“害”訓爲“患”，可從。但所引書證並不恰當。

《淮南子·修務》"時多疾病毒傷之害",高誘注:"害,患也。"這裏的"害"用爲名詞,與簡文用法不合。簡文"害"用爲動詞,《經義述聞·大戴禮記》"躬行忠信"條:"成十五年《左傳》:'晉三郤害伯宗,譖而殺之。'又襄三十一年《傳》:'齊子尾害閭丘嬰,欲殺之。'昭十五年《傳》:'楚費無極害朝吳之在蔡也,欲去之。'《楚策》:'秦之所害,於天下莫如楚。楚强則秦弱,楚弱則秦强。'皆古人謂患爲害之證也,今人猶謂患病爲害病。"王引之所列舉書證中的"害"均可理解爲"以……爲患",簡文"害"用法略有不同,當理解爲"爲……所患","遘害虐疾"即遭遇到虐疾並被虐疾所患害。這種用法的"害",非常接近於王引之提到的"今人猶謂患病爲害病"。"害"有患病義,在晚期文獻中可見其例。如《朱子語類》卷一三八:"叔祖奉使在北方十五年已上,生冷無所不食,全不害。歸來纔半年,一切發來遂死。"

編按: 整理者已正確指出"𩁹"可讀爲"遘",訓爲"遇"。從楚文字用字習慣來看,以"𡗗"爲聲符的字常讀作"害"或以"害"爲聲符的字。① 簡文"遠"還是讀爲"害"較好,可訓爲"患"。今本"遘厲"的"厲"古音屬來母月部,从𡗗得聲的字與來母字在古音上尚且缺乏直接可通的證據。因此,不排除"遘害"和"遘厲"是詞義構成不同的兩個詞,"遘害"爲一系,而"遘厲""遘癘""狗麗""遘麗"爲一系。疑似後一系本作"遘罹",因爲"麗"可讀爲"罹",②訓爲"遭",與"遘"義近。對簡本"遘害"和今本"遘厲"的釋讀不必"趨同","遘害"和"遘厲"都是合成詞,實際的詞義組合方式不同。"遘害"如馮勝君分析的是遭遇並爲某病所害的意思;"遘厲"則是"遭遇"和"遭罹"兩近義詞的組合。

---

① 白於藍編著:《簡帛古書通假字大系》,福建人民出版社,2017年,第528頁。

② 白於藍編著:《簡帛古書通假字大系》,第454頁。

［11］母(毋)乃

【整理者】毋乃,反詰辭,《禮記・檀弓》:“毋乃不可乎。”

【黄懷信 2011A】毋乃,猶莫非,問辭。

【李學勤 2011B】簡本此處作:“爾元孫發也,遘害虐疾,爾毋乃有備子之責在上?”特點如注釋所説,是反詰語氣。“毋乃”卽古書多見“無乃”,裴學海《古書虚字集釋》云“‘無乃’,猶‘得無’也”,舉例有《左傳》隱公三年的“無乃不可乎?”又僖公十九年的“今君德無乃猶有所闕?”

【金正男 2015】簡文“爾毋乃有備子之責在上”,今傳本作“若爾三王是有丕子之責于天”。“有備子之責在上”與“有丕子之責于天”是大致相同,但是前部“爾毋乃”與“若爾三王是”的區别很大。“毋乃”表示行爲的否定,或者常用於反問句。上博簡《魯邦大旱》1 號簡“邦大旱,毋乃失諸刑與德乎?”、清華簡《繫年》50 號簡“未可奉承也,毋乃不能邦?”,這類反問句比假設句有更强的斷定類語氣,是春秋時期以後多見的句式。

編按:“爾毋乃有備子之責在上”是周公以恭敬肅穆的心理向三王祝告的話,“毋乃”雖有一定詰問的語氣,但更主要是表“比較委婉的測度語氣”①。如《左傳》僖公七年:“君以禮與信屬諸侯,而以奸終之,毋乃不可乎?”

［12］尔(爾)母(毋)乃有備子之責才(在)上

【整理者】有備子之責在上,備,今本作“丕”,《魯世家》作“負”。孔傳、馬融訓丕爲大,謂天命爾三王有大子愛爾子孫之責。鄭玄讀爲“不”,謂若武王死,則爾三王有不子愛之責在上。《史記》《白虎通》《後漢書・隗囂傳》作“負子”,負訓背,謂背棄子民。《公羊》桓十六年注云“天子有疾稱不豫,諸侯稱負兹”,徐疏

① 何樂士編:《古代漢語虚詞詞典》,語文出版社,2006 年,第 430 頁。

謂負茲謂負事繁多。曾運乾《尚書正讀》讀如《周本紀》"衛康叔封布茲"之"布茲","爲弟子助祭以事鬼神者之一役"。

【廖名春 2010】竹書本"丕"字作"備",也可作"服"。《文選·屈原〈離騷〉》:"謇吾法夫前修兮,非世俗之所服。"吕向注:"服,用也。"《荀子·賦》:"忠臣危殆,讒人服矣。"楊倞注:"服,用也。"可見"服子"卽"用子"。而"責"可訓爲求、要求。"服子之責"卽"用子之求"。周公是説:如果你們三王在天上有使用兒子的要求,就用我這個兒子去代替姬發之身。周公和武王都是文王的兒子,比較起來,武王更重要一些,如果文王在天上要用兒子服侍的話,周公説自己願意去替代。這樣,文從字順,千年的難題可謂涣然冰釋。

【黄人二、趙思木 2011B】案,《公羊傳》桓公十六年"屬負茲舍"注曰:"天子稱不豫,諸侯負茲,大夫曰犬馬,庶人稱負薪。"《史記·周本紀》"衛康叔封布茲",徐廣曰:"茲,籍席之名。諸侯病曰負茲。"是以知,"茲"乃"席"也,蓋"席"亦有等級差别。這句話在今本作"若爾三王,是有丕子之責於天",意謂"對於你們在上天的三王,要順着你們的意思做事,我們做子孫的,卽便做到勞累身亡,也有責任把你們照顧好",所謂"爲其效勞,百死不辭",今尚有"效犬馬之力"之説,簡文下文云"隹(惟)尔(爾)元孫發也,不若但(旦)也",今本作"以旦待某之身,予仁若考",周公自謂比武王善於言説、有巧能、多才藝,故願意代替武王去上天做這些爲人子孫盡孝之事,便是《周公所自以爲功代武王之説》。是以知,武王生病,周人認爲是周代先公、先王在天之靈作祟之故,欲爲穆卜、禱告。"負茲之責",大概就是"生病而求人照顧"的意思,周代先公、先王都是殷之諸侯,故生病稱"負茲",而不稱"不豫"。

【米雁 2011A】"備子"當讀爲"丕子",釋爲首子、元子。唐、日諸寫本,《書古文訓》,唐石經皆作"丕子",《史記·魯周公世家》作“負子”、清華簡作“備子”,“負”“備”當爲“丕”之聲轉。“負”並紐之部字,“備”並紐職部字,“丕”滂紐之部字,聲屬同系,職、之陰入對轉,通假之例繁多。……“丕子”可訓爲“大子”,“大子”即“太子”“元子”。周公以身爲“丕子”武王姬發代罪的行爲,與上古殺首子的習俗相關。

簡文作“尔(爾)母(無)乃有備子之責才(在)上”,今本作“若爾三王是有丕子之責於天”。劉起釪先生《釋“丕子”》一文梳理了漢以來諸家對“丕子”的訓詁,認爲:“……根據《尚書·盤庚》篇所反映殷周統治者的思想,認爲祖先死後在天上是照樣供職、照樣服事、照樣生活的。本文達映的是同一思想,所以解釋爲祖先在天上需要把武王召去服事他們,是説得通的。其所以釋爲服事祖先而不是服事上帝,是根據下文‘能事鬼神’來的,因爲古人把死了的祖先稱爲鬼神,有故鬼、新鬼等稱法。因此‘若爾三王是有丕子之責於天,以旦代某之身’這句話的意思是説:倘若你們三王在天上要責取這位大兒子來服侍你們,那就用我小子旦來代替他吧。”同時,劉起釪也在《〈金縢〉故事的真實性》一文指出,金縢實際上是統治者用親臣爲己代罪的故事。……而先王們爲何要首子前來服侍呢?這就是上古“殺首子”習俗的遺留。裘錫圭先生《殺首子解》引用大量中外資料考察得出結論“殺首子”是古代“獻新”的遺留。

簡文“母乃”當讀爲“無乃”,表示反問。“尔(爾)母(無)乃有備(丕)子之責才(在)上?”就是周公在詢問先王“您是不是要責令元子武王,來上天侍奉您?”而周公要以身代武王,是需要條件的,那就是“予仁若巧能多才多藝,能事鬼神”,而武王又“命于帝庭,尃(匍)又(有)四方,以奠(定)尔(爾)子孫于下埅(地)”。

【黄懷信 2011A】“備”,借爲“丕”,音沛。丕子,即太子。責,讀爲債。上,即天。今本作“若爾三王是有丕子之責于天,以旦代某之身”，多“以旦代某之身”，意較明。可見簡書有省略。

【劉國忠 2011A】“丕”可能應釋爲“大”，“丕子”亦卽年長的兒子，這裏指周武王。責：求，索取。這句話大意是説，你們是不是想讓武王到上天去侍候你們？

【陳民鎮、胡凱 2011】對“丕子之責”的詮解，彰顯了今古文之争的分歧。劉起釪先生曾作過梳理：漢今文作“負子”“負兹”，《史記·魯周公世家》卽作“負子之責”，釋爲諸侯生病的專用名詞；漢古文作“丕子”，其中馬融以“丕子”爲“大慈”，鄭玄以“丕子”爲“不慈”；晉僞古文訓作“大子之責”（孔傳）。此後注家益作闡發，然基本不出古文、今文、僞古文三家窠臼。今所見清華簡簡文，作“備子之責”，下文又言“元孫發”，漢古文及晉僞古文之説扞格難通矣。“元孫”卽“大子”，不應並見。“元孫”蓋與“旦”並舉。而今文家説，更顯牽强，于省吾先生已有説焉。此處“備”，當讀作“服”。戰國文字中，“備”大多用爲“服”。“備”字職部並紐，“服”字職部並紐，叠韻同紐，可相通假。《説苑·辨物》云：“於是乃備黄冕。”《韓詩外傳》卷八云：“於是黄帝乃服黄衣，戴黄冕。”是爲傳世文獻“備”“服”相通之例，出土文獻則更爲常見。郭店楚簡《成之聞之》云：“是故上苟身備之，則民必有甚焉者……身備善以先之……”這裏兩個“備”，均讀作“服”。這裏的“服”，訓事。《爾雅·釋詁上》云：“服，事也。”《廣韻·屋韻》：“服，服事。”“服子之責”，卽下文“事鬼神”者也，卽服事先王。蕭旭先生認爲“備”讀作“負”，事實上，楚簡“備”讀作“負”亦習見，且“服”“負”亦通，然此處讀作“服”或更恰當。廖名春先生亦讀“備”作“服”，然訓“服”爲用，訓“責”爲求，恐未達一間。總之，此處“備”讀作“服”，訓事，而“責”可作“責任”解，卽下文“事鬼神”之事，謂死後於冥界服事先王，此乃周人之固有意識。今本作“丕”，《史記》作“負”，皆音近所訛。

【李學勤 2011B】簡本此處作:“爾元孫發也,遘害虐疾,爾毋乃有備子之責在上?”特點如注釋所説,是反詰語氣。“毋乃”卽古書多見“無乃”,裴學海《古書虚字集釋》云“‘無乃’,猶‘得無’也”,舉例有《左傳》隱公三年的“無乃不可乎?”又僖公十九年的“今君德無乃猶有所闕?”由此足見“備子”卽“丕子”,一定是有貶義的詞。孔穎達《尚書正義》引鄭玄云:“‘丕’讀曰‘不’,愛子孫曰‘子’。元孫遇疾,若汝不救,是將有不愛子孫之過,爲天所責,欲使爲之請命也。”簡文的“備”字與“丕”通假,“爾毋乃有備子之責在上”是説三王也要負不慈愛子孫的罪責,鄭玄之説應該是正確的。

【朱鳳瀚 2011】簡文“爾毋乃又(有)備子之責才(在)上”,今本作“若爾三王是有丕子之責於天”,《史記·魯周公世家》作“若爾三王,是有負子之責於天”。在此句話之前,周公祝辭已告武王有疾,此句話後,則是下文所載周公願以己代武王去服侍鬼神,所以此句話主旨必是强調所祝告之在天之周先王有遴選時王或生人執此事之權力,亦卽是有服侍鬼神之義務,故周公才能有如此向三王所作之請求。作此理解似方能使上下文貫通。按這一思路去理解簡文此句話,則諸家意見分歧甚大的“備子”一詞的意思,似還當以曾運乾先生釋作“布兹”較好。《史記·周本紀》記武王克商後,至朝歌祭社時“毛叔鄭奉明水,衛叔封布兹,召公奭贊采,師尚父牽牲”。“布兹”之“布”爲陳列之意,集解引徐廣曰:“兹者,籍席之名。諸侯病曰‘負兹’。”“籍”應讀作“藉”,卽草墊,祭祀時陳列祭品之用。《説文》:“藉,祭藉也。”惟“布”在幫母魚部,與備、負、丕(此三字音同或音近,備,並母職部,負、丕均並母之部,之職陰入對轉)韻部有差異,從同音假借上難以將“備”徑讀爲“布”。但“布兹”中,“布”是動詞,如上述是作陳列講,而“備”可讀爲“服”,“備”“服”二字均並母職部。《爾雅·釋詁》"服,事也"。子,精母之部,兹,從母之部,韻同而聲近,二字可通。先秦典籍"兹""子"通用,可見王引之《經傳釋詞》。依上述,"備子"即可讀爲"服兹",即"服侍於祭藉"。如是,則"爾毋乃有備子(布兹)之責在上",這裏的"備子(服兹)"可以理解爲侍奉鬼神。"毋乃"即"無乃",王引之《經傳釋詞》:"'無乃',猶'得無'也(宣十二年《公羊傳引注》)。"大意是言"你們在天上不是有服事鬼神之責嗎?"從下文繼言"命於帝䟃(廷)"看,此所言"備子(布兹)之責",應即是講服事於上帝。故才有下文繼言公受命於帝廷之説。由此亦可見,在周人之宗教觀中,已故先王皆陟於帝廷,服事於上帝,受命於帝廷,因而才能如簡文所言得以"尃(布)又(佑)四方,以奠爾子孫於下墬(地)"。周先王要服事上帝,從簡文《金縢》中周公自薦自己因多才多藝可以取代武王事鬼神亦可得知。

【古育安 2012】蔡沈《書集傳》説"三王當任其保護之責於天",朱彬《經傳考證》讀"負"爲"抱",謂"有鞠育之義。責,任也,言有子民之任於天",章太炎在《太史公尚書説》中進一步曰:

> 古音負丕皆如倍,負子之責本指三王。負子者,所謂襁負其子,《詩》:"螟蛉有子,蜾蠃負之。"傳:"負,持也。"然則或抱或負,通得稱負,質言之,則保育其子耳。

就清華簡的"備"字而言,或可通"保"。上古音"備"爲並母職部,"保"爲幫母幽部,音近可通。……"保"之本義爲"負子於背",……本文將"備"讀爲"保",則"保子"義即"護佑子孫"。《尚書・康誥》有"若保赤子",《尚書・秦誓》"保我子孫黎民",不過文獻中不見"保子"這樣的説法,只有類似意義者,即《大雅・文王有聲》"詒謀子孫,以燕翼之"之"燕翼之"。……先秦文獻中常見上天保民、保王、保國家的内容,而本文理解的"保子之責",是指祖先對後代子孫的護佑。

【陳劍 2012】在現在諸説中,廖説是最有道理的;但仔細推敲,仍有未能盡愜人心之處。主要問題在於,雖然"備"讀爲"服"從楚簡用字習慣上看是完全可以的,但"服"訓爲"用"、"服子"解釋爲"使用兒子",在訓詁上仍恐有困難。訓爲"用"之"服"多以事、物爲賓語,如接人爲賓語,一般是"任用"的意思(如廖説所引《荀子・賦》:"忠臣危殆,讒人服矣。"),跟普通的"使用"、尤其是如簡文這樣講"服侍自己"的"使用",是有很大距離的。退一步講,根據廖説後文的解釋"要用兒子服侍的話",假如我們改將"服"訓爲"服事",則"服子"就只能解釋爲"服事(自己)的兒子","服"作"子"的修飾語構成名詞性的定中結構。但古書中"服"字罕見同樣的搭配,如此理解的"服子"這樣的説法仍感覺跟一般的語言習慣頗有不合。其實,簡本依"備子"作解本甚通,不必遠求。

"備子"之"子"字兼對"爾"所指代的大王、王季、文王而言(簡本只籠統説"先王"),實應理解爲"子孫"或籠統的"後代"義。類似例子如,《荀子・正論》:"聖王之子也,有天下之後也,埶籍之所在也,天下之宗室也,然而不材不中,内則百姓疾之,外則諸侯叛之。""子"與"後"對文("有天下"即"有天下者"),楊倞注:"子,子孫也。"《金縢》文孔穎達《正義》引鄭玄云:"'丕'讀曰'不',愛子孫曰'子'。元孫遇疾,如汝不救,是將有不愛子孫之過,爲天所責,欲使爲之請命也。"以"愛子孫"義解"子",也是因爲"子"在此不能僅限於"兒子"。我們看周公禱辭開題對三王説"惟爾元孫某",後文亦稱"乃元孫"(簡本作"尔(爾)元孫發(發)也""隹(惟)尔(爾)元孫發(發)也"),按武王對文王而言實不得稱"孫";我們説"備子"之"子"兼"孫"義,情況正相類,恐怕都只能看做在具體語境下因追求簡練而造成的表述不甚嚴密,或者説其時本就對此不甚計較。

"責,求也",意爲"責求""求取";"備,具也",作動詞意爲"使齊備""使備具""使備有",皆係古書訓。二者搭配如"責備""求備"一類的説法古書多見,如《淮南子・氾論》"是故君子不責備於一人",《論語・微子》"無求備於一人",《禮記・表記》"而求備於民"等等。"備子"的説法則與古書中"備姓"、"備官"(《禮記・射義》等)、"備嬪嬙"(《國語・晉語四》"重耳婚媾懷嬴"章)等相近。《國語・吴語》:"勾踐請盟:一介嫡女,執箕帚以晐姓於王宫。"《文選》卷三十王景玄(微)《雜詩》"箕帚留江介"李善注引"晐姓"作"備姓"。《吴語》韋昭注:"晐,備也。姓,庶姓。《曲禮》曰:'納女,於天子曰"備百姓"。'"如仿照古書多見的"以備内官"(《左傳》昭公三年)、"以備嬪嬙"(《左傳》昭公三年)、"以備三恪"(《左傳》襄公二十五)、"以備器用"(《左傳》隱公五年)等一類説法,將"(有)備子之責"加以變换,猶謂"責求武王以備子",卽"責求武王以使子孫齊備"之意。上舉這類"備"字字典辭書往往釋義作"充任、充當"(《漢語大詞典》)或"謂充數、佔有其位"(《漢語大詞典》),這是從"備之人"的角度含有自謙色彩的説法;實際上就詞義而言,從責取之人的角度來説,仍然就是"使齊備""使備具"之義。從上引"晐姓"的説法也可以體會這一點。《國語・楚語下》:"夫神以精明臨民者也,故求備物,不求豐大。""求備物"就是"要求祭品齊備"之意;簡文"備子之責"可變换爲"(先王)責備子",與"(神明)求備物"甚爲相近。此文用"責"而不用"求",蓋因"責"字含有係對方應出之義務、責任的意味,施之於此更覺妥貼合適。

對於在上或在天的其他周先王(或者據今本具體到大王、王季)來説,文王本已是其子孫;據《史記・管蔡世家》等,文王長子、武王之兄伯邑考於武王立之前已卒。總之包括文王在内的三王、先王是早已有子孫在上。現在武王病重,周公認爲其原因在於先王還要責取子孫，使在其側的子孫更多、更齊備，此即“爾元孫有備子之責在上”。直譯可作“你們有要使子孫齊備的責求在上面”。人死後魂至於天生祖先之所，此乃周人已固有的觀念。其見於西周文獻者如，《逸周書·祭公》説“謀父疾維不瘳，朕身尚在兹，朕魂在于天昭王之所”，《清華簡(壹)·祭公之顧命》簡3作“毖(謀)父縢(朕)疾隹(惟)不瘳。縢(朕)身尚才(在)绎(兹)，縢(朕)䰟(魂)才(在) 縢(朕)辟卲(昭)王斎=(之所)”。李學勤先生曾指出：

> 祭公自知病重，認爲魂已升天，侍於曾經服事的昭王，可見當時觀念，先王在天，而人死後魂與軀體分離。

【陳偉 2012】竹書本“備”、《書·金縢》“丕”，恐皆當依《史記·魯世家》讀爲“負”。“負子”或“抱子”，爲古人常語。《禮記·内則》：“三日始負子。”鄭玄注：“負之謂抱之而使鄉前也。”……

“子”可兼指“子孫”。《荀子·正論》：“聖王之子也，有天下之後也，勢籍之所在也，天下之宗室也。”楊倞注：“子，子孫也。”《尚書·金縢》孔疏引鄭玄曰：“愛子孫曰‘子’。”也隱含此意。這樣，祝辭此語可理解爲“莫非你們在上天有抱持子孫的要求”。如此，既切合古人講“負子”的習慣，又與隨後周公欲以己身換取武王的文意相符。

【趙成傑 2014】日本學者赤塚忠引《真古文尚書集釋》云：“丕は負の仮字，子は兹(草の席)の仮字と解すべきである。”(即負兹，與負薪同。)按，周人本立命於天，對天有一種强烈的敬畏心理，“丕子”當爲“天子”，不應刻意求新。

【金正男 2015】但從出土文獻中“備”字用例來看，該字可讀爲“服”或者“佩”。如果“備”字讀爲“服”的話，“備”字大都是可訓爲“順從”“歸服”。比如，上博簡《容成氏》47號簡“七邦來備

(服),豐鎬不備(服)”、郭店簡《尊德義》25 號簡“非倫而民備(服),世此亂也”。從語法結構上説,這種“備(服)”字一般用爲不及物動詞,不可帶賓語。另外,若讀爲“佩”的話,該字可與“玉”連用構成動賓結構。比如,葛陵簡乙一 21 號簡“惠王、文君各一備(佩)玉”、望山簡 1・109 號簡“各備(佩)玉一環”。按照這些通假用例,我們不但難以找到與“侍子”的相關性,而且對“備子”一詞的解讀没有實質性的幫助。……陳劍的理解在已有成果中最有説服力,其原因在於他對從甲骨文到孔穎達《正義》的相關證據作了分析梳理。這一點可以證明了“責求子孫齊備”是很有普遍性的觀念。

總之,“備”字不必改讀爲“服”或者“佩”,因爲“備”本身卽有“完備”“齊備”之義,且有“充當”“充任”之義。這一點我們從《左傳》昭公三年“君若不棄敝邑,而辱使董振擇之,以備嬪嬙,寡人之望也”也可看出。而且“備”字可以用爲及物動詞,後面可帶賓語。所以,3 號簡“備子”可以解釋爲“具備子孫”或者“充當後代”,這裏的“子孫”無疑就是劉起釪所説的“能服事祖先的子孫”。

【連劭名 2017】《禮記・祭統》云:“備者,百順之名也。無所不順者之謂備。”又云:“上則順於鬼神,外則順於君長,内則孝於親,如此之謂備。”《詩經・皇矣》云:“克順克比。”《左傳》昭公二十八年云:“慈和遍服曰順。”《釋名・釋言語》云:“順,循也,循其理也。”“備子”卽孝子。

編按: ◇ 裘錫圭先生《殺首子解》一文已道明:“殺首子而食之,是屬於獻新祭和嘗新聖餐範疇的一種現象。其性質跟一般的用人牲和食人的習俗不能同日而語。”①武王此時已成人,周

---

① 裘錫圭:《殺首子解》,收入裘錫圭:《文史叢稿》,上海遠東出版社,1996 年,第 131 頁。

公獻身也屬於用人牲的現象，似和“殺首子”古俗無關。

◇“隹(惟)尔(爾)元孫發也，不若但(旦)也”及後文周公將自己與武王對比，願意替代武王，這正是在承接前文“尔(爾)毋乃有備子之責才(在)上”對先王的疑問，也説明“備子之責”的大意應該指先王想要子孫來服侍。由此看來，廖、陳二説較爲可取。但是如陳説，“服子”解釋爲“使用兒子”，訓詁和文法上有困難。而解釋爲“使子孫齊備的責求”，“備子”的説法古書未見，僅有“備官”“備姓”這樣的旁證。因此，廖、陳二説較爲可取，但“備子之責”的確切解釋還有待深入研究。

[13] 隹(惟)尔(爾)元孫發也，不若但(旦)也，是年(佞)若丂(巧)能，多忎(才)多埶(藝)，能事𩲡(鬼)神

【整理者】是年若丂能，今本作“予仁若考能”。“年”讀爲同泥母真部之“佞”，佞从仁聲，訓爲高才。若，王引之《經傳釋詞》附録一：“而也。”江聲、曾運乾並云巧之古文作“丂”，能字應上屬。此周公稱己有佞才而巧能。一説能字應連下讀。

【廖名春 2011】“是”爲連詞。表示因果關係，相當於“因爲”。筆者在早期文獻裏暫時没有找到用例，但唐詩中却有發現。孟浩然《秋登萬山寄張五》：“愁因薄暮起，興是清秋發。”“因”“是”互文，“是”猶“因”也。

【宋華强 2011A】“是”當讀爲“實”，王引之《經傳釋詞》云：“是”猶“寔”也。《詩・閟宫》曰：“是生后稷。”言姜嫄實生后稷也。字或作“氏”。《大戴禮・帝繫》篇曰：“黄帝娶於西陵氏之子，謂之嫘祖，氏産青陽及昌意。”言寔生青陽及昌意也。《禮記・曲禮》曰：“五官之長曰伯，是職方。”言寔主東西二方之事也。《古代漢語虚詞詞典》云：“用在謂語前，表示對動作行爲或事態的强調。”葛陵簡零115、22“是鼒坳而口”，“是”亦當讀爲“實”。

【黄懷信 2011A】元孫發，即武王。旦，周公名。“旦”下“也”

字當衍。是,如此。言爾元孫發不如旦如此佞且巧能。佞,《説文》:"巧諂高才也。"若,猶又。今本作"予仁若考能,多材多藝,能事鬼神。乃元孫不若旦多材多藝,不能事鬼神",據簡書,"仁"借爲"佞","考"借爲"巧"。簡書明顯有縮寫之迹,唯"佞""巧"用本字而已。

【李鋭 2011】"爾毋乃有服子之責在上,惟爾元孫發也,不若旦也,是佞若巧能多才多藝,能事鬼神,命於帝廷,溥有四方,以定爾子孫於地下。"這裏没有"乃"字,没有説"乃元孫不若旦多才多藝,不能事鬼神",乃至有人認爲清華簡《金縢》邏輯混亂。鄙意這裏"是"恐當讀爲"實","不若旦實佞若巧能多才多藝能事鬼神"可能當作一句讀("也"字恐係後來所加),則"命於帝廷"承上文的"元孫發"。即使不這樣理解這一句,一定認爲句式不順(西周金文中其實也有在金縢看來句式不順者),則根據當時"成語"之慣例,"命於帝廷"者仍當指"元孫發"。古代常講文王守天命,武王承大命而溥有四方,或説文武溥有四方,如大盂鼎銘文中説"丕顯文武,守天有大命,在武王,嗣文作邦,闢厥慝,匍有四方",師克盨説"王若曰:師克,丕顯文、武,膺受大命,匍有四方"。因爲文王已死,所以《金縢》中受命、匍有四方、定爾子孫的,只能是武王。就今傳本《金縢》來説,有鑒於"乃"作領格就不能指武王;而從劉起釪説,則太王、王季尚不合使用"匍有四方"之慣例,故今傳本《金縢》的"乃"字,似以周秉鈞釋爲"始也,初也"爲妥。也可以將"乃"字直接解釋爲無義的虚詞,這和清華簡《金縢》更接近。

【陳民鎮、胡凱 2011】清華簡中周公對自己的評價"是年(佞)若丂(巧)能,多忎(才)多埶(藝),能事槐(鬼,楚簡"鬼"从示)神",可與今本"予仁若考能,多材多藝,能事鬼神"對讀。此前俞樾在《群經平議》中指出:"'仁'當讀爲'佞'。……'予仁若考'者,予佞而巧也。'佞'與'巧'義相近,'仁'與'巧'則不類矣。《史記·周本紀》'爲人佞巧'。亦以'佞巧'連文,是其證也。"俞樾之説,今爲出土文獻所驗證。"丂"讀作"巧",上博簡《恒先》已見。《書古文訓》"考"即作"丂",與清華簡合("丂"亦可讀作"考",此處不然)。簡文作"年","年"正可讀作"佞"。《春秋》襄公三十年:"天王殺其弟佞夫。"《公羊傳》"佞"作"年"。"佞"者,高才也。《史記·魯周公世家》謂"旦巧能","考""巧"古字通,"若""而",語之轉(《經義述聞》)。甚是。簡本所見"佞若巧能",即"佞而巧能",今本"予仁若考能",即"予佞而巧能"。今本標點多斷作"予仁若考,能多材多藝",俞樾《群經平議》以爲"能"讀作"而",然據清華簡,過去斷句有誤。得出土文獻之證,文意甚安。孔傳云:"我周公仁能順父,又多材多藝,能事鬼神。言可以代武王之意。"不辭。

【張顯成、王玉蛟 2011】"也"用在句末,表示陳述語氣。

【程元敏 2012】蒙疑楚簡之"年(佞)若丂(巧)"乃"仁若考"之訓釋文,乃楚人破字,非《金縢》本經原文之舊。然而非也,蓋若、而古音近相假,"予仁而考"爲句,猶"予又仁又考"。夫仁與考乃公所自陳兩事,合下多才多藝一事,皆其美德。且多材多藝即智技靈巧,苟考亦訓巧,則周公語複矣。仁讀爲佞,借仁爲之,於古音雖有據,但"仁與巧義近""連稱",是"予仁若考"義爲"予巧而巧",文理有所窒矣!故此仁當依本字,訓敦厚、厚道,而彼時(春秋中葉)尚無將"仁"作爲孔子所始創爲做人最高準則之普世意義,屈萬里先生謂:仁字,甲骨文無,早期金文中亦無,《易》《書》《詩》三書中屬於西周時代之作品亦無,東周以後之書本文獻,僅《詩·叔于田》《盧令》各有一仁字,及此《金縢》一仁字,其意義俱爲敦厚。而"强調仁字,使它成爲做人的最高準則,使它成爲一個學説,則實從孔子開始"(《書傭論學集·仁字涵義之史的觀察》)。考,訓孝,《東坡書傳》:“(予仁若考,)我仁孝能順父祖。”《雙劍誃尚書新證》:“金文考、孝通用(敏案原注舉彝銘及《史》、《漢》封爵,文繁不録)……予仁若考者,予仁而孝也。”仁考既得正詁,則今本“予仁若考”以下一段文了無疑義矣。第或者謂周公聖人,不應自我彰德露才、揚己抑君,如袁枚《小倉山房文集·金縢辨上》:“治民事神一也,故曰‘未能事人,焉能事鬼’!元孫既無才無藝不能事鬼神矣,又安能君天下子萬民乎?贊周公之材之美,始於《論語》,造僞書者,竊孔子之言,作公自稱語,悖矣!”愚謂袁論激切,嫌厚誣聖人。夫侍奉鬼神,唯富才藝者乃能;周公才藝賢過武王,故三王“取發不如取旦也”(《書疏》)。才藝者,臣僕之事耳,“聖人之德,不計材藝之多寡”(《融堂書解》卷十一),武王“乃命于帝庭,敷佑四方,用能定爾子孫于下地;四方之民,罔不祇畏”,是聖人也。若取發而舍旦,則“墜天之降寶命,我先王亦永失依歸”;國祚民命所繫,王不可卽死,周公舉才藝過王請代固宜。其爲人也,徒多才藝,苟非心存仁考(孝),則雖在鬼神左右,必不肯事之;徒存仁孝,苟才藝不足,雖欲事鬼神而力有所未逮。周公仁孝、才藝兼擅,故宜任新職;武王具仁孝而乏才藝,豈宜奉召升侍?武王仁孝不若周公,經文斷無此意。《雙劍誃尚書新證》(卷二):“觀下文‘乃元孫不若旦多材多藝,不能事鬼神’而無‘不若旦仁若考’之語,尤可徵非言武王之不仁不孝,特不如旦之多材多藝、能事鬼神耳。古今文法不同,而理自一貫也。”楚簡編理者不曉“仁考”,既曲解字義,又將“仁若考”句降下,作成“爾元孫發不若旦仁且孝”,直指兄武王仁孝不足,夫“武王、周公達孝”(《中庸》),周公安作此言?楚人妄删移亂書經,魯莽滅裂及此!

【程浩 2012】對於此處簡、傳兩本的差異,黄懷信先生以爲“簡書明顯有縮寫之迹”。實際上,此處並非簡書有縮寫,而是傳本有“衍生”。傳本於“予仁若考,能多材多藝,能事鬼神”句後,又接“乃元孫不若旦多材多藝,不能事鬼神”,兩句重出,甚顯繁蕪。若把“乃元孫不若旦”後重出之句删去並將此句移置“予仁若考”前,此節變爲“乃元孫不若旦(也),予仁若考能,多材多藝,能事鬼神”,亦可讀通。再比較簡本的“惟爾元孫發也,不若旦也,是佞若巧能,多材多藝,能事鬼神”,差别就非常之小了。

【季旭昇 2013A】“仁”的起源應在殷末周初,殷紂王暴虐無道,文王以其道德形象與治國能力樹立了“仁”的典範。武王滅商後,向箕子請教治國大法,這位被孔子稱爲“殷三仁人”之一的箕子在他向武王提出的《洪範》篇中,對治國者的期許與文王的形象是頗爲切合“仁”的要求。這時候的“仁”應指:“身爲一個領導者應有的特質與表現”。衣服儀表端正,容貌態度恭敬,思言視聽能力傑出,體恤人民,兼聽從衆,恭敬神明……等屬之。代表人物爲微子、箕子、比干、文王、武王、周公等。繼承文王、箕子“仁”的觀念,表現得最完美的,應該是周公。

周公贊美自己“仁若考能”,見《尚書·金縢》:“予仁若考能多材多藝事能事鬼神。”清華本作“是年若丂能多忎多埶能事槑神”,“年”字,原考釋讀爲“佞”,訓爲“高材”。其實,“年”字可以讀爲“仁”,在楚簡中有旁證,《上博一·孔子詩論》簡 8“《小宛》其言不惡,少有[illegible]焉”,倒數第二字“[年/心]”从心、年聲,李學勤先生即讀爲“仁”,是从“年”聲可以讀“仁”之證。

我主張以“予年若考能”爲一句,“年”訓爲“仁”(也對應今本的“仁”字),“若”訓爲“順”,“考”訓爲“巧”,“能”如字,這四種才德,正是“事先祖”所必需。如果以殷周之際“仁”的概念來説,《金縢》篇周公對祖先自誇“仁”,以討祖先歡喜,應該是合適的。

【季旭昇 2013B】《尚書·金縢》此處作“仁”字,當是。先秦“仁”義逐步演化,最早指貴族之表現,兼含内外,清華簡《殷高宗問于三壽》謂“衣服美而好信，巧才而哀矜，恤遠而謀親，憙神而柔人，是名曰仁”，當爲“仁”之較早觀念。殷周時期“仁”之定義爲“‘身爲一個領導者應有的特質與表現’。衣服儀表端莊，容貌態度恭敬，思言視聽能力傑出，兼聽從衆，恭敬神明……等屬之。代表人物爲微子、箕子、比干、武王、周公等”；西周至孔子以前，“‘仁’的對象擴大到廣大的貴族；‘仁’的具體内容可以定義爲‘身爲一個貴族應有的特質與表現’”。孔子以後，“仁”漸漸成爲諸德之總和，人之最高德行表現。故《金滕》篇周公自稱“予仁若巧能”，並無不可（參拙作《仁的源起》）。“若”可釋爲“順”，“巧”爲“巧慧”，“能”爲“賢能”，“仁若巧能”可視爲四個形容詞。

【陳絜 2013】“巧”“能”二字之關係，還得返回到《史記》所引文字本身，故抄録相關字句施加標點如下，以便分析：

> 惟爾元孫王發，勤勞阻疾。若爾三王，是有負子之責於天，以旦代王發之身。旦巧，能多材多藝，能事鬼神。乃王發不如旦多材多藝，不能事鬼神。乃命于帝庭，敷佑四方，用能定汝子孫于下地。四方之民，罔不敬畏。

按“旦巧能多才多蓺，能事鬼神”，如中華點校本《史記》即如此處理。這顯然是一種無法判斷而采用的模糊處理之辦法。但從字裏行間還是能體會到某些學者之意向的。例如日本學者瀧川資言在斷讀上與他們並無區别，但他在考證中却説：“《尚書》‘旦巧’作‘予仁若考’。史公訓考爲巧，故以巧字易之。巧考皆从丂，聲例得相通。”從中似能看出，瀧川氏更傾向于將“旦巧”二字單獨成句。竊以爲，其理解較之他人更勝一籌。

按周代金文中習見“萬年永寶用”“萬年無疆”之類的嘏辭，其中的“萬年”不乏寫作“萬人”者，例如“乎其萬人永用”（蠅乎簋，《集成》4157）……。金文“萬人”基本可讀作“萬年”，這已是學界公認的常識，其理由是人乃年字的諧聲之偏旁。而上引《史記》“旦巧”一句，也恰好爲“是年若丂”的正確釋讀找到了綫索。衆所周知，司馬遷在援引古籍時，往往會將舊文獻的古奥文詞改爲當時通行的文字。其所謂“旦”者，竊以爲便是改“是年（人）”而成。或許司馬遷以爲“若”爲虚詞，故予省略。當然也有可能原本保留了“若”字，後經傳抄而脱落。按：若可訓爲順，與其後的“能事鬼神”語相呼應。巧从丂聲，巧者能也，即所謂“多才多藝”者是也。

總的來説，“是年若丂”作一句讀，“能”字屬下，可能更符合竹簡原義。同樣，今本《金縢》與《史記》也應如此斷讀。而今本《金縢》中的“予仁若考”一句，顯然也不如簡本“是年若丂”來的通順。

【金正男 2015】上述的各種讀法，我們可以歸納爲實詞“若”、虚詞“若”兩類。筆者傾向於認爲，這一句中的“若”字可能是虚詞“若”。與該句類似的語法結構也見於秦代出土文獻，相關用例如下：睡虎地秦簡《日書甲》29 號簡背面的“以歌若哭”、《法律答問》60 號簡的“未行而死若亡”、《日書甲》55 號簡背面的“三月食之若傅之”。以上三例中的“若”作並列連詞。並列連詞連接的前後兩項爲動詞，形容詞或者短語。“若”構成“VP＋若＋VP”結構，可自成一句，也可以作謂語中心或謂語一部分。這樣使用時，“若”大都表示“而且”“又”“和”。睡虎地秦簡至早是戰國晚期以後編成的文獻。如此看來，我們應參考王念孫的讀法。“若”前後的“佞”與“巧”應該作相同成分，表示並列關係。“能”字應屬下讀。

“是”是指示代詞作主語，這種用法在周代金文與《詩》《尚書》中可以看到。“是”所指的對象是周公。“年（佞）”“丂（巧）”指周公自己發揚的優點。雖然簡本“年”與今本“仁”可以通假，但一般戰國楚系“仁”字的偏旁是从心从身或者从心从千的。而且兩字的通假用例,在先秦文獻中可以得到印證。如《左傳》襄公三十年的“天王殺其弟佞夫”,在《公羊傳》經文裏“佞”作“年”。根據先秦文獻的用字習慣,如《史記・夏本紀》的“何畏乎巧言善色佞人”、《史記・周本紀》的“爲人佞巧”、《列子・力命》的“巧佞、愚直、婩斫、便闢四人相與遊於世,胥如志也”,“佞”與“巧”兩字在意義上有搭配關係。由此看來,“丂”可讀爲“巧”。

綜上,4 號簡“是年若丂”的“若”是並列連詞,前後兩項是同一個成分。從通假用例與用字習慣來看,該句可讀爲“是佞若巧”。

【趙朝陽 2018】頗疑簡本“是年若丂”當如本字讀爲“是年若考”。“若”字,《爾雅・釋言》“順也”。“考”字應從劉逢禄、黄式三之説釋爲“壽考”,《説文》老部“老也”,如𪒠鎛(《集成》271)“用求丂(考)命彌生”、叔䟫父卣(《集成》5428、5429)“余考不克御事”、《尚書・洪範》“考終命”、《大雅・棫樸》“周王壽考,遐不作人”、《左傳》宣公十五年“下臣獲考死”等是。“是年若考”,意即:實年壽順長。經文前後乃是周公自謂年壽順長且多材多藝、能事鬼神,故祈以自代。今本“仁”字“人”聲,而“年”字亦从“人”聲,頗疑“仁”即“年”之借字。

編按: ◇“是”表因果關係之用法恐晚出。上古漢語中,“是”可作代詞,在句中作主語,可以複指上文提到的對象,①簡文中“是”即指前句所述的旦(周公)。而且,金文和其他出土文獻中“人”字習見,未見用“年”表示“人”的用例,因而將“年”讀作“人”恐難成立。

① 中國社會科學院語言研究所古代漢語研究室主編:《古代漢語虚詞詞典》,商務印書館,1999 年,第 516 頁。

◇“年”,整理者讀爲“佞”,此説源自俞樾將今本“予仁若考能”的“仁”讀作“佞”。俞樾認爲:“佞从仁聲,故得叚‘仁’爲之,‘予仁若考’者,予佞而巧也,佞與巧義相近,仁與巧則不類矣。《史記·周本紀》‘爲人佞巧’,亦以佞巧連文,是其證也。古人謂才爲佞,故自謙曰‘不佞’,佞而巧,古多才多藝,能事鬼神也。”① 如俞樾所舉證,“佞”在上古漢語和文獻中,詞義還没有完全窄化爲“奸佞”義,可以指人有才智。因此,整理者讀法可從。

◇季旭昇認爲“仁”表示的是早期的含義,指“身爲一個貴族應有的特質與表現”,可備一説。

[14] 命于帝𨻰(廷),尃(溥)又(有)四方,以奠(定)尔(爾)子孫于下墬(地)

【整理者】此句前今本有“乃元孫不若旦多材多藝,不能事鬼神”一句。“溥有四方”,今本作“敷佑四方”。溥有猶廣有,溥有四方即《詩·皇矣》之“奄有四方”。大盂鼎(《殷周金文集成》二八三七)作“匍有四方”。

【蕭旭 2011】今本《金縢》作“敷佑四方”,《史記·魯周公世家》同,傳:“布其德教以佑助四方。”《集解》引馬融曰:“武王受命于天帝之庭,布其道以佑助四方。”並訓敷爲布,佑爲助。劉逢禄曰:“‘敷’‘傅’通,助也。”俞樾曰:“敷之言徧也,字通作普,亦通作溥,敷、溥、普文異義同。佑乃俗字,當作右,而讀爲‘有’。敷佑四方者,普有四方也。”王國維曰:“案《盂鼎》云:匍有四方。知‘佑’爲‘有’之假借,非佑助之謂矣。”高本漢、顧頡剛、劉起釪從之,是也。

【黄懷信 2011A】今本同,唯“命”前有“乃”字,“溥有”作“敷佑”。按:“佑”,當是借字。乃,却,表示轉折。此無“乃”字,義不

① 俞樾:《俞樾全集》第1册,浙江古籍出版社,2018年,第125頁。

明。命，謂受命。“溥有”，卽廣有、遍有。溥有四方，謂擁有全天下。下地，卽下土，與“上”相對。今本下更有“四方之民，罔不祗畏。嗚呼！無墜天之降寶命，我先王亦永有依歸。今我卽命于元龜”，義較完。可見簡書於此亦有節略。

【劉國忠 2011A】溥有四方：指普有天下。以定爾子孫于下地：從而能够在人間安定你們的子孫。

【陳民鎮、胡凱 2011】今本“敷佑四方”，日本内野本作“尃右三方”，其中“敷佑”，《書古文訓》亦作“尃右”，日本足利本及唐石經俱作“敷佑”。俞樾《群經平議》業已指出“敷”與“溥”“普”通用，釋作“普有四方”。《詩經》所見“敷天之下”“溥天之下”“普天之下”，皆用此義。今本“佑”，卽清華簡“又”，形同“右”，此讀作“有”，驗證了前賢的推斷。“溥有”，卽金文之“匍有”、載籍之“撫有”“奄有”。楚簡“尃”通作“溥”，已見於郭店簡《成之聞之》、上博簡《孔子詩論》等。孔傳訓作“佑助四方”，非是。

【季旭昇 2013B】各家多從原考釋，然於簡文似有滯礙。今本《金縢》作（括號中的主角爲依本文所加）：

> 予（周公）仁若考能，多才多藝，能事鬼神。
>
> 乃元孫（武王）不若旦多才多藝，不能事鬼神。（武王）乃命于帝庭，敷佑四方，用能定爾子孫于下地。四方之民罔不祗畏。

依清華簡，本小結之主角當如下：

> 惟爾元孫發也，不若旦也，（周公）實仁若巧能，多才多藝，能事鬼神。命于帝庭，尃又四方，以奠兒孫于下地。

傳本“乃命于帝庭”承前之主語爲“武王”，可從（雖然全節文義頗爲滯礙）。簡本“命于帝庭”承前之主語爲“周公”，如釋“尃又”爲“溥有”,恐有不當,當依傳本釋“敷佑”,即“廣佑”。

【蘇建洲 2021A】研究者對於西周金文“匍有(四方)”一詞的理解,大抵不出俞樾與王國維的説法,即理解爲“溥有”或“撫有”。張富海先生則認爲兩種説法都有問題。他舉了底下幾條金文例證作爲論證的依據:

1. 大盂鼎:匍有四方,畯正厥民
2. 史牆盤:匍有上下,會受萬邦
3. 逨盤:膺受天魯命,匍有四方/膺受大命,匍有四方

他指出“匍有”句式對應“畯正”“會受”“膺受”,因此“匍有”是並列結構,“匍”當訓爲“有”。“撫有”之“撫”雖然也訓爲“有”,但是雙唇塞音和雙唇鼻音之間不能隨便諧聲假借,而且文獻未見“甫”與“無”相通假的例證,因此“匍有”不能讀爲“撫有”。至於將“匍”與“溥”相通自無問題,但是文獻却未見“溥有”的文例,而且“溥有”是偏正結構,與並列結構的“匍有”不合。他認爲西周金文中對應古書中的“敷”和“溥”的字作“尃”。如毛公鼎銘文(《集成》5.2841)“尃命於外”,“尃”讀“敷”,義爲“布”;番生簋蓋銘文(《集成》8.4326)“尃求不替德”,“尃求”即《尚書·康誥》“往敷求于殷先哲王”之“敷求”,“敷求”亦即“溥求”。説明西周時期“匍”與“尃”的用字習慣並不相同。“匍”字記録的是一個聲母是雙唇塞音,韻部是魚部(上古音值 a),義爲“有”的詞,跟《詩·召南·鵲巢》“維鵲有巢,維鳩方之”毛傳“方,有也”中的“方”是同源詞。

清華簡《金縢》:“惟爾元孫發也,不若旦也,寔佞若巧,能多才多藝,能事鬼神。命于帝庭,尃有四方,以定爾子【四】孫于下地。”必須指出的是“命于帝庭”前的主語也當是“爾元孫發也”。……首先,筆者贊同“匍有”不能讀爲“撫有”。從後來陸續出現的楚簡用字習慣來看,確實如張文所説“甫”聲與“無”聲未

見相通。清華九《治政之道》簡 14 整理者釋文作“夫以兼尃(撫)諸侯,以爲天下儀式,是以不刑殺而修中治,諸侯服,不唯上能興乎?”注釋云:“尃,讀爲‘撫’,《説文》:‘安也。’”“尃(撫)諸侯”的讀法似乎是對張文的反證。不過,鄔可晶先生指出《治政之道》篇除本簡此例外,簡 8、15、18、19 還有四個“尃”字,皆用爲“敷”;《成人》篇簡 20 的“尃”用爲厚薄之“薄”;《廼命一》篇簡 2 的“尃”,整理者讀爲“布”,“布”“敷”音義極近。《清華捌》所收的與《治政之道》本爲一篇的《治邦之道》,簡 13、25 也有兩個“尃”字,亦皆用爲“敷”。而在《治政之道》中,簡 26 就有一個“無攵(撫)”字,整理者訓爲“安”。所以,簡 14 的“尃”讀爲“撫”,從用字上看,也是很不合理的。他認爲“尃”當讀爲“傅”或“薄”,“兼尃(傅/薄)諸侯”意謂使諸侯全都親附、全部有所歸止。此説可從。……

其次,對於“匍”訓爲“有”,筆者以往也相信此説,但現在考慮起來還是將“匍”讀爲“溥”的意見較爲合理。請比對底下文例:

> 逨盤:“膺受大命,匍有四方”
>
> 清華簡《封許之命》簡 2:“膺受大命,旻(畯)尹四方”

“匍有四方”與“畯尹四方”句式相同,可見“匍”相當於“畯”。這種對比的效力應該大於與“膺受大命”相比,所以“匍有”未必是並列結構。就像與“膺受”相對的“畯尹”顯然不是並列結構(詳下)。而且金文中這類詞語的位置並不固定,比如《集成》267 秦公鎛“秦公其畯𩁹才位,膺受大命,眉壽無彊,匍有四方,其康寶”。其中“膺受大命”與“匍有四方”就不在相對的位置,因此這兩句話恐怕不能作爲比對的標的。對於“畯尹四方”的“畯”的用法,不少研究者討論過。……“畯”當理解爲副詞,訓爲長也、永也。那麽與副詞“畯”文法地位相當的“匍”自然也當理解爲副詞,因此當從俞樾、唐蘭讀爲"溥"。唐蘭先生説"匍"即《詩·北山》"溥天之下"的溥,古書多作普,意思是説普遍地保有了四方。王輝先生認爲匍讀爲溥,廣大,溥有四方,廣有天下,又見大盂鼎及秦武公鎛鐘。此説似更合理。……

過去認爲"方"通"撫",故有"有"義。此説未必正確,參看張富海《金文"匍有"補説》(《中國文字研究》2007 年第 2 期,張文同意"方"有"有"義,但也未指出其來源。)因此,"方"有"有"義也許可能是語境義。其實,"維鳩方之"可能可以讀爲"維鳩並之"。"並之"是"比並兩個或多個鵲巢在一起(使巢更大)"的意思。既然"方,有也"的解釋存在疑義,那麽"匍"訓爲"有"的基礎也就有商榷空間了。根據上面的討論,清華簡《金縢》"尃有四方"當從整理者讀爲"溥有四方",溥有猶廣有,與"撫有"無關,這從前面提到{撫}只寫作从"無"或"亡",與"甫"聲無涉已可證明。用"尃"表{溥},用字相當直接。清華簡《金縢》"尃(溥)有四方",到《尚書·金縢》作"敷(溥)佑(有)四方",用字演變情況正如豳公盨"尃土",到《尚書·禹貢》作"敷土"。至於"匍",楚簡多用爲{匍匐},如《清華七·越公其事》簡 21"匍匐就君",似乎已經没有單用。從這個角度來看,將"尃"讀爲"匍"恐也不合用字習慣。

編按: ◇"命于帝庭""尃又四方"這類話語往往針對君王而言,這在西周金文和《詩經》中體現明顯。簡文的行文邏輯上,"命于帝庭,尃又四方"之前缺少主語,不像今本至少還有連詞"乃"起首,可能是簡文編撰者的疏失。也可能如陳劍所言"爾元孫發"是"惟爾元孫發也,不若旦也,寔佞若巧,能多才多藝,能事鬼神"與"命于帝庭,匍有四方,以奠爾子孫于下地"兩句共同的主語。

◇從金文和《詩經》用例來看,"尃又四方"的"尃"當從整理者讀爲"溥有四方","溥"作副詞,有"廣大"義,"溥有"即"廣有"。正如蘇建洲對文例的梳理和解讀,金文"匍有"未必是並列結構,也缺乏有力證據可證明“俑”可訓爲“有”。

［15］尔(爾)之𧦝(許)我

【整理者】𧦝字〖編按：字形爲〗从御聲，讀爲“許”。

§ 陳劍 2011 年 1 月 9 日回帖復旦讀書會 2011：“𧦝”在本篇簡 5 即兩見，皆用爲“許”，字應即“許”之繁體。但其聲符部分實爲“御”字簡體，且《祭公》簡 16“”字應即“許”之繁構而用爲“嬖御”之“御”，可見當時“許”“御”多通，“御”字曾在有的本子中寫作“(𧦝)”完全可能。

【蘇建洲 2011C】由陳劍先生的説明已經知道“許”“御”二字可通假，則“𧦝”字應該也是文字糅合的構形，即糅合了：(䛩，《祭公》16)、(䛩，《民之父母》9)與(御，《郭店・緇衣》23)。如同《曹沬之陣》42 (馭)，金俊秀先生指出糅合了與(駿，《昭王與龔之脽》06)。“𧦝”與“馭”二者正好是平行例證。

【陳偉 2012】竹書整理者注釋説：“𧦝字从御聲，讀爲‘許’。”清華簡《祭公》16 號簡一字與此略同，整理者即釋爲“御”。竹書《金縢》此字或許也當釋爲“御”或“禦”。《爾雅・釋言》：“禦，禁也。”《莊子・徐無鬼》：“今夫子聞之而泣，是禦福也。”陸德明釋文：“禦，距也，逆也。”其意義與“許”正好相反，是指不接受周公的祈求。

【金正男 2015】5 號簡“”“”的右下部是“月”的簡體。戰國時期“月”字本來有兩個斜筆，但只有一個斜筆的“月”也十分常見。如此看來，5 號簡“”“”確實是“許”的繁體，可隸定爲“䛩”。

【趙思木 2017】從字面上來講，若將“𧦝”讀爲“許”，則“爾之許我”“爾不我許”應理解爲“你聽從我(事鬼神)”“你不聽從我(事鬼神)”，已經很順暢。根據簡文，先王“備子之責”的目的應在於使子孫“事”之，亦即服侍，從先王的角度講，則是“服用”子孫。尊者使用器物、用人都可以稱“御”，使用器物稱“御”較爲常見，用人則如《周禮》“女御”、《祭公》“娶御”，漢代官名有“御者”，從服侍者的角度講，這些“御”就可訓爲“侍”。所謂“爾之御我”“爾不我御”，意謂“你（如果想）用我”“你（如果）不用我”，“御”正可與“事鬼神”之“事”巧應，這樣祝辭之語境較讀爲“許”更統一。

編按：𧦝字讀爲“許”無異議。構形的分析，陳劍認爲𧦝字聲符爲“御”字簡體；蘇建洲則認爲“𧦝”字糅合了“（謢）”與“（御）”兩形，二説皆可説通。[①] 但兩説有待更多文字資料的驗證。

［16］尔（爾）之𧦝（許）我＝（我，我）則𥓃（瘗）璧與珪。尔（爾）不我𧦝（許），我乃以璧與珪逯（歸）

【整理者】𥓃，从石，𦤺聲。讀爲“晉”或“進”。“𦤺”爲“𣈆”之《説文》籀文：“𦤺即奇字𣈆（晉）。”以上祝辭。此下今本有“乃卜三龜，一習吉。啓籥見書，乃並是吉。公曰：‘體，王其罔害。予小子新命于三王，惟永終是圖。兹攸俟，能念予一人’”數語，《魯世家》略同。

【復旦讀書會 2011】“𥓃”字屢見於新蔡簡，徐在國先生讀爲“厭”，甚是。今本《尚書·金縢》與之對應的語句作“爾之許我，我其以璧與圭歸，俟爾命，爾不許我，我乃屏璧與圭”（《史記·魯周公世家》同），順序與清華簡不同。

§ 陳劍 2011 年 1 月 9 日回帖復旦讀書會 2011：按簡本與今本下文大不同，當分别作解。整理者已經指出，簡本較今本少“卜於三王”一段，且祝告之辭中亦無今本“今我卽命于元龜”句。

---

① 古文字中字形糅合現象的綜述參見葉玉英：《二十世紀以來古文字構形研究概述》，《出土文獻與古文字研究》第 2 輯，第 72—73 頁，復旦大學出版社，2008 年；陳劍：《孔家坡漢簡的“祟”字》，復旦大學出土文獻與古文字研究中心網，2011 年 11 月 17 日。

今本之意是説，三王是否答應周公以己代發之請，其命令需通過占卜反映出來。故祝告之辭意謂：你們(通過龜卜下達命令)答應我的請求，我即帶着珪璧回去等着你們隨時取我性命罷——圭璧當然也就到時跟着我一併帶到天上奉獻給你們了(孔疏解爲"我死當以珪璧事神")；你們不答應，那就拉倒，我也就要把圭璧藏起來不奉獻給你們啦！簡本並無占卜一段情節，其祝告之辭自然説法也就不一樣——你們答應我，我就奉上圭璧；不答應，我可就要帶着圭璧回去啦！那怎麽知道三王是"許我"了呢？從後半句看，應該是祝告完畢當場就得取了周公性命，不然他就帶着圭璧跑掉啦！這也真够難爲三王的，猶豫得稍久豈非就被認爲"不我許"了？當然，不管如何，我們知道最後的結果是皆大歡喜的：周公没死，武王的病也好了。至於簡本跟今本的這個顯著差别應該怎麽認識，那就已經是另外一個問題了……

【宋華强 2011A】與簡本對照，今本"以璧與圭歸俟爾命"與簡本"以璧與珪歸"相當，今本"屏璧與圭"與簡本"𦣞璧與珪"相當，今本兩句話蓋屬誤倒，原本可能是："爾之許我，我其屏璧與圭。爾不許我，我乃以璧與圭歸俟爾命。"……

從楚簡的通假情況來看，"𦣞"都是與"厭"相通，"厭"屬影母談部，所以簡本《金縢》的"𦣞"更有可能表示一個既是喉牙音又是閉口韻的詞，而"晉""進"是精母真部字，"薦"是精母文部字，聲母、韻部和"厭"都有距離。"𦣞"疑當讀爲"贛"，"厭"屬影母談部，"贛"屬見母侵部，聲母都是喉牙音，韻部都是閉口音，讀音相近，簡帛資料中多有影、見二母以及侵、談二部相通之例。《説文》貝部："贛，賜也。"庚嬴鼎"贛貝十朋"，鮮簋"王贛祼玉三品"，"贛"皆表賜予，辭例可參。所以周公把璧珪獻給祖先可以用"贛"。陳劍先生曾指出，"贛"字本象兩手奉玉璋，表示"賜與"或"貢獻"義，最初應兼有上對下的賞賜、下對上的貢獻兩種意思，其説可信。上古"賜"亦可通之於上對下和下對上,如《尚書・禹貢》"禹錫(賜)玄龜",是其比。包山簡 244 號"贛之衣裳各三爯(稱)",就是對神靈貢獻祭品而用"贛",辭例可與簡本《金縢》對照。

【黄人二 2011】此字整理者以爲从《説文》"𣈆"之籀文作"𣈅"者得聲,《説文》又謂"𣈅"或爲奇字晉,故讀此字爲"晉"。按,其釋字甚是,然讀爲"晉",似不若讀爲"薦"好,《史記・五帝本紀》篇"搢紳"作"薦紳",徐廣曰"薦紳,卽搢紳也"可證。《爾雅・釋詁》:"薦,進也。"又"薦,陳也"。《易・豫》象曰:"殷薦之上帝。"此句讀作"爾之許我,我則薦璧與珪",謂"我將陳列瑞玉璧珪於爾先王之前,進行祭祀"。"晉"雖有"進"義,而似無"陳"義。包山第二〇七簡亦有"薦於野地主"之詞例,"薦"字正作从厂、孖聲之字。

【陳民鎮、胡凱 2011】"𣈆"字屢見於新蔡簡、楚帛書等,如新乙 1・15 作□,與清華簡所見一致。關於該字,徐在國等已有論焉。如新蔡簡所見"王孫□",卽又作"王孫厭"。楚文字所見該字,均讀如"厭"。《禮記・曾子問》云:"曾子問曰:祭必有尸乎?若厭祭亦可乎?"李家浩、徐在國等卽以楚簡"厭"爲厭祭。厭祭指祭祀時無尸,進以饌供食。此處的"厭",當訓閉藏。《集韻・琰韻》:"厭,閉藏也。"《莊子・齊物論》:"其厭也如緘。"《禮記・大學》:"見君子而後厭然。"均取此義。孔傳云:"屏,藏也,言不得事神。"義同"厭"。可知古本與今本順序有差。筆者以爲清華簡所載爲是。"屏"或"厭"當指瘞埋。包山簡 207:"厭於野地宔一豭,宮地宔一豭。"包山簡 219:"厭一豭於地宔。"卽謂此也。由包山簡的内容看,其就地祇而言,與《禮記》所見"厭祭"並不是一回事。從清華簡"厭"與今本"屏"的對應情況看,筆者以爲楚簡的"厭"指瘞埋,而不對應傳世文獻的"厭祭"。新甲 3・111:"社(功)逾而□之。"按照一般理解,此處的"功"指人,"逾"

訓降,"猒"則在"功"完事之後。按照李家浩的理解,"社"即"攻",指攻祭。準此,此處的"功"則爲攻祭,攻祭之後"猒"。筆者認爲《金縢》出現的"社"亦指《周禮》所謂"攻"。由包山簡亦可知"猒"在"説"之後。由清華簡《金縢》知周公爲"社"與"説"之後,若先王許,則猒璧與珪,與包山簡及新蔡簡所載合。《禮記·祭法》云:"瘞埋於泰折,祭地也,用梓犢。"《爾雅·釋天》云:"祭地曰瘞埋。"《儀禮·覲禮》云:"祭天,燔柴;祭山、丘陵,升;祭川,沉;祭地,瘞。"故瘞埋即將祭品埋於地的祭地之禮典。……周公的目的是溝通已爲人鬼的先王,故用瘞埋。故稱若("之"猶"若"也,見《經傳釋詞》)許,則瘞埋玉璧與玉珪,否則,則攜之以歸。玉璧與玉珪,皆告神之用,乃溝通天地神祇之禮器。

【陳劍 2011】包山簡有"孱"字,應即"厝"之簡體,其用法也跟"猒"相同:

> 孱( )於野地主一豭,宫地主一豭;【207】賽於行一白犬、酒食。……【208】
>
> 猒一豭於地主;賽禱行一白犬,歸冠帶於二天子。……【219】

以下所舉新蔡簡的"厝"字也都是同一用法,跟包山簡 219"猒"字表示的是一個詞:

> ☐公北、地主各一青犧;司命、司禍各一勀(羖),舉禱,厝( )之。或☐【乙一 15】
>
> ☐之日薦犬一牬,纓之以兆玉,祈之。既成社,逾而厝( )之。是日國(或)☐【甲三 111】
>
> ☐厝( )禱一勀(羖)。歸佩玉於二天子各二璧。歸☐【甲一 4】

包山簡219的“厭”字原整理者注釋説:“厭,《禮記·曾子問》‘攝主不厭祭’,注:‘厭,飫神也。’”對此李家浩先生指出:

> 按《禮記》所説的厭祭,指祭祖時無尸,僅以食供神。簡文的厭祭是祭地祇,與《禮記》所説的厭祭是人鬼有所不同。“厭”即“饜”的初文,是飽的意思。簡文的厭祭大概是用“厭”的本義,指以食物饜飫神。

現在據簡本《金縢》篇所“𦣞(厭)”之物是玉器來看,讀爲“饜”也是不合適的。

楚卜筮祭禱簡中多有“舉禱(或“罷禱”“賽禱”等)某某若干犧牲(或再加“酒食”),饋(或“蒿〔犒〕”)之”的説法,包山楚簡中尤爲習見……

“饋”“饋祭”是“進獻食物”之義。“蒿”字舊讀爲“郊”,李家浩先生改讀爲“犒”,謂“古代以酒食饋鬼神亦可曰犒”。其説可信。前引新蔡簡乙一15的“舉禱,𦣞之”,甲三111的“既成社,逾而𦣞之”,“𦣞(厭)”字跟上舉諸例中“饋”和“犒”的語法地位和性質都極爲相類,也應該是一個表示“在祭祀的最後將祭品奉獻給神靈”的動詞。包山簡的“屛於野地主一豭”和“厭一豭於地主”,則與新蔡簡甲二38、39的“饋祭子西君𤘘[牢]”也很接近。

“厭”與“瘞”古音相近。其聲母皆爲影母,“瘞”是葉部字,而“从‘厭’得聲的字,葉、談兩部都有。‘厭’本身又有兩個讀音:‘於葉切’(葉);‘於琰切’(鹽)。反映了葉、談對轉的情況”,故古音學家將“厭”字歸於葉、談兩部的都有,其跟“瘞”或爲同部,或係陽入對轉。

跟“𦣞/厭”有關的祭祀對象,包山簡207是“野地主”和“宮地主”,219是“地主”,這一點非常值得注意(前引李家浩先生説已經指出“簡文的厭祭是祭地祇”)。……而古書所見祭祀神祇之禮，其最後處置祭品的辦法，最常見的正是“瘞”，即《禮記·祭法》所謂“瘞埋於泰折，祭地也”、《爾雅·釋天》之“祭地曰瘞薶”(郭璞注：“既祭，埋藏之。”)……

《金縢》“㬪(瘞)璧與珪”也是禱畢瘞埋珪璧之意。瘞埋牲玉雖多爲施用於對地祇之祭法，但特殊情况下也有用於人鬼的。考古發現所得瘞埋祭祀遺迹，以山西侯馬與河南温縣盟書最爲顯著。侯馬盟書《委質類》云“某某自質于君所”“既質之後，而敢不巫覡祝史薦説繹之皇君之所”“遇之行道弗殺，君其視之”，其所召唤來監督盟質的鬼神“君”“皇君”，應指晉國先君。《左傳》襄公十一年記諸侯亳之盟，其載書曰“司慎司盟、名山名川、羣神羣祀、先王先公、七姓十二國之祖，明神殛之，……”，其所召唤的監盟之神也包括各國諸侯先祖之人鬼。自質者或參盟人盟質完畢，即瘞埋其牲、玉於坎中，獻給所召唤來之先君、先祖。與此相類，周公之禱係於野外設壇、召唤先王，非宗廟常祀之比，故亦以瘞埋其玉的方式向先王獻上祭品。……

今本的“爾之許我，我其以璧與圭歸，俟爾命；爾不我許，我乃屏璧與圭”，露出了很明顯的改寫自簡本“爾許我，我則瘞璧與珪。爾不我許，我乃以璧與珪歸”的痕迹。較之簡本“我其以璧與圭歸”，今本多出“俟爾命”三字；同時，在許與不許二者各自的應對上，今本與簡本文句位置正倒。按照今本，三王許之，則周公帶着璧與珪回去了；三王不許，則摒出璧與珪。我們不禁要問，既然如此，那麽祝禱時出現璧與珪還有什麽意義呢？祝禱時特意記叙有璧與珪，但不管其結果如何，璧與珪最後都用不上，這顯然是很不合情理的。

【朱鳳瀚 2011】整理者讀爲“晉”，以爲此字从𣌭聲。學者或據楚簡《新蔡簡》及楚帛書，讀此字爲厭。陳民鎮引《集韻》與《莊子·齊物論》以爲在此處，厭應訓作閉藏，亦即瘞埋，可從。此句話的意思是：如先王之神靈能答應我，我則在壇土中埋入璧與珪，如不答應我，我即攜璧與珪歸。今本此句話作"爾之許我，我其以璧與珪歸，俟爾命；爾不許我，我乃屏璧與珪"。"屏"即屏閉，亦可引申爲埋藏，義近同於"厭"。由此亦可知今本字許與不許所承諾之禮玉放置確爲誤倒。依文獻，禮神之玉，祭畢當埋藏之，埋藏玉是完成祭祀禮中神與之交流的必要環節。簡文與今本所言禮玉制度當以簡文爲是。學者或引《禮記·郊特牲》孔穎達疏以爲埋禮玉地下是祭地祇，但這裏周公所施禮儀之對象是先王，由此亦可知埋璧與珪於地下亦可作爲賓敬祖先並與之溝通的禮器，並非只是祭祀天神地祇時才用玉，①當然，禮先王亦用玉可能與周人視先王已賓於帝，已兼具有天神之地位的宗教觀念有關。

【張顯成、王玉蛟 2011】"則"表示前後兩方面具有順承關係，可譯爲"於是""就"等。

【裘錫圭 2011】今本較簡本有關文句位置互倒的原因值得進一步考慮。包山簡 11 的"㕑"字，("㕑"之簡體)那類寫法正好與"屏"形體較爲接近，今本的"屏"字有可能就是由"㕑"類寫法之誤而來的；本文〖編按：指陳劍 2011，下同〗上段所引對今本的各種理解，按"我其以璧與圭，歸俟爾命"的讀法，"以"訓爲"用"；或按"我其以璧與圭歸，俟爾命"的讀法，"歸"講爲"送""獻"一類義，都並非絶對不可；本文上段對此所作批評有失公允；以上兩點結合起來考慮，似可推測，今本面貌的形成蓋因"㕑/㕑(瘞)"

① 舊説只有祭天地用玉，如《周禮·春官·大司樂》鄭玄注："先秦是樂以致神，禮之以玉而祼祭，乃後合樂而祭之。"賈公彦疏："禮之以玉，據天地；而祼焉，據宗廟。以《小宰》注天地大神至尊不祼。又《玉人》《典瑞》《宗伯》等不見有宗廟禮神之玉，是以知禮之玉據天地，則蒼璧禮天，黄琮禮地是也，而祼焉據宗廟，肆獻祼是也。"［原注］

字誤爲"屏"致使原文不可通，有人遂將"屏璧與圭"句改爲接在"爾不我許"之下，使之看起來更合於情理；"以璧與圭歸"句相應地改爲接在"爾許我"之下後，改寫者又按如上引諸家説那樣覺得可通之理解作出添加文字等改動。

【程元敏 2012】"爾不我許"今本作"爾不許我"，爾不許我，依古代文法常例，"許我"當作"我許"，周法高《中國古代語法稱代篇》(頁三五)："《馬氏文通》卷四頁十八云：'止詞後乎動字者，常也；惟外動字加弗辭，或起辭爲莫、無諸泛指代字，其止詞爲代字者皆先動字。'案此例自甲骨文至秦漢皆然。否定詞如'不'，……爲代詞者，如'我'……等。""許"，外動字；"不"，否定詞；"我"，賓語。當如《詩・褰裳》"子不我思"等句序，作"爾不我許"。唯有時，否定詞後做賓語的代詞不提前，反而放在述語後面，其例如下：(一) 否定詞後爲單純之述語(卽否定詞與代詞賓語間僅有一單字爲述語)。……(下句例二十有五，略不録。)(頁三七一三八)本經合乎變例，且各本《尚書》本篇無作"爾不我許"者，是今本語序無訛也。案今本"爾不許我"合變例；但楚簡合正例，較長，宜從。晉，進也，或讀薦，並通。薦進璧與珪，義同今本"以璧與珪"；以，用也。獻珪璧云者，今本與楚本並謂：神若允我所請，我將奉獻珪璧與三后也。夫古祭天以燎(積柴，布牲其上以焚)，祭地埋珪璧於土中(《詩・雲漢》"上下奠瘞，靡神不宗")，瘞玉略同此。楚簡"爾不許我，我乃以璧與珪"，"以璧與珪"決是錯誤，改爲類若今本之"屏璧與珪"之"屏璧與珪"文。蓋屏(同摒)，藏也，謂若不獲神許，將藏玉不用不獻與三后也。諸家(如本簡釋文、蔡偉、宋華强説)將下"歸"字連讀爲句，作"我乃以璧與珪歸"，似解爲"我將以璧珪俱歸，不獻神也"。案"歸"起下句，今本"歸俟爾命"，謂周公自祭壇墠回返居所聽候三神藉卜兆卜辭而傳達之命令也。卽楚簡"歸，周公乃納其所爲功自以代武王之説"，固亦謂周公自壇墠返回返朝廷而後納册於匱中也,則亦歸字屬下句之首。二三子不深究經義,斷句錯誤,不足爲訓也。

【陳偉 2012】𦫵,復旦讀書會從徐在國先生釋爲“厭”。……今按,“厭”在收藏一義上與“屏”相關。其含義,恐怕當如《書・金縢》孔傳所云,指收藏而不以事神。《書・金縢》“爾之許我”一句,孔疏串講説:“爾之許我,使卜得吉兆,旦死而發生,我其以璧與珪歸家待汝神命,我死當以珪璧事神。”在對“𧦝”“𦫵”二字作上述理解的基礎上,竹書“歸”字也可與傳世本一樣,解釋爲“歸家”一類意思。古人祝禱時所説的供祀乃是擬議中事,要等到祝禱實現後才塞禱禮神。《韓非子・外儲説右下》記云:“今王病而民以牛禱,病愈,殺牛塞禱。”楚卜筮禱祠簡所見亦然。在“爾不我禦”或者“爾之許我”的情形下,周公“以璧與珪歸”,乃是等祈禱如願後再舉行塞禱。

御、許二字形、音相近,解讀、轉寫時,有可能相混。《詩・大雅・下武》“昭兹來許”的“許”,三家詩即皆作“御”。我們或可設想,《金縢》中的這兩句原本是作:“爾之御(禦)我,我則𦫵(義爲藏)璧與珪。爾不我御(禦),我乃以璧與珪歸(義爲歸家)。”後來轉抄時,將兩處“御”字寫成“許”,於是在了解大致語境的前提下,把其後的兩句位置互换,從而形成傳世本的格局。在這種情形下,除了“許”“御(禦)”這一實質性變化之外,另有“厭”“屏”異文和多出“俟爾命”這種説明性文字,而基本表述和文意,都在最大程度上維持原貌。

【趙思木 2017】陳偉認爲“厭璧與珪”是藏起珪璧不再事神,周公“以璧與珪歸”,則是等祈禱如願後再舉行塞禱。……“厭璧與珪”是進獻祭品的一種方式,陳劍認爲如果周公不瘗埋珪璧,祝禱就失去意義,可見祝禱完畢之後必然瘗埋珪璧,其説甚確。那麽,“璧與珪歸”則是其反面,不瘗埋、進獻祭品,其目的也不是等祝禱實現之後再行塞禱。陳偉所舉禱病而在祝禱實現之後再塞禱的行爲，雖未必切合《金縢》中周公的祭祀方式，但却可爲解釋簡本與今本文句互倒提供一個很好的思考方向。可能傳習《金縢》者熟知禱病塞禱之制，却不了解周公以身代武王之事的實質及其儀節，從而改將簡本之文句互易，改成今本文句之順序，又加"俟爾命"這樣的説明文字，以及今本所有簡本所無的一段關於占卜的文字。也就是説，簡本和今本文句順序所代表的分别是兩種禮儀。

【黄湛 2017】"厭"字通"獻"，當作進獻之義。簡本前半句"爾許我，我則厭璧與珪"，傳世本作"爾之許我，我其以璧與珪歸俟爾命"；簡本後半句"爾不我許，我乃以璧與珪歸"，傳世本作"爾不許我，我乃屏璧與珪"。簡本與傳世本此處出入較大。依簡本之義，周公告於先王，若先王接納所求，則獻上禮器；若不接納，則不獻。然而，簡本後半句所説的"爾不我許，我乃以璧與珪歸"，到了傳世本却成了前半句。許誓應驗却不獻玉，反而將玉帶回家，邏輯上殊不合理。可知傳世本有誤，當從簡本。

【王志平 2018】《説文》孨部："孴，盛貌。从孨，从日。讀若薿薿。一曰若存。㫗，籀文孴从二子。一曰卽奇字晉。"《説文》提供了三個讀音：薿、存和晉（晉），令人無所適從。……今本"孴"作"以"，以（以母之部）、薿（疑母之部）同爲之部字，"以"所从之"目"與"薿"所从之"目"古文字有通假之例。上博簡《曹沫之陣》54："毋思（使）民矣（疑）。""以""矣"同从"目"聲，説明《説文》的"讀若"不無來歷。儘管如此，我們認爲整理者的理解更爲正確。祝告先王用"晉（/進）璧與珪"比"瘞璧與珪"或"以璧與珪"更示恭敬莊重，更能體現周公之謙卑。……《説文》"孴"字的"讀若"實際上記載了幾個不同時代或者地域的讀音，都有各自確鑿的來歷，我們不能無緣無故輕易懷疑。讀若"薿"時尚保留了其早期舌根音的讀法，而讀若"存"或"晉"時，則已經産生了塞擦音的異讀。儘管如此，這些看似紛繁複雜的讀音其實都有一個共同的早期來源。

編按: ◇ 㬎字,主要存在"厭"和"瘞"兩種讀法,"厭"雖然有閉藏義,但從陳劍所舉例來看,古人言祭祀處置祭品時,更直接的表達是用有"埋葬"義的"瘞"字。因此,讀作"瘞"更爲恰當。

◇ 簡本"尔(爾)之䛔(許)我,我則㬎(瘞)璧與珪。尔(爾)不我䛔(許),我乃以璧與珪逿(歸)",今本作"爾之許我,我其以璧與圭歸,俟爾命;爾不許我,我乃屏璧與圭"。造成簡本與今本差異的原因,目前主要存在兩說:趙思木結合陳偉所舉禱病而在祝禱實現之後再塞禱的行爲,認爲傳習《金縢》者熟知禱病塞禱之制,却不瞭解周公以身代武王之事的實質及其儀節,從而改將簡本之文句互易,又加"俟爾命"以及占卜的一段文字。裘錫圭先生認爲今本面貌的形成蓋因後人將"屛/㕓"字誤釋爲"屏"致使原文不可通,遂將"屏璧與圭"句改爲接在"爾不我許"之下,使之顯得合理;"以璧與圭歸"句又相應地被改在"爾許我"之下後。古人因爲誤釋前代文字而改造古書内容的例子很多,裘錫圭説法不失爲一種可能。趙思木説法的問題在於古人塞禱之前的祝禱往往也會有祭品的伴隨,如秦駰玉版銘文先説"小子駰敢以玠圭、吉璧、吉璱,以告于華山",後面才再言報塞的祭品:"大山有賜,八月已吾腹心以下至于足髀之病能自復如故,請有祠用牛羲(犧)貳,其齿七,□□□及羊豢,路車四馬,三人壹家,壹璧先之;□□用貳羲(犧)羊豢,壹璧先之;而覆華大山之陰陽,以□□咎。"[①]如果《金縢》此處的"璧與珪"是擬議的報塞祭品,那

① 釋文參考諸家説法擇善而從,銘文的集釋參見侯乃峰:《秦駰禱病玉版銘文集解》,《文博》2005 年第 6 期。對祭品類別差異的分析參見李學勤:《秦玉牘索隱》,《故宫博物院院刊》2000 年第 2 期;李家浩:《秦駰玉版銘文研究》,《北京大學中國古文獻研究中心集刊》第 2 輯,北京燕山出版社,2001 年;郭永秉:《秦駰玉版銘文考釋中的幾個問題》,《古代中國——傳統與變革》第 1 輯,復旦大學出版社,2005 年。

就造成了周公祝禱時所用祭品的缺失，因此趙思木説法成立的可能性較小。造成簡本與今本差異的原因，還有繼續研究的必要。

周公乃内（納）亓（其）【五】所爲社（貢）自以弋（代）王之敚（説）[17]于金紎（縢）[18]之匱[19]，乃命執事人曰："勿敢言[20]。"

[17] 周公乃内（納）亓（其）所爲社（貢）自以弋（代）王之敚（説）

【整理者】社，今本作"功"，《魯世家》易爲"質"，江聲讀如"周鄭交質"之質，謂以己身爲質。或解"功"爲《周禮・大祝》"以辭責之"之"攻"，殆非。

【劉樂賢 2011A】簡本的"社"在今本及《史記》的引文中有"功"和"質"兩種異文。"社"與"功"的關係很容易看出，但"社"與"質"的關係却不易明瞭。我們認爲，可以將簡本的"社"分析爲从左邊的"示"得聲。示的古音在脂部船紐，質的古音在質部端紐，二者讀音接近，應可通假。已有學者指出，秦漢曆書標題中的"質日"就是銀雀山漢元光元年曆書標題的"視日"（"視"从"示"得聲）。所以，簡本的"社"與《魯世家》的"質"乃是音近通假關係。從文義看，我們贊成整理者的意見，即《金縢》應以"質"爲本字，簡本作"社"則是"質"的通假。

應當指出的是，"社"在楚地出土竹簡中已多次出現，以前只知道其右邊的"工"是聲符。今本《金縢》作"功"，大概就是在這種閲讀習慣下出現的對从"示"得聲的"社"的誤讀。現在看來，"社"在某些情況下還可以其左邊的"示"作爲聲符。也就是説，戰國時期的"社"既有可能讀"工"聲，也有可能讀"示"聲，要視具體情況而定。古文字中有所謂異讀現象，"社"或許可以算作一例。

【米雁 2011B】我們認爲“𥘵”與“功”都是“貢”字的假借，在《金縢》中應該訓爲向先王獻祭的貢品。

一、……清華簡的“𥘵”字顯然是在“工”字的基礎上又加注了義符“示”，從而强調“貢”的祭祀之意。表示“貢”義的字有从“貝”从“示”之異，而傳世《金縢》的“功”从“工”得聲，應該是個假借字。

二、“𥘵”“功”爲“貢”皆爲見紐東部字，出土楚文字以及傳世文獻中習見以“𥘵”“功”爲“貢”者。如上博二《容成氏》簡二十“青𥘵”即“請貢”，《易・繫辭上》：“六爻之義易以貢。”釋文：“貢，京、陸、虞作工，荀作功。”……

三、“貢”在《金縢》中當訓爲“貢品”。《説文・卷六》“貢，獻功也。”段注：“貢功疊韻。魯語曰：社而賦事，烝而獻功。”《周禮・大宰》“五曰賦貢”釋文引干注“貢下之所納于上”。《廣雅・釋言》“貢，獻也”，是做動詞用，做名詞即爲貢獻的物品。《左傳》僖公四年“爾貢苞茅不入”之“貢”即是指貢品。

四、《金縢》的“貢”即是人牲。周公旦代替武王以身爲貢，獻祭於先王。……劉起釪先生《〈金縢〉故事的真實性》和《釋“丕子”》已經指出，《金縢》講述了周公旦愿爲長子武王代死，服侍在天上的先王的故事。周公在這裏和商湯一樣，也是愿爲人牲，並且是代替武王爲人牲。

五、讓我們將“貢”字帶入原文，來驗證我們的推斷。

1. 清華簡《金縢》

【簡五—六】周公乃内(納)亓(其)所爲𥘵(貢)自，以弋(代)王之敓(説)於金紎(縢)之匱

【簡十】王㝵(得)周公之所自以爲𥘵(貢)，以弋(代)武王之敓(説)

“社(貢)自”即“自以爲社(貢)”,意爲“(周公)以身爲貢”。首句是説“周公把以己身爲貢獻犧牲,代替武王的祝辭放到了金屬束着的盒子中”。次句是説“成王得到了周公以己身爲貢獻犧牲,代替武王的祝辭”。

§ 蕭旭 2011 年 1 月 11 日回帖米雁 2011B:據我所知,最早提出“功”是“貢”字假借的,當是吴國泰《史記解詁》。

§ 雲間(網名)2011 年 1 月 12 日回帖米雁 2011B:史遷是從孔安國那裏得古文説的,其折衷今文到何程度,我不知道。皮錫瑞是把魯世家的質看作今文説。顧、劉氏《尚書校釋譯論》1226 頁引洪頤煊《讀書叢録》卷一,功通攻字,即周禮太祝六祈同鬼神示的攻,攻即下文册祝之辭。顧、劉評價“其説亦有見”。清華本子册祝後周公納其功,可證梅本還是有古本的影子。清華本子很好,把自以爲功放在了梅本的納册策的位置。孔傳爲己事的突兀,〖編按:今本“公乃自以爲功”,孔傳:“周公乃自以請命爲己事。”〗就解决了。書古文訓(參《尚書文字合編》)作工旁三撇。

§ jiaguwen1899(網名)2011 年 1 月 12 日回帖米雁 2011B:“把自己當作貢品”這樣的意思説成“貢自”,古漢語中可否有類似的表達?

“示工”大概還是按照楚卜筮簡中的用法,理解爲“攻解”比較合適。前一句“納其所爲攻自以代王之説于金縢之匱”,“所爲攻”指所施行的攻解,其具體内容就是“自以代王”,即以自己代王(參考“自以爲是”即“以自己爲是”)。後一句“得周公之所自以爲攻以代武王之説”,“周公之”相當於前一句的“其”,“自以爲攻”就是以自己爲攻解(换句話説,就是拿自己當做攻解的具體内容),其攻解的方式就是“以代武王”,這兩句話當參互理解,而且都應該當一句讀,中間不應斷開。

§ 陳民鎮 2011 年 1 月 12 日回帖米雁 2011B：簡文“社”，讀作“功”。郭店簡《老子・丙》《窮達以時》等皆見此例。然此處“功”之釋義，歧説紛如。孔傳云：“周公乃自以請命爲己事。”孔疏云：“‘功’訓事也。周公雖許二公之卜，仍恐王疾不瘳，不復與二公謀之，乃自以請命爲己之事，獨請代武王死也。所以周公自請爲己事者，周公位居冢宰，地則近親，脱或卜之不善，不可使外人知悉，亦不可苟讓，故自以爲功也。”此説多爲後世注家所沿承。《史記・魯周公世家》云：“周公於是乃自以爲質。”是“功”可訓質，江聲、王鳴盛、段玉裁諸前賢始謂其作抵押的人質解。孫星衍《尚書今古文注疏》則以爲“功”“質”皆訓成。洪頤煊於《讀書叢録》提出新説，認爲“功”卽《周禮》所見“攻”。按《周禮・大祝》云：“掌六祈，以同鬼神示，一曰類，二曰造，三曰禬，四曰禜，五曰攻，六曰説。”鄭注云：“攻、説，則以辭責之。”洪頤煊以爲“功”卽册祝之辭。筆者以爲此説得之。《金縢》一篇，多占卜術語。此“功”“説”，皆是也。下文“以弋(代)王之敚(説)”之“説”，亦册祝之辭也。“功”“説”有小别，而大抵謂册祝之辭。“所爲社(功)”與“自以弋(代)王之敚(説)”，並舉者也。

§ 水木(網名)2011 年 1 月 12 日回帖米雁 2011B：文章在引用資料方面稍有欠缺。比如：朱廷獻《尚書研究》(臺灣商務印書館，1977)第 243 頁引《尚書覈詁》云：疑功與質同，當讀爲貢。《易・系辭》釋文：貢，荀本作功。此後朱氏按語説：功，當讀爲貢，《説文》：貢，獻功也。故可引申爲質。又，孫星衍《尚書今古文注疏》(中華書局，1986)第 325 頁：功者，《釋詁》云：“功、質，成也。”功與質同訓。——以上皆可參考並討論。

§ 莫禮切(米雁網名)2011 年 1 月 13 日回帖米雁 2011B：水木先生指出拙文文獻引用不足，此説甚是，現在補充文獻如下：

牟庭《同文尚書·卷十四金縢》云:"以身爲功者,周公託言自身有事欲卜之,不言爲王卜也。爲王卜則二公與焉,爲自身卜,故二公勿與知也。僞孔傳非矣。《魯世家》作'自以爲質',此用真孔古文訓'功'爲'質'也。……《釋詁》又曰:'質,成也。'廣雅曰:'質,主也。'《莊子·庚桑楚》曰'因己爲質'郭注'質,主也'。然則真孔謂'自以爲功'是自以爲事主也,深得之矣。"辨明了僞孔傳訓"事"之非以及《魯世家》異文乃同義代换。

皮錫瑞《今文尚書考證·金縢弟十三》:"《史記·周本紀》曰:'武王病,天下未集。群公懼,穆卜。周公乃祓齋,自爲質,欲代武王。'……錫瑞謹案:……蓋公唯恐卜而不吉,憂怖先王,故必先禱,請以身代而後敢卜。庶卜無不吉,故止二公而自以爲質也。"和江聲的觀點一樣,訓爲"質子"的"質",表明他願意代替武王死的意思。……

李學勤先生《〈尚書·金縢〉與楚簡禱辭》一文,已經辨明《金縢》的"功"與《周禮·大祝》六祈的"攻",及包山簡"攻解"之"攻"的不同。"攻"鄭玄注"以辭責之","攻解"當是解除的意思。"《金縢》周公自以爲功,與《周禮》、楚簡的'攻'不可混爲一談。""周公的禱祝,其所以不使先王擔憂,在於他自願代替武王去死。"而且清華簡《程寤》簡三"攻于商神"的"攻"从攴,與《金縢》"社"从"示"不同。

§ 蕭旭 2011 年 1 月 13、14、15 日回帖米雁 2011B:吴國泰的意見在《魯世家解詁》,鈔於下:按"所"假作"故",實爲古。古,昔也。功假爲貢。貢,獻也。二字同从工聲,故得相假。得周公故自以爲貢者,言得周公昔日自爲貢獻而代武王之言也。若如字訓之,則言不可通矣。"質"非訓抵押,似讀爲贄,本字爲摯,字或作執,亦作埶。禮品。與貢義相會,但非假字。徐仁甫曰:自以爲質,猶以己爲質。卽下文"以旦代王發之身"也。

(《史記注解辨正》,四川大學出版社 1993 年版,第 60 頁。)另王叔岷《史記斠證》也當引徵。

§ 劉洪濤 2011 年 1 月 14 日回帖米雁 2011B:二十七年春,吴伐陳,楚昭王救之,軍城父。十月,昭王病於軍中,有赤雲如鳥,夾日而蜚。昭王問周太史,太史曰:"是害於楚王,然可移於將相。"將相聞是言,乃請自以身禱於神。昭王曰:"將相,孤之股肱也,今移禍,庸去是身乎!"弗聽。卜而河爲祟,大夫請禱河。昭王曰:"自吾先王受封,望不過江、漢,而河非所獲罪也。"止不許。孔子在陳,聞是言,曰:"楚昭王通大道矣。其不失國,宜哉!"(《史記·楚世家》)

楚昭王有病要死,大臣請向天神祝禱,以將相代死,昭王不許。之后才占卜,問祟之所在,在河,非楚之望,昭王不祭而死。《金縢》次序相反,先要爲王穆卜,周公不許。我猜周公大概覺得占卜問祟,然后再去祭禱,時間拖延太久,到那時候武王恐怕早死了。恐怕還會想,即使問出了祟,移除不了怎么辦? 豈不白卜了。所以他直接走第一步,愿替武王去死。這樣即使問不着祟,祟不答應也不用怕了,因爲禍害都轉移到周公身上了,不干武王的事。楚昭王的大臣先想到以將相代死,也是這個原因。所謂"未可以戚我先王"不過是個託辭。他后面還是向先王攻説了,實際上還是"戚"了。周公愛武王之心,由此可見。

§ 莫禮切(米雁網名)2011 年 1 月 14 日回帖米雁 2011B:皮錫瑞《今文尚書考證·金縢弟十三》:"錫瑞謹案:……蓋公唯恐卜而不吉,憂怖先王,故必先禱,請以身代而後敢卜。庶卜無不吉,故止二公而自以爲質也。"李學勤先生《〈尚書·金縢〉與楚簡禱辭》"周公的禱祝,其所以不使先王擔憂,在于他自願代替武王去死。"和您的推斷差不多,我也覺得是這樣:周公先以身爲貢,表示願意爲武王代死,再卜問。吉與不吉,武王都不會有害。

（回復劉洪濤）

§ 蕭旭 2011 年 1 月 14 日回帖米雁 2011B：讀爲貢可備一説。所爲貢者，以自己身體作貢品（犧牲），禱於上天鬼神也。簡中指以記載此事之文件藏於金縢中。《吕氏·順民》："昔者湯克夏而正天下，天大旱，五年不收，湯乃以身禱於桑林，曰：'余一人有罪，無及萬夫。萬夫有罪，在余一人。無以一人之不敏，使上帝鬼神傷民之命。'於是翦其髮，櫪其手，以身爲犧牲，用祈福於上帝，民乃甚説，雨乃大至。"《淮南子·修務篇》《論衡·感虚篇》《搜神記·卷八》略同。亦其例。劉君所引《楚世家》，《列女傳·卷五》同；《後漢書·公沙穆傳》："請以身禱。"皆其例。迭相仿效。

§ jiaguwen1899（網名）2011 年 4 月 8 日回帖米雁 2011B：又，"把自己當作貢品"這樣的意思，古漢語大概只能説成"自以爲貢"或"自貢"（參考"自殺""自救""自慰""自欺""自首""自治""自知""自理"等等），而不會説成"貢自"。

【黄懷信 2011A】"周公乃納其所爲功自以代王之説于金縢之匱"，今本作"公歸，乃納册于金縢之匱中"，"自以爲功"在前文。按："册"，即前文"史乃册祝告先王"之册，爲實物，故可納于匱中。而説，則不可以納。可見簡書有語病。又簡書無"王翼日乃瘳"句文意雖順，但如此則前事無結果，所以原作當如今本。

【劉信芳 2011】社，今本作"功"，《史記·魯世家》作"質"。按：《周禮·春官·大祝》云"掌六祈以同鬼神示，一曰類，二曰造，三曰禬，四曰禜，五曰攻，六曰説"，鄭注云："攻、説則以辭責之。"依據簡文"以攴（啓）金紎（縢）之匱，王𡭗（得）周公之所自以爲社（攻），以弋（代）武王之敚（説）"，可知金匱之"箸（書）"的内容爲二，其一爲"社（攻）"，其二爲"敚（説）"，作爲祭祀祈禱用語，恰與《周禮・春官・大祝》攻、説相吻合。攻、説渾言如鄭注“以辭責之”,析言則攻謂“責”,説謂説辭。簡3“尔(爾)母(毋)乃有備(負)子之責”,武王遘疾,先王有責,正所謂“以辭責之”之“攻”。凡祭祀祈禱有求於神,須以説辭與神講條件,先王保佑後王“尃(匍)又(有)四方”,周公代武王薦以璧、圭,正乃所謂“説”。

【陳民鎮、胡凱 2011】洪頤煊於《讀書叢録》提出新説,認爲“功”卽《周禮》所見“攻”。按《周禮・大祝》云:“掌六祈,以同鬼神示,一曰類,二曰造,三曰禬,四曰禜,五曰攻,六曰説。”鄭注云:“攻、説,則以辭責之。”《論衡・順鼓》云:“攻者,責也,責讓之也。”洪頤煊以爲《金縢》之“功”卽册祝之辭。筆者以爲此説庶幾得之。雖舊注或有差忒之處,然大體不差。“功”“攻”均隸見母東部。楚簡中“社”“功”並與“攻”通,載籍亦習見。清華簡《程寤》簡3云:“攻于商神。”整理者謂其卽《周禮》之“攻”。楚簡多見“攻解”之語,謂解除也。周公自以爲功(攻),殆以祝辭解除武王之祭也。《金縢》一篇,多占卜術語。此“功(攻)”“説”,皆是也。下文“以弋(代)王之敚(説)”之“説”,亦册祝之辭也。包山簡多次提到“説”,寫作“敚”,與清華簡同,意義亦殆同。作爲動詞,是指禱祝的行爲;作爲名詞,卽指禱辭而言。“説”亦爲禳灾。上博簡《魯邦大旱》2云:“庶民知敚之事鬼也。”由楚簡所見,“功”“説”皆是祭禱環節,“説”之後每伴隨“攻”,具有主動采取攘除措施的性質。“所爲社(功)”與“自以弋(代)王之敚(説)”,並舉者也。周公代王禱,欲爲武王禳灾,解除禍祟,卽所謂“攻”“説”也。《新甲》3・111:“社(功)逾而厭之。”由包山簡所見,“厭”在“説”之後。“社”“説”之後“厭”,《金縢》亦謂若先王許,周公則厭璧與珪,實若合符節。

【劉樂賢 2011B】“社”與“質”的讀音不近。……仔細體會,

《金縢》着重講的是周公自願去三王那裏做替身，以换回武王的性命。周公在祝辭中直接要求“以旦代某之身”，並再三强調“予仁若考，能多才多藝，能事鬼神。乃元孫不若旦多才多藝，不能事鬼神”，都能很好地説明這一點。簡本以“周武王又(有)疾周公所自以弋(代)王之志”爲題，也同樣能够説明這一點。《金縢》中幾次説到的“代”，其實就是替代，卽做替身，也就是去三王那裏做“質”，爲的是以此换回武王的性命。因此，《金縢》上述異文若依《魯世家》讀“質”，文義最爲顯豁，並能够很好地表達周公願意去三王那裏做武王替身的想法。一些學者在贊同此説的基礎上，試圖通過破讀通假字的辦法，將“社”(或“功”)所表示的詞解釋爲“質”的同義詞。如楊筠如等人讀“功”爲“貢”，認爲“貢”與“質”同義，就是采取這種思路。但《金縢》中周公要做的是武王的替身，是所謂“質”，與表示貢品或犧牲的“貢”不太一樣。要想讓“社”(或“功”)與“質”的意思一致，最爲直接的辦法當然是將“社”(或“功”)看作“質”的通假字。上文已經提到“工”或从“工”得聲的字與“質”讀音不近，《金縢》的“社”或“功”怎麽能够作爲“質”的通假字呢？簡本《金縢》作“社”寫法的出現，爲解答這一問題提供了新的綫索。……

總之，我們贊成清代以來一些學者的意見，認爲《金縢》的上述異文以讀“質”最爲合適，最能體現《金縢》的主旨。在這種認識前提之下，我們大膽猜測簡本的“社”或許是从左邊的“示”得聲，是“質”的通假寫法。至於傳本作“功”，乃是將簡本的“社”讀作从右邊“工”聲的結果。

必須指出的是，目前所見楚系文字中的“社”都是讀右邊的“工”聲，讀左邊“示”聲的例子尚未找到。

【朱鳳瀚 2011】此句中，“納……于……”是一個句式，“其所爲社自以代王之説”卽所納物，“説”不可能被納，這裏納于金縢之匵的是書寫周公自以爲之説的簡册。……

以上"社"讀"質"之説,所本是《魯周公世家》中與"周公乃納其所爲社自以爲代王説"有相同語句的"周公於是乃自以爲質",但後者的"質"明顯可釋讀作"人質"的質。不宜因"社(功)"與"質"可有共同詞義(如訓作"成")而强將"社"讀作"質"。將"社"讀作《周禮·春宫·大祝》中祭名之"攻",也是有問題的,此"攻"之義,鄭玄注釋爲"以辭責之",《論衡·順鼓》"攻者,責也,責讓之也","讓"也是責備之意。但責讓之辭,並不適合"周公乃自以爲社"句,周公並没有責備所祈祝之先王,而且"社"如作爲責讓之辭前面接"自以爲",亦屬不辭。

綜上所言,"社"不當訓作"質",也不當讀作"攻"。在今本中與此句簡文句式相同的句子是"王與大夫盡弁,以啓金縢之書,乃得周公自以爲功代武王説",可見"社"還應該讀作从"工"得聲之字。其最合適的解釋,是讀作"貢"。"貢"在字義上也可以訓爲"功",如《廣雅·釋言》:"貢,功也。"《禮記·曲禮》"五官致貢曰享",鄭玄注:"貢,功也。"貢卽貢獻。但在簡文此處既言"周公納其所爲社(貢)自以爲代王説","貢"卽不是貢納祭品,既然説"自以代王",則是以自身爲質於鬼神以代武王。

【陳劍 2011】今本的"功"字,以前楊筠如、吴國泰、朱廷獻等都曾提出過當讀爲"貢"之説。清華簡發表後,米雁先生又有專文對此加以闡述。……我們認爲此説是可信的。不過米雁先生將簡文斷句標點作"周公乃内(納)亓(其)所爲社(貢)自,以弋(代)王之敚(説)于金紁(縢)之匵",解釋説"'社(貢)自'卽'自以爲社(貢)',意爲'(周公)以身爲貢'",此點則誤。對此評論者也多已指出。

"質"字江聲、王鳴盛、段玉裁等皆謂作抵押的人質解。試對比:

《淮南子·修務》:"是故禹之爲水,以身解於陽盱之河;湯旱,以身禱於桑山之林。"高誘注:"爲治水解禱,以身爲質。解讀解除之解。"

"以身爲質"可與……商湯"以身爲犧牲"等説法合觀,可見將"質"字也解爲"犧牲"是很合理的。① ……商湯"以身爲犧牲"又有不少作"自以爲牲""自以爲犧""自以爲犧牲"的不同説法,跟簡10"自㠯(以)爲社(貢)"、今本《金縢》"自以爲功"、《魯周公世家》"自以爲質"扣合得更爲緊密,也可見"社/功"字是難以如一些研究者那樣講成"攻説"一類意義的。

同意"質""讀如'周鄭交質'之'質'"這種説法的研究者,一般將"質"注解、翻譯爲"抵押",跟一般的語言習慣略有不合——所謂"抵押",一般應該是跟事後可以取回聯繫在一起的;而周公請求代武王而死,係將自己的性命交給三王,却談不上事後可以取回的問題——因此也導致一些人並不相信此説。按"質"之常訓、基本意義爲"信",可作動詞,即"盟質""自質"(侯馬盟書)等之"質",或爲一方向另一方取信,或爲雙方結信,或爲雙方向第三方求信、求正;其作名詞,既可以指盟質本身,也可以指"用以取得相信/信任的人或物"。後者用於指人的,最常見者就是"質子""人質"之"質"。盟質所用之物,常爲玉器、犧牲,如下舉諸例:

《白虎通義·文質》:五玉者各何施?蓋以爲璜以徵召,璧以聘問,璋以發兵,珪以質信,琮以起土功之事也。

《左傳》襄公三年:八月甲子,(游吉)奔晉。駟帶追之,

① 陳夢家先生曾謂:"《金滕》曰'公乃自以爲功',《魯世家》及《周本紀》作'自以爲質',猶《湯説》'以身爲犧牲'。"見陳夢家:《尚書通論》第四部"尚書補述"之四"論尚書體例",河北教育出版社,2000年,第356頁。[原注]

及酸棗。與子上盟,用兩珪質于河。

《國語·魯語上》:昔者成王命我先君周公及齊先君太公曰:"女股肱周室,以夾輔先王。賜女土地,質之以犧牲,世世子孫無相害也。"韋昭注:"質,信也,謂使之盟,以信其約也。"

《國語·晉語四》:十月,惠公卒。十二月,秦伯納公子。及河,子犯授公子載璧,曰:……沈璧以質。

上引後三例之"珪""犧牲"和"璧",皆爲雙方向第三方即鬼神奉獻的"用以取信之物",與雙方用於取信的"質子""人質"之"質"實爲同一用法。只是皆係奉獻於鬼神,也就談不上事後取回的"抵押"問題了。這種用於取信的牲玉本身,應該也是可以被稱爲"質"的。又如:

《管子·山權數》:還四年,(齊桓公)伐孤竹。刃氏之家粟,可食三軍之師。行五月,召刃氏而命之曰:"吾有無貲之寶於此,吾今將有大事,請以寶爲質於子,以假子之邑粟。"刃氏北鄉再拜入粟,不敢受寶質。桓公命刃氏曰:"寡人老矣,爲子者不知此數,終受吾質。"

此例之"質"字譯作"抵押"很合適,與"質子""人質"之"質"相類。但究其實,仍不過是"用以取信(以交換所求之粟)之物"而已。

周公向三王祝禱,其用以取信之物,除了璧與珪,更主要的是他自己,所以也稱爲"質"。前引《淮南子·修務》禹向陽盱之河神解禱,也是用自身爲"質"以取信。仿"質之以犧牲"之例,"以身爲質"(《淮南子·修務》高誘注)、"自以爲質"(《魯周公世家》)猶言"質之以己身",只是此時没有第三方,所質的對象就是河神以及三王。這類"質"字,與其解爲"抵押",不如説爲"祝禱所用之信物",其實也就是犧牲。

【陳偉 2012】對於《書・金縢》與《史記》中的"功"與"質",……臧克和先生認爲:功、工二字古通。《説文》:"工,巧飾也。象人有規矩也。與巫同意。"又"巫"下説:"祝也。女能事無形,以舞降神者也,象人兩袖舞形。與工同意。"是工、巫同意,工飾爲巫,與下文祝祠中强調"多材多藝"的自身特點是一致的。……

聯繫楚卜筮禱祠簡的相關記載看,臧克和先生之説值得重視。包山 224 號簡記云:"東周客許緝歸胙於蔵郢之歲,爨月丙辰之日,攻尹之社執事人夏與衛安爲子左尹舵舉禱於親王父、司馬子音,特牛,饋之。莊敢爲位,既禱致命。"邴尚白先生認爲:疑"攻尹之社執事人"就是《金縢》中"史"一類的祝告者。"社執事人"的職司,可能與卜祝祭禱之事有關。《史記・龜策列傳》:"使工占之,所言盡當。""工"是指卜者。《詩・小雅・楚茨》"工祝致告",《楚辭・招魂》"工祝招君,背行先些",其中的"工",毛亨、王逸皆以工巧之意來訓解,後代注家多從之。……由楚簡及《龜策列傳》來看,"工"應與卜祝巫覡有關。楚簡"社執事人"的"社"增添示旁,即因其從事與鬼神交通之事。劉信芳先生也説:社執事人,依文義應是主持攻説祭儀的神職人員。于成龍先生認爲:包山 225 號簡之"社"字,从示與祭祀有關,从工即取執技之義。執技之人多可稱"工"。

包山 231 號簡記云:"大司馬悼愲將楚邦之師徒以救郙之歲荆夷之月己卯之日,觀綳以長靈爲左尹佗貞:出入侍王,自荆夷之月以就集歲之荆夷之月,盡集歲,躬身尚毋有咎。占之:恒貞吉,少有慼也。以其故説之。思攻祝歸佩[illegible]冠帶於南方。觀綳占曰:吉。""祝",李家浩先生釋。他認爲:"攻祝"當讀爲"工祝",指祝官。……

竹書《金縢》周公"自爲社"、《書・金縢》周公"自爲功",大概就是擔當如楚簡所載的“社”或“攻”，直接與三王溝通。

《史記・周本紀》：“周公乃袚齋，自爲質，欲代武王。”正義云：“音‘至’。周公袚齋，自以贄幣告三王，請代武王，武王病乃瘳也。”用“贄”解釋“質”。《史記・魯世家》：“周公于是乃自以爲質，設三壇，周公北面立，戴璧秉圭。”集解引孔安國曰：“璧以禮神，圭以爲贄。”《金縢》傳世本：“公乃自以爲功，爲三壇同墠。爲壇于南方，北面，周公立焉。植璧秉珪，乃告大王、王季、文王。”孔傳：“璧以禮神。植，置也，置於三王之坐。周公秉桓珪以爲贄。”似即《史記正義》所本。質、贄通假互訓，古書習見。《白虎通・瑞質》：“臣見君所以有贄何？贄者，質也，質己之誠，致己之悃愊也。”《説苑・修文》：“贄者，所以質也。”“爲贄(質)”大概是“爲社”的職掌之一，所以《史記》如此行文。

【鄧佩玲 2015】《周禮》嘗有“六祈”之説，是指消灾弭祟的六種祭祀，其五是“攻”，《春官・宗伯》嘗云：

> 大祝：掌六祝之辭，以事鬼神示，祈福祥，求永貞。……掌六祈，以同鬼神示，一曰類，二曰造，三曰禬，四曰禜，五曰攻，六曰説。

有關“攻”的性質，東漢鄭玄注：

> 鄭司農云：“類、造、禬、禜、攻、説，皆祭名也。”……攻説，則以辭責之。……攻如其鳴鼓然。董仲舒救日食，祝曰“炤炤大明，瀸滅無光，奈何以陰侵陽，以卑侵尊”，是之謂説也。……造、類、禬、禜皆有牲，攻、説用幣而已。

根據鄭玄所言，“攻”大致有兩個特點：第一，“攻”是“以辭責之”，即用言辭去責難鬼神；第二，“攻”之祭僅用幣帛，並不用牲。復與清華簡《金縢》所記周公祭禱的過程相參照，……簡文叙述了周公以璧、珪等向周先祖禱告，亦詳細記録了其禱辭。當時，周公確實是以言辭告諸神明：他指出自己多才多藝，善於事奉鬼神，祈求以己身代替武王。而且，從簡文"秉璧旹(植)珪""我則𦎫(厭)璧與珪"及"我乃以璧與珪(歸)"三語可知，周公準備的祭品均是玉器，即鄭玄所言的"用幣"。因此《金縢》篇所記述的"社"，無疑於"以辭"或"用幣"的做法上，均與鄭玄所記録的"攻"祭相同。……

"敓"字於楚簡中多見，雖然間中有通作"奪""悦"及"説"等例，但更習見的用法是，卜筮祭禱簡中凡从"兑"之字如"敓""祱""縈"等皆常讀"祟"，有灾禍、禍患之意，指鬼神而引致的灾禍……。

……《金縢》篇記述武王罹患重病，古人認爲疾病是鬼神作祟所致，而戰國楚地卜筮祭禱簡中"敓"又多讀"祟"，"祟"指因鬼神作祟而致的灾禍，所以，簡本及今本《金縢》篇中"武王之敓/説"中的"敓/説"極有可能亦該通讀爲"祟"，"武王之敓/説(祟)"是指武王因鬼神所祟而患有重疾一事。

因此，在"乃得周公所自以爲功代武王之祟"一語中，整個"周公所自以爲功代武王之祟"結構應該視爲動詞"得"的賓語，指周公以"攻"祭向先祖祈禱，希望能以代替武王生病。

編按：◇ 社，讀爲"貢"，意謂周公願代替武王爲人牲，米雁和陳劍等説法皆可從。不必因《魯世家》"周公於是乃自以爲質"而視"社"从"示"得聲，"社"从"示"得聲，恐不符合形聲字一般構造原理。

◇ "周公乃内(納)亓(其)所爲社(貢)自以弋(代)王之敓(説)"，今本無對應句子，但下文有"乃得周公所自以爲功代武王之説"。清代以來，不少學者認爲"説"即《周禮》"六祈"中的"説"。包山簡、望山簡和新蔡簡出土後，相關辭例豐富起來，重要的有"以其故敓之"和"敓其祟"等説法，"敓(説)"包含"以辭責讓"和使祟解除等行爲的意思。① 但正如朱鳳瀚所分析的,《金縢》篇中周公對三王不存在責讓;而且,周公行爲的目的是轉移疾病,或者説是使祟轉移。所以,簡本、今本兩處"説"難以與《周禮》"六祈"之"説"和卜筮祭禱簡中的"敓"直接等同起來。較爲妥帖的解釋是,《金縢》之"説"具體指周公的禱詞,也可代指記録周公禱祝的册書。

[18] 紎

【整理者】紎,仌聲,在幫母蒸部,讀爲定母蒸部之"縢"。

§ 蘇建洲 2011 年 1 月 5 日回帖復旦讀書會 2011:紎恐怕就是綾字,夌、朕有通假例證,見《聲素》〖編按:此处指張儒、劉毓慶編著:《漢字通用聲素研究》,山西古籍出版社,2002 年。〗83 頁,故可以讀爲縢。

§ 宋華强 2011 年 1 月 8 日回帖復旦讀書會 2011:"紎"从"仌"聲,屬幫母蒸部,"縢"屬定母蒸部,韻部雖同,聲母稍隔。脣音、舌音相通之例雖然可以找到,但是從古文字通假習慣來看,"朕"聲字似乎尚未見到與脣音字相通的例子,而"仌"聲與舌音相通之例似乎只有从"夌"聲之字,"淩"屬來母(上古音值學者多擬爲流音 r),這個音本來就容易和其他聲母發生關聯。"仌"能與來母字相通,未必説明也可以和其他部位的舌音相通,所以把"紎"讀爲"縢"是不無疑問的。"仌"聲與"朋"聲相通,如《左傳》昭公二十五年"公徒釋甲執冰而踞",杜預注:"冰,櫝丸蓋。"即《説文》手部釋爲"所以覆矢"的"掤",孔疏:"《詩》云'抑釋掤忌','掤'與'冰'字雖異,音義同。""冰""紎"併从"仌"聲,"掤""綳"併从"朋"聲,所以"紎"有可能是"綳"的異體。《説文》糸部:"綳,束

① 曾憲通:《包山卜筮簡考釋》,收入曾憲通:《古文字與出土文獻叢考》,中山大學出版社,2005 年,第 205—208 頁;沈培:《從戰國簡看古人占卜的"蔽志"——兼論"移祟"説》,《古文字與古代史》第 1 輯,"中研院"歷史語言研究所,2007 年,第 412—417 頁。

也。从糸，崩聲。《墨子》曰：‘禹葬會稽，桐棺三寸，葛以綳之。’”又：“縢，緘也。”又：“緘，束篋也。”是“繃”“縢”同義。簡本《金縢》和今本《金縢》的某些異文屬於同義或近義關係，不屬於通假關係，如簡本“克殷”，今本“殷”作“商”；簡本“未可以慼吾先王”，今本“吾”作“我”；簡本“遘害虐疾”，今本“害”作“厲”；簡本“乃有備子之責在上”，今本“在上”作“於天”；簡本“乃流言于邦”，今本“邦”作“國”；簡本“周公宅東”，今本“宅”作“居”；簡本“禍人乃斯得”，今本“禍人”作“罪人”。同樣道理，“金綳之匱”和“金縢之匱”也是同義關係。《説文》“繃”字注引《墨子》“葛以綳之”，今本《墨子・節葬下》“繃之”作“緘之”，是其比。

§ 蘇建洲 2011 年 1 月 8 日回帖復旦讀書會 2011：《金縢》的“縢”字作，其右旁與《尊德義》14 釋爲“陵”的字，右旁同形，此筆者釋爲“綾”。其次，《説文》11 下“縢”曰：“仌出也。从仌，朕聲。詩曰：‘納於縢陰。’”凌，縢或从夌。《段注》曰：“夌聲也。”(11 下 8)此可以證明【朕與夌】可以通假，自然簡文“綾”可以讀爲今本的“縢”。關於《説文》的這條資料，筆者翻閱諸家説法，未見有人提出反對意見。如《古文字詁林》9 册 307 頁、《説文解字詁林》11308—11310 頁、《説文解字考正》454 頁、《説文解字字音注釋研究》758 頁、何九盈《〈説文〉段注音辨》(《語言叢稿》205 頁)。宋華强先生從音理上反對上面的説法。但我們知道音例重於音理，如果音例上可以成立，加上又可以對應今本，爲何要捨棄此説，偏偏挑選從未見過的異文同義字呢？宋文説簡本《金縢》和今本《金縢》的某些異文屬於同義或近義關係，不屬於通假關係，如簡本“克殷”，今本“殷”作“商”；簡本“未可以慼吾先王”，今本“吾”作“我”；簡本“遘害虐疾”，今本“害”作“厲”；簡本“乃有備子之責在上”，今本“在上”作“於天”；簡本“乃流言于邦”，今本“邦”作“國”；簡本“周公宅東”，今本“宅”作“居”；簡本

“禍人乃斯得”，今本“禍人”作“罪人”。這些説法當然是合理的，但是這些異文都很常見。不過“金縢”未見作“金繃”，其所舉例是“繃之”作“緘之”，這就難免讓人起疑了。

§ 劉雲 2011 年 1 月 8 日回帖復旦讀書會 2011：用爲“縢”的這個字應該就是“縢”的異體。“縢”以“糸”爲形旁，該字也以“糸”爲形旁，兩字聲旁古音也是相近的。

§ 宋華强 2011 年 1 月 8 日回帖復旦讀書會 2011：“淩”和“朕”通是舌音之間的關係，“冰”和“朕”通是唇音和舌音之間的關係，二者關係不同。“縢”字中的“仌”是義符，“絿”字中的“仌”是音符，二者也不相同。包山簡的材料確實可以説明“仌”與“夌”通。不過小文的意思是，“夌”是來母，和唇音、舌音、喉牙音相通都是正常的，所以可以寫成“仌”聲、“朕”聲，等等。這跟“仌”聲、“朕”聲是否能夠相通是兩碼事。

【蘇建洲 2011A】《金縢》的“縢”字在簡文中兩見：

（簡 6） （簡 10）

整理者隸定爲“絿”，認爲讀爲“縢”。謹案：整理者説法可從，但是“絿”未見於字書，筆者以爲這個字就是“綾”。《包山》153“東與蔯君佢（歫）疆”，此文例又見《包山》154“東與苶君䅭（執）疆”，兩字形分別作：

《包山》153 《包山》154

可見“苶”就是“蔯”，《十四種》將兩個字都釋爲“陵（从艸）”，施謝捷先生《包山》釋文徑釋爲“菱”字則更加直接明瞭。學者根據這種異文現象將《尊德義》簡 14 釋爲“陵”自然也是合理的。①

① 黄德寬、徐在國：《郭店楚簡文字考釋》，《吉林大學古籍整理研究所建所十五周年紀念文集》，吉林大學出版社，1998 年，第 105 頁。［原注］

我們可以注意到《尊德義》簡 14“陵”字與上引兩“紎”字的“夊”旁顯然是相同的，是以筆者以爲這個字就是“綾”。……所以可以證明【朕與夌】可以通假，自然簡文“綾”可以讀爲今本的“縢”。……

§ 孟蓬生 2011 年 1 月 9 日回帖蘇建洲 2011A：考釋文字時有一個就近原則。“紎”字自當讀如“縢”字，不必捨近求遠，讀爲“繃束”之“繃”。……“縢”(説白了，就是繩字)、“繃”爲同源詞，大概也問題不大。冰、朋古音相通(《左傳》昭公二十五年：“公徒釋甲執冰而踞。”孔疏：“詩云：亦釋掤忌。掤與冰，字雖異，音義同。”)，繃、縢同源，正像冰、勝(凌)同源一樣。華强先生説聲母稍隔，蓋一時失察。“紎”字從字形分析，既可以是縢字，也可以是綾字，這個只能看當時人的約定。假如現在還没有發現此字記録“綾”這個詞的材料，不如先假定它就是縢字的異體，等將來有更多材料再説。

§ 宋華强 2011 年 1 月 9 日回帖蘇建洲 2011A：金夊讀爲金縢當然是最直接的，唇音與舌音相通的例證當然也能找到(小文中也説了)，説聲母稍隔是指一個唇音，一個舌音，發音部位不同，寫時未查書，不知説“稍隔”是否不妥？夊與夌通，夌又與縢通，所以夊可與縢通，這當然是可以講通的，寫作小文時蘇先生所引這些材料大抵也都查出考慮過。不過這樣相通畢竟是需要以夌爲中介，而夌是來母字，來母字幾乎可以和任何發音部位的字相通，若以來母字爲中介，則何聲母不可通呢？想到這個，我膽子就小了。蘇先生説音例重於音理，誠然，但是其實並無夊與縢相通之例，蘇先生所引只有夊與夌相通和夌與縢相通之例，淩陰作从夊、朕聲之字，該字夊是義符，之前的回帖中已經説過，淩陰並無寫作夊(或夊聲字)陰的例子。夊與縢通是間接相通，夊與繃是直接相通，從音考慮更爲直接，從義來看也能講通，是以提出假説。至於有些詞從未見過,出土文獻中所在多有,我想不必舉例。孟先生所説同源詞問題,我也考慮過,但是這涉及歷史語言學問題,我膽子就更小了,所以不敢這麽説。

§ 孟蓬生 2011 年 1 月 10 日回帖蘇建洲 2011A:"淩陰作从仌、朕聲之字,該字仌是義符,之前的回帖中已經説過,淩陰並無寫作仌(或仌聲字)陰的例子。"這個涉及材料的認定。在我看來,勝字是雙聲字,仌(冫)朕皆聲,而仌(冫)又是什麽呢? 過去説,它是冰字。現在看來,它實際上是金文象金餅之形的"金"字(作兩塊金餅形)。關於這一點,可參考劉傳賓先生《説"金"字的一種特殊形體》。我在那篇文章的跟帖中曾説過要爆料,就是想説金文中"淩"字其實是从金聲的,那兩點就是金餅的變形,而不是象什麽冰形。

先生可能不會認可以上這些意見,那就説個近點的,難道先生不認爲"亩"聲的"稟"就是一個唇音和舌音相通一個很好的例子嗎?(説實在話,這都是在不大承認複輔音的音系框架内説話的。换句話,都是拿中古音直接往上推的結果。我也常常這麽説,因爲從常識説起,會讓讀者感到舒服些。)

還有一點,我贊成古文字考釋中要有詞的觀念,即在變動不居的字形(異體字、古今字、假借字等)中找到它們所記録的詞,以字論字,可以稱爲字本位。以字求詞,可以稱爲詞本位。《裘錫圭自選集》後附"作者簡介"中説:"在研究文字時,比較注意從語言的角度看問題。"我總覺得這是"夫子自道",很值得我們揣摩。

【黄人二、趙思木 2011B】此字對應今本之"縢"字,故整理者讀爲"縢"。然其字形與今之"縢"字相差甚遠。整理者從古聲韻出發,兼顧字形,以爲此字从糸仌聲,故釋爲"紁",讀爲"縢"。按,此字"聲符"字形與"仌"亦相差甚遠,檢諸各種古文字字形表,未發現“夨”或从之之字,其“夨”有如是作者。此字蓋屬於表意字加類化符號形成之形聲字,其右半部分之三筆,或爲象形,其所象者,蓋古人封緘完備欲予寄送之簡牘。其字上下兩畫用筆粗,蓋象封緘信件之檢署,中間一細筆則象欲封存之簡牘。此字取其封緘之義,故可釋爲“緘”或“縢”,《説文》:“緘,所以束匧也。”又“縢,緘也”。又按,“緘”古韻部爲侵部,“縢”古韻部爲蒸部,在楚方言中,侵、蒸二部字音近,故此二字關係可能又不只是同義。

【陳民鎮、胡凱 2011】筆者竊以爲可將“紎”直接視作“縢”之省文。楚璽見及“縢”字,作（《璽匯》3827)。清華簡《金縢》的“紎”,可與該字相較。

編按: 如孟蓬生所言:“古文字考釋中要有詞的觀念,即在變動不居的字形(異體字、古今字、假借字等)中找到它們所記録的詞。”“紎”雖未見於傳世字書,但是宋華强對“夨”聲與“朕”聲無直接相通例證的質疑不無道理,“紎”與“縢”的通用關係仍屬孤例,此問題有待新材料的補正。

[19] 周公乃内(納)亓(其)所爲社(貢)自以弋(代)王之敚(説)于金紎(縢)之匱

【楊坤 2011】《金縢》册祝以周公自代之事行文,此責求之辭耳。金匱所儲者,實録也。故清華本曰“納其所爲功、自以代王之説于金縢之匱”,乃合據其事而言,此清華本優於《魯周公世家》“藏策”、梅本“納册”之處。後者所謂納藏者,應視作其事之史録,非自代之祝册而已。梅本以“自以爲功”置前,所以舉其綱也。清華本厠之於後,所以總其事也。

【黄懷信 2011A】今本作“公歸,乃納册于金縢之匱中”,“自以爲功”在前文。按:“册”,即前文“史乃册祝告先王”之册,爲實物,故可納於匱中。而説,則不可以納。可見簡書有語病。又簡書無“王翼日乃瘳”句文意雖順,但如此則前事無結果,所以原作當如今本。

【趙思木 2017】古代木質容器需要捆扎,以爲密合之助。古書所載及楚墓所見之先秦棺槨,皆有捆扎棺槨的繩索。《漢書·高帝紀下》:“又與功臣刻符作誓,丹書鐵契,金匱石室,藏之宗廟。”如淳注:“金匱猶金縢也。”顔師古注:“金爲匿,以石爲室,重緘封之,保慎之義。”……周公欲此櫃堅牢密合不易打開,正與其告誡執事人之言相應。

【金正男 2015】我們應該注意“于金縢之匱”前後的兩個標點,當句讀爲“周公乃納其所爲功自以代王之説,于金縢之匱”。“其”是作主語,“其所爲功自以代王”是一個子句,也是“説”的定語。“其所爲功自以代王之説”爲“納”的賓語。所以如果這一部分有斷句的話,其文意不太通順。

編按:“册”與“説”是由不同叙述所致的兩種用詞,不構成嚴格意義上的“異文”關係,簡本此處不存在語病。前文第 17 則“編按”已經説明,“説”可以指代記録周公禱辭的册書。册書自然可以被納入金匱。

[20] 乃命執事人曰:“勿敢言。”

【整理者】此句今本及《魯世家》並無,今本有“王翼日乃瘳”,《魯世家》略同。

【廖名春 2011】簡 5、6 與簡 11 皆有“勿敢言”之説,此“敢”字義非尋常,整理者無注。按,此兩“敢”字當訓爲“得”。裴學海曰:“敢”猶“能”也。“敢”訓“能”,“能”亦訓“敢”。《戰國策·魏策一》:“楚雖有富大之名,其實空虛;其卒雖衆,多言而輕走,易北,不敢堅戰。”《史記·張儀傳》“敢”作“能”。……《商君書·墾令》:“百縣之治一形,則迂者不飾,代者不敢更其制,過而廢者不能匿其舉。”“不敢”亦即“不能”。

而這種意義上的“能”,也相當於“得”。《文子·道德》:“故世治則愚者不能獨亂,世亂則智者不能獨治。”《上仁》:“是故號令能下究而臣情得上聞。”裴學海指出:以上二例,“能”皆亦“得”也,互文耳。《左傳》僖公九年:“能欲復言而愛身乎?”《國語·晉語》作:“豈能欲行吾言而又愛吾身乎?”裴學海認爲:“豈能”亦即“豈得”。《商君書·靳令》:“效功而取官爵,雖有辯言,不能以相先也。”嚴萬里曰:“范本‘能’作‘得’。”

由此可知,簡文的這兩處“勿敢言”即“勿得言”。簡6:“(周公)乃命執事人曰:‘勿敢言。’”“勿敢言”是周公之誡“命”,周公是要“執事人”不得將“武王有疾周公所自以代王之志”説出去,這是周公謙虚低調的表現,不存在“敢”與“不敢”的問題。簡11“公命我勿敢言”,“勿敢言”是周公“命”“我”的内容,不是周公有“命”,“我勿敢言”。所以,這兩處的“命”字,皆非名詞,都是動詞。

【蕭旭 2011】下文“殹(噫)公命我勿敢言”,二“敢”字同義。廖名春曰:“此兩‘敢’字當訓爲‘得’。”據裴學海《古書虚字集釋》“能”字訓“敢”“得”輾轉以説之。拙著《古書虚詞旁釋》云:“敢,猶得也。”舉例甚多。兹再補二例。《國語·晉語二》:“公子重耳出見使者曰:‘子惠顧亡人,重耳父生不得供備灑埽之臣,死又不敢涖喪以重其罪。’”“敢”“得”對舉同義,下文“重耳出見使者曰:‘君惠弔亡臣,又重有命,重耳身亡,父死不得與於哭泣之位’”,正作“得”字。此異字同義之例,是爲確證。《戰國策·楚策一》:“狐曰:‘子無敢食我也,天帝使我長百獸,今子食我,是逆天帝命也。’”《新序·雜事二》同,敦煌寫卷 P. 2569《春秋後語》“敢”作“得”。“得”亦訓“敢”,互相爲訓。

【黄懷信 2011A】今本無此句,而後文有“二公及王乃問諸史與百執事,對曰:‘信。噫!公命我勿敢言’”。按:簡書後文亦有"王問執事人。曰:'信。噫! 公命我勿敢言'",可見有重複,所以此處原作亦當如今本。

【趙思木 2017】洪颺《古文獻"敢"表"能"義續説》指出,在裴學海之後,王瑛、紀國泰相繼討論過古書中"敢"表"能"義的現象,湯餘惠討論過金文和《尚書》中的這一現象。她在討論睡虎地秦簡中這種現象後指出:

> "敢"用作"可以""能够"義是有條件的。在金文裏,"敢"字所在的文句,均屬周王或上級官長對作器者的策命或訓誡之辭,並不是作器者自言自己將如何如何。睡虎地秦墓竹簡内容爲法律文書,告誡、規範人們應該做什麽、不應該做什麽,與金文使用的語言環境相似。"敢"字的這種用法在後世文獻中並不常見。

她還指出,與"敢"搭配使用的否定副詞主要是"毋"和"勿",古代漢語中"毋""勿"都是禁止之辭,一般用在勸誡、阻遏他人某種行爲的語句中。"敢"字訓爲"可以""能够",常常出現在表示訓誡、禁止的語境中,這與其搭配使用的否定副詞是一致的。我們認爲洪颺對表"能"義的"敢"所出現的語境條件做出的分析細緻精到。周公告誡"執事人"曰"勿敢言",這種語境也是尊長對下級不能做某事的戒飭,故"敢"應理解爲"能"。

編按: 廖名春和蕭旭將"勿敢言"的"敢"訓爲"得"的説法可從,表命令和訓誡語氣,訓爲"能"没有訓爲"得"貼切和直接。

臺(就)[21]逡(後),武王力(陟)[22],㙺(成)王由(猶)【六】學(幼)才(在)立(位)[23],官(管)弔(叔)返(及)亓(其)羣脞(兄)俤(弟)[24]乃流言于邦[25]曰:"公牆(將)不利於需(孺)子[26]。"周公乃告二公曰:"我之【七】□□□□亡(無)以復(復)見於

先王。”【27】

［21］臺(就)

【整理者】臺，讀爲“就”，《爾雅·釋詁》：“終也。”

【宋華强 2011A】讀“臺”爲“就”可從，訓爲“終”恐不可從。古文字材料中“就”常表“至”義，如“册告自文王以就聲桓［王］”(葛陵簡甲三 137，甲三 267)，“自荆夷之月以就荆夷之月”(包山簡 197、199、201)，等等。此處疑亦表“至”，《史記·魯周公世家》作“其後，武王既崩”，“就後”蓋即“其後”之義，相當於現代漢語的“到後來”。

【李學勤 2011B】説《金縢》“於其喪也不書年”，是由於傳世本在周公祈禱後“王翼日乃瘳”之下不云“武王既喪”。簡本不是這樣，没有“王翼日乃瘳”一句，而説“就後，武王力(陟)”，“就後”即是終後，意味着時間較長，這雖然没有標明其中距離，總不會是同年緊接的時候。因此，歷代學者提出的三年、四年、六年、七年、八年等説，都與《金縢》没有矛盾。

【黄人二 2011】“”整理者讀“就”，其説甚是。然而，整句話的訓詁，仍不通暢。疑以方言之故，讀爲“越”，與“粤”“曰”同義。《史記·楚世家》：“熊渠曰：‘我蠻夷也，不與中國之號謚。’乃立其長子康爲句亶王，中子紅爲鄂王，少子執疵爲越章王，皆在江上楚蠻之地。”“越章王”之“越”，《世本》作“就”，《帝繫》作“戚”。楚系簡牘文字“戚”“就”“造”於音可通，乃地域方言不同所造成，此處可讀爲“越”，則“越後武王陟”，意謂“及於後來武王登遐崩殂”，《尚書·召誥》：“兹殷多先哲王在天，越厥後王後民，兹服厥命。”“越”，猶“及也”。“越厥後王後民”，就是“及於後來的王、民”。

【陳民鎮、胡凱 2011】按楚簡“就”字作“豪”，从止者多見新蔡簡，上博簡《容成氏》7 所見字从辶。簡文之“就後”，當《史記・魯周公世家》之“其後”,整理者之説恐不可通。“就”本可訓其,然見諸中古,未可相較。此處“就”,訓卽,“就”“卽”皆通。《廣韻・宥韻》云:“就,卽也。”《尚書・西伯戡黎》云:“殷之卽喪。”孔傳云:“言殷之就亡。”《詩經・衛風・氓》云:“來卽我謀。”箋云:“卽,就也。”甲骨文所見“臺”卽訓卽,金文、戰國竹簡皆延續焉。《史記・扁鵲倉公列傳》云:“卽後九日不死。”“就後”猶言“卽後”也,卽《史記・魯周公世家》之“其後”。

【沈培 2013】清華簡的“就後”跟上博簡的“就復邦之後”〖編按:見於上博簡《邦人不稱》簡 3〗等説法是相似的,其中的“就”顯然是同一個詞。從文義上看,上引宋華强先生對這種“就”字的意思的理解是正確的。

這種“就”字的用法,古書少見。而古書中與之用法相當的詞應該是“及”,古書中“及……”的説法很多,這裏僅舉“及後”或“及……後”的例子:

> (1) 太公亦封於齊,五月而報政周公。周公曰:“何疾也?”曰:“吾簡其君臣禮,從其俗爲也。”及後聞伯禽報政遲,乃歎曰:“嗚呼,魯後世其北面事齊矣!夫政不簡不易,民不有近;平易近民,民必歸之。”《史記・魯周公世家》
>
> ……
>
> (4) 武王克殷二年,天下未寧而崩。爰周德之洽維成王,成王之封禪則近之矣。及後陪臣執政,季氏旅於泰山,仲尼譏之。《史記・封禪書》

由此可見,楚墓竹簡中這種用法的“就”跟古書中的“及”的用法是相同的。前人在解釋古書的這種“及”時,雖然常常也説是“至”的意思,但是我們知道,“及”可以跟“至”連用而説成“及至”,可見它跟“至”並不完全相同。仔細推敲上引例句,這種

"及"顯然含有"一直到"的意思。這裏討論的清華簡和上博簡裏的"就"顯然也含有這個意思。

可能有人會問：我們能不能直接將上面簡文中的"就"讀爲"及"呢？這種可能性恐怕不能完全排除，不過目前還找不到肯定的證據。鑒於此，我們認爲這種"就"的用法可能是楚方言的特有用法。大概由於它是方言，又因爲其用法跟通語的"及"相同，因此後來就被"及"吞併而消失了。

【沈培 2017】"海天遊蹤"先生在看過本文初稿后指出："《邦人不稱》'就王之長也'的說法似與越王差徐戈'就差徐之爲王'相同，則'就'的用法也應相同。孟蓬生、李家浩二先生都將'就'讀爲'埱'，至也。"這個補充非常好，本人初稿没有注意到越王差徐戈銘文，是不應有的疏失。

"海天遊蹤"先生所説的孟蓬生先生一文即《越王差徐戈銘文補釋》。戈銘原作"亯差徐之爲王，……"，孟先生認爲當讀爲"就差徐之爲王，……"，另外還指出："這個'亯(就)'字是個借字，一定要找本字的話，應當是'造'或'埱(chù)'字。"在孟文發表之前，董珊先生曾發表《越王差徐戈考》一文。董先生將釋爲"就"之字讀爲"由"。孟文中指出董文這一看法的不足：

> "就"字銘文作"亯"，董珊先生讀"由"。從聲音上看，"亯(就)"和"由"相通自然不存在問題。不過從詞義來看，"由"一般表示時間的起點，而銘文中"亯(就)"實際上表示時間的終點，正取"逮至"義。董文説，"戈銘'就'古書常訓爲'至''到''逮至'，其後都要求處所地點之類的詞作賓語，與差徐戈銘文有所不合"。其實語義從空間域投射到時間域是一個自然而又常見的現象。比如"前""後""左""右"都是既可以表示地點，又可以表示時間。與"就"同義的"至"

“到”也是既可以接處所賓語,也可以接時間賓語。銘文“就”字接時間賓語,并不足以致疑。

由此可見,孟先生顯然主張戈銘中表示時間的“就”是由行爲動詞虚化而來的。

“海天遊蹤”先生所説的李家浩先生一文即《〈越王差郐戈〉銘文新研》。對於戈銘的讀法,李先生的看法跟上引孟先生的看法相同。其實,李先生早在《鄂君啓節銘文中的高丘》文中已指出作爲行爲動詞的“就”當讀爲“造”或“摵”。《〈越王差郐戈〉銘文新研》實際上是重申了這觀點。對比二文,也很容易看出李先生也是認爲表示時間的“就”是由行爲動詞“就”引申而來的。

孟、李兩位先生的看法顯然是合情合理的。“就”由動詞虚化爲介詞,跟大多數介詞的來源是一致的。現在我們結合清華簡和上博簡,知道在戰國時代,行爲動詞的“就”虚化爲表示時間的“就”,其用例還是相當普遍的。由於這種用法的“就”目前所見多出自楚地所出材料,我們很容易可以推測在當時楚方言裏比較多地存在這樣的用法。

【龍國富 2022】在戰國楚地發現有一個方言詞“就”,可表時間,作狀語。如:

(1) 臺(就)吾子之將長……(《清華簡七·趙簡子》簡 2)

(2) 臺(就)昭王之亡……(《上博簡九·邦王之稱》簡 2、3)

(3) 臺(就)復邦之後……(《上博簡九·邦王之稱》簡 3、4)

(4) 臺(就)白公之禍……(《上博簡九·邦王之稱》簡 4、5)

(5) 𦎫(就)王之長也……(《上博簡九・邦王之稱》簡10)

(6) 𦎫(就)後,武王力(陟)……(《清華簡一・金縢》簡6)

(7) 𦎫(就)吾先君襄公……(《清華簡七・趙簡子》簡8、9)

(8) 𦎫(就)吾先君平公……(《清華簡七・趙簡子》簡10)

"就"出現在句首,其所在成分作時間狀語。……在楚簡中,除了"就"表示時間以外,也有用雅言"及"表示時間,作動詞的情況。如:"世及吾先君武公……"(《清華簡六・鄭文公問太伯》簡6、7)。……

"就"的本義爲"就高地而居",作動詞。《説文・尤部》:"就,就高也。从京,从尤,尤,異於凡也。"桂馥義證:"就高也者,《孟子》:'爲高必因邱陵。'《九經字樣》:'高,人所居高丘也。'就字從之。馥按:此言人就高以居。""就"的語義從"就高地以居"發展爲"等到某時間",經歷了語義範疇從表空間轉移到表時間。從"到達某高地以居"發展爲"等到……的時候",所在的句子由在句法中作謂語而發展成爲作時間狀語。這些發展都是隱喻作用的結果。……我們認爲"就"作動詞,與後面的名詞組合爲動賓結構作主句的時間狀語,用於句首。從詞彙的系統性可以證明這一點。在同一個詞彙系統中,還有"及""逮""迨"等詞,它們的演變都有着類似的過程。……就詞彙的系統性來看,理論上"就"應該跟"及"一樣,繼續往後演變,産生表示對象的介詞和表示連接的連詞用法,但事實上,"就"與"逮""迨"一樣再没有産生介詞和連詞的用法,唯獨只産生動詞的引申用法。造成這一現象的原因應該是多方面的,與内因和外因都有關係。其内因,主要是“就”的動作義比“及”更强,虚化的難度比“及”大;詞彙之間存在競争,“就”因爲没有競争過“及”,因而被“及”所超越;其外因,主要是戰國末期隨着楚國國力的不斷削弱,國家逐漸走向滅亡,在如此大背景下,“就”没能得到進一步演進,終究被“及”所取代。

編按: 沈培已經明確指出這種“就”的用法相當於“及”,較有可能是楚地方言用法。從“就後”和“就吾先君襄公”等辭例的用法來看,楚方言中的這種“就”似乎已經語法化爲介詞。

[22] 臺(就)逡(後),武王力(陟)

【整理者】“力”,來母職部,讀爲端母職部之“陟”。《康王之誥》稱成王“新陟王”。《韓昌黎集·黄陵廟碑》:“《竹書紀年》帝王之没皆曰陟。”

【復旦讀書會 2011】原整理者關於“力”字的訓釋似不可從,《史記·魯周公世家》有“其後,武王既崩”,頗與簡文相近,存疑待考。

§ 高榮鴻 2011 年 1 月 8 日回帖復旦讀書會 2011:“就後武王力”,此處力(來職),可讀爲歿(歾)(明物),聲紐爲複聲母,韻部爲通轉,歿(歾)皆可訓爲“死”,《吕氏春秋·雜家》:“二子西行如周,至於岐陽,則文王已歿矣。”

【宋華强 2011A】頗疑“力”當讀爲“崩”。“力”屬來母職部,“崩”屬幫母蒸部,韻部有嚴格的對轉關係,聲母方面“力”聲與唇音字亦有相通之例。如“力”與“棘”通,而西周金文以从“棘”聲的“僰”字表示邪逼之“逼”,“逼”屬幫母。又如郭店簡《緇衣》1號“民咸放而型不屯”,今本《緇衣》作“刑不試而民咸服”,“放”與“服”對應,“放”从“力”聲,“服”屬並母。另外如《禮記·緇衣》引《甫刑》,郭店簡《緇衣》13、26、29 號和上博簡《緇衣》8、14、15 號

“甫”均寫作“郘”或“吕”,“甫”屬幫母,“郘”“吕”屬來母,亦來母與唇音相通之證。

【楊坤 2011】頗疑清華本之“就後武王力”,即當梅本之“王翼日乃瘳”。按《説文》:“力,筋也,象人筋之形,治功曰力,能圉大灾。”“治功曰力”,其文亦見於《夏官・司勛》。《尚書大傳》云:“古之帝王必有命民,能敬長憐孤、取捨好讓、舉事力者,命於其君。”其力,皆理治之義。故段玉裁注云:“象其有條理也,人之理曰力,故木之理曰朸、地之理曰阞、水之理曰泐。”是知武王力者,其病愈也。《汲黯傳》“今病力”,此假借特例,不可據以爲訓。

【劉信芳 2011】《爾雅・釋詁》:“就,成也。”周公祭祀周之先王太王、王季、文王,通過神人溝通與先王達成協議:先王保佑周之子孫,周公奉上禮品。既成其祭祀禮儀,又將事情的經過以及代武王祈禱於先王之説辭書於册,納入金匱(周公乃納其所爲功、自以代王之説于金縢之匱)。繼又告誡執事人:不得説出此事,成就此後武王之神力。《周禮・夏官・司勛》:“治功曰力。”《説文》:“力,筋也,象人筋之形。治功曰力,能圉大灾。”可見簡文“力”應依力之本義作解。此後周公宅東三年,致使原本豐收在望之年,“天疾風以雷,禾斯偃,大木斯拔”,成王啓金縢之匱,才知道是“皇天動威,以彰公德”,王乃出,逆公至郊,於是天反風,禾斯起,歲大有年,糧食收斂入庫。此皆先王之力扭轉乾坤,非人力所能致也。

【陳民鎮、胡凱 2011】“力”與“陟”叠韻,存在通假的可能性。《尚書・康誥》云:“惟民其勑懋和。”宋本《荀子・富國》引“勑”作“力”。《尚書・益稷》云:“勑天之命。”《史記・夏本紀》作“陟天之命”。“力”與“陟”,當可相通。“陟”訓登,與“降”相對。在此謂帝王駕崩飛升。《尚書・康王之誥》云:“惟新陟王。”韓愈《黄陵廟碑》引《竹書紀年》:“帝王之没皆曰陟。”即今本所謂“喪”也。

鄭玄、孫星衍謂“喪”指三年喪後，由此亦可知其非。

【黄懷信 2011A】“就後武王陟，成王猶幼在位”，今本作“武王既喪”，無“成王猶幼在位”句。按：就後，猶乃後、其後。

【黄澤鈞 2013A】清華簡《繫年》第 3 章：“周武王既克殷，乃設三監于殷。武王陟，商邑興反，殺三監而立𢑴子耿。”原考釋在此也是引韓愈《黄陵廟碑》“《竹書紀年》帝王之没皆曰陟”作爲佐證。就上下文看，此處當是武王死後，群叔與商人叛亂。此外《尚書》中“陟”也有作爲過世之義：

> 《顧命》：“惟新陟王畢協賞罰，戡定厥功，用敷遺後人休。”
>
> 《左傳》昭公七年：“叔父陟恪，在我先王之左右，以佐事上帝。”

以上這個“陟”都是表示君王過世，在此清華簡《金縢》“武王陟”也是指武王過世。與《尚書·金縢》“武王既喪”、《史記·魯周公世家》“武王既崩”意思相同。

【金正男 2015】從字音與用字習慣方面來看，“力”與“陟”“殁”以及“崩”之間的通假用例根本無法利用訓詁學或者古文字學原則來判斷其是否存在。……下面所引的用例，雖然不是先秦文獻，但也值得注意。《字彙》中的“病甚曰力”給我們提供了綫索，“病力”是古人用語。《漢書·張馮汲鄭傳》“今病力，不能任郡事”，顔師古注：“力，謂甚也。”《新唐書·杜如晦傳》中也可以看到“會病力，詔皇太子就問，帝親至其家，撫之梗塞”一文。由顔師古注可以得知，“力”是“甚”，即“很、重”的意思。筆者將按照這個用例來猜測簡文“武王力”的含意，簡文“武王力”可解釋爲“武王的身體狀況越來越不好”。周公所進行的一系列“求福去禍”的祭祀活動結束以後，武王的病狀還没有明顯的好轉，却越來越嚴重。這一條記載與今本《尚書・金縢》"……,王翌日乃瘳。武王既喪,……"有所不同。簡文上没有涉及武王生死與否,直接記載了成王卽位以後的事情。

【張富海 2018】複輔音聲母有兩種類型:一種是聲幹加流介音的 Cr-、Cl-型,另一種是冠音(前置輔音)加聲幹的類型,如 sC-。兩種類型的複輔音聲母的諧聲假借原則有所不同。Cr-、Cl-型複輔音聲母的諧聲假借除了依據聲幹外,也可以僅僅依據流介音。冠音加聲幹類型的複輔音聲母只能依據聲幹諧聲假借,而與冠音無關。換言之,流介音參與諧聲假借而冠音不參與諧聲假借。這是因爲冠音距韻母遠而介音距韻母近的緣故。依據流介音諧聲的例子,如:……清華簡《金縢》簡 6、《説命上》簡 2 假借"力 rək"爲"陟 trək"。

編按:陳民鎮、胡凱所舉通假用例提供了"力"可與"陟"相通的間接證據,張富海的分析解釋了二者相通的音理。在清華簡中,還有幾處"力"或从"力"得聲的字讀作"陟"的用例,《周公之琴舞》簡 2"陟降其事"的"陟"寫作"砌",[①]《説命上》簡 2"説方築城,縢降盂力",張富海指出當讀作"縢降踊陟","縢降"和"踊陟"相對成文。[②] 此外,傳世的早期文獻中個别地方仍然保留這種用字習慣,如陳劍指出《楚辭・天問》"禹之力獻功,降省下土四方"的"力"與"降"對言,可據楚簡用字習慣讀爲"陟","陟獻功"就是禹登天獻功於天帝之所。[③]

---

① 清華大學出土文獻研究與保護中心編,李學勤主編:《清華大學藏戰國竹簡(叁)》,中西書局,2012 年,第 133 頁。

② 張富海:《讀清華簡〈説命〉小識》,復旦大學歷史學系、復旦大學出土文獻與古文字研究中心編:《簡帛文獻與古代史——第二届出土文獻青年學者國際論壇論文集》,中西書局,2015 年,第 42 頁。

③ 陳劍:《結合出土文獻校讀古書舉隅》,賈晉華、陳偉、王小林、來國龍編:《新語文學與早期中國研究》,上海人民出版社,2018 年,第 309—310 頁。

［23］ 埶(成)王由(猶)學(幼)才(在)立(位)

【李學勤 2011B】簡本於武王死後云“成王猶幼在位”,傳世本没有這一句話,但是司馬遷在《周本紀》和魯世家引據《金縢》的地方,都説“成王少”,這和簡本可以説是相應的。不過《魯世家》在“成王少”下又講“在强葆(繈褓)之中”,就過分了,不僅於情理不合,在《金縢》中也有反對的内證。梁玉繩指出:“《金縢》曰周公以詩貽王,而‘王亦未敢誚公’,則成王非不識不知之孩稚矣;曰‘王與大夫盡弁’,則成王已冠矣。……先儒説成王卽位之年雖異詞,而非居强葆明矣。”

這裏必須指出,古代所説的“幼”,其年齡概念與今天有很大的不同,《禮記·曲禮上》:“人生十年曰幼,學;二十曰弱,冠。”是説十歲到滿二十行冠禮之前稱爲“幼”,而孔穎達《禮記正義》更放寬一些,説:“幼者,自始生至十九時;……二十成人,始加冠。”可知簡文講成王“猶幼”,年齡不一定太小。

據古書記載,當時天子、諸侯由於特定的政治原因,有提前行冠禮的規定。提前多少,有兩種説法。

《左傳·襄公九年》記魯襄公送晉悼公,“宴于河上,問公年,季武子對曰:‘會于沙隨之歲,寡君以生。’晉侯(卽悼公)曰:‘十二年矣,是謂一終,一星終也。國君十五而生子,冠而生子,禮也,君可以冠矣。’”高誘注《淮南子·氾論》,鄭玄注《金縢》,都據此認爲天子、諸侯十二而冠。

《荀子·大略》則説:“天子、諸侯十九而冠,冠而聽治,其教至也。”楊倞注:“十九而冠,先於臣下一年也。雖人君之子,猶年長而冠,冠而後聽其政治,以明教至,然後治事不敢輕易。”清代郝懿行認爲《荀子》所説是古法,《左傳》晉侯所論失之太早。

按《大戴禮記》中的《公符(冠字之誤)》篇載有“成王冠,周公使祝雍祝王”的祝辭,也見於《説苑·修文》和《孔子家語·冠頌》,表面成王的冠禮在卽位以後。漢代古文《尚書》説正是根據這些,推斷武王崩,成王年十三,雖然没有確切證據,却應該説是合理的,可謂不中不遠。

清華簡《金縢》在傳世本“王與大夫盡弁”句處剛好有缺損,不過“弁”字仍能保存。其下云“大夫綵”,所以“弁”一定是指成王而言。這同傳世本一樣,證明當時成王已冠,前引梁玉繩的論證是成立的,成王卽位時絶非在襁褓之中。

【黄懷信 2011A】今本與簡書下文於成王皆稱“王”,證明是當時人所記。簡書於此稱“成王”並言“猶幼在位”,明是後人所增。

【朱鳳瀚 2011】簡本在記周公將其願代武王服事鬼神之簡册納於金縢之匱後,言:“臺(就)遂(後)武王力(陟),𡎸(成)王由(猶)學(幼)才(在)立(位)。”與該句相應,今本僅有“武王既喪”一句。簡文多出的這一句話,其實相當重要,因爲以往研究者對於武王去世後,成王是否立卽就王位,是否立卽稱王,還是在周公還政後才正式稱王,周公有没有曾先於成王稱王,是素有争議的。簡本講“成王猶幼”,但已“在位”,依次記述,成王在武王去世後,當時年紀確實尚幼(按:依筆者理解,年幼也並非甚幼,而是已接近或已經成年,只是相對於王位這副重擔來講其年紀應該是“幼”小的),然已就王位,卽已稱王,而且也可以證明西周初期金文與東征有關的金文中,記載有王東征的銘文那個“王”確應卽是成王。關於這點,筆者有著作涉及,此不贅述。成王曾隨周公東征,雖在實際上未任主帥,而是以周公爲統帥,但從相關金文内容來看,東征仍是以成王名義進行的。

【楊振紅 2012】漢代《尚書》今古文之争的一個重點焦點卽《金縢篇》。東漢王充《論衡・感類》説今文家主張“疑葬説”,認爲天雷雨是因爲成王未按王禮葬周公;而古文家主張“信讒”“奔楚説”,認爲天雷雨是因成王聽信了管蔡的留言,致使周公奔楚。……

首先是成王卽位年齡問題。歷來有三種説法。一爲襁褓説。《史記·魯周公世家》《史記·蒙恬列傳》《大戴禮記·保傅》《韓詩外傳》等爲此説。襁,《説文·衣部》:“負兒衣。”褓,亦通“緥”,《説文·糸部》:“小兒衣也。”因此,襁褓中的成王應在三歲以下。二爲年七歲説。蔡邕《琴操》持此説。三爲年十歲説。鄭玄爲此説。四爲年十三歲説。古《尚書》《孔子家語》持此説。《今本竹書紀年》説成王元年“加元服”,卽行冠禮,雖然具體年齡不詳,當近此説。第一種説法爲今文説,後三種説法爲古文説。簡本説武王死時,“成王猶幼在位”。“幼”在古代用法比較寬泛。《儀禮·喪服》鄭玄注:“子幼,謂年十五已下。”《禮記·曲禮上》:“人生十年曰幼,學。”簡本中,管叔等稱其爲“孺子”,僅據此無法判斷其確切年齡。但旣然成王可以“信讒”,周公送《雕鴞》詩給成王時,“王亦未逆公”,以及成王啓金滕後,出郊迎回周公,都表明成王卽位時心智已相當成熟,已具備獨立思考和判斷的能力,並且已經介入或主導國政。因此,“襁褓説”不能成功。蔡邕《琴操》的説法於簡本以及其他文獻説法多不合,不知其所據,故不取。但年十歲説、十三歲説孰是尚不能確定。

【金正男 2015】“由”應該讀爲“繇”字,表示時間的起點。整理者認爲,“由”是一種狀態副詞,可讀爲“猶”。按照這種讀法,“成王猶幼在位”可解釋爲“成王還很年輕就繼承了王位”。但從整體内容來看,“成王猶幼在位”一句與前句不是同一段文字。周公所做的祭祀活動的相關記載應該到 6 號簡“就後,武王力”結束,然後從“成王由幼在位”開始爲管叔與兄弟相關的文字。如果“由”讀爲“猶”,那麽兩句之間有前後文内容的連貫性。因此,“由”應該釋爲“從……開始”,“成王由幼在位”應該解釋爲“成王從年輕的時候,就繼承了王位”。

【趙思木 2017】簡本謂成王“幼”,或許還有一種可能,就是時人從《尚書·洛誥》等篇中周公稱成王爲“孺子”之例推測成王年幼。這或許也是所謂成王卽位在襁褓之中說的根據。其實《洛誥》中周公稱成王爲“孺子”應理解爲長輩對晚輩的稱呼。《金縢》非西周作品,稱成王爲“孺子”,很可能是延續《洛誥》等早期文獻中的稱呼。《左傳》僖公二十四年舉出除伯邑考、武王之外“文之昭”共十六位,除周公外,正是所謂“管叔及其羣弟”。成王是文王次子武王之長子,按照常識來説,他這十六位叔叔中較年輕者,恐怕也不會比他自己大很多。《金縢》載這些人稱“(周)公將不利於孺子”,亦可證“孺子”更應是長輩對晚輩的稱呼。另據錢大昕《十駕齋養新録》考證,春秋時代,“孺子”則成爲君位繼承人的特定稱謂。這些也都是據“孺子”稱呼謂成王年幼的不利證據。

編按: ◇ 目前學界至少從三個方面推論出成王此時不可能年齡過小。一是,單從《金縢》内部的叙述而言,成王此時心智已經成熟,可以獨立決斷和行事,所謂“幼”不一定指年齡之幼,可能是相對於國事重擔尚且缺乏歷練。成王自稱的“沖人”也不一定指年齡的幼小。[①] 而且,“王與大夫盡弁”也説明成王已行冠禮。[②] 二是,其他傳世文獻的證據也表明成王此時已行過冠禮,如楊振紅所引《今本竹書紀年》的“加元服”。三是出土文獻的證據,特别是晉公𥂴銘文“我皇祖唐公,膺受大命,左右武王”説明成王之弟唐叔虞隨武王征伐時已“不太幼小”,成王彼時自然不會幼小。[③]

---

① 李學勤:《何尊新釋》,收入李學勤:《新出青銅器研究》,文物出版社,1990年,第43頁;蔣玉斌、周忠兵:《據清華簡釋讀西周金文一例——説“沈子”“沈孫”》,《出土文獻》第2輯,中西書局,2011年。

② 王暉:《古文字與商周史新證》,中華書局,2003年,第132頁。

③ 李學勤:《晉公𥂴的幾個問題》,《出土文獻研究》,文物出版社,1985年,第136頁。

◇ 彭裕商曾指出“成王幼”和“襁褓説”可能是爲了附和周公攝政説的需要而産生的説法,與歷史事實不符。①

[24] 羣䏊(兄)俤(弟)

【整理者】羣兄弟,今本作“羣弟”。《史記・管蔡世家》云:“武王同母兄弟十人……其長子曰伯邑考,次曰武王發,次曰管叔鮮,次曰周公旦,次曰蔡叔度……”

【黄懷信 2011A】“管叔及其群兄弟乃流言于邦曰:‘公將不利於孺子’”,今本無“兄”字,“邦”作“國”。按:與作流言之蔡叔、霍叔等皆管叔之弟,簡書稱“群兄弟”,不如今本作“群弟”確切,“兄”字或是衍文。今本“國”字,自是漢人避諱所改。

【朱鳳瀚 2011】簡文言“官(管)叔退(及)亓(其)羣䏊(兄)俤(弟)乃流言于邦曰:‘公牆(將)不利於需(孺)子’”。今本此句作“管叔及群弟乃流言於國,曰‘公將不利於孺子’”。依今本,散流言於周邦的,僅是管叔與其弟蔡、霍叔等武王、周公之同胞兄弟,而簡文言“群兄弟”則不僅指武王、周公之同胞兄弟,也可能還包括庶出之兄弟,甚至包括有相當勢力的從父兄弟。由清華楚簡《皇門》(以及今本《皇門》)可知,即使在周公東征返回王朝,三監叛亂已平定後,王朝中仍有不少權臣在用多種方式與周公對抗,特别是愚弄政治經驗不足之成王,甚至使成王所用非人,這些權臣無疑會有王族成員,也許即有簡文所言散布流言的管叔之“群兄弟”中未被削平的王族貴族。由此亦可見周公攝政期間所遇到的絶大困難。

【黄澤鈞 2013A】清華簡《金縢》的“管叔及其群兄弟”,若是根據“文王之子行次”考察的話,高誘《吕氏春秋注》認爲蔡叔爲兄,管叔爲弟。若是依照“兄弟”用法考察的話,其實“兄弟”也可

① 彭裕商:《西周青銅器年代綜合研究》,巴蜀書社,2003年,第29頁。

以單指"兄"或"弟",甚至可指"堂兄弟"或"叔姪"。依照這二個角度,清華簡《金縢》"管叔及其群兄弟"仍是可以説得通的。最後,由於"兄弟"一詞常連用,當然有不排除較早的本子是寫作"弟",只是在傳抄的過程中不小心寫成"兄弟"了。

【金正男 2015】從先秦時期"兄弟"義來看,還有另一種可能。先秦文獻中,除了"親族血緣關係"的"兄弟"以外,還有"兄弟之國""兄弟之邦"義的"兄弟"。這裏的"兄弟"所指的對象不是人與人之間的關係,而是國家之間的關係。今文《尚書・梓材》也有"兄弟方"。如果真如此,7 號簡"官弔及其群兄弟"便可釋爲"管叔以及與他相投合的國家"。其實,三監叛亂之時,武庚及東夷國家也參與了叛亂。《逸周書・作雒解》中也提到"三叔及殷、東、徐、奄及熊盈以略"。他們都是由管叔、蔡叔啓發而開始叛亂的,所以這些情況也類似於《尚書・梓材》上的"兄弟方"。並且"群"從詞義上來説,"三叔及殷、東、徐、奄及熊盈"比管叔的二弟更合適一些。因此不排除"官弔及其群兄弟"釋爲"管叔以及與他相投合的國家"的可能性。

編按: 簡本"管叔及其群兄弟"的"群兄弟",今本作"群弟",《周本紀》據今本改寫爲"管叔、蔡叔群弟"。黄澤鈞和朱鳳瀚説法可參考,"兄弟"也可以單指"兄"或"弟",甚至可指"堂兄弟"或"叔姪",而當時對周公有意見的可能只有管叔和蔡叔等幾位群兄弟,也可能包括更多位的群兄弟。

［25］流言于邦

【整理者】流字又見郭店《緇衣》《成之聞之》及上博簡《容成氏》等。

【陳民鎮、胡凱 2011】清華簡"流言于邦",今本作"流言於國"。阮元《校勘記》謂明永懷堂葛氏十三經古注本獨於此仍作"于",係葛本之誤。然由清華簡知葛本不誤。今本《金縢》共出現三個“於”字，今文《尚書》共出現“於”六個（此外出現於《堯典》《酒誥》，“于”則有三百五十餘個），《金縢》占一半之强。而清華簡《金縢》則出現四個“於”，亦出現四個“于”。按甲骨文“于”字多見，西周金文始出現介詞“於”，仍以“于”爲主。《詩》《書》多作“于”，而“于”多作介詞，“於”多作嘆詞，春秋以降，始相混淆，《左傳》中二者相當，一如清華簡《金縢》。戰國以降，則“於”占優。“國”，内野本與《書古文訓》皆作“或”（該字出現於班簋等，係方國名），清華簡作“邦”，蓋“國”係避劉邦諱所改。按内野本等所謂“古文”皆覓奇字而僞，許多“古文”有依據，然更多的地方比附拙劣，此即一例。

【程浩 2013】簡本“流言于邦”，傳本作“流言於國”。我們知道，此處傳本“邦”作“國”乃漢代經師避劉邦之諱所改。那麽在改“邦”爲“國”時順帶將“于”改爲漢代通用之“於”也是很有可能的。

編按： 介詞“于”和“於”用法相近或相同，春秋以前慣用“于”，而後慣用“於”。① 簡本篇内二者並用，此處用作“位事介詞”②，引出地點。

［26］需（孺）子

【整理者】需讀爲“孺”，《書・立政》：“嗚呼！孺子王矣。”

【陳民鎮、胡凱 2011】“需”通“孺”。“孺子”，指成王。孔傳云：“孺，稚也。稚子，成王。”《尚書・立政》見“孺子王”。静安先生以爲即成王之字（《觀堂學書記》），可備一解。蓋周公攝政，功名顯赫，管叔等皆惶恐，遂生流言，且有三監之亂。

① 對介詞“于”與“於”之間關係的研究參見風儀誠：《戰國兩漢“于”“於”二字的用法與古書的傳寫習慣》，《簡帛》第2輯，上海古籍出版社，2007年；張玉金：《出土戰國文獻虚詞研究》，人民出版社，2011年。

② 張玉金：《出土戰國文獻虚詞研究》，第73、96頁。

【廖名春 2019】清人錢大昕(1728—1804)的分析更爲可信：

考諸經傳，則天子以下嫡長爲後者乃得稱孺子。《金縢》《洛誥》“立政之孺子”，謂周成王也。《晉語》里克、先友、杜原款稱申生爲孺子，里克又稱奚齊爲孺子。晉獻公之喪，秦穆公使人吊，公子重耳稱爲孺子，而舅犯亦稱之，是時秦欲納之爲君也。孺子韇之喪，哀公欲設撥，亦以世子待之也。齊侯荼已立爲君，而陳乞鮑牧稱爲孺子，其死也謚之曰安孺子，則孺子非卑幼之稱矣。欒盈爲晉卿，而胥午稱爲“欒孺子”。《左傳》稱孟莊子曰“孺子速”、武伯曰“孺子洩”、莊子之子秩雖不得立，猶稱孺子，是孺子貴於庶子也。齊子尾之臣稱子良曰“孺子長矣”，韓宣子稱鄭子齹曰“孺子善哉”，皆世卿而嗣立者也。《内則》：“異爲孺子室於宫中，母某敢用時日，祇見孺子。”亦貴者之稱。①

錢大昕的論證，涵蓋了《尚書》《國語》《左傳》《禮記》等先秦重要文獻，得出的結論是“天子以下嫡長爲後者乃得稱孺子”，即“孺子”有一義，是指“天子以下嫡長爲後者”。從《尚書》《金縢》、《洛誥》、《立政》三篇的稱引看，這一結論概莫能外，比起少子説、暱稱説、成王字説來，無疑更有説服力。但是，“孺子”本爲少子之稱，爲什麽到《尚書》《金縢》、《洛誥》、《立政》三篇中，就成了“天子以下嫡長爲後者”之稱了。這一問題，錢氏並没有回答，還得繼續探討。筆者認爲，先秦文獻作爲“天子以下嫡長爲後者”之稱的“孺子”，本字當爲“嗣子”。《尚書》《金縢》、《洛誥》、《立政》三篇的“孺子”，更是如此。《尚書・君奭》篇、《無逸》篇、《左傳》中的“嗣”字，《魏三體石經》可以寫作“[illegible]”“[illegible]”，也就是

① 錢大昕：《十駕齋養新録》卷二，《錢大昕全集》七，江蘇古籍出版社，1997年，第35頁。［原注］

“乳”,而“乳”可以讀爲“孺”。這説明,在古文中,“孺”和“嗣”形近是可以通用的。懂得這一點,今文《尚書》《金縢》、《洛誥》、《立政》三篇的八處“孺子”,我們完全可以將其本字視爲“嗣子”。

編按: 簡文原字形爲“需”,讀作“孺”,不涉及“孺”是否由“嗣”訛誤而來的問題。“孺子”在《金縢》篇中確實指“天子以下嫡長爲後者”,但就本義而言,“天子以下嫡長爲後者”只是“孺子”多個義項中的一種“社會意義”。① 王子今曾梳理先秦至漢文獻中“孺子”的各種用法,發現“孺子”有的用法其實和“嫡長爲後者”無關,如《史記・樗里子甘茂列傳》中張唐以“孺子”稱“年十二”的甘羅,他主張“孺子”稱謂通常指代未成年人,對成年人使用或有親暱義,更多則有輕蔑之義。② 王説基本可從。就詞源而言,“孺”與“乳”當是同源詞,③孫玉文認爲“乳”變調構詞爲“孺”。④ “乳子”本指處於哺乳期的孩子,可泛指“幼子”“稚子”。“孺子”表示“嫡長爲後者”的詞義可能是從“幼子”“稚子”這些詞義引申而來的一種社會意義。⑤

[27] 周公乃告二公曰:“我之□□□□亡(無)以遉(復)見於先王。”

【整理者】第八簡上缺四字,今本則作“弗辟我”三字。孔傳、許慎皆訓辟爲法,謂我不以法治管叔,則我無以復見我先王,

① 因爲社會因素而産生特殊的社會意義,此説源自英國語言學家里奇《語義學》,西周時期此類現象的分析參見田煒:《西周金文字詞關係研究》,上海古籍出版社,2016 年,第 306—309 頁。

② 王子今:《説漢代“孺子”稱謂》,《南都學壇(人文社會科學學報)》2014 年第 4 期。

③ 劉鈞傑:《同源字典補》,商務印書館,1999 年,第 29—30 頁。

④ 孫玉文:《漢語變調構詞考辨》,商務印書館,2015 年,第 386 頁。

⑤ 詞彙學視角下“孺子”詞義引申和演化的具體研究,參見劉曉晗:《從詞彙視角再説上古漢語“孺子”的意義和用法》,《饒宗頤國學院院刊》第 9 期,中華書局(香港)有限公司,2022 年。

故解居東爲東征。馬融、鄭玄讀辟爲避，謂避居東都。《魯世家》云"我之所以弗辟而攝行政"，是亦讀"避"，又增"而攝行政"一句。孔、許説較長。

【黄懷信 2011A】按：缺處今本作"弗辟，我"三字。簡書作四字，疑"我"下有"則"或"乃"字。其上文"爾之許我，我則晋璧與珪""爾不我許，我乃以璧與珪歸"是其例。之，猶若。辟，舊或訓法，或讀"避"。今按《説文》："法也。从卩从辛，節制其罪也。"正是其義，謂節制管叔等人之罪。武王陟，成王即位之時天下初定，若任管叔等人反亂，文、武所創之業必將不保。周公作爲文王之子、武王之弟，自將無顔見之於地下。且武王生前，曾有傳位於周公之意。如《逸周書・度邑》載："王□□傳于後。王曰：'旦，汝維朕達弟，予有使汝……汝幼子庚厥心，庶乃來班朕大環……乃今我兄弟相後，我筮龜其何所即?'叔旦恐，泣涕共(拱)手。"可見兄弟之情至篤，所以説亡以復見於先王。若讀爲"避"，則不論是避居東、居楚、居豳、居蓋、居奄，皆是任群叔作亂，坐觀先王之業被毁，又何以復見於先王？可見讀"避"不合情理，而且也與史有東征不合。"奔楚"也是一樣，没有"作案時間"。

【陳民鎮、胡凱 2011】按簡文周公對二公所語缺文。據今本，於"我之("之"猶"若"也，見《經傳釋詞》)"之後可補"弗辟"二字。此處"辟"，頗難解釋。孔傳云："辟，法也。告召公、太公，言我不以法法三叔，則我無以成周道告我先王。"整理者以爲該説較長。《説文》引作"㢢"，《書古文訓》同。《釋文》引馬、鄭説："音避，謂避居東都。"《史記・魯周公世家》云："周公乃告太公望、召公奭曰：'我之所以弗辟而摄行政者，恐天下畔周，无以告我先王太王、王季、文王。……'"《史記》就《金縢》語焉不詳之處作了補充，較爲合理。同樣讀作"避"，然馬、鄭説指周公消極避讓，而

《史記》説則謂周公積極應對。"辟",通"避"。周公踐祚攝政,周公此語是爲了給自己辯白。"弗辟"猶言"當仁不讓",大難之前絕不避讓,肩負起鞏固王室的重責,否則無顔見先王。

【朱鳳瀚 2011】簡文所缺四字,可依今本推測,今本此段話作"周公乃告二公曰:'我之弗辟,我亡(無)以告我先王。'"現簡文多出一字的位置,是與今本有異文處。今本"弗辟"之"辟"自漢以來諸家解釋亦多有不同,或訓避,如今本所附陸德明釋文亦曰"馬、鄭音避,謂避居東都"。周公避居東都之説,係將東征説成避居,現學者多不信。或釋"避"爲"法",如僞孔傳云:"避,法也,告召公、太公言我以法法三叔,則我無以成周道告我先王。"但單一個"辟"字即能引申出"以法法三叔"之法治的意思,似有未安。而且從上下文意看,簡文上文言"官(管)叔其群兄弟乃流言于邦,曰'公將不利於孺子'",所攻擊者是周公攝政,如周公聞此流言即言要法治,要鎮壓,並未回答自己爲何攝政,則未能反映出周公政治品德之端正。則此文作爲教育貴族子弟言"志"的作用即會貶低。較好地反映周公面對流言之態度的是《史記·魯周公世家》所記周公告二公之言"我之所以弗辟而攝政者,恐天下畔周,無以告我先王太王、王季、文王"。周公在這裏揭示了其"所以弗辟"而堅持攝政,是恐怕西周王朝顛覆,而自身也無法向先王交代。這樣來看"弗辟"之"辟"仍可讀"避",此"避"不是避居東都,而是迴避流言。周公表示自己之所以"弗避"即不迴避流言,堅持攝政,正是擔心成王年幼,新建立的西周王朝被顛覆。簡文又記周公言其所以"弗避"是怕"無以復見于先王",今本作"無以告我先王",而簡文所云,即所謂"無臉見先人",似比"無以告"表達周公心情更爲貼切。

【金正男 2015】關於缺文,朱鳳瀚的研究十分值得注意。他認爲,《史記·魯周公世家》的"我之所以弗辟而攝政者,恐天下畔周,無以告我先王太王、王季、文王"與簡文上所揭示的情况十分相同。這樣看來"辟"可以釋爲"避",表示"迴避流言"。若將"辟"釋爲"法"的話,則不能説明對周公反對者實施鎮壓的理由,而且也不能反映出周公政治品德的端正。根據上述信息,我們可將簡文"我之□□□□無以復見於先王"句讀爲"我之□□□□,無以復見於先王"。"無以復見於先王"的主體就是周公,所以在"無"之前不必再用人稱代詞。所缺四字可能是像"不□又(有)□"之類的短語。"不□又(有)□"是在1號簡中已經出現的結構。前半部是"不+與'辟'相關字",後半部所表達的是接着發生的行爲。在西周金文、今文《尚書》中的"有"字可以連接動詞以及形容詞。例如,《毛公鼎》"余非庸有昏"、《尚書·多士》"大淫泆有辭"的"有"都有連接作用。"不□又(有)□"的"又(有)"也是相同的成分。

【書法選編2016】隸定爲"逿"。

編按: 今本此處作"周公乃告二公曰:'我之弗辟,我無以告我先王。'"簡本有缺失,保留了後一句"無以復見先王"。前一句缺失,無法幫助今人判斷今本"辟"當訓爲"法"還是讀爲"避"。後一句"復見"卽"再見",説明周公想到了將來死後能不能與先王再見,以及再見後如何交代的問題,凸顯周公高度的政治責任心和大局觀。

周公石(蹠)東三年,禤(禍)人乃斯旻(得)。[28]於遂(後),周公乃遺王志(詩)【八】曰《周(鴟)鴞》,[29]王亦未逆公。[30]是戢(歲)也,蘇(秋)大箮(熟)[31],未攱(穫)[32]。天疾風以雷[33],禾斯妟(偃)[34],大木斯臧(拔)[35]。

[28] 周公石(蹠)東三年,禤(禍)人乃斯旻(得)

【整理者】周公石東三年,今本作"居東二年"。石,禪紐鐸部，讀爲定母鐸部之“宅”，《爾雅・釋言》：“居也。”《魯世家》、孔傳、王肅皆解居東爲東征。《尚書大傳》：“一年救亂，二年克殷，三年踐奄。”《詩・東山》：“于今三年。”

【李學勤 2010】傳世本説：“武王既喪，管叔及其群弟乃流言於國，曰：‘公將不利於孺子。’周公乃告二公曰：‘我之弗辟，我無以告我先王。’周公居東二年，則罪人斯得。”《史記・魯世家》解“辟”爲“避”，“居東”爲東征；《尚書》孔傳解“辟”爲討罪，也以“居東”爲東征；馬融、鄭玄則解“辟”爲“避”，而“以下文‘居東’爲出處東國，待罪以須君之察己，而謂‘罪人斯得’爲成王收捕公之屬黨”；《尚書》蔡沈傳又講“罪人斯得”是周公始知流言出於管蔡。種種異説，都是由於《金縢》“居東二年”與《詩・東山》所云周公東征三年不合，現在清華簡的這一句不是“二年”而是“三年”，就恰與東征一致了。

【劉國忠 2010】僞孔傳等把周公居東解釋爲“周公東征”是正確的，而馬融、鄭玄等人將之理解爲周公待罪於東，則未必是歷史的真相。至於後出的周公奔楚之説，本没有什麽文獻依據，很可能確如譙周所説，是由於後人不瞭解金縢之事的真相，從而出現的一種誤解。

§ 劉雲 2011 年 1 月 6 日回帖復旦讀書會 2011：“石東三年”，是去征伐東國，所以我們懷疑此處的“石”字當讀爲“宕伐”之“宕”。

【黄懷信 2011A】今本作“周公居東二年，則罪人斯得”。按：“宅”卽居，處。禍人，卽罪人，指管叔、蔡叔、霍叔及武庚等作亂爲禍之人。觀一“乃”字、“則”字，可知得禍人與周公宅東有關。所以，此“宅東”“居東”必非閑居，而應指東征。因爲東征數年皆居東方不在西方，故曰居東、宅東。如此，則上“辟”字亦必不能讀爲“避”。關於周公東征得罪人，《逸周書・作洛》載：“(成王)元年夏六月,葬武王于畢。二年,又作師旅,臨衛政殷,殷大震潰,降辟三叔,王子群父北奔,管叔經而卒,乃囚蔡叔于郭淩。”其時間,世有三年之説。如《詩經・東山》:“有敦瓜苦,烝在栗薪。自我不見,于今三年。”《詩序》曰:“《東山》,周公東征也。周公東征,三年而歸。”是周公東征確是三年。所以此當以簡書爲是,今本“二”字當誤。當然,得禍人與完成東征可能並不同時。所以,如果純從得禍人説,則作二年或當不誤。

【蘇建洲 2011B】《金縢》8“周公石(宅)東三年”,以及《望山》1號墓“東厇(宅)公”(109、113)的異文作“東石公”(115),一般解釋爲“石”“乇”音近相通。作爲一種可能,不能排除“石”是“䞣”之省。

【陳民鎮、胡凱 2011】簡文云:“周公石(宅)東三年。”整理者謂此處禪母鐸部的“石”讀作定母鐸部的“宅”。《爾雅・釋言》云:“宅,居也。”清華簡《楚居》簡1所見“宅”字即从乇从石。楚文字中,“石”與“宅”形近,亦有可能是誤寫。孔傳云:“周公既告二公,遂東征之,二年之中,罪人此得。成王信流言而疑周公,故周公既誅三監,而作詩解所以宜誅之意以遺王,王猶未悟,故欲讓公而未敢。”清人多宗馬等人不信孔傳。劉起釪先生亦認爲此“居東”與三監之亂無關。《詩經・豳風・東山》云:“于今三年。”又云:“三年而歸。”蓋周公東征爲三年。今本謂“居東二年”,與此不合。今見清華簡作“宅東三年”,恰與東征一致。孔疏引王肅語:“東,洛邑也。管蔡與商奄共叛,故東征鎮撫之。案驗其事,二年之間,罪人皆得。”對於此問題,劉國忠先生業已作過詳盡的研究,可參看。楊朝明先生斷句作“居東,二年”,“二年”指成王二年,恐非。明瞭這一點,亦可知下文的“罪人(禍人)”係管叔、蔡叔、武庚諸人也。或以爲周公黨屬,誤。“禍”,字形同《尹至》簡3所見字。

【李學勤 2011B】傳世本“周公居東二年”,“居”字似有和平居處之義,“二年”又與其他文獻所記周公東征三年不合,以至有注釋家認爲“居東”與東征是兩件事,“居東”的“東”也不是“東征”的“東”。這樣,當時史事就陷於混亂不清。

看簡本,問題便很明白,“周公石東三年”的“石”,當卽楚文字常見的“迈”,卽“適”字,意爲前往。周公前往東國三年,正是東征之事。……

這裏應當附帶提到,《墨子·耕柱》有:“古者周公旦非關(管)叔,辭三公,東處于商蓋(奄)。”這可能是受了“周公居東”之説的影響,看來“居東”的文本很早就卽有流傳。孫詒讓《墨子閒詁》試作解釋,講:“此謂周公居東,蓋東征滅奄,卽居其地,亦卽魯也。”其實周公何曾居魯,這種説法對於“辭三公”也没有考慮,實屬曲説。

【王輝 2011】劉雲讀石爲“宕伐”之“宕”,征伐也。按,“宕伐”一詞見不其簋“女(汝)以我車宕伐厰(玁)叜(狁)于高陶”,“宕”卽修飾“伐”的,本身並無征伐之義。宅本訓住宅,引申有居住之義。其實,石可讀爲居。居从古得聲,石與古聲字通。《楚辭·九章》:“重任之石何益”。洪興祖考異:“石一作秙。”補注:“秙當作柘。”“石”讀爲“居”,與今本《尚書·金縢》合,不必讀“宅”而傳訓居也。《史記·魯周公世家》:“周公乃奉成王命,與師東伐,作《大誥》。”《詩·東山》序:“《東山》,周公東征也。”或稱“居東”,或稱“東征”,或稱“東伐”,説的都是一回事,只是站的角度不同。馬融、鄭玄以爲“居東”是周公避居東都洛陽,是不對的。但居的本義是居住、在,則無意義。

【張顯成、王玉蛟 2011】“斯”,作範圍副詞,可譯爲“盡”。

【杜勇 2012】就漢語的使用習慣來説,“二年”或“三年”往往具有不確定性。如某一事件歷時兩周年,其起訖年代却佔了三個年頭,謂之二年可,謂之三年亦可。周公東征的時間表正是這樣。據我們先前研究,周公東征始於周公攝政(成王繼位)元年秋天,東征班師則在周公攝政三年秋天。説周公東征三年是指佔了三個年頭,説二年是指整整用了二年時間。前者如《東山》詩云:"自我不見,于今三年。"《尚書大傳》云:"周公居攝,一年救亂,二年克殷,三年踐奄。"《史記・周本紀》云:"管蔡叛周,周公討之,三年而畢定。"後者如《史記・魯世家》云:周公"寧淮夷東土,二年而畢定"。可見用二年或三年記述周公東征的時間,只説明計算方法略有不同,本質上並無差異。

【禤健聰 2014】"迈"應該是表往適義的"適"這個詞的楚系用字,"迈""適"屬記録同一個詞的不同書寫符號。至於"蹠",《方言》《説文》皆認爲是楚語詞,在傳世文獻中也主要出現在《楚辭》《淮南子》等書,很可能就是楚系用字"迈"的異體。戰國出土文獻中形聲字形旁隨意增減現象十分普遍,清華簡《金縢》"石東"和《秦本紀》"石北方"之"石"均應是"迈"之省。

【黄湛 2017】傳世本《金縢》"禾則盡起";《史記》"禾盡起",簡本作"禾斯起","斯"即"盡"義。又,傳世本及簡本《金縢》:"禾盡偃,大木斯拔。"《史記》作"禾盡偃,大木盡拔"。司馬遷亦以"盡"釋"斯"。除了本證,漢魏引用"罪人斯得"一句時,均將"斯"字作"盡"義用。如《漢書・叙傳下》:"孝昭幼沖,冢宰惟忠。燕蓋譸張,實叡實聰。罪人斯得,邦家和同。述昭紀。"此處"罪人斯得"即爲罪人盡得之義。……傳世本"罪人斯得"即罪人盡得。

【馮勝君 2017】〖編按:原文斷句爲:周公石(蹠)東。三年,禍(禍)人乃斯旻(得)。於遂(後)周公乃遺王志(詩)曰《周(鴟)鴞》,王亦未逆公。〗

整理者從僞孔傳説,將今本"辟"讀爲"法";又將簡文"石東"之"石"讀爲"宅",理解爲東征,均非是。戰國竹簡文字中多見表示“適、往”義的“迈”字,學術界公認應讀爲“蹠”。簡文不从“辵”而直接寫作“石”,但從用字習慣來看,無疑亦應讀爲“蹠”,訓爲“適”。“蹠東”卽《詩・豳風・東山》之“我徂東山”,“蹠”與“徂”同義。楊筠如《尚書覈詁》云:“竊疑馬、鄭讀‘辟’爲‘避’是矣,而解罪人爲周公屬黨,則非也。據《豳風》之次,《鴟鴞》在前,《東山》次之,而《破斧》最後。《鴟鴞》卽下文公所貽王之詩。《東山》云‘我徂東山’,又云‘我來自東’,又曰‘自我不見,于今三年’,是明爲居東二年後歸周時作,而次之《破斧》之前。《破斧》云‘周公東征,四國是皇’,則《破斧》作於東征之時,而居《東山》之後。其徂東之與東征,蓋不可混爲一事,而東征應在東山既歸之後也。……”按,楊筠如據《詩・豳風》篇目次序,論“辟”當讀爲“避”,其説可信。簡文“石(蹠)東三年”,正與《東山》之“自我不見,于今三年”合,今本作“二年”,非是。特别是楊氏强調“徂東”(卽簡文之“蹠東”)與東征並非一事,此最爲關鍵。如確是“東征”,今本及簡本皆不明言“東征”,而云“居東”“蹠東”,爲此模糊之辭,實無必要。

【王志平 2020】結合楚簡用法,“迈”當讀爲“跖/蹠”,《廣雅・釋詁一》:“蹠,履也。”王念孫《廣雅疏證》:“蹠者,《衆經音義》卷五引《倉頡篇》云:‘蹠,躡也。’《楚辭・九章》:‘眇不知其所蹠。’王逸注云:‘蹠,踐也。’《韓策》云:‘被堅甲,蹠勁弩。’”按玄應《一切經音義》卷五:“蹠踐,又作跖,同。之石反。《説文》:‘足下也。’躡也,踐履也。《蒼頡篇》云:‘蹠,躡也。’”“蹠東三年”與《尚書大傳》“一年救亂,二年克殷,三年踐奄,四年建侯衛,五年營成周”之“三年踐奄”可以相互印證,因此“石”若讀爲“迈(跖/蹠)”,與文獻記載更爲貼近。

編按: ◇ 楚文字“迈”字較早已見於九店 M56 第 32 簡、包山第 120 簡等處。九店簡“迈”,李家浩先生指出在睡虎地秦簡

《日書》甲種相應文字作"遮","遮"有"適""至"義。[1] 表示"適""至"義的"遮",古書中也寫作"蹠"。楚簡中的"迈"當讀爲"遮"或"蹠"。[2] 簡文此處,"石"也當讀爲"蹠"或"遮",可訓爲"適""至"。

◇ 周公居東的實質,"避居"説更爲有理。詳見本書第五章第二節《周公"居東"的實質》。

[29] 於遂(後),周公乃遺王志(詩)曰《周(鴟)鴞》

【整理者】《周鴞》,今本作《鴟鴞》,見《詩·豳風》。疑"周"當讀"雕"。

【復旦讀書會 2011】所謂"周(雕)鴞"其實就應該讀爲"鴟鴞",微文部與幽覺部相轉大家講得已不少,除微文部外也涉及一些脂質部字,如:敦琢、追琢即雕琢,"敦弓"即"彫弓","弴"一般解爲天子之弓,《孟子》舜弓之"弤"實應即與"弴"爲一,此可視爲一輾轉相通之例。舜弓之名,《孟子·萬章上》云"干戈朕,琴朕,弤朕",趙岐注:"弤,彫弓也。天子曰彫弓。堯禪舜天下,故賜之彫弓也。"

【黄人二、趙思木 2011B】"周鴞",整理者爲"雕鴞",於字形可謂切合。然各書記載,皆爲鴟鴞。考諸《説文》段注,知"雕"爲猛禽,單舉"鴟"則亦爲猛禽,然"鴟鴞"則非猛禽,其特色在於善作巢,《豳風·鴟鴞》鄭箋尤其强調此點;《説文》"鴞"下段注尤其强調,"鴟"與"鴟鴞""鴟鵂"皆非一物;故知"周(雕)""鴟"之間不甚可能是同義代换之關係。按,周(雕)、鴟古聲母同爲端母,周

---

① 湖北文物考古研究所、北京大學中文系編:《九店楚簡》,中華書局,2000年,第89—90頁。

② 陳偉:《新出楚簡研讀》,武漢大學出版社,2010年,第53頁;張富海:《清華簡〈繫年〉通假柬釋》,李守奎主編:《清華簡〈繫年〉與古史新探》,中西書局,2016年,第449頁。

之韻部爲幽,鴟之韻部爲脂,楚方言中,之脂二部字可相通假,故此處"鴟"之作"周"蓋屬於上古方言韻部中的旁轉情況。

【黄懷信 2011A】"周公乃貽王詩曰《雕鴞》",明顯是脱胎於"公乃爲詩以貽王,名之曰《鴟鴞》"。《鴟鴞》詩在今《詩經・豳風》。雕、鴟異名,故又作"雕鴞"。

【陳民鎮、胡凱 2011】復旦讀書會之説可從。據陸璣《毛詩草木鳥獸蟲魚疏》,"鴟鴞"係小鳥。整理者所謂"雕",係猛禽,不類。《鴟鴞》一詩,所謂"無毁我室",當從毛傳,"室"即指"周室"。

【李學勤 2011B】周公東征得勝,作《鴟鴞》送給成王。《鴟鴞》簡本作《周鴞》,"鴟""周"古音同紐。該詩存於《詩經》中的《豳風》。《左傳・襄公二十九年》記載,吴季札到魯國,見叔孫穆子,"請觀於周樂","爲之歌《豳》,曰:'美哉蕩乎,樂而不淫,其周公之東乎!'"杜預注:"樂而不淫,言有節也。周公遭管蔡之變,東征三年,爲成王陳后稷先公不敢荒淫,以成王業,故言'其周公之東乎'。"

看《毛詩序》的《豳風》部分,所説正與周公東征相應,例如:《七月》:"陳王業也。周公遭變故,陳后稷先公風化之所由,致王業之艱難也。"《鴟鴞》:"周公救亂也。成王未知周公之志,公乃爲詩以遺王,名曰《鴟鴞》焉。"《東山》:"周公東征也。周公東征,三年而歸……"《狼跋》:"美周公也。周公攝政,遠則四國流言,近則王不知……"將這些與《左傳》結合起來,便可以看出《金縢》簡本的優長。

【朱鳳瀚 2011】"周鴞",整理者讀爲《雕鴞》,研究者或疑仍當讀"鴟鴞"。但周爲端母幽部字,鴟爲端母脂部字,聲母雖同,幽、脂亦皆陰聲韻,但不相近,所以將"周"讀作鴟似有未妥。"鴟鴞"毛傳曰:"鸋鴂也。"孔穎達疏引陸璣疏曰:"鴟鴞,似黄雀而小,其喙如錐,取茅莠爲巢,以麻紩之,如刺襪然,縣著樹枝,或一房二房。幽州人謂之‘鸋鴂’,或曰‘巧婦’。”如按此種解釋,鴟鴞體型較小屬雀類之一種,善築巢。但《鴟鴞》詩明言“既取我子”,可見此詩中的“鴟鴞”不大像是一種雀,而倒像是一種較凶惡之禽類。所以“鴟鴞”也許應該作“鴟梟”。梟,見母宵部,鴞,影母宵部,从“堯”得聲的字既可在影母(如嶢),也可在見母(如澆),見、影母相近,梟、鴞音可通。朱駿聲《説文通訓定聲》亦有此説,其文曰:鴞,“假借爲梟”。鴟梟卽《爾雅·釋鳥》“梟鴟”,郭璞注“土梟”,邢昺疏:“梟,一曰鴟。郭云土梟,《説文》云:‘梟,食母不孝之鳥,……’”是“梟鴟”亦卽鴟梟。簡文“周鴞”之“周”似還應當讀作“雕”,“雕梟”卽是一種似鷹而貪惡的梟類之鳥。周公賦此詩應是藉此種凶鳥譴責當時破壞、動摇周王室基業的勢力,並以鳥類護巢抒發自己對周王室與王朝的摯愛之心。

【杜勇 2012】今本《金縢》説:周公居東歸來“乃爲詩以貽王,名之曰《鴟鴞》”。其後《史記·魯世家》《詩小序》等均謂《鴟鴞》一詩爲周公所作。於今清華簡《金縢》不言周公“爲詩”,只説“周公乃遺(贈)王志(詩)曰《周鴞》”。其中“周鴞”,今本作“鴟鴞”,整理者疑“周”當讀“雕”。然先秦文獻不見“雕鴞”連稱者,有可能是鴟鴞之誤。據此簡文,可以確定周公只是“遺詩”而非“爲詩”。或因“遺”(余紐微部)與“爲”(匣紐歌部)音近,後世在文獻傳抄整編過程中發生混淆。《孟子·公孫丑上》稱引《鴟鴞》第二章“迨天之未陰雨”諸句,謂孔子曰“爲此詩者,其知道乎!”是知至、亞二聖亦不知《鴟鴞》爲周公所作,故未言及“爲此詩者”之名。現在看來,《鴟鴞》可能只是當時流傳的一首禽言詩,“這是一個人藉了禽鳥的悲鳴來發泄自己的傷感”,“是做詩的人在憂患之中發出的悲音”。

【黄湛 2017】“於後”作爲引介時間的“其後”之義,清華簡中僅一見。然而遍查古籍,“於後”二字連用放在句首,於古無徵,是爲孤例。且清華簡“於後”二字下,有明顯的句讀符號,此前似未得到重視。疑斷句當作“禍人乃斯得於後,周公乃遺王詩”。

【劉波 2017】周爲章母幽部,而鴟則爲昌母脂部,諸家雖然多有論及幽脂部通轉現象,但考其具體實例,與幽部字通轉之字大多實爲微部字(古音中脂微不分,均爲脂部),幽部與微部主要元音相同,而脂部字與幽部字,主要元音不近,韻部遠隔,此處周讀爲鴟,可能爲聲轉。

【張富海 2018】“周”爲章母幽部,“鴟”爲昌母脂部,韻部遠隔,而聲母相近,故爲雙聲假借。按:“周”的上古音爲 tiw,“鴟”爲 thi,則兩者的主要元音相同,並非僅雙聲關係。“鴟鴞 thi Graw”,前一音節大概受後一音節的同化作用而變爲 thiw,故楚簡用“周”字假借。

編按: 復旦讀書會和李學勤先生説可從,“周”不必讀爲“雕”,“周鴞”可徑讀爲“鴟鴞”,張富海對音理的分析或可成立。歷代對“鴟鴞”所喻對象有爭議,或認爲是周公自喻,或認爲是惡人之代稱。① 詳細討論參見本書第五章第三節《周公與〈鴟鴞〉》。

[30] 王亦未逆公

【整理者】王亦未逆公,今本作“王亦未敢誚公”。《魯世家》誚作“訓”。

【蕭旭 2011】今本《金縢》作“王亦未敢誚公”,傳:“王猶未悟,故欲讓公而未敢。”《史記・魯周公世家》作“王亦未敢訓周公”,《集解》引徐廣曰:“訓,一作誚。”《索隱》:“《尚書》作誚。誚,讓也。此作訓字,誤耳。義無所通。徐氏合定其本,何須云一作

① 詳細梳理參見彭美玲:《〈豳風〉傳統〈詩〉説與周公形象》,《臺大中文學報》第 40 期,2013 年,第 1—54 頁。

誚也?”“誚”訓讓,與此簡作“逆”義合。《史記》作“訓”者,錢大昕曰:“誚从肖,古書或省从小,轉寫訛爲川爾。”劉逢禄曰:“莊云:‘今文當作信,作訓作誚作譙皆誤也。’”段玉裁謂“訓”是“訫”字之誤,“訫”同“信”。斷以此簡,莊説、段説並非。

【黄懷信 2011A】逆,迎也。未逆公,謂未從東方迎回周公。誚,責備。今本後文云“惟朕小子,其新(親)逆,我國家禮亦宜之”,簡書後文亦云“惟余沖人,其親逆公,我邦家禮亦宜之”,“王乃出逆公”,則“逆”本爲後事,此不當言,所以今本作“誚”當是,簡書乃合後文而言之。又觀《鴟鴞》詩云“鴟鴞鴟鴞,既取我子,無毁我室。恩斯勤斯,鬻子之閔斯……予口卒瘏,曰予未有室家……予室翹翹,風雨所漂摇”,則成王當時已有拒絶周公西歸之心。

【劉國忠 2011A】逆,迎接。這句話是説,周成王也没有去迎接周公。

【陳民鎮、胡凱 2011】今本“王亦未敢誚公”,清華簡作“王亦未逆公”。“誚”,亦作“譙”,訓讓,責怪之意。《史記・魯周公世家》云:“王亦未敢訓周公。”皮錫瑞《今文尚書考證》謂訓順。清華簡作“逆”,“逆”與“順”對,義同“誚”。《史記》作“訓”,恐係正反同訓。這裏的“逆”,也有可能與後文出現的“逆”一樣,訓作“迎”。

【陳劍 2011】“王亦未逆公”句原注釋僅出異文:“今本作‘王亦未敢誚公’,《魯世家》‘誚’作‘訓’(劍按作“王亦未敢訓周公”)。”蕭旭先生引諸家注後斷語云:“‘誚’訓讓,與此簡作‘逆’義合。”是以“逆”爲拂逆、悖逆之“逆”。按簡本“逆”上無“敢”字甚可注意。此“逆”字就應按其常見之訓爲“迎”者義理解,即後文簡 12“惟余沖人其親逆公”“王乃出逆公”之“逆”。《魯世家》“今天動威以彰周公之德,惟朕小子其迎,我國家禮亦宜之”句

《正義》引孔安國云:“周公以成王未寤,故留東未還。成王改過自新,遣使者逆之,亦國家禮有德之宜也。”孔説合於簡本(《正義》以孔説爲非)。所謂“於後周公乃遺王詩曰《鴟鴞》,王亦未逆公”,蓋其時周公尚在東國、遺王詩以微喻之而王未悟、未有逆周公之念也,而必待天動之以威、見周公自代之説始知悔而悟當逆公。此“王亦未逆公”當理解爲“成王也未主動迎回周公”。

簡本文脈清晰,遠勝於今本,“誚”必爲誤字。但“逆”“誚”形音懸隔,其何以致誤頗難質言。下面姑且提出一個大膽的推測。按古“逆”“御”“迎”三字音義皆近,本有同源關係。“御”有“迎”義如《詩經・召南・鵲巢》:“之子于歸,百兩御之。”鄭玄箋:“御,迎也。”簡文此“逆”字或有作“御”之本,而“御”又寫作“(詏)”形。“詏”在前舉本篇簡 5 卽兩見,皆用爲“許”,其字應卽“許”之繁體。但其聲符部分實爲“御”字簡體,而且清華簡《祭公之顧命》簡 16 有“(詨)”字,應卽“許”字之繁構而用爲“嬖御”之“御”,可見當時“許”“御”多通,二者關係密切。“御”字曾在有的本子中寫作“(詏)”,是完全可能的。形卽與“誚”形極近而易致誤。至於“訓”字,或如蕭旭先生所引錢大昕説曰“誚从肖,古書或省从小,轉寫訛爲川爾”,或徑視作以義近字代换,似皆可。“逆/御”字既誤,復加“敢”字於其上,文意遂與原貌大有不同。

【朱鳳瀚 2011】簡文記載周公東征勝利雖遺王詩《周鴞》(如上文所述或卽當讀《雕梟》)後,“王亦未逆公”,今本作“王亦未敢誚公”,卽責讓公,二者之不同當屬於文本差異,其所表達的意思相同。簡文言未逆公,實際是説成王確曾聽信周公欲竄奪其權之流言不肯迎接周公返朝,卽仍有意放逐周公於外。這比今本所記成王不敢責備周公可能更貼近史實。而且,簡文所言“王亦未逆公”,自然是逆生存的周公,則簡文末尾言成王已見到藏於金縢之匱中的“周公之所以自以爲社(貢)以弋(代)武王之敚

(説)”且感知天動威之意，表示“隹(惟)余谘(沖)人亓(其)親逆公，我邦豪(家)豊(禮)亦宜之”。而且他確實“乃出逆公”，所逆也是從東方返朝之周公。而《史記·魯周公世家》天象灾異，成王得周公放入金縢之匱中的自以爲功代武王之説與成王表示欲親迎之事皆放在“周公卒後”，則是史遷所據文本之誤。成王所言周邦家禮“亦宜之”，是説從此周王朝、周王室皆要像成王親迎周公一樣，給予近似於王的地位與禮遇，殆正因此周公卒後成王不敢臣周公而反葬周公於畢。

【李春桃 2016】陳劍先生認爲“逆”字當訓爲迎，與後面第 12 號簡中“惟余沖人其親逆公”“王乃出逆公”之“逆”用法相同，並謂“簡本文脈清晰，遠勝今本，‘誚’必爲誤字”。此説可信，然“逆”“誚”二字楚文字、小篆及隸書寫法均差異明顯，何以至誤令人費解。其實，這應與古文寫法有關。“逆”字古文在三體石經及《汗簡》中作（《石經》）、（《汗簡》），此類形體从朔得聲（“朔”旁作上下結構），爲“遡”字，“遡”“逆”二字基本聲符相同，音近可通，古文中借“遡”爲“逆”。古陶文中“逆”字作，楊澤生先生指出其寫法與古文相合，其説是，證明古文來源可信。“逆”字寫成形，右上部本爲“朔”旁，但與“肖”旁寫法極近，容易致誤，從而寫成“逍”字，按“逍”字本身却無法疏通原文，故又改成音近之“誚”。《尚書》文本流傳頗爲複雜，此類改寫是較爲常見的。至於《史記·魯世家》中的“訓”字，錢大昕謂“誚从肖，古書或省从小，轉寫訛爲川耳”。錢説甚是。

三體石經、《汗簡》等古文源自孔壁竹書，屬齊魯系文字。古文本《尚書》亦出自孔壁，兩者文字出處相同(上録陶文亦屬齊系文字)。所以《金縢》中“逆”字早期寫成形是很自然的，只是後來被誤認作“逍—誚”，並流傳下來，若非清華簡材料出現，其原貌很難被揭示出來。

【白於藍、周悦 2020】陳劍雖有探討，但就目前所見楚簡材料而言，尚未發現“簡文此‘逆’字或有寫作‘御’之本”的情況，也未見“(訒)”與“誚”形近致誤的實例。《説文》:“逆，迎也。从辵屰聲。”《説文》:“㡿(斥)，却屋也。从广屰聲。”段玉裁注:“㡿，俗作厈、作斥，幾不成字。”可見“逆”“㡿(斥)”同从“屰”聲，例可相通。筆者認爲，很可能是後人誤讀“逆”爲“㡿(斥)”，抑或今本《金縢》及《史記・魯周公世家》的原本(或者成文時使用的相關史料)就寫作“㡿(斥)”，而應讀作“逆”，但後人未加破讀。“㡿(斥)”古有指斥之義，“誚”有責讓之義，而“訓”則有告誡之義，三字古義相近，這可能是今本《金縢》作“誚”而《史記・魯周公世家》作“訓”的原因。

【趙朝陽 2020A】此説〖編按：指李春桃説法〗可從。《説文・言部》:“誚，古文譙从肖。《周書》曰:‘亦未敢誚公。’”段玉裁云:“漢人作譙，壁中作誚，實一字也。《金縢》文。”段説應是，故兩漢及《釋文》於此皆無異説，《史記》則以訓故字代之作“訓”。古文字尚未見有“誚”字，亦可説明今本《金縢》之“誚”必爲訛形。今文作“譙”，所以孔安國讀壁中古文《尚書》時將“逆”誤認作“誚”字。由清華簡知今文作“譙”，亦有誤，當是伏生誤識自藏的《金縢》之“逆”作“誚”，而時無此字，只有“譙”，伏生口述此字，晁錯等以隸書寫定作“譙”。由上引李文可知，此字的訛誤只能發生在底本是齊系文字的情況下，似乎可以説明伏生所藏竹簡爲齊系文字所書，所以才有伏生之誤。

編按：◇ 陳劍對文意分析可從，聯繫下文簡 12“惟余沖人其親逆公”“王乃出逆公”之“逆”，此處“逆”字當按其常見義，也訓爲“迎”。

◇ 至於“逆”爲何會訛爲“誚”，因爲《金縢》的文本在書面傳播過程中，後人不識字形而誤讀的可能性很大，陳劍和李春桃二説中，李説較爲有理。其思路是根據“遡”可通作“逆”，古陶文和傳抄古文有“逆”字寫成[illegible]形的情況，右上部本爲“朔”旁，因右上部與“肖”旁寫法極近，容易被誤認爲“逍”字，又因“逍”字於文意難通，改成音近之“誚”。但是古人在表示“迎送”義的“逆”這個詞的時候一般還是用“逆”，目前所見齊系陶文的幾例“遡”字是缺乏語境的孤字，①難以證明齊地是用“遡”字表示“迎送”義的“逆”。因此，李説還需要更多文獻辭例和字形材料的支持。

［31］是戠（歲）也，蘇（秋）大管（熟）

【金正男 2015】簡文“是歲也”，今傳本中没有可以對讀的文句。但是在傳世春秋戰國文獻和戰國楚簡中，我們可以看到相同用例，《左傳・僖二十一》“是歲也，餓而不害”、包山簡 130 號簡“是歲也”、上博簡《鮑叔牙與隰朋之諫》8 號簡“是歲也，晉人伐齊”。“歲”表示“一年”。“祀”“年”也有“一年”的意思。但是“是歲也”一句只在傳世春秋戰國文獻和戰國楚簡中出現，這可以確證此篇是不早於春秋時期的文獻。

編按：◇ 今本没有“是歲也”三字，導致後人不清楚下文“秋大熟未穫，天大雷電以風，禾盡偃，大木斯拔，邦人大恐”一段是否與前文故事是緊密相接的。對此，漢代古文經説的解讀是成王因聽信管、蔡的流言而誤會周公，周公被迫奔走楚地。今文經説主張這是周公死後，成王狐疑於以天子之禮還是人臣之禮葬周公。對簡本與今古文經説的關聯，參見本書第六章第三節《〈金縢〉與今古文經學》。

◇ 清代學者孫星衍等人據《尚書大傳》《史記・魯世家》等説法，甚至懷疑“秋大熟”以下爲《亳姑》逸文，簡本證明此説難以成立，相關分析參見本書第六章第二節《〈金縢〉錯簡問題》。

---

① 王恩田編著：《陶文圖録》，齊魯書社，2006 年，第 1079 頁。

［32］未㪅(穫)

【整理者】㪅字不識，今本作“穫”。㪅左半又見上博四《采風曲目》“也遺夬”，又《鮑叔牙與隰朋之諫》“民獵樂”。疑“㪅”即“叡”字，叡，曉母鐸部，讀爲匣母鐸部之“穫”。

【何有祖 2011】清華簡 9、13—14 號簡有字作：

A： B：

復旦讀書會列出圖片，未作考釋。今按：A、B 當是一字，二者所在的文句可以與傳世本對應，作：

1. 是戠(歲)也，穌(秋)大簹(熟)，未 A 清華簡 9
秋，大熟，未穫。 《書・金縢》
2. 戠(歲)大又(有)年，則大 B 清華簡 13—14
歲則大熟。 《書・金縢》

其中簡 9“未 A”，對應的是“未穫”，不過簡 13—14“大 B”似對應“大熟”。按照文本對應，會得出 A 是穫字，而 B 是熟字的結論。穫，上古音在鐸部匣紐，而熟在覺部禪紐，古音相差較遠，不大可能通假。

楚簡中有一個形體與之接近的字，作：

C：(《鮑叔牙與隰朋之諫》44 號簡)

其簡文作“不目(以)邦豙(家)爲事，縱公之所欲，C 民軸(獵)樂”。……已有觀點大致把“C 民”朝對民不善的方向解釋，當是。

清華簡《金縢》的發布，使我們多了一種考慮，即 A、B 左部與 C 形體較爲接近，我們把包含包山 150 的諸體羅列如下：

大致是類似“尹”的形體下有一刀或刃，而類似“尹”的形體的上部有進一步的變化，但是其構形大致是固定的。如然，很有可能是“穫”字。……44號簡“穫民”大概是以民爲獵物，以求樂之意，這裏的“穫”用本義。《左傳》宣公二年“晉靈公不君：從臺上彈人，而觀其辟丸也；宰夫胹熊蹯不熟，殺之，置諸畚，使婦人載以過朝”。其中就有“從臺上彈人，而觀其辟丸也”，以之爲樂。其情形可能與簡文相似。……這是A能釋作“穫”的佐證。

至于清華簡13—14號簡中“大B”與“大熟”對應，這裏其實還有一種可能，卽“大熟”是涉上而誤。我們知道《金縢》中成王未迎周公之前已經是“秋，大熟”，下面迎接周公後，應該是“大穫”，而不是再次重複説“大熟”。基於此種考慮，傳世文獻《金縢》第二次出現的“大熟”涉第一個“大熟”而誤，其實應是“大穫”之誤，卽：

秋，大熟，未穫。……歲則大熟〈穫〉。

如此，清華簡本作“大穫”，當能與前面的“未穫”正相對應。A、B皆當釋作“穫”。

【黄人二、趙思木2011B】按，簡14：歲則大有年，秋則大敍。對應今本“歲則大熟”者，當是“歲則大有年”一句，今本無“秋則大敍”之對應文字。此敍字與“穫”字形遠隔，具體説來，字蓋以攴爲義符，左則从“妻”得聲。“妻”字包山簡9一作“”，郭店《語叢一》作“”，《六德》作“”。此字左上所从，與諸“妻”字形似，左下則以“人”代“女”。“妻”“齊”古聲韻皆近，漢代每有“妻，齊也”之聲訓是其證。此字从“妻”得聲，當卽《説文》訓“穫刈也”之“穧”字。《詩經·小雅·大田》：“彼有不穫稚，此有不斂穧，彼有遺秉，此有滯穗，伊寡婦之利。”孔疏謂“穧”爲“禾之鋪而未束者”。蓋收割當先刈倒禾苗，置之田中，而後捆扎成束，再行收斂。故"穧"當爲"穫"之第一步驟。簡 9"未穧"蓋指莊稼大熟，而未及刈倒，卽遭天風。而簡 14"大穧"則爲天降反風之後重新刈倒禾苗。此以"穧"之本義爲解者；《爾雅・釋詁》乃曰："馘、穧，獲也。"按，"馘"訓"獲"，"穧"訓"穫"，此蓋亦二義不嫌同條之例。此"穫"則"穧"之引申義，以之爲解亦通。

【宋華强 2011B】簡本與今本"穫"字對應的字形作 A：

整理者把 A 隸定爲"攱"，注釋説：

> "攱"字不識，今本作"穫"。"攱"左半又見上博簡《采風曲目》"[illegible]也遺夬"，又《鮑叔牙與隰朋之諫》"[illegible]民獵樂"。疑"攱"卽"叡"字，叡，曉母鐸部，讀爲匣母鐸部之"穫"。

按，"叡"字从"𣦼"，"歺"下作"八"，請看"叡""壡"（"叡"字或體）在《説文》和馬王堆帛書中的寫法：

（《説文》"叡"）（《説文》"壡"）
（馬王堆帛書"壡"）

而 A 左旁下部从"刀"字形，這從整理者所引《采風曲目》《鮑叔牙與隰朋之諫》的字形也能看出來：

（《上博四・采風曲目》3 號）（《上博五・鮑叔牙與隰朋之諫》4 號）

可見把 A 釋爲"叡"是有問題的。關於上引《采風曲目》《鮑叔牙與隰朋之諫》之字，討論者很多，或釋"庚"，或釋"弁"，或釋"殘"，或釋"列"，或釋"剫"，或釋"剸"，等等。從字形的解釋來看，陳劍先生釋"列"是最有根據的。……所以 A 當是从"列"得聲，讀爲"穫"。……

我們懷疑《鮑叔牙與隰朋之諫》中的"列"當讀爲"刈"。①"列"从"歺"聲,《説文》"歺"讀若"蘖",與"刈"均屬疑母月部。古書多見"刈民"或與之相近的詞語,如:

《左傳》昭公二十年:斬刈民力,輸掠其聚,以成其違。

《大戴禮記·用兵》:及後世貪者之用兵也,以刈百姓,危國家也。

《大戴禮記·少閑》:成湯卒受天命,不忍天下粒食之民刈戮。

《孔子家語》卷四:夏桀昆吾,自滿而極,亢意而不節,斬刈黎民如草芥焉。……

【蘇建洲 2011C】《金縢》簡 9"是歲也,秋大熟,未△1"。簡 14"歲大有年,秋【13】則大△2"。……先將筆者考釋[古文字]爲"列"的原文迻録如下:

《郭店·性自命出》31"濬"作[古文字],《上博(一)·性情論》簡 19 相應字作[古文字]。值得注意的是《上博(一)·性情論》簡 19 字形上部的"歺"旁作[古文字],與"[古文字]"的上部作[古文字]完全同形,可見[古文字]應釋爲"歺"。學者未對[古文字]、[古文字]的演變作分析,筆者嘗試分析如下:首先討論"歺"旁上部"[古文字]"形的演變過程。……意即有字形上的例證證明可由"卜"形演變成"[古文字]"形。

[古文字](△5)　[古文字](△6)　[古文字](△7)

我們看"祇"字,蔡侯申盤作△5、《三體石經·君奭》作△6,

① "刈""穫"義通,如《説文》:"穫,刈穀也。"《玉篇》:"刈,穫也。"竹書本《金縢》的"未 A"之 A 讀爲"刈"當然是通順的。不過篇末有"大 A",A 顯然是表示收成結果的,"穫"常用來表收割的結果,"刈"則常用來表收割的動作行爲,且古書習見"大穫",而未有"大刈"。兩個 A 當是表示同一個詞,所以我們認爲從今本讀爲"穫"是更可取的。[原注]

而在《郭店·老子乙》簡 12 中則作△7,其演變過程正符合這個現象。……李家浩先生曾經指出,“戰國文字有在竪畫的頂端左側加一斜畫的情况”,如“陳”作(《璽彙》1453),亦作(《璽彙》1455)……。其次,字下部乍看似乎从“尹”或“曰”形,事實上本是由“”形的下半訛變而來的。如《上博(三)·周易》簡28、29“觳”作便是明證。换言之,“”應該隸作“”,即“列”字,可依陳劍先生讀爲“厲”。

看的出來,若根據上面的證據,尚難完全肯定“△1”“△2”是“列”字,原因在於未見“”上部从一竪筆者……相同情形亦見於“鳸”字:《上博六·天子建州甲》簡 8 作,上從三筆;《上博七·凡物流形》甲本簡 26 和乙本簡 19 作、,上作二筆。值得注意的是,《郭店·老子甲》34 號簡“未知牝戊(牡)之合怒,精之至也”,劉釗先生認爲“”字讀爲“朘”無疑。郭永秉先生認爲“”字應該就是“鳸”字之變體,其頭部與《凡物流形》“鳸”字只争一筆,也在戰國文字變化的情理之中。“朘”字是精母文部字正與“薦”,精母文部雙聲叠韻。此説可信,新出《上博八·志書乃言》簡 7“瀌”作,其“鳸”旁正作一筆。依照前文所舉的類化理論,既然“鳸”字上部可以有;;、的變化,則“”也應該有着、、的變化,“”即“”,之後在竪畫的頂端左側加一斜畫,便成爲、。當然也有可能是由的上部“”省簡一横筆而來,如同甲骨文“玉”作“”(《合》10171 正),而在《集成》3940 商代銅器亞𩁹作祖丁簋“玉十”中,“”也是“玉”字,由“”而“”的演變,正如同由“”而“”。還有一種可能是:由於“”上部筆畫類似“人”形,而古文字“人”形又可以變化作類似“”形體。如古璽文字“胎”的“台”旁上从“人”,正常寫作(《璽彙》2973),但也寫作:

（《璽彙》2970） （《璽彙》2971） （《璽彙》2972）

裘錫圭先生指出這些都是"人"的變形。或受此現象影響，遂將""字也類化寫作""。

【李學勤 2011C】該字今《尚書》本均作"穫"，應係"穫"的通假字無疑，但屢經推敲，難於隸定和辨識。這個難題，最近在整理清華簡《繫年》時終於得到解決。

《繫年》第二十一章第一一九簡至一二〇簡有人名"魏〖編按：原始字形爲〗"，即魏武侯。查《史記·魏世家》，武侯名擊，可知簡文實即"擊"字，只是增从"止"而已。由此證明，《金縢》簡不識那個字乃是"毄"字。

"毄"字見母錫部字，何以能假讀爲"穫"？原來"毄""繫"都在見母錫部，而"繫"與"畫"又在匣母錫部。《孟子·公孫丑下》："孟子去齊，宿於畫。"《史記·田單傳》集解引劉熙注："畫音獲。""毄""穫"通假，於此可證。"獲""穫"均爲匣母鐸部，同錫部韻旁轉。

"毄"字爲什麼這樣寫？我們可參考秦系文字，查《睡虎地秦簡文字編》，"毄"字作，或，其左旁上部與"陳"字形同。楚文字的"陳"有的形變爲或，見《戰國文字編》，所以這裏"毄"的字形變化不足爲異。

《金縢》簡該字左旁，又作爲獨立字見於上博簡《鮑叔牙與隰朋爲諫》第四簡，文云"民獵樂"。按"害"在古音與"率""彗"等字相近，均同屬精紐的月部，此處"害"即讀爲"率"。又上博簡《采風曲目》有"也遺玦"，能否讀爲"率也"，與"率然""率爾"同義，由於缺乏上下文，就無從推求了。

【張振謙 2013】楚簡"冠"字的字形一般寫作（附辭例）：

包山 156 左尹～以亓不的埶之凥

包山 219 遉繃於二天子

包山 231～繃於南方

包山 259 一桂～

包山 263 一生絟～

包山 263 一圩繃～

包山 264 一～籃

上博二·容 52 武王於是虖素～冕

上博四·内 8～不介

上博六·孔 5～弗見也

字形寫作从“冃”,“元”聲,并不从“寸”,學術界内一般將其隸定作“冐”。……

楚簡有一字寫作:上博四·采風 3～也遺夬,此字學術界頗有争議,目前主要有兩種觀點:一是釋“弁”,一是釋“免”(或“冕”)。

我們認爲此字應是“冠”字,而不是“弁”“免”等字。首先,在楚簡中,“冃”“厶”是兩個不同的偏旁,包山簡“冠”“笲”兩字皆出現多次,“笲”字寫作:

包山 256 包山 258 包山 258 包山 259 包山 264

有的字形甚至與“冐(冠)”字同簡出現,如簡 259、264。所以,從包山簡的字形來看,“冐”字所从的“冃”旁一般寫作,“弁”字的上部一般寫作,二者在寫法上是有嚴格區分的,是寫法完全不同的兩個偏旁。其次,字中間从“冃”,與“免”字無關。

嚴格説來,“冠”“完”都是來自於“冠”字的古字形“冐”。“冠”“完”二字讀音相近,“完”字可能是“冐”字字形的訛變。在秦系文字中,“冃”旁上部常訛變作“宀”,所以“冐”訛變作“完”是有可能的。總之,"冠""完"一字分化,皆來自先秦古文字的"㒵"字。秦系文字"㒵"訛變寫作了"完"字,字形"完"承擔"完,全也"的假借義,然後將"㒵"加注"寸"旁再分化出一個字形"冠"來,表示其本義。

清華簡有一字寫作:(清華壹·金縢9):是歲也,秋大(熟),未～、(清華壹·金縢14):歲大又(有)年,秋則大～,今本《尚書·金縢》與之對應的文字是"穫"字。根據前面的分析,這兩個字形可以隸定爲"敓","敓"或許是個形聲字,从"攴","完"聲,或可讀爲"穫"。"穫""完"匣紐雙聲,"穫"爲鐸部字,"完"爲元部字。雖然韻尾一爲塞音,一爲鼻音,明顯不同,但是如果考慮到二字雙聲且主要元音相同,那麽"敓"讀爲"穫"是有可能的。

【鄔可晶 2013】以《鮑叔牙與隰朋之諫》的""與《金縢》此字的左半爲一字,則顯然可從。……蘇建洲先生在釋《鮑叔牙與隰朋之諫》此字从"歺"時,已舉出前引上博簡《性情論》"濬"所从"歺"的寫法作爲證據,其説可信。《鮑叔牙與隰朋之諫》《性情論》此二字所从"歺"的上部,應是在清華簡《金縢》14號簡一類寫法的"歺"旁上部增繁而成的。此類變化,蘇建洲先生亦有翔實論證。比照"叡""賓"等字的結構,清華簡《金縢》用爲"穫"之字當分析爲从"奴"从"刀"。在各家關於《金縢》此字的考釋中,整理者提出來的疑"卽'叡'字,叡,曉母鐸部,讀爲匣母鐸部之'穫'"的説法,最爲可取。"賓""叡"的聲旁"㕡"皆可省作"奴";《金縢》用爲"穫"之字所从的"奴",無疑也是"㕡"之省,只不過"㕡"在此不取"濬""叡"一類的讀音,而取"壑"音。《金縢》此字从"刀""㕡(壑)"聲,大概是刈穫之"穫"的一個異體。

【張崇禮 2013】"列"从歺,而並非"歺"形之變體。《説文》小篆作。其左半上部爲三曲筆，下部爲冂。蘇建洲先生已經論證過三曲筆形在楚文字中常變爲形；冂形在楚文字中作形也很常見，如字左半中部的冂形就是如此。𢿢左半爲"列"字，从刀𦎧聲，並不从歺，所以𢿢左半的上部和楚文字中絕大部分"歺"的寫法並不相同，偶有相同，屬於混訛。"刈"和"穫"是同源詞，最初是同一個詞。列从𦎧聲，𦎧和乂同屬疑紐月部。𢿢所代表的詞可以釋爲"刈"，也可以釋爲"穫"，所以今本《尚書・金縢》作"穫"。

【鄭佩聰 2014】《金縢》《鮑叔牙與隰朋之諫》等簡文中的這類字其上所从與楚簡"璿""濬""叡""叡"等字的""並非同一偏旁。楚簡中从"睿"或"容"之字，上方或作、，或作、，而這類字上方或爲竪筆上有一彎鈎、，或在竪筆上還加一筆，二者迥異，無法等同爲一字。因此這類字當脱離从"睿"之字進行討論。可分析爲从禾从兩手从刀(刃)。最上方卽截省"禾"而來，楚簡中"禾"作(上二・民 13)，从禾之字"秀"(包二 45)、(包二 59)、(包二 66)，"種"(上二・容 53)，"年"(上二・容 29)，"秉"(曾 72)、(曾 5)、(帛丙 3)、(上一・緇 5)。去掉"禾"字下面的或，便是△的上方部分。""可視作兩手相合。字形象兩手握禾，其下用刀割斷根莖。因而本義卽爲穫禾，爲"穫"的本字。

【徐在國 2017】《詩・周南・葛覃》"是刈是濩"，安徽大學藏戰國楚簡《詩經・葛覃》作"是刈是穫"。"穫""濩"爲異文，可以證明毛詩"濩"當讀爲"穫"，訓爲刈。把《詩・周南・葛覃》中的"是刈是濩"之"濩"，讀爲"穫"，恰可與前面的"刈"構成同義關係，正所謂"統言則同，析言則異"。"是刈是穫"與"爲絺爲綌"句式同，"絺""綌"亦屬於同義的關係。實際上，出土文獻中也有相關的證據。楚文字中有如下字：

A. 《清華一·金縢》9“是歲也，秋大簹（熟），未～。天疾風以雷，禾斯旻（偃），大木斯拔。”

《清華一·金縢》14“歲大又（有）年，秋則大～。”

B1. 《上博五·鮑》4“～民獵樂”

B2. 《上博四·采》3“～也遺夬”

B3. 《上博九·邦》3“就復邦之後，蓋～爲王列，而邦人不稱孅焉。”

B4. 《清華六·太伯甲》5“簐（攝）韋（冑）譐（擐）虩（甲），～戈盾以㜛（造）勛。”

B5. 《清華六·太伯乙》5“簐（攝）韋（冑）譐（擐）虩（甲），～戈盾以㜛（造）勛。”

C. 《包山》150“～陵”

D. 《清華三·芮良夫毖》12“甬（用）建亓（其）邦，坪（平）和庶民，莫敢～憧。”

《清華一·金縢》，今本《尚書·金縢》作“穫”，將A釋爲“穫”或讀爲“穫”，是最直接的，但是有問題，《詩·周南·葛覃》“是刈是濩”之“刈”，安徽大學藏戰國楚簡《詩經·葛覃》从“禾”，从“”，應該就是刈禾之“刈”異體。限於我們的學識和水準，還無法對這個字做出科學的分析，但根據安大簡“刈”字的寫法，我們可以懷疑B類形體，从“刀”或“刃”，應該是“刈”字的一種異體；或者是與“刈”讀音相同或相近的一個别的字。這兩種推測，我們更傾向於前者。既然如此，那麽A，應分析爲从“攴”，“刈”聲，“刈”字繁體。今本作“穫”，是因爲“刈”和“穫”的意思均爲收割、收穫，屬於同義互换。

【蘇建洲 2017】筆者認爲“”還是應該釋讀爲“穫”，而且可以作出比較合乎學理的論證。《清華七·越公其事》簡33“亓

(其)見又(有)戕(列)、又(有)司及王右(左)右”，石小力指出“戕”字原形作[glyph]，整理者讀爲“察”，該字又見於《子儀》簡12，作[glyph]，蘇建洲釋爲“列”，該字从戈从歺，古文字刀旁與戈旁作爲偏旁常通用，如割字从刀，在楚文字中又从戈作“戠”，故該字應即“列”之異體。其説可從。

此外，慈利楚簡有“列”字作[glyph]。《上博九·陳公治兵》簡11“五人於伍，十人於行。行[glyph]不成，卒率卒命從瀍”的[glyph]，單育辰先生釋爲“列”。由文意來看，其説可從。字形可能是[glyph]、[glyph]一類的寫法的訛變。因此，楚簡“列”寫法顯然與“[glyph]”不同。“[glyph]”字上部最早由蘇建洲指出應釋爲“歺”，《郭店·性自命出》簡31“濬”作[glyph]，《上博一·性情論》簡19相應字作[glyph]，後者上部的“歺”旁作作[glyph]，與“[glyph]”的上部作“[glyph]”完全同形，可見“[glyph]”應釋爲“歺”。另外，《繫年》簡82“爲長[glyph]而塦(洍)之，以敗楚師”，整理者隸定作“濊”，讀爲“壑”，十分可信。從字形看，“[glyph]”却只能分析爲从“水”“叡”聲，蓋即疏濬之“濬”字。這是[glyph]可釋爲“歺”的例證。根據上面字形的分析，我們自然不能同意《金縢》的字形釋爲“刈”。根據徐文所説同義互換的看法，我們反而應該考慮安大簡《葛覃》“是刈是穫”中的所謂的“刈”當是“穫”，與今本的“刈”也是同義互换的關係。……應該讀爲“是[glyph](穫)是穫(濩)”，一是記詞爲{穫}，一是文字爲“穫”，二者情況不同。如果安大簡《葛覃》的異文是最早的寫法，筆者推測可能是因爲兩個“穫”字讀音相同，爲了吟誦的變化，故改前一個“穫”爲“刈”，變成今本的“是刈是濩”。

【來國龍 2019】原整理者和鄔可晶都認爲該字是“叡”字。叡，曉母鐸部，讀爲匣母鐸部的“穫”。如果光以聲母和韻部爲單位分析上古音的話，看上去這兩個音似乎很接近。但是，由於“叡”的中古音是開口字，“穫”是合口字，上古音研究中已經有學者明確指出，上古的兩個字即使聲母、韻部相同，如果開合不同就難以通假。① ……“叡”曉母鐸部（OCM* hâk/B-S *$\mathrm{q}^{hʕ}$ak），與“穫”匣母鐸部（OCM* gwak/B-S * m-$\mathrm{q}^{wʕ}$ak），看上去上古音似乎很接近，但是，由於開口合口的差别（叡是開口字，穫是合口字），也是不能通假的。再加上正如後面宋華强等學者指出的，清華簡中的這個疑難字和“叡”字在字形上的確相差較遠，因此，筆者認爲釋該字爲“叡”的説法，是不能成立的。……

目前古文字考釋的論證中，作者常常只是舉證某聲母與某聲母“相通”，某韻部與某韻部“關係密切”的多個例子，而且往往只舉結果，不分析得到這個結果的條件。很少有人去問聲母或韻部“相通”的條件是什麽，爲什麽可以“相通”，爲什麽會“關係密切”，到底是什麽樣的“密切關係”。因爲在一種條件下，可以“相通”的兩個聲母或韻部，並不説明在另一種情況下，它們也可以“相通”。……宋先生用“各”“果”“皆”“兼”的諧聲系列中分别有屬來母和匣母的字，來證明“來母和匣母相通”，這樣的論證是有問題的。……宋華强羅列的李家浩舉的例子，大都是有問題的……都不能證明來母月部的“列”和匣母鐸部的“穫”是可以相通的。……

筆者認爲清華簡的該疑難字是从刀、从攴，歺聲（OCM* ŋât），與“刈”（OCM* ŋa(t)s）是音近通假，與“穫”（OCM* gwâk）是同義换讀（不是同源詞）。

【馮勝君 2022】應該説，安大簡材料是釋讀[illegible]字的重要定點。安大簡讀爲“刈”之字的聲符，與[illegible]字左旁同形，最直接的讀法自然是將其讀爲“刈”。值得注意的是，宋華强（2011B）將

① 古屋昭弘：《上古音的開合與戰國楚簡中的通假字》，中國社會科學院語言研究所《歷史語言學研究》編輯部編：《歷史語言學研究》第 3 輯，商務印書館，2010 年，第 189—203 頁。［原注］

《鮑叔牙與隰朋之諫》簡文“[illegible]民”讀爲“刈民”，引《左傳》昭公二十年：“斬刈民力，輸略其聚，以成其違。”《大戴禮記・用兵》：“及後世貪者之用兵也，以刈百姓，危國家也。”我們認爲這一説法是比較可信的。這樣看來，過去將[illegible]類字形釋爲“列”，將簡文[illegible]看作从“列”得聲的意見，值得重視。學術界一般認爲“列”从“歺”聲[或認爲不从“歺”聲，參看何景成(2008)文①相關討論]，《説文》謂“歺”讀若“蘖”。“蘖”“刈”均疑紐月部字，讀音相近。所以我們暫時將簡文[illegible]隸定作“𦔻”。上引宋華强、張崇禮等先生已經注意到“𦔻”與“刈”讀音相近，但仍將其讀爲魚部字的“穫”，應是考慮到後文“秋則大𦔻”之“𦔻”讀爲“刈”可能不如讀爲“穫”通順，其實這種顧慮是不必要的。《玉篇・刀部》：“刈，穫也。”《楚辭・離騷》“願竢時乎吾將刈”，王逸注：“刈，穫也。草曰刈，穀曰穫。”甲骨文以“䒨”表示刈草，以“秎”表示刈禾，這兩種形體都可以看作是“刈”的異體(參看裘錫圭：《甲骨文考釋八篇・釋“䒨”“秎”》)，可見“刈”既可表刈草，也可表刈禾，王逸“草曰刈，穀曰穫”的説法是不可信的。甲骨文有如下辭例：“盂田禾稉(夭)，其禦，吉秎。○弜(勿)禦，吉秎”(合集 28203)，“丁亥卜貞：今秋受年，吉秎。○不吉秎。○貞：今秋受年。○不吉秎”(屯南 620＋2991＋2291)。其中“今秋受年，吉秎”與簡文“歲大有年，秋則大穫”辭例幾乎完全相同，卜辭“吉秎”就相當於簡文“大𦔻”，可見“𦔻”確實應該讀爲“刈”，訓爲刈穫。簡文大意説年成很好，莊稼大豐收(“秋大熟”)，但還未來得及收割(“未刈”)，就發生了灾害，“天疾風以雷”導致莊稼倒立。成王迎接周公回朝後，倒立的莊稼都立起來了(“禾斯起”)，所以這個秋天就大大地刈穫了。

---

① 【編者注】何景成：《説“列”》，《中國文字研究》2008 年第 2 期。

編按：◇ 宋華强、鄔可晶、蘇建洲和馮勝君等學者對字形分析意見較爲可取。目前學界較爲一致的意見是字左上部从“步”，左下部从“刀”。對整字的構形分析，尚有争議。鄔可晶在繫聯甲骨、金文和戰國文字有關字形基礎上，分析爲从“奴”从“刀”，懷疑是爲刈穫之“穫”所造从“刀”“叡(壑)”聲的形聲字。其中，聲旁“叡”省寫作“奴”，亦表意。馮勝君隸定爲“裂”，未作具體構形分析。安大簡字三見，分别用於《葛覃》“是刈是穫”的“刈”、《漢廣》“言刈其楚”和“言刈其蔞”的“刈”，整理者分析爲从“禾”，从“刈”字繁體。①

◇ 宋華强言之有理，“穫”常用來表收割的結果，“刈”則常用來表收割的動作行爲，且古書習見“大穫”，而未有“大刈”。所以，簡本《金縢》該字還是當讀爲“穫”。究竟是按照整理者説法，認爲该字即“叡”字，叡，曉母鐸部，讀爲匣母鐸部之“穫”；還是如來國龍所分析的，上古的兩個字即使聲母、韻部相同，如果開合不同就難以通假，認爲該字从刀、从攴，步聲，讀爲“刈”，同義换讀爲“穫”，有待學界深入的研究。

［33］天疾風以雷

【整理者】天疾風以雷，今本作“天大雷電以風”。《魯世家》作“暴風雷雨”，與其下“天乃雨”之文不合。

【黄懷信 2011A】今本無“是歲也”，“天疾風以雷”作“天大雷電以風”，缺文作“大恐”。按：無“是歲也”三字不影響文意，簡書明是增出。“疾風以雷”作爲氣象，較爲平常，不如作“大雷電以風”更加符合“禾斯偃，大木斯拔，邦人大恐”之後果，所以今本當是。

① 安徽大學漢字發展與應用研究中心編，黄德寬主編：《安徽大學藏戰國竹簡(一)》，中西書局，2019年，第72頁。

【陳民鎮、胡凱 2011】清華簡“天疾風以雷”,今本作“天大雷電以風”,《史記·魯周公世家》作“暴風雷雨”,《漢書·梅福傳》所注引《尚書大傳》作“天乃雷雨與風”。“以”,“與”也。

【金正男 2017】簡文“天疾風以雷”,今傳本作“天大雷電以風”,《史記·魯周公世家》作“暴風雷雨”。《漢書·梅福傳》所注引《尚書大傳》“天乃雷雨與風”也值得參考。關於今傳本作“天大雷電以風”,王引之、皮錫瑞認爲今文《尚書》作“雷雨”,古文作“雷電”。簡文中“風”與“雷”的先後關係跟今傳本不同。又,今傳本“雷電以風”可以釋爲“起了大雷電,又是大風”。其中,“以”的用法跟“與”相同,其結構就是並列關係。但是“天疾風以雷”並不是並列關係。這裏的“以”表示動作進行時的方式,就是説“天上颳着大風帶來了大雷電”。所以簡文 13 號簡只有“天反風”,與今傳本的下文有“天乃雨,反風”一句有差異。由此可見,今傳本“雷電”本來是“雷雨”,皮錫瑞的意見很值得參考。

編按: 簡本此處言“天疾風以雷”,下文成王醒悟之後有“天反風”來對應。此處簡本與今本此處的差異,參見“校釋”第 46 條。

[34] 禾斯妟(偃)

【整理者】“禾斯偃”的“斯”字,今本作“盡”。

§ 何家興 2011 年 1 月 6 日回帖復旦讀書會 2011:《金縢》簡 9:天疾風以雷,禾斯妟(偃),大木斯𣟼(拔)。今本《金縢》作:天大雷電以風,禾盡偃,大木斯拔起。清華簡《金縢》簡 13:天反風,禾斯记(起)。今本《金縢》作:反風,禾則盡起。兩例“斯”字,今本皆作“盡”,文意較順。疑“斯”讀“澌”,《説文》水部:澌,水索也。徐鍇《説文繫傳》:索,盡也。《方言》卷三:澌,盡也。

§ 蔡偉 2011 年 1 月 6 日回帖復旦讀書會 2011:王念孫《廣

雅疏證》已經説了。〖編按：《廣雅》"澌，盡也"，王念孫《廣雅疏證》下舉證"《金縢》'大木斯拔'《史記·魯世家》作'盡拔'"(中華書局，2019 年點校版，第 98 頁)〗

【陳民鎮、胡凱 2011】"斯拔"，《史記·魯周公世家》作"盡拔"。《廣雅·釋詁》云："澌，盡也。"《金縢》的"斯"，當作"澌"，訓盡(《廣雅疏證》)。《詩經·大雅·皇矣》云："皇赫斯怒。"鄭箋訓"斯"作"盡"。清華簡《金縢》"盡"作"𦘒"。楚簡及其他戰國文字中的"𦘒"，大多讀作"盡"，二者同隸真部。

【張顯成、王玉蛟 2011】"斯"作範圍副詞，可譯爲"盡"。

【馬楠 2012】"禾盡偃，大木斯拔"，《史記》"斯"作"盡"，簡本盡、斯二字皆作斯。上"罪人斯得"，鄭訓盡，王訓皆。謹案，"斯"字簡本作"□""□"，與"具"形相似，疑訓盡、皆者皆誤"斯"爲"具"。

【馮勝君 2022】將"斯"訓爲"盡"，這種説法實不可信。簡文有兩處"斯"，今本作"盡"，應該是後人根據自己的理解對古書進行的改讀，並不説明"斯"與"盡"之間存在意義上的關聯。"斯"訓"盡"，典籍中並無例證(《漢語大詞典》在"斯"字的"皆；盡"義項下，還引了這樣一條書證，《吕氏春秋·報更》："宣孟曰：'斯食之，吾更與女。'乃復賜之脯二束與錢百。"高誘注："斯猶盡也。"梁玉繩則將"斯"訓爲離析。范耕研曰："'盡食'語固贅，'使人離析而食之'語亦可笑。此不必深求，蓋語助無義者。猶言食之，吾更與汝耳。《論語·鄉黨》'杖者出，斯出矣'，又'色斯舉，翔而後集'皆其例也。"參看陳奇猷《吕氏春秋新校釋》906 頁)。訓爲"盡"的"澌"義爲水索，指水乾涸，並不都是將"斯"訓爲"盡"的學者所理解的皆、都的意思。蔡沈《書集傳》謂"'斯得'者，遲之之詞也"，亦不將"斯"訓爲"盡"。按，簡文四處"斯"均當理解爲"語助無義者"，學者或稱之爲"詞頭"。類似用法除了上引范耕研引

《論語》例之外,還可舉出《豳風·七月》:“朋酒斯饗,日殺羔羊。”《詩·大雅·公劉》:“篤公劉,于豳斯館。”相關討論,可參看張輝、江荻(2016)①。

編按:《廣雅》所謂“澌,盡也”中的“盡”取的是“空盡”義,而不是“全”“都”這樣的範圍副詞義,王念孫據《金縢》“大木斯拔”在《魯世家》作“盡拔”爲證,恐難成立。馮勝君説法可備一説,簡文的“斯”可能是上古漢語中無義的詞頭。簡本“禾斯妟(偃)”,今本作“禾盡偃”,以及下文簡14“禾斯起”,今本作“禾盡起”,可能都是今本編者誤解“斯”,解爲“盡”所導致的。

[35] 大木斯躉(拔)

【整理者】躉,疑从𧮢(誖)聲而有訛變,𧮢,並母物部。今本作“拔”,从犮得聲字多爲唇音月部。月、物兩部音多相近。

【黄人二、趙思木 2011B】此字對應今本之“拔”字,整理者讀爲“拔”,謂此字疑从“𧮢”得聲而形有訛變。按,整理者析形之説似可商榷。此字由戈、廾、月、止及“戋”諸部分組成,其中“月”蓋聲符,“戋”从二戈,或與甲骨文从二弓而讀爲“弗”之“弜”有關,若“戋”與“弜”同讀若“弗”,則“戋”亦此字之聲符。

【陳民鎮、胡凱 2011】清華簡《祭公》簡6見相近字,下部少“止”,讀作“畢”。

【朱鳳瀚 2011】躉字,整理者疑从𧮢(誖)聲而有訛變,認爲如是則與“拔”音近,研究者或從之。但從字形看,難與𧮢(誖)相聯繫。而且誖在並母物部,拔在並母月部,聲母同,韻母皆屬入聲,但還是有差別,言誖、拔音近較勉强。此字疑當从䟫、戕聲(即壯聲)。當是从戋,从月(肉),从止會意。其字義似有兩種考

① 【編者注】張輝、江荻:《先秦漢語弱首音節詞頭詞現象——以〈尚書〉和〈山海經〉統計分析爲例》,漢語史研究的材料、方法與學術史研討會,南京大學,2016年6月。

慮：其一，讀如戕。《左傳》宣公十八年"邾人戕鄫子于鄫"，杜預注："戕者卒暴之名。"《公羊傳》何休注："支解節斷，故變殺言戕。"所从戔，同於戔，《説文》訓賊，《廣雅・釋詁》："戔，傷也。""大木斯壓(戕)"，卽"大樹皆被折斷"。其二，戕字在精母陽部，可讀爲清母陽部的蹌，《説文》："蹌，動也。"如是，"大木斯蹌"卽大樹樹身皆被颳得晃動。其實今本"大木斯拔"之"拔"，也可以不讀爲"拔出"之"拔"，而當讀爲《史記・樂書》"奮疾而不拔也"之"拔"，《正義》釋"拔"曰"傾倒也"，卽是講大樹皆被颳歪或颳倒。而今本也有句曰"凡大木所偃，盡起而築之"，偃卽倒下之意。"大木斯蹌"，晃動的結果也是傾斜。對以上二義，考慮到文末有"二公命邦人盡復築之"句，還是選第二種讀法較好。儘管這種天象灾異不排斥有部分本來卽是被誇大了的，"拔"亦不宜解作拔出，言風能把大樹連根拔起也有些過分。簡文末尾言："凡大木之所壓(戕)，二公命邦人𦘔(盡)逡(復)笁之。""笁"整理者讀作竹聲之"築"，可從。這句話是説，凡大樹被晃動傾倒者，二公命邦人皆扶正之且夯實其根部。

編按：◇整理者説法可從。"壓"，原字形爲。《祭公》篇簡5—6"甬(用)臧(畢)埊(成)大商"，"臧"，原字形爲。整理者注："清華簡《金縢》作'壓'，用爲'拔'字，在此讀爲'畢'。"按，兩字主體部分字形當是"𤰇"，金文作""形(《集成》3872)。左旁大概因爲倒"戈"形不便書寫，久爾類化爲"爿"。此處，釋作"壓"，讀爲"拔"，無誤。

◇"蹌"在先秦古書一般指"行貌"和"舞貌"，[①]難訓爲"晃動"。

---

① 宗福邦、陳世鐃、蕭海波主編：《故訓匯纂》，商務印書館，2003年，第2228頁。

邦人【九】□□□□[36]覍(弁),夫₌(大夫)纙(端)[37],以攼(啓)金紎(縢)之匱。王旻(得)周公之所自以爲社(貢)以弋(代)武王之敓(説)[38]。王䎽(問)執【十】事人,曰:"訐(信)。殹(抑)公命我勿敢言。[39]"

[36] 邦人【九】□□□□

【整理者】第十簡上闕四字,據今本可補"大恐,王□"。

[37] 覍(弁),夫₌(大夫)纙(端)

【整理者】弁,當從鄭注釋"爵弁"。孔傳以爲皮弁,按皮弁爲每日視朝常服,《魯世家》云"朝服",義與之同。《左傳》成公五年云國有灾異,"君爲之不舉,降服,乘縵,徹樂,出次,祝幣,史辭以禮焉"。降服則當以爵弁爲宜,鄭説較長。大夫綠疑即《左傳》之"乘縵",杜注"車無文"。

【復旦讀書會 2011】"[illegible]"字,隸定爲"纙"。

【黄懷信 2011A】今本作"王與大夫盡弁,以啓金縢之書"。按:以今本意,缺文當是"成王"。弁,常服所配。成王弁,謂不着禮服、不戴冠冕。綠,疑當是服飾名。簡書是將王與大夫分書,顯然不本於今本。

【劉國忠 2011A】弁,皮帽子,這裏指禮服。綠,可能是指穿着没有花紋的衣服。這句話有幾個字的殘缺,結合傳世本,其意思大約是説,國人都驚慌失措,於是周成王穿上了禮服,卿大夫們穿着没有花紋的服裝,打開了用金屬繩子所捆扎的匱子。

【陳民鎮、胡凱 2011】"弁"作"覍",楚簡習見,不贅。孔傳云:"皮弁質服以應天。"孔疏云:"皮弁象古,故爲'質服'。祭天尚質,故服以應天也。……鄭玄以爲爵弁。"《禮記・玉藻》云:"皮弁以日視朝。"

【馬楠 2011C】第十簡上殘,闕三到四字。可據孔傳本《尚書》補"恐"字、"王"字。又簡文於"覍(弁)"字、"大夫[illegible]"句下皆有"－"讀斷，"[illegible]"字與"覍(弁)"字對文，可知爲服冕之名，但"[illegible]"並不見於傳世禮書。……

"[illegible]"字可釋爲"黻"。所从之"舛"形疑皆爲"癶(址)"形之訛。舛、癶皆似兩足相背之形，因而致誤。"癶""黻"聲韻並同(幫紐月部)，可借癶表黻。……

而清華簡《金縢》之"大夫黻"，黻則紼、芾之借字，卽蔽膝。桓二年《左傳》臧哀伯説"袞、冕、黻、珽，帶、裳、幅、舄，衡、紞、紘、綖，昭其度也"，"黻"，杜注曰"韋韠，以蔽膝也"。則"[王]弁，大夫黻"，當爲互文。孔傳以爲皮弁，鄭玄以爲爵弁，似以鄭説爲長。

據《士冠禮》諸文，士服則以下四等：

	冠	衣	裳	帶	市/韠	
爵弁服	爵弁	純衣(絲)	纁裳	緇帶	韎韐	與君祭
皮弁服	皮弁		素積	緇帶	素韠	與君視朔
朝服	玄冠	緇布衣	素裳	緇帶	素韠	與君視朝
玄端	玄冠	緇布衣	玄裳	緇帶	爵韠	自祭

三禮通例，衣、冠之色相類，裳、市之色相類，驗諸各書，雖有特例，但大體如是。則《金縢》王出郊親迎周公之服，當爲爵弁服：純衣，緇帶，纁裳，韎韐。

爵弁色赤而微黑，其布三十升。純衣，絲衣也。士之餘衣皆用布，唯冕與爵弁服用絲，天子、大夫亦當純衣絲衣。纁裳，淺絳裳。其市，士謂之韎韐，當《玉藻》"縕韍而幽衡"之"縕韍"。縕，赤黄之間色，合韋爲之，染以茅蒐。大夫以上之市，色當與纁裳相類。

【陳劍 2011】字原釋文隸定爲右半从"兖/乘"(所附《字形表》第 225 頁"乘"字下又隸定作"䋲"),注釋以"乘縵"説之:"《左傳》成公五年云國有灾異,'君爲之不舉,降服,乘縵,徹樂,出次,祝幣,史辭以禮焉'。……大夫䋲疑即《左傳》之'乘縵',杜注:'車無文。'"復旦讀書會改將其隸定作"縩",顯然更爲準確。此字右上部分之形確與楚簡文字"兖(乘)"字上半相同,但其右下明顯是"示"旁,跟"兖"所从的"几"旁有明顯區别。郭店簡《五行》簡 10"惙"字作,可見"叕"旁也可寫作此字右上部分之形。

"縩"字可以分析爲从"糸"、"祋(裰)"聲,應即"綴"字之繁體。此句今本《金縢》作"王與大夫盡弁",《魯世家》作"成王與大夫朝服",其字雖無對應之文,但其義不難推知。黄懷信先生已謂"䋲,疑當是服飾名"。按其字當讀爲"端冕""玄端""端委""端章甫"等之"端",正與"弁"皆爲"朝服"。"綴"與"端"聲母相近、韻部月元對轉,兩字音近可通。《周禮·春官·司服》:"其齊服,有玄端素端。"鄭玄注:"鄭司農云:'衣有襦裳者爲端。'玄謂:端者,取其正也。"《論語·先進》:"宗廟之事,如會同,端章甫,願爲小相焉。"何晏注:"端,玄端也。衣玄端、冠章甫,諸侯日視朝之服。"此例"端"字也單用,而且用法跟簡文幾乎完全一致。

【李鋭 2013】《金縢》的"天大雷電以風,禾盡偃,大木斯拔。邦人大恐,王與大夫盡弁",《史記·魯世家》釋"弁"爲"朝服",這和今文家用皮弁之説相應,古文家則用爵弁降服之説,這都涉及了冠服制度。今人如顧頡剛雖説要不信經師的曲解,但是也釋爲"皮弁(祭天的禮帽)"。這些解釋恐怕和《禮記·玉藻》的話有關:"若有疾風迅雷甚雨,則必變,雖夜必興,衣服冠而坐。"

但實際上姑不論這些冠服制度在周初是否實行過(《尚書·顧命》有"二人雀弁"等,但所記乃成王將崩時事),單是由弁而至於朝服或爵弁,我們就有理由疑問:君臣正式相見有不冠帶整齊的麼？需要這樣增字解經麼？清華簡《金縢》這裏作"邦人【□□□□】弁，大夫繯"，不難補字爲"邦人【大恐，王□】弁，大夫繯"。如果是講冠服的話，這裏可見王與大夫穿戴不同，與今傳本《金縢》大不相同。

但是在一個"邦人大恐"的環境中，似没有必要講這些穿戴。因此我們不能同意將"繯"讀爲"端"或某種服飾的意見。《金縢》這裏"弁"應該訓爲恐懼，《漢書・王莽傳下》有一段話可與本文對勘："有列風雷雨發屋折木之變，予甚弁焉，予甚栗焉，予甚恐焉。"師古曰："弁，疾也。一曰弁，撫手也，言驚懼也。"今傳本"邦人大恐，王與大夫盡弁"是説看到異常天象，邦人、王、大臣都很恐懼。至於清華簡《金縢》，"繯"當讀爲"惙"，是憂愁之義，《逸周書・嘗麥》"爾臨獄無頗，正刑有惙"，朱右曾《校釋》："惙，憂也。"我們可以將清華簡補字爲"邦人【大恐，王甚】弁，大夫惙"。

由此我們也可以知道，《論語・鄉黨》的"有盛饌，必變色而作。迅雷風烈，必變"，《禮記・玉藻》的"若有疾風迅雷甚雨，則必變，雖夜必興，衣服冠而坐"，所説皆是對於異常天相的態度（雖然我們不一定要將"必變"的"變"讀作"弁"），並未特别强調要變服衣冠。

【金正男 2017】與此相對應的"繯"可讀爲"端"。跟陳劍、陳民鎮的説法一致，以《史記・魯世家》"成王與大夫朝服"、今本《金縢》"王與大夫盡弁"來推測，"繯"也就是表示禮服的字。陳劍所説的"从糸𠬝聲"也支持"繯"可釋爲與服飾相關的字。至此，從 10 號簡"□□□□弁，大夫端"與今本的對比來看，我們可以推斷成王已經平定了周代初期所發生的混亂，並完成了王位繼承及穩定政治局勢的一系列工作。簡文把"弁"和"端"字分開使用，就是强調了這些情況。然後通過提到"周公把自己做人質替武王死的祝辭"，特别渲染了周公爲王室作出的努力。今本的

“弁”及《史記・魯世家》的“朝服”可能是後代抄寫者較少關注這些含義所致。

【石小力 2019】在戰國楚簡以及其他戰國文字中,有一個常見的構件[illegible],……根據初步考察,[illegible]形有以下幾個不同的來源:“叕”形的變體、“乘”形的省體、“衰”形的省體、“虘”形的變體、“産”字所从文旁的繁化。……陳劍先生的改釋,從文意上看十分順適。端,弁作爲朝服,古書多見,《禮記・玉藻》:“諸侯玄端以祭,裨冕以朝,皮弁以聽朔於大廟,朝服以日視朝於内朝。”《大戴禮記・公符》:“公玄端與皮弁,皆韠,朝服素韠。”《孔子家語・冠頌》:“諸侯非公而自爲主者,其所以異,皆降自西階,玄端與皮弁異。”《左傳》昭公元年:“吾與子弁冕端委,以治民臨諸侯,禹之力也。”《儀禮・士昏禮》:“主人爵弁,纁裳緇袘。從者畢玄端。”

【白於藍、周悦 2020】簡文之“纕(綴)”當讀作“髺”“鬠”或“括”。“鬠”从“會”聲,“髺”“括”均从“昏”聲。典籍中从“昏”聲之字與从“會”聲之字音近可通。《説文》:“話,合會善言也。从言昏聲。《傳》曰:‘告之話言。’譮,籀文話从會。”即其例。典籍中从“會”聲之字又可與从“夬”聲之字相通。《説文》:“噲,咽也。从口會聲。讀若快。”《公羊傳》昭公二十七年《經》:“邾婁快來奔。”陸德明《經典釋文》:“快,本又作噲。”“綴”从“叕”聲,而典籍中从“叕”聲之字與从“夬”聲之字亦可相通。《説文》:“歠,也。从歙省叕聲。吷,歠或从口从夬。”段玉裁注:“夬聲也。《莊子》‘吹劍首者。吷之而已矣’。用此字。”宋保《諧聲補逸》:“重文作吷,夬聲。叕、夬同部,聲相近。”可見,“纕(綴)”當可讀作“髺”“鬠”或“括”。

《儀禮・士喪禮》:“主人髺髮,袒,衆主人免於房。”鄭玄注:“髺髮者,去笄纚而紒……今文免皆作絻,古文髺作括。”《儀禮・

士喪禮》:"鬠用組。"鄭玄注:"用組,組束髮也。古文鬠皆爲括。"玄應《一切經音義》卷十二"髺(髻)髮"注:"古文鬠、髺二形,今作括,同。古活反。《字林》'髺(髻),絜髮也'。謂括束髮也,或作結髮字也。"《廣韻・末韻》:"鬠,以組束髮。"《集韻・末韻》:"髺、鬠,絜髮也。或作鬠。"可見,"髺""鬠"和"括"同爲一詞,指束髮。"髺"字見於《説文》。大徐本《説文》云:"髺,潔髮也。从髟昏聲。"徐鍇《繫傳》:"《禮》所云'組括',髺作括。假借。《儀禮》'鬠用組',《注》'古作括'。"段玉裁《説文解字注》據《玉篇》《韻會》改"潔"爲"絜",並對"髺"字具體用例作過深入討論:

> 許於"髽"曰"喪髺",於"髺"不云"喪髺"者,"髺髮"猶云"束髮",《内則》《喪服》之"總"、《深衣》之"束髮"、《士喪禮》之"鬠"同爲一事,"鬠"卽"髺"字之異者。"髺"非喪服之專偁也,故《士喪禮》之用"組",以組束髮也;《深衣》之用"錦",以錦束髮也;《喪服小記》之始死"括髮以麻",以麻束髮也;《喪服》之"布總",以布束髮也;其他"縞總""素總",以縞、素束髮也,是皆得謂之"髺",非凶禮之專辭也。

段注據相關文獻指出"則'髺'爲凶禮矣",又言"'髺'非喪服之專偁也""非凶禮之專辭也"。其説可信。……

從以上材料可以看出,"髺""鬠"和"括髮"三者用義相同,且均與喪禮有關,所指當爲一事。據此,應當可以這樣理解,卽表示束髮義的"髺"雖"非喪服之專偁",亦"非凶禮之專辭",但在喪禮中的某些特定時間或場合,參與喪葬的某些人群的確需要"髺"。"髺"是喪服的一種,是喪禮當中十分常見的頭部裝束,筆者認爲,簡文"夫₌(大夫)䋝(髺)"之"䋝(髺)"很可能正用此義。……就漢代相關文獻記載來看,所謂"秋未穫,暴風雷(雨)"等事正發生在周公去世不久。……第一,在"秋未穫,暴風雷

(雨)”等事發生之時,周公的確剛去世不久,而且尚未下葬。第二,“秋未穫,暴風雷(雨)”等灾異現象,被解讀爲成王不欲以天子禮而以諸侯之禮葬周公於成周,所以才引起上天震怒,以灾異示警。以此推考,既然周公新喪,那麼簡文言“夫=(大夫)繄(髺)”也就不難理解了,卽王朝大夫爲周公服喪的頭部裝束。

簡本《金縢》“王□弁(弁),夫=(大夫)繄(髺)”,今本《金縢》作“王與大夫盡弁”,《史記·魯周公世家》作“成王與大夫朝服”。三者區别十分明顯。……《魯周公世家》改“弁”爲“朝服”固然有誤,但成王之所以“爵弁”,亦可能與所謂“天變”和“國有灾異”無直接關聯,而更有可能是與周公之新喪有關。《禮記·檀弓上》:“天子之哭諸侯也,爵弁絰紂衣。”鄭玄注:“天子至尊,不見尸柩,不吊服,麻不加於采。”孔穎達正義:“不親見尸柩,不服緦衰,吊而服爵弁紂衣。紂衣,絲衣也。則諸侯以下,雖不見尸柩,仍吊服也。”據此可知天子哭諸侯之禮,若未見其尸柩,則服“爵弁”,但不服“吊服”,而諸侯以下則仍需“吊服”。可以推想的是,成王在開啓金縢之書之時尚未見周公之靈柩,而且的確是將周公當作諸侯對待,因此才會“爵弁”,正所謂“天子之哭諸侯也”。如此解釋,不僅合乎周代禮制,還與前文所述在“周公卒後”成王欲以諸侯之禮安葬周公相符。另外,如簡本所述,“王爵弁,大夫繄(髺)”,而“爵弁”非喪服(僅爲“降服”),“髺”則爲喪服,亦正體現出成王與大夫身份地位的不同,所以兩者在服喪期間的頭部裝束會有不同。

編按: ◇“皃”卽楚文字“弁”,整理者主張簡文此處可參考今本鄭注視作“爵弁”,可從。

◇ ,整理者隸定爲繞,同册《字形表》又隸定作“繚”。復旦讀書會隸定爲繄。目前所見楚文字材料中,“兖(乘)”字或“兖”旁代表字形有清華簡《管仲》簡 9 的“乘”字作 ,又如《禱辭》簡 21“乘”字作，《筮法》簡 51 的“勝”字作，上博簡《曹沫之陳》簡 46“勝”字作。存在與“犇(乘)”字上部區分較爲明顯的“叕”旁，如安大簡《詩經・召南・驺虞》兩處“茁”字寫作“𦵅”，字形爲①；也有與“犇”字上部形近的“叕”旁，如陳劍所引郭店《五行》簡 10“惙”字作。值得注意的是，望山和天星觀等楚簡中有以“叕”爲基本聲符，讀爲“組綴”之“綴”的字，②字形作(望山 2.23)，不僅“叕”旁與“犇”字上部字形近同，而且字形結構與清華簡字相同。結合二者共同的構形特徵，疑似望山簡該字从貝，綴聲；清華簡該字从示，綴聲。因此，字隸定爲“纅”較爲合適。今本《金縢》“王與大夫盡弁”，《魯世家》“成王與大夫朝服”，簡本“邦人□□□□皃(弁)，大夫纅”，雖非完全對應，但是如黄懷信、陳劍和金正男所説，“纅”最可能是表示禮服的字。陳劍讀爲“端冕”“玄端”“端委”“端章甫”之“端”，似可從。

◇ 李鋭説法理由是簡本和今本此處不一定是對應關係，强調在“邦人大恐”的語境下理解“弁”和“纅”的讀法；白於藍和周悦立足於今文經説“周公新喪”而主張將“纅”讀爲“髻”。二者可備一説。

[38] 王旻(得)周公之所自以爲社(貢)以弋(代)武王之敚(説)

編按：“社(貢)”亦見於簡 5—6“周公乃内(納)亓(其)所爲社(貢)自以弋(代)王之敚(説)”，詳説見“校釋”第 17 條。

[39] 訐(信)。殹(抑)公命我勿敢言

---

① 安大簡“茁”字字形的考釋，參見黄德寬：《釋甲骨文“叕(茁)”字》，《中國語文》2018 年第 6 期。

② 相關字形、辭例及考釋，參見何琳儀：《戰國古文字典》，中華書局，2004 年，第 927 頁。對相關字的名物研究參見廣瀬薫雄：《説楚文字“賫”》，陳斯鵬主編：《漢語字詞關係研究(二)》，中西書局，2021 年。

【整理者】殹,影母脂部字,但由之得聲的醫在之部,《周禮》注引鄭衆以《内則》之“醷”當《天官·酒正》之“醫”。今本作“噫”,影母職部,陰入對轉。孔傳“恨辭”。

【廖名春 2011】從上下文看,“殹”當爲連詞,表轉折關係,相當於“而”“然”“但”。成王“啓金縢之匱”,“得周公之所自以爲功以代武王之説”,深爲感動,“問執事人”是否信實。“執事人”回答説“信”,確實是這樣。“殹公命我勿敢言”,但周公却讓我們不得説出來。“殹”表轉折語氣是非常明顯的。《左傳·隱公元年》:“公曰:‘爾有母遺,緊我獨無!’”杜預注:“緊,語助。”楊伯峻注:“緊,發聲詞,無義。”……而簡文的“殹”,顯然要讀如《左傳·隱公元年》“爾有母遺,緊我獨無”之“緊”。因此簡文當讀爲:“王問執事人,曰:‘信。緊公命我勿敢言。’”此“緊”相當於“然”“而”。

【復旦讀書會 2011】隸定爲“殹”,讀爲“噫”。

§ 蔡偉 2011 年 1 月 6 日回帖復旦讀書會 2011:關於“訐(信)。殹(噫)公命,我勿敢言”句讀問題,王念孫也有説——《書·金縢》曰:二公及王,乃問諸史與百執事,對曰:信,噫公命我勿敢言。《釋文》曰:噫,馬本作懿,猶億也。家大人曰:噫、懿、億竝與抑同。信爲一句,噫公命我勿敢言爲一句,言信有此事,抑公命我勿敢言之也。(王引之《經傳釋詞》,江蘇古籍出版社,34 頁。)

【釋文索引 2011】隸定爲“殹”,讀爲“抑”。

【陳民鎮、胡凱 2011】“殹”今本《尚書·金縢》作“噫”,《釋文》:“馬本作‘懿’,猶億也。”孔安國傳:“史、百執事言信有此事,周公使我勿道。今言之,則負周公。噫,恨辭。”王念孫指出:“噫、懿、億竝與抑同。信爲一句,噫公命我勿敢言爲一句,言信有此事,抑公命我勿敢言之也。”(《經傳釋詞》)廖名春先生亦指出“殹”當爲連詞,表轉折關係,讀爲“緊”或“抑”,相當於“而”

“然”“但”。可從。《左傳》隱公元年云:“公曰:‘爾有母遺,繄我獨無!’”杜預注云:“繄,語助。”清華簡《耆夜》簡 5“殹(繄)民之秀”,用法與此同。

【張顯成、王玉蛟 2011】“信”表示事實的確鑿無疑,渲染謂語所指的真實性。可譯爲“一定”“確實”等。

編按:“信”這裏是表肯定的副詞。“殹”讀爲“抑”,表轉折關係,可從。斷句當調整爲:信! 殹(抑)公命我勿敢言。

王捕箸(書)㠯(以)溼(泣)[40],曰:“昔公堇(勤)勞王豪(家),隹(惟)余沓(沖)[41]人亦弗伋(及)【十一】智(知),今皇天違(動)鬼(威)[42],以章(彰)公悳(德)[43],隹(惟)余沓(沖)人亓(其)親逆公,我邦豪(家)豊(禮)亦宜之[44]。”王乃出逆公【十二】至鄗(郊)[45]。

[40] 王捕箸(書)㠯(以)溼(泣)

【整理者】捕,讀爲“布”,《小爾雅·廣言》“展也”。箸讀爲“書”,書从者聲。溼,亟聲,在溪母職部,今本作“泣”,溪母緝部,可通。

【復旦讀書會 2011】今本《尚書·金縢》對應的語句作“王執書以泣”,“捕”讀爲“搏”或“把”,“捕”與“搏”“把”古音極近,故可以假借。“搏”“把”都有“執取”的意思。

§ 梁月娥 2011 年 1 月 20 日回帖復旦讀書會 2011:清華簡《金縢》簡 11 的“泣”字从“亟”聲值得注意。《上博六·競公瘧》簡 2 的“二子泣”的“泣”字从“及”聲(劉建民《上博竹書〈景公瘧〉注釋研究》,北京大學碩士學位論文,2009 年 6 月,指導老師:李家浩教授)。“泣”是溪母緝部,“及”是群母緝部,“亟”是見母職部。三字聲母同屬牙音,韻部職緝通轉。沈瑞清在《小議翼的上古韻部》一文中認爲商代時“翼”“翌”曾經和“立”一樣屬於同樣收 p 尾緝部,至周代轉入職部,周代“翼”以“異”表示(大盂鼎),説明西周早期“翼”的讀音已在職部。沈氏後來又留言説這樣解釋是爲了“使這個例子以後不被用爲職部和緝部相通的證據”。按現在從“泣”字的三個形體(从“立”、从“及”、从“亟”)看來,緝部的“泣”是可以以職部的“亟”爲聲符的。可證甲骨文“翌”(職部)字所从的“立”(緝部)的確是“翌”的聲符。

【單育辰 2011】“王捕書以泣”,“捕”,整理者讀爲“布”,復旦讀書會讀爲“搏”,按,應讀爲“把”。捕,並紐魚部;把,幫紐魚部,二字古音至近。如包山簡中的“郙”,李學勤先生釋爲“巴”,甚確。……“把”有握、持之義,如《逸周書・克殷》“周公把大鉞”、《説苑・雜事第二》“不知公子王孫,左把彈,右攝丸”、《戰國策・燕策・燕太子丹質於秦亡歸章》“臣左手把其袖”等。

【蕭旭 2011】今本《金縢》作“王執書以泣”。捕,讀爲敷。《小爾雅》:“敷,布也。”俗作“鋪”字。簡文與傳本義有不同。《研讀》云:“捕讀爲‘搏’或‘把’,‘搏’‘把’都有‘執取’的義思。……”

【宋華强 2011A】成王哭泣之前已經展開册書看過,此時不應再説“布書”。復旦讀書會的讀法可從,不過,從古書用字習慣來看,把“捕”讀爲“撫”似乎更好,“捕”“撫”都是唇音魚部字,音近可通,《説文・人部》“俌”讀若“撫”,是其證。今本作“執”,古書中的“撫”常表示執持之義,如《楚辭・九歌・東皇太一》“撫長劍兮玉珥”,王逸注:“撫,持也。”《左傳》襄公二十六年“撫劍從之”,洪亮吉《春秋左傳詁》亦引王逸注訓“撫”爲“持”。《文選・潘岳〈藉田賦〉》“撫御耦”,張銑注:“撫,執也。”

【黄懷信 2011A】“王布書以泣,曰”,今本“布”作“執”,“曰”下有“其勿穆卜”。按:布,展也。布書以泣雖可通,但容易使人理解爲展開書就泣。所以,原作宜如今本,謂閱畢以後執書而泣。

【劉國忠 2011A】布,展開。這句話是説,周成王打開文件,痛哭流涕。

【陳民鎮、胡凱 2011】"捕"隸並紐魚部,"搏"隸幫紐魚部,叠韻相假。《老子》"猛獸不據",帛書甲本"據"作"搏",乙本作"捕"。《莊子・秋水》:"捕鼠不如狸狌。"《釋文》謂"捕本又作搏"。載籍此例甚夥。上博簡《姑成家父》見"尃"通作"捕"例。此處"捕"通"搏",確無可移。"搏"可訓執。《吕氏春秋・首時》:"伍子胥説之半,王子光舉帷,搏其手而與之坐。"高誘注:"搏執子胥之手,與之俱坐,聽其説。"今本《金縢》正作"執"。

【黄澤鈞 2013A】"撫"只有在"撫劍"可訓爲執持;"撫劍"應該是一種限定用法,"撫"於他處多訓作安撫之義。"搏"多訓作搏鬥,訓爲執持只見於《吕氏春秋》。因此相較之下,"把"於先秦典籍中多用爲執持之義,在此處仍是以讀爲"把"較佳。

【金正男 2017】"捕"應讀爲復旦讀書會、陳民鎮所説的"搏"。除陳民鎮所舉的例子上博簡《姑成家父》9 號簡以外,包山簡 133、135 反、142、144 號簡的"捕"也是从尃得聲的字。從楚簡上的用字習慣來看,將"捕"讀爲"搏"没有問題。

編按: 將"捕"讀作"搏"或"把",立意都是訓作"執持"一類意思。比較而言,讀爲"把"更爲合適。"把"的核心義是"執"和"握",其他義項大體皆由此引申。[①] 而"搏"的核心義大概是"擊""捕"和"取"之類,[②]《吕氏春秋・首時》"伍子胥説之半,王子光舉帷,搏其手而與之坐",高誘注:"搏執子胥之手,與之俱坐,聽其説。"前人多次據此得出"搏"有"執"義,但這僅爲孤例。

[41] 沓

【整理者】沓,沈聲,在定母侵部,讀爲定母冬部之"沖"。

---

① 王力編著:《王力古漢語字典》,中華書局,2015 年,第 352 頁。

② 王力編著:《王力古漢語字典》,第 384 頁。

侵、冬旁轉。

【李學勤 2010】傳世本《金縢》"予沖人"的"沖"字,簡文作"沓",从"沈"聲。"沈"是定母侵部字,"沖"則屬定母冬部,侵冬兩部關係密切,故相通用,這是前此難於想到的。

【劉國忠 2011A】沖人:小孩,這裏是周成王對自己的謙稱。這句話是説,當年周公爲了國家辛勤勞累,可是我這個不懂事的小孩却一點都不知道。

【陳民鎮、胡凱 2011】"沖人"之"沖",静安先生謂"童"之借(《古史新證》)。《尚書大傳》及《史記·魯周公世家》作"幼人"。《尚書·大誥》中成王亦自稱"沖人"。《清華簡(壹)》作"沓",《金縢》兩見,《皇門》一見(今本誤作"沈"),蓋侵、冬旁轉。

【蘇建洲 2021B】潘悟雲先生曾對於中古定母的諧聲系列進行統計,指出其中一個系列中的定母字大量地與中古端知章組的全清聲母諧聲;而另一系列中的定母字往往與以母諧聲,而不與端、知、章三個聲母諧聲。① 施瑞峰先生在潘悟雲、白一平、野原將揮等學者研究的基礎上繼續進行精密的考察,指出目前較爲普遍接受的結論是,前一個系列聲母的上古來源是簡單的 *t-、*t^h-、*d-,可用 *T-系概括,後一個系列聲母主要來源於聲基爲 *l 的上古聲母,可用 *L-系概括。② 先秦漢語 *T-與 *L-系聲母之字分屬不同的諧聲類型,彼此區别甚嚴,幾無交涉之例。上古 *T-系聲系的諧聲類型主要涉及中古端、透、定、知、徹、澄、章、昌、禪母,而不太涉及中古精組、章組擦音聲母。*L-系的中古聲母分布主要涉及透、定、徹、澄、心、邪、書、船、曉、以母,而不太

① 潘悟雲:《上古漢語的流音與清流音》,《漢藏語研究:龔煌城先生七秩壽慶論文集》,臺灣"中研院"語言學研究所,2004 年,第 637—647 頁。[原注]

② 施瑞峰:《上古漢語的 * T-系、* L-系聲母及相關古文字問題補説》,《中國語文》2020 年第 1 期,第 56—65 頁。[原注]

涉及端知組全清聲母、章組塞擦音聲母。① ……

“冘”是以母,从“冘”聲的“沈”中古聲母分屬“澄母”與“書母”,“沈”應該是* L-系聲母。……“沖”从“中”聲,中古是知母,無疑是* T-系聲母,《説文》云:“沖,讀若動。”“動”从“重”聲,《説文》分析“重”从“東”聲,“東”是端母,屬於* T-系,這也是“沖”屬於* T-系的旁證。據此可知金文及楚簡“沓人”與“沖人”並不具備通假的音理條件,從這些材料只作“沈/沓”,却從不寫作“沖”,而且傳世文獻未見其他“沈”與“中/沖”通假的例證,這已經很能説明問題了。……西周金文“沈”楚文字“沓”如何會演變爲傳世文獻沖子、沖人之{沖}呢?施瑞峰先生指出“當然上古* T-、* L-兩系聲母的合流發生在漢代,還是非常可能的”,他舉了馬王堆《大下至道談》“八嬞(動):……六曰振銅”,與《合陰陽》“【八曰】振動”對讀,其中“同”* looŋ 是上古* L-系字,而“動”是上古* T-系字。那麽,可以推測傳世文獻中寫作“沖子”可能是經過漢代人鈔寫的結果。總之,“沈子”“沈人”本來表示幼小或輩分低一類的意思。……先秦出土文獻的“沈人”與傳世典籍的“沖人”仍可認爲是一詞。清華簡“沓人”文例爲了與傳世典籍對應而括讀爲“沖人”,但我們不能以爲先秦時期“冘”聲與“中/童”聲可以通假。②

【馮勝君 2022】最近,李家浩(2016)③對上舉字形及相關用

① 施瑞峰:《作爲同時證據的諧聲、假借及其對上古漢語音系構擬的重要性——一項準儲性的研究》,《出土文獻》第 13 輯,中西書局,2018 年,第 424—426 頁;施瑞峰:《上古聲母諧聲類型及其對古文字釋讀的重要性》,復旦大學碩士學位論文,2019 年,第 25—29 頁;施瑞峰:《上古漢語的* T-系、* L-系聲母及相關古文字問題補説》,《中國語文》2020 年第 1 期,第 56—65 頁;鄔可晶:《釋“鑠”》,《出土文獻與古文字研究》第 9 輯,上海古籍出版社,2019 年,第 104—118 頁。[原注]

② 白於藍《簡帛古書通假字大系》第 1367 頁就收録了“與沖”的例證。[原注]

③ 【編者注】李家浩:《楚簡文字中的“枕”字——兼談戰國文字中幾個从“臼”之字》,《出土文獻》第 9 輯,中西書局,2016 年。

法做了全面總結。……認爲"舀"就是"冘"的異體,在用作偏旁時可直接釋爲"冘"。他列舉了戰國文字中不少从"臼"之字,認爲這些字从"臼"字與不从"臼"無别,可以與戰國文字中某些从"口"與不从"口"之字不别的現象類比。……但將"舀"看作是"冘"之異體,實亦有不可解之處。如"舀"字作爲獨體字出現在西周中期及春秋早期金文中,就當時的文字系統而言,其所从之"臼"旁不可能是可有可無的羨符,這就需要對其構形做出解釋。一種可能是"舀"係在"冘"字上加注"臼"聲而成的後起形聲字,"臼"爲羣紐幽部字,與喻紐四等侵部字的"冘"讀音相近(聲紐稍有距離,韻部則爲幽、侵對轉的關係)。或者按照"臼""凵(坎)"爲一字分化觀點,將"臼"讀爲"凵(坎)"聲,則爲溪紐談部字,與"冘"聲亦相近。或將"臼"旁視爲意符,如黄德寬主編的《古文字譜系疏證》謂:"舀,从臼冘聲,疑沈之或體。《小爾雅 · 廣詁》:'沈,没也。'臼象山陷之形。"(第四册 3925 頁)但以上二説實亦難愜人意,如將"舀"看作是在表意初文上累加聲符而成的後起形聲字,則此種造字方式一般出現在時代相對較早的殷墟甲骨文中,西周金文似不多見,而且"臼"多用爲義符,少用爲聲符;如依後説將"臼"看作義符,"舀"看作"沈"之或體,但"沈"指沉没於水中,而非陷於坎臼之中,故此説亦不合理。我們頗疑"舀"最初是作爲"臽"字異體出現的,"臽"本象人陷落於坎臼之中,而"舀"則是將"人"旁改换爲"冘"旁,是一種變形音化的現象(參看謝明文 2015A)①。"冘"爲荷擔之"儋/擔"的表意初文(參看季旭昇 2010 引楊樹達説)②,而从"詹"得聲與从"臽"得聲之字,往往讀

① 【編者注】謝明文:《釋東周金文中的幾例"醓"字》,《出土文獻》第 6 輯,中西書局,2015 年。

② 【編者注】季旭昇:《説文新證》,福建人民出版社,2010 年,第 461—462 頁。

音非常接近,如簷、閻均爲喻紐談部字,萏、澹均爲定紐談部字等。以“冘”爲“䜺”之聲符,是很合適的。金文“臽”字或作形(宗周鐘,《集成》260),在字形上也有條件演變成這樣的形體。所以形很可能是“臽”與“䜺”互相影響、共同作用的結果。但從目前所見材料來看,在戰國竹簡文字中“䜺”旁確實多可替換爲“冘”旁,故將其隸定爲“䜺”是合適的。

編按: ◇ 金文中的“沈子”“沈孫”之“沈”、楚簡中的“䜺人”之“䜺”和“朕孳”之“朕”,表示的是同一個詞。[1] 成王自稱“沖人”不一定指年齡的幼小,李學勤先生曾將“沖子”與文獻、金文中的“幼子”“小子”等聯繫起來,解釋説:

> “小子”“末小子”“沖子”“幼子”等不一定指年齡的幼小。例如《度邑》周武王對周公説“汝維小子”,周公係武王之弟,“乃武王即位,旦常輔翼武王,用事居多”,年齡不能很輕。《逸周書》還有一篇《芮良夫》,芮伯稱同朝大臣爲“爾執政小子”,也不能理解爲厲王朝臣都是青少年。實際“小子”等詞如係自稱,是表謙卑;如稱他人,則是長上的口吻。[2]

對於《金縢》故事發生時成王大概年齡的研究,亦可參見本書“校釋”第 23 條。

◇ 確實如蘇建洲所分析的,早期 * L-系聲母的“冘”聲與 * T-系聲母的“中”聲不能通假。簡本“䜺人”,今本作“沖人”,這是兩系聲母的合流以後,後人讀寫的結果。

---

① 蔣玉斌、周忠兵:《據清華簡釋讀西周金文一例——説“沈子”“沈孫”》;董珊:《釋西周金文的“沈子”和〈逸周書·皇門〉的“沈子”》,《出土文獻》第 2 輯,中西書局,2011 年。

② 李學勤:《何尊新釋》,第 43 頁。

◇“𦥑”字下部的“臼”究竟在文字構形中承擔什麽功能，學界較有争議。除了前引馮勝君説法，近年學界還有其他分析，或認爲是羨符，①或認爲是聲符，②或認爲是意符，③難有定論，有待今後更多的研究。

［42］畏(威)

【復旦讀書會 2011】〖編按：字形爲〗隸定作“畏”，讀爲“威”。

§ 周波 2011 年 1 月 6 日回帖復旦讀書會 2011：“今皇天動畏(威)”，“畏”當改釋爲“鬼”。上博《鬼神之明》簡 5“畏”字所从“鬼”旁〖編按：字形爲〗，下方亦加兩横爲飾筆，與上字同。

§ 蘇建洲 2011 年 1 月 6 日回帖復旦讀書會 2011：此字不從止，確實不能釋爲畏，鬼、畏二者形體有别，參楚文字編 628、684。此字亦見於《祭公》簡 15 寅字右上，整理者釋爲鬼。至於垔上从西，《尹至》簡 1 有此字，與中山王方壺垔旁寫法相同，也見於《説文》古文垔、煙，哀成叔鼎也有禋，以上諸字皆从西，看來《子羔》11 號簡从“宀”从此字的字釋爲“垔”真有問題。

【釋文索引 2011】隸定作“鬼”，讀爲“威”。

【劉洪濤 2011】《金縢》12 號與《祭公之顧命》15 號有下揭二字：

整理者分别釋爲“畏”和“魌”。按前一字與後一字的右上旁寫法完全相同，應該是同一個字。整理者的釋寫不同，必有一誤。我

① 李家浩：《楚簡文字中的“枕”字——兼談戰國文字中幾個从“臼”之字》，《出土文獻》第 9 輯，中西書局，2016 年。

② 黄德寬：《清華簡〈五紀〉篇“四冘”説》，《出土文獻》2021 年第 4 期。

③ 張富海：《“冘”“甚”的諧聲類及相關古文字試讀》，《管子學刊》2023 年第 4 期。

們認爲後一種釋法是正確的，所謂“畏”應改釋爲“鬼”。我們知道，古文字“人”字形有時會變作“壬”字形，是在“人”字形的右側竪筆上加一點或一短横，又在字形底部加一長横而成。例如下引“年”“虎”二字：

《集成》4229 《集成》4632 《集成》9730

上博《三德》18 號 上博《采風曲目》4 號 上博《柬大王泊旱》5 號

古文字“鬼”下部作“人”字形，或在所从“人”字形的竪筆上加一短横，與上引“年”“虎”二字的第二形同例。例如：

上博《恒先》3 號

清華簡《皇門》8 號“畏”字所从之“鬼”的竪筆上也加有一短横，作下引之形：

《金縢》12 號之字當是在《恒先》3 號“鬼”字的基礎上，在字形底部再加一横畫羡符而成，與上引“年”“虎”二字的第三形同例。所以，這個字應該就是“鬼”字的異體。

《金縢》12 號“今皇天動鬼，以彰公德”，今本《尚書・金縢》與之對應的文字作“今天動威，以彰周公之德”，簡文“鬼”字應從今本讀爲“威”。整理者雖然把此字誤釋爲“畏”，但讀爲“威”還是正確的。

【陳民鎮、胡凱 2011】日本内野本“威”作“畏”，金文中“畏”“威”通用，金文“鬼”亦可通“畏”。按“畏”从止，該字从壬，似非“畏”字，劉、蘇二先生的説法是極有見地的。《清華簡（壹）》中確切無疑的“畏”字凡五見，皆从止。此處很可能係“畏”之誤寫。然“鬼”字本身可讀作“畏”（如郭店簡《老子・乙》5），亦可讀作

“威”(如上博簡《民之父母》8、11、13)。楚簡、金文的“媿(愧)”字亦每讀作“畏”或“威”。“畏”“威”本通。該字當係“畏”字的誤寫,通作“威”。

【書法選編 2016】“”隸定爲“鬼”,讀爲“威”。

【程燕 2017】“”應該釋爲“垔”。安徽大學藏戰國楚簡《詩經・殷其雷》的“殷”作:,即“𩏽”,左下所从即“垔”,可作上列字所从聲旁釋爲“垔”的力證。……今本《尚書・金縢》作“皇天動威”。簡文“垔”,讀爲“威”。上古音“威”,影紐微部;“垔”,影紐真部,聲紐相同,韻部相近可通。文獻中有例可參:《説文》:“莙讀若威。”又“君”从“尹”聲。《尚書・洪範》:“鯀陻洪水。”《漢石經》“陻”作“伊”。

編按: 結合戰國文字,特别是清華簡中二字的寫法,如《皇門》簡 8“畏”字作、《説命下》簡 4“鬼”字作,此處當釋作“鬼”,讀爲“威”,周波和劉洪濤説法可從。清華簡《耆夜》簡 8 有从“垔”的字作,“垔”旁上部與“鬼”字上部明顯有别,安大簡字中的“垔”當屬簡寫,簡寫後與“鬼”字形接近,不能據安大簡此形改釋簡本《金縢》此處“鬼”爲“垔”。

[43] 以章(彰)公悳(德)

【黄人二、趙思木 2011B】此字整理者據字形釋爲“章”,是也。然似當讀爲本字“彰”,《説文》:“章,樂竟爲一章。”“彰,文彰也”。“彰顯”正“文彰”引申之義也。

編按: 簡文“章”可從今本讀爲“彰顯”之“彰”。《説文》對“章”字本義解釋有誤,本義大概就是“花紋”“文采”,字形象以工具雕飾花紋。① 近出陶觥銘文“章”字作,該字形較能代表造

---

① 古敬恒:《“章”字臆解》,收入古敬恒:《子謙齋語言學論文集》,鳳凰出版社,2023 年,第 97—99 頁。

字本義。①

［44］隹(惟)余沓(沖)人亓(其)親逆公,我邦豕(家)豊(禮)亦宜之

【整理者】親逆,今本作"新逆",馬本作"親迎",《詩・東山》序鄭箋"成王既得金縢之書,親迎周公",是鄭本亦作"親"。

【劉國忠 2011A】宜,適宜。這句話是説,於是周成王親自到郊外去迎接周公。

【陳民鎮、胡凱 2011】今本"新逆",清華簡作"靚(親)逆"。《釋文》:"新逆,馬本作'親迎'。"清華簡作"親逆"。"親""新"古通。"逆"者,迎也。可證馬本之確。孔疏云:"新迎者,改過自新,遣使者迎之。"非是。

【李晶 2011】今傳本之"新逆",《釋文》引馬融本作"親迎"。《詩・東山》序箋云:"成王既得金縢之書,親迎周公。"是鄭本亦作"親"之證。但鄭玄釋之爲"新",《詩・東山序》正義在引述《尚書・金縢》後説:"注云:'新迎,改先時之心,更自所以迎周公於東征之歸,尊任之。'"似鄭注同時表達了成王改變主意和親自迎接周公之意。此條清華簡的文義同於馬本。

【張顯成、王玉蛟 2011】"其"表示推測、估計,相當於現代漢語的"可能""大概""或許"等。

【杜勇 2012】這裏提到的"邦家禮"舊説以天子之禮改葬周公,實爲班師凱旋所當進行的歸告之禮,諸如獻捷禮之類。《左傳・桓公二年》説:"凡公行,告於宗廟,反行,飲至、捨爵、策勛焉,禮也。"《左傳・僖公二十八年》説:"秋七月丙申,振旅,愷以入於晉。獻俘授馘,飲至大賞。"這裏説的是諸侯,天子之禮亦當

① 對字形的分析,參見朱鳳瀚:《新見商金文考釋(二篇)》,《出土文獻與古文字研究》第6輯,上海古籍出版社,2015年,第139頁。

如此。清華簡《耆夜》也説到武王伐黎歸來"乃飲至於文大室"。是知獻捷禮包括獻愷樂、獻俘獻馘、告祭祖先、飲至大賞等内容與環節。成王以"邦家禮"親迎周公,充分説明這是周公東征凱旋,而非待罪歸來。

【白於藍、周悦 2020】簡本之"親逆公",今本作"新逆",僞孔傳:"周公以成王未寤,故留東未還。改過自新,遣使者迎之……新逆,馬本作'親迎'。"孔穎達正義云"惟朕小子其改過自新,遣人往迎之",又云"公之東征,止爲伐罪,罪人既得,公即當還。以成王未寤,恐與公不和,故留東未還,待王之察己也。新迎者,改過自新,遣使者迎之"。現據簡本,知當以僞孔傳所引馬本作"親迎"者爲是,今本非是,僞孔傳和孔穎達正義均屬望文生義。《史記・魯周公世家》作"其迎","其"可表時間,相當於"將"。"惟朕小子其迎"即成王將迎之義,與簡本和馬本並不矛盾。簡本之"公",據前文所述,其實並非周公生人,因爲此時周公已經去世。徐克謙指出"所謂'新逆',是指成王親自迎回周公靈柩",是合理的。今本《金縢》和《史記・魯周公世家》雖省略"公"字,但親迎的對象,顯然是周公之靈柩。

對於簡本"我邦家豊(禮)亦宜之",劉國忠認爲,宜當作"適宜",意即"這也才合乎我們國家的禮制"。今本"我國家禮亦宜之";僞孔傳"亦國家禮有德之宜";孔穎達正義"我國家褒崇有德之禮,亦宜行之",又曰"言尊崇有德,宜用厚禮"。《史記・魯周公世家》"我國家禮亦宜之",裴駰《集解》引王肅曰:"亦宜褒有德也。"張守節正義:"王、孔二説非也。按:言成王以開金縢之書,知天風雷以彰周公之德,故成王亦設郊天之禮以迎,我國家先祖配食之禮亦當宜之,故成王出郊,天乃雨反風也。"筆者認爲,以上諸説當以張守節所説爲優。儘管張守節以"故成王亦設郊天之禮以迎"來解釋《史記》後文所云"王出郊"亦未必準確,但其以

“我國家先祖配食之禮亦當宜之”來解釋“我國家禮亦宜之”顯然較其他諸説合理。因爲“我國家禮亦宜之”之“宜”顯然是用作動詞，而“之”應爲代詞。從上下文來看，“之”當指代《史記》所謂“惟朕小子其迎”這件事（簡本和今本亦同），全句意即我國家之禮儀亦當適宜“惟朕小子其迎”。張守節的解釋合乎語法邏輯，僅將“禮”具體解釋爲“先祖配食之禮”而已。由“惟朕小子其迎，我國家禮亦宜之”可見，成王在看到金縢之書後，對周公的猜忌徹底冰釋，並且深感悔悟，不僅親至郊外迎接周公靈柩，還以天子之禮對周公的配食禮儀進行了調整。

編按： 簡文此處言成王親迎歸來的周公，所謂“我邦家禮亦宜之”指的是成王親迎周公的行爲於國家禮制亦合適。此處古今聚訟的焦點在於周公此時是否已故而成王以天子禮葬公，親迎的是避居於東還是東征歸來的周公等問題。詳細討論參見本書第五章第二節《周公“居東”的實質》和第六章第三節《〈金縢〉與今古文經學》。

［45］王乃出逆公至鄗（郊）

【整理者】鄗，今本作“郊”。古文字“郊”字往往作“蒿”，皆高聲。

【馬楠 2011A】核以今本，是鄗卽郊字無疑。楚文字郊往往作“蒿”。鄗、蒿皆高聲，與交聲皆宵部字。

【馬楠 2011B】

王乃出逆公【十二】至鄗（郊）。

今本《尚書·金縢》《史記·魯世家》對應文句皆作：

王出郊。

簡本與傳本文句小異，但關涉到《尚書》《春秋》數處經義。

《魯世家》"出王郊"下,稱"於是成王乃命魯得郊祀文王。魯有天子禮樂者,以褒周公之德也",是謂"'王出郊'爲郊祭,因郊祭止天變,遂賜魯郊"。《洪範五行傳》《白虎通》《公羊解詁》並同。

魯國郊祭之説流布甚廣,又牽扯《春秋》數條"卜郊"經文。僖公三十一年《春秋》:"夏、四月,四卜郊,不從,乃免牲,猶三望。"《公羊傳》:"魯郊,非禮也。"公羊學者皆云成公賜魯使郊爲變禮,非禮之正。

今按,魯郊之説蓋興於戰國秦漢之際,其説係誤解《禮記·明堂位》。《明堂位》美大魯侯郊祭輿服,所謂"是以魯君孟春乘大路,載弧韣,旂十有二旒,日月之章,祀帝于郊,配以后稷,天子之禮也"。但"郊祭"有二,一則《郊特牲》天子郊天之祭,時在冬至,故不卜日;一則襄七年《左傳》孟獻子所謂"啓蟄而郊,郊而後耕"的祈農之祭。《明堂位》明説"孟春",爲後者無疑。是《明堂位》説魯得以天子車服行祈農之郊祭,非謂魯得行天子郊之禮,鄭玄《駁五經異義》説之甚明。故僖公三十一年《穀梁傳》發首卽云"郊,春事也。四卜,非禮也"。最得《春秋》經義。

今簡文云"王乃出逆公至郊",益證"王出郊"之"郊"爲城外郊野,非出行郊祭。

【陳民鎮、胡凱 2011】"鄗",已見包山簡 2·103。楚簡"郊"从高(亦从交者)。包山簡"蒿",讀作"郊"。曾姬無卹壺"蒿閒",殆卽包山簡 2·103 之"鄗鄺","鄗""蒿"亦通。載籍"郊""鄗"亦通。《左傳》文公三年:"取王官及郊。"《史記·秦本紀》"郊"作"鄗"。《戰國策·魏策三》:"而以與趙兵決勝於邯鄲之郊。"漢帛書"郊"作"鄗"。亦屬"書"的《逸周書·文傳解》亦作"鄗"。孔疏云:"祭天於南郊,故謂之'郊',郊是祭天之處也。'王出郊'者,出城至郊,爲壇告天也。《周禮·大宗伯》云:'以蒼璧禮天,牲幣如其器之色。'是祭天有玉有幣,今言郊者,以玉幣祭天,告天以謝過也。”《史記·魯周公世家》以爲成王出郊在周公薨後，恐誤。鄭玄等舊注當是，指周公生前事。清華簡上文言“是戠(歲)也”，且明言“逆公”，爲我們提供了答案，實澄清千古疑雲矣！

【黄人二 2011】“王乃出，逆公，至鄗”，前文既已云“昔周公勤勞王家”“余沖人其親逆公，我邦家禮亦宜之”，表示周公已死，這裏再説“王乃出，逆公”，人死歸葬，成王還要迎公，實不通之極至。案，此又可見竹簡本經過古文經學家改動過的痕迹。如果按照古文家之説法，周公畏流言而奔楚，此時成王返公，親迎於郊也。“至郊”，《説文》各有“郊”“蒿”之字，但在楚簡中，“郊”常寫作“蒿”，包山卜筮祭禱簡亦有。簡文此字从邑、高聲，今本作“郊”。

【季旭昇 2013B】楚簡“郊”字，除學者上舉諸例外，如“武王素甲陳於殷蒿(郊)”(《上二·容成氏》53 背)、“需于蒿(郊)”(《上三·周易》2)等。成王出郊，孔疏以爲“爲壇告天”“告天以謝過”，今簡本作“王乃出逆公至鄗(郊)”，明出郊是爲“迎周公”，非爲“告天謝過”，孔疏非。

郊迎爲天子、諸侯迎貴客之最敬禮，劉向《説苑·尊賢》:“田忌去齊奔楚，楚王郊迎至舍。”《管子·小筐》:“初，桓公郊迎管子而問焉。”《戰國策·秦策》:“(甘羅)見趙王，趙王郊迎。”《魏策》:“楚王聞之，因郊迎惠施。”例多，不勝枚舉。

編按：馬楠説法可從，“王出郊”之“郊”爲城外郊野，非“郊祭”。詳細討論參見本書第六章第三節《〈金縢〉與今古文經學》。

是夕，天反風，禾斯记(起)[46]，凡大木斎=(之所)臧(拔)，二公命邦人𦘔(盡)遉(復)笙(築)之[47]。戠(歲)大有年，蘇(秋)【十三】則大叡(穫)[48]。【十四】

[46] 是夕，天反風，禾斯记(起)

【黄懷信 2011A】“王乃出逆公，至郊。是夕，天反風，禾斯起”，今本作“王出郊，天乃雨，反風，禾則盡起”。按：以簡書，是成王出迎周公，一直走到郊外，當晚乃有風雨；以今本，則王出迎至郊即風雨起。未知孰是。

【劉國忠 2011A】反風：颳相反方向的風。起，豎立。這句話是説，這天晚上，天上颳起了相反方向的風，莊稼又全都豎立了起來。

【黄湛 2017】〖編按：今本此句作“天乃雨，反風，禾則盡起”〗傳世本“乃雨”二字當是衍文。“天乃雨，反風，禾則盡起”，指成王迎回周公，異象消除。“反風”是風停之義。此處的理解，應對應前文成王未迎周公時來説，當時的種種異象是：“秋大熟，未穫，天大雷電以風，禾盡偃，大木斯拔。”“雷電以風”簡本作“疾風以雷”，指風雷交加，前後均與雨無涉。……傳世本“天乃雨”是寫異象消除時方才下雨，此前風雷交加之時則並未下雨。這實際上也説不通，因爲風停之後反而下雨，並非正常的自然現象。查王充（27—97）《論衡·感類》論及灾異警示的問題時，引用《金縢》並解釋説：“當雷雨時，成王感懼，開《金縢》之書。”甚至分析了雷、雨灾變如何逐步消除：

> 問：“天爲雷雨以悟成王，成王未開金匱雷止乎？已開金匱雷雨乃止也？”應曰：“未開金匱雷止也。開匱得書，見公之功，覺悟泣過，决以天子禮葬公。出郊觀變，天止雨，反風，禾盡起。由此言之，成王未覺悟，雷雨止矣。”

其中“出郊觀變，天止雨，反風，禾盡起”，大概是王充發覺傳世本《金縢》“乃雨”之不合理，便改作“止雨”（或王充所見版本如此）。殊不知《金縢》原本前後均不及有雨無雨，灾異的重點當在於大風吹倒禾及大樹。

編按：◇“反風”就反向颳風的意思，裴駰《集解》引馬融注：

“反風，風還反也。”劉國忠説法可從，黄湛理解有誤。

◇ 簡本前有“天疾風以雷，禾斯偃，大木斯拔”，後有“王乃出逆公至郊，是夕，天反風，禾斯起”與之對應；今本前有“天大雷電以風，禾盡偃，大木斯拔”，後有“王出郊，天乃雨，反風，禾則盡起”與之對應。就言語表達而言，簡本前後對應明確，先是“天疾風以雷”，造成“禾斯偃，大木斯拔”的灾異，成王隨之醒悟，而後獲得“天反風”的良好感應。今本的“天乃雨”可能是爲照應和緩解前文“雷電以風”但無雨的異常天象，但“天乃雨”帶來了土地的濕潤，即便有了“天反風”，仍不利於“禾盡起”。

◇ “禾斯起”之“斯”亦見簡 9“禾斯晏（偃）”，詳説見“校釋”第 34 條。

［47］ 凡大木斎=（之所）𧃖（拔），二公命邦人𦘔（盡）遉（復）竺（築）之

【黄人二、趙思木 2011B】 此字對應今本之“築”字，《釋文》謂本又作“筑”。整理者以爲此字當讀爲“筑”，未知係從一本讀之，抑或簡體字之誤。此處復大木而築之者，謂重新扶起傾覆之大木，而後擣實其下土。按，此字當讀爲“築”，《説文》：“築，（所以）擣也。”[①]又“筑，以竹擊之成曲，五弦之樂。”可知“築”爲“版築”之本字，“擣實”則其引申之義，“筑”則與此無涉。“築”从“筑”聲，“筑”从竹，竹亦聲；本篇此字如是作，則當是从土竹聲。《説文》“築”之古文作“篁”，[②]亦从土得義，是其證也。

【劉國忠 2011A】 築，用土夯實。這句話是説，凡是那些被大風吹倒的樹木，召公和姜太公讓國人將它們全部扶起，用土夯實。

---

① “所以”二字段注所補。［原注］

② 段注改從“管”作，是。［原注］

【陳民鎮、胡凱 2011】“築”,清華簡作“笁”。《説文》所引“築”之古文,作[illegible](形近亦可讀作“築”的“篙”“嵌”),亦从土。《書古文訓》作“筥”。楚簡之“竺”,亦可讀作“築”(見九店簡),與“笁”形近。《釋文》云:“築音竹,本亦作筑,謂築其根,馬云:‘築,拾也。’”孔疏云:“鄭、王皆云‘築,拾也。……’”馬融、鄭玄、王肅所訓當非。《説文》云:“築,擣也。”《釋名・言語》云:“築,堅實稱也。”《詩經・大雅・緜》云:“築之登登。”《儀禮・既夕禮》云:“甸人築坅坎。”鄭注:“築,實土其中堅之。”皆謂搗土使堅實也。《金縢》之“築”,亦當從此。《釋文》“謂築其根”,是。今本“盡起而築之”,若“築”訓拾,則與“起”重複矣。況“大木”難以拾,訓搗土,文意甚安。清華簡作“笁”,亦可窺其一二。

【黄懷信 2011A】“凡大木之所拔,二公命邦人盡復築之”,今本作“二公命邦人凡大木所偃,盡起而築之”。似簡書文出今本文之可能性大。

【張顯成、王玉蛟 2011】盡,寫作“𦘔”,範圍副詞,可譯爲“全部”。

【陳劍 2011】今本篇末“凡大木所偃,盡起而築之”,《魯周公世家》同。馬融、鄭玄、王肅等皆解“築”爲“拾”,《尚書校釋譯論》第1244頁從之,解釋爲“把大木所倒壓的禾扶起來拾取其穗”。按簡本14“偃”字作“𧆑(拔)”,與上文“禾斯旻(偃),大木斯𧆑(拔)”一致,據此可知僞孔傳和孔疏以爲“築”是築大木之根——這本來也是最平實的看法——還是正確的。今本“拔”作“偃”當係涉上文“禾盡偃,大木斯拔”而誤。

【金正男 2017】簡文只有“築”,今傳本有“築”和“起”。簡文“築”的主體顯然是“邦人”。今傳本附加一個“起”字,“盡起而築之”的主體改變了“大木”,其句性質大抵符合被動句所具有的語法特性。據此可以推定,各本叙述者對“築”或者“起”的認識有所不同,因而"凡大木之所拔""二公命邦人"兩句前後次序發生了變化。

編按:"復築之"即言"恢復原位而築其根"。對"築"的訓詁,陳民鎮、胡凱和陳劍説法基本可從。

[48] 戠(歲)大有年,蘇(秋)則大㱿(穫)

【黄懷信 2011A】"歲大有年,秋則大穫",今本作"歲則大熟"。按:"歲大有年"與"秋則大穫"重複,不如今本簡潔。

【張顯成、王玉蛟 2011】"則"表示前後兩方面具有順承關係,可譯爲"於是""就"等。

【金正男 2017】"歲大有年,秋則大穫"比今傳本"歲則大熟"更通順一些。從《穀梁傳・宣十六》"五穀大熟,爲大有年"、《竹書紀年》"秋大有年"可以看出,"大有年"是"大豐年"的意思,跟9號簡"大熟"相同。所以,簡文"歲大有年,秋則大穫"的語義並無異議。但從今傳本《金縢》的情節來看,"歲則大熟"有一些矛盾。"大熟"在今傳本中出現了兩次。除"歲則大熟"外,另外一處是"秋大熟,未穫",此句先於"歲則大熟"出現。值得注意的是,今本的抄寫者已經提出過"大熟",但是最後又提到了"大熟"。兩個用例之間的一系列情況爲,由於"起了大雷電""大風""禾黍吹到""大樹被拔起來"等異變,人民驚恐得很。王和大夫進行占卜,竟然發現了周公把自己做抵押請替代武王死的祝辭。然後,他們就把這件事詢問史官,才知道這些事情都是周公所做的一切措施。因此成王親自去迎接周公,於是天下起雨,颳起風來,禾黍都豎了起來。

按照上面所述的情節,今本最後的"大熟"可能是"大穫"的誤寫。兩個用例之間發生的變故所影響的不是"大豐年",而是人民的"收穫"活動。發生"起了大雷電""大風"的變故之前,那年已經是"大熟"之年了。那爲什麼還要再次涉及"大熟"呢?

另外,“熟”與“穫”的語境,在先秦文獻裏有明顯的區别,不能混而爲一。單用“熟”一字也可以表達“大豐收”的意思。除今文《尚書》外,《漢書・食貨志》也出現了“大熟”一例,上博簡《柬大王泊旱》16 號簡的“四疆皆熟”的“熟”也表達出豐年的意思。一般來説,“熟”字在先秦文獻中常用作“成熟”義,即“果實、穀物等完全成長”的意思。此字跟穀物、果實、蔬菜可以互相搭配。“穫”字在先秦文獻中常用作“收”義。《詩・七月》“六月食鬱及薁,七月亨葵及菽,八月剥棗,十月穫稻”、《墨子・節葬》“此譬猶禁耕而求穫也”、《禮記・禮運》“講之於學而不合之以仁,猶耨而弗穫也”中的“穫”字都表示“收”義。我們已經看到,簡文的最後部分也明顯地分爲兩種説法,即“大有年”與“大穫”。綜上,從《金縢》情節、用字習慣、簡本 13—14 號簡的用例的因素來看,今本的“歲則大熟”是“歲則大穫”的誤寫。

【黄湛 2017】簡本作“歲大有年,秋則大穫”,有學者認爲:“大有年”與“大穫”同義重複,簡本此處不如傳世本簡潔。此説實不確。然而“大有年”實際與“大穫”不同,查《穀梁傳》宣公十六年云:“五穀大熟爲大有年。”桓公三年云:“五穀皆熟爲有年。”義亦同。則“大有年”即“大熟”,而非“大穫”之義。簡本寫灾異時熟而未穫,灾異消除後則熟而且穫。傳世本只作“大熟”,或闕“大穫”(或表示相關義項的内容),或是“大穫”之誤寫。

編按:“𣪠(穫)”亦見簡 9“秋大熟,未𣪠(穫)”,對字形詳説見“校釋”第 32 條。

周武王又(有)疾周公所自以弋(代)王之志[49]【十四背】

[49] 周武王又(有)疾周公所自以弋(代)王之志

【子居(網名)2011】周〖編按:字形爲 〗,从日的“周”字似僅見於包山楚簡、信陽楚簡及古璽文,此亦可略見《金縢》篇屬於

《尚書》各篇中最晚出的一類。疾〖編按：字形爲 〗，字形與侯馬盟書及上博《周易》《曹沫》篇"疾"字類似。弋，讀爲"代"，字形〖編按：字形爲 〗與郭店《唐虞》、上博《鮑叔》最近。

【劉國忠 2011B】在春秋戰國時代確實已經出現了"周某王"這樣的稱謂，清華簡抄寫於戰國中期，這一篇題也很有可能是當時的抄寫者所增，因此，在清華簡的篇名中出現"周武王"這樣的稱呼並不奇怪，更不能以此質疑清華簡的真實性。……楚王的謚號也多與周王相同，因而在楚國，也出現了武王、文王，成王、穆王、莊王、共王、康王、靈王、平王、昭王、惠王、簡王等王號，很多都與周王的王號一致。我們可以設想，在楚國的典籍中，如果不加以區別説明，是很難搞明白"武王"究竟是"周武王"還是"楚武王"，"文王"是"周文王"抑或是"楚文王"。因此，楚人在抄寫這些《尚書》經典時，有意對裏面涉及的一些王號問題加以區別，所以給《金縢》擬的篇題爲"周武王有疾周公所自以代王之志"。

【季旭昇 2013B】此爲篇題。今本作《金縢》，與簡本不同。古書篇題往往後加，或撮取大義以命篇，或徑取篇首或篇中數字以命篇。簡本與今本各自命篇，因而不同。

"代王之志"，"志"字可有二義，或訓爲"心志"，或訓爲"記録"。本篇似以釋爲"心志"較佳。因爲本篇並非全部記録"周公所自以代王"之"詞"。與簡 10"王旻(得)周公之所自以爲社(功)以弋(代)武王之敚(説)"不同。

編按：◇ 簡本所用字體的早晚主要説明抄寫的年代，恐不能直接説明簡本《金縢》文本成文時間的早晚。

◇ 簡背 14 字當是時人賦予的篇題，而非小序。詳細討論，參見第六章第一節《篇題及〈書序〉問題》。

第三章　簡本與今本的對比性研究

簡本和今本雖然大體接近，但仍存在多處差異，小到用字用詞，大到叙事結構，等等。學界的研究從微觀到宏觀，詳細分析了二者的差異，以及造成差異可能的原因。爲討論的便利，先依照《尚書正義》的分章，①分别對比簡本與今本的差異。②

表1 《金縢》簡本與今本文字對照表

簡　本	今　本
武王既克𩁹(殷)**三年**，王不瘵(豫)又(有)𡰥(遲)。二公告周公曰："我亓(其)爲王穆卜。"周公曰："未可以慼(戚)虘(吾)先王。"周公乃爲三坦(壇)同𨾛(墠)，爲一坦(壇)於南方，周公立女(焉)，**秉璧畳(戴)珪**。	既克商**二年**，王有疾，弗豫。二公曰："我其爲王穆卜。"周公曰："未可以戚我先王？"公乃自以爲功。爲三壇同墠。爲壇於南方，北面，周公立焉。**植璧秉珪**，乃告太王、王季、文王。

① 《尚書正義》的分法主要是根據各段文意的獨立性，没有考慮各段之間文意的相關性進而分章，但這種分段有利於和簡本作細緻的對比，本書姑且沿用這種劃分。現今通行的做法是劃分爲三章，如《尚書校釋譯論》作三分法，開頭至"王翼日乃瘳"爲第一章，"武王既喪"至"王亦未敢誚公"爲第二章，其餘爲第三章(最晚至清人孫星衍《尚書今古文注疏》已經如此三分，只是認爲第三部分是《亳姑》逸文)。

② 今本據嘉慶二十年南昌府學刻本，參見阮元校勘：《十三經注疏》之《尚書》，藝文印書館，2001年，第185—189頁；簡本以整理報告爲基礎，參考諸家合理意見而成。凡簡本與今本内容有明顯差異的詞句，字體標黑同時下劃横綫；今本有而簡本無，或簡本有而今本無的詞句，下劃波浪綫。

續 表

簡 本	今 本
史乃册祝,告先王曰:"尔(爾)元孫發也,𩏏(遘)遘(害)𧆛(虐)疾,尔(爾)母(毋)乃有備子之責才(在)上。隹(惟)尔(爾)元孫發也,不若但(旦)也,是年(佞)若丂(巧)能,多忎(才)多埶(藝),能事㲋(鬼)神。命于帝𨗨(廷),尃(溥)又(有)四方,以奠(定)尔(爾)子孫于下𨹹(地)。尔(爾)之䚻(許)我=(我,我)則晉(瘗)璧與珪。尔(爾)不我䚻(許),我乃以璧與珪逯(歸)。"	史乃册祝曰:"惟爾元孫某,遘厲虐疾。若爾三王,是有丕子之責于天,以旦代某之身。予仁若考能,多材多藝,能事鬼神。乃元孫不若旦多材多藝,不能事鬼神。乃命于帝庭,敷佑四方,用能定爾子孫于下地。四方之民罔不祗畏。嗚呼!無墜天之降寶命,我先王亦永有依歸。今我卽命于元龜,爾之許我,我其以璧與珪歸,俟爾命;爾不許我,我乃屏璧與珪。"
周公乃内(納)亓(其)所爲社(貢)自以弋(代)王之敚(説)于金紎(縢)之匱,乃命執事人曰:"勿敢言。"	乃卜三龜,一習吉。啓籥見書,乃並是吉。公曰:"體!王其罔害。予小子新命于三王,惟永終是圖,茲攸俟,能念予一人。"公歸,乃納册于金縢之匱中。王翼日乃瘳。
臺(就)逡(後),武王力(陟),㡵(成)王由(猶)學(幼)才(在)立(位),官(管)弔(叔)返(及)亓(其)羣𧿹(兄)俤(弟)乃流言于邦曰:公𣷊(將)不利於需(孺)子。周公乃告二公曰:"我之□□□□亡(無)以遉(復)見於先王。"周公石(蹠)東三年,禝(禍)人乃斯旻(得)。於逡(後),周公乃遺王志(詩)曰《周(雕)鴞》,王亦未逆公。	武王旣喪,管叔及其群弟乃流言於國,曰:"公將不利於孺子。"周公乃告二公曰:"我之弗辟,我無以告我先王。"周公居東二年,則罪人斯得。于後,公乃爲詩以貽王,名之曰《鴟鴞》。王亦未敢誚公。
是戠(歲)也,蘇(秋)大管(熟),未瓝(穫)。天疾風以雷,禾斯妟(偃),大木斯㪍(拔)。邦人□□□□皃(弁),夫=(大夫)纅(端),以攼(啓)金紎(縢)之匱。王旻(得)周公之所自以爲社(貢)以弋(代)武王之敚(説)。王䎽(問)執事人,曰:"訐(信)。殹	秋,大熟,未穫。天大雷電以風,禾盡偃,大木斯拔,邦人大恐。王與大夫盡弁以啓金縢之書,乃得周公所自以爲功代武王之説。二公及王乃問諸史與百執事。對曰:"信。噫!公命我勿敢言。"王執書以泣,曰:"其勿穆卜!昔公勤勞王家,惟予沖

續　表

簡　　本	今　　本
(抑)公命我勿敢言。"王**捕箸(書)**以滙(泣),曰:"昔公堇(勤)勞王豪(家),隹(惟)余沓(沖)人亦弗汲(及)智(知),今皇天違(動)鬼(威),以章(彰)公悳(德),隹(惟)余沓(沖)人亓(其)親逆公,我邦豪(家)豊(禮)亦宜之。"王乃出逆公至鄗(郊)。是夕,天反風,禾斯记(起),凡大木斎=(之所)**臧(拔)**,二公命邦人𦘦(盡)復(復)笙(築)之。**戠(歲)大有年,蘇(秋)則大𣪠(穫)**。	人弗及知。今天動威以彰周公之德,惟朕小子其新逆,我國家禮亦宜之。"王出郊,天乃雨,反風,禾則盡起。二公命邦人凡大木所**偃**,盡起而築之。**歲則大熟**。

一、簡本與今本對比諸説綜理

(一) 簡本與今本差異之比較

1. 謚稱的有無

對比可知,今本前文對在世的武王和成王無謚稱,後文對已逝的武王才有謚稱。對此,學者們普遍主張今本符合當時稱謂規則,而簡本可能有後世改寫的痕迹。

馮時認爲簡本以武、成二王在世而謚稱武、成,與西周制度明顯不合。而今本開篇只言"既克商二年,王有疾,弗豫",對在世的武王只稱"王",不謚"武王",後文武王既喪才稱"武王",又於在位成王稱"孺子"或"王",生稱與死謚涇渭分明,合乎西周金文及早期文獻所見之制度,顯然較簡本所體現的時代更早。①

① 馮時:《清華〈金縢〉書文本性質考述》,第154—158頁。

彭裕商也指出簡本於武王生時即稱謚號，今本於武王生時僅稱王，死後方稱謚，於成王則通篇僅稱“王”或“孺子”。今本符合典籍及古文字材料所見稱謂原則，簡本則不合。簡本此類記事體例與古時不合，但與《史記·魯周公世家》引述《金縢》的情況相同。類似情況又如《春秋經》與《左傳》，前者爲當時之實録，其生時均無稱謚者，至下葬時則改稱謚號。《左傳》主要是闡釋經文，故於生時均稱其後來之謚，以使人物明確。由此看來，清華簡《金縢》也應是據原典而有所改寫的後來之筆。①

2. 祝辭的不同

周公祝辭中，對武王的稱謂，簡本作“元孫發”，今本作“元孫某”。馮時認爲古代祝禱之文，於名臨文可諱可不諱，但讀辭必諱。今文《金縢》於祝文諱稱武王名而言“某”，簡本《金縢》書則徑言其名“發”。此處祝文乃周公所作，史佚所讀，不可直誦王名。因此，簡本當非《尚書》原典，可能晚出。②

彭裕商認爲篇中祝禱之辭本是周公對太王等先王而言，以“君前名父”的原則，太王等三王尊於武王，祝辭應直稱武王之名，以示對太王等先王的尊崇。但《金縢》篇乃史官所作，在抄録周公祝辭時將武王名“發”改爲“某”。也有可能是文本流傳既久，若干年後傳抄時或改或不改，就形成了兩種本子，就像今本和簡本。③

朱鳳瀚認爲《史記·魯周公世家》“惟爾元孫王發”，稱王名，同於簡文。僞孔傳曰：“元孫，武王；某，名。臣諱君，故曰某。”僞孔傳所曰“臣諱君”應是指此祀是由史代讀故要諱君，但是，史代

---

① 彭裕商：《〈尚書·金縢〉新研》，第158—159頁。
② 馮時：《清華〈金縢〉書文本性質考述》，第159—160頁。
③ 彭裕商：《〈尚書·金縢〉新研》，第161頁。

讀祝辭並不等於是史本人稱呼王,而是代周公言,而且祝辭是向三王祈求,無論周公自稱還是稱呼所爲求佑之武王,在祖先神靈面前均没有避諱名字之必要。在西周青銅器中,王所作器中以對祖先神祈佑的口吻所寫銘文僅知有周厲王所作的三件器,這幾件器銘所見贊頌先王(或前文人)以祈求福佑的文句中,因是對先王(或前文人)所言,周厲王皆自稱己名"㝬"。由此推測西周諸王(及周公之類王室成員)在以先王爲申述對象時徑稱己名,以及簡文記史代周公祝告先王時所稱武王爲"爾元孫發",是合乎當時制度的。①

謝能宗亦認爲祈禱之時,不論是周公自言,還是史官代讀策書,都不應避諱。《史記·魯周公世家》和簡本《金縢》不避武王之諱,更符合西周春秋時期的實際情況;而傳世本《金縢》避武王之諱,應該是後人改定的。②

3. 占卜文句的有無

與今本相比,簡本在周公祝禱之後没有"乃卜三龜,一習吉"一段文句。這一段究竟是原初即有,被後人删去,還是原初没有,後人補入,學界對此有不同的解釋。廖名春、馮時、朱鳳瀚和趙思木等學者主張該段爲後人所删去,劉國忠、陳劍和黄湛等學者則主張該段爲後人所加。

廖名春認爲簡本缺失占卜的一段文字導致整個事件的發展出現斷環,這可能是後人删節時的疏忽造成的。周公的祝告提出了一個兩難的選擇:"爾之許我,我其以璧與珪,歸俟爾命;爾不許我,我乃屏璧與珪。"依前者,武王活而周公得死;依後者,武王死而周公得活。事實上武王活而周公也没有死,周

① 朱鳳瀚:《讀清華簡〈金縢〉兼論相關問題》,第50頁。
② 謝能宗:《〈尚書·金縢〉篇武王避諱問題補論》,第207—208頁。

公的兩難選擇被打破。今本“卜三龜，一習吉。啓籥見書，乃並是吉”交代了原因，而簡本則没有這些交代，事件的發展就出現了缺環。①

馮時指出今本“乃卜三龜，一習吉”事同殷周三卜制度，且“習卜”也是當時占卜術語，非後人所能臆言，此段占卜内容當本諸原典，但簡本全然不見此段文字。《論語·述而》：“子不語怪、力、亂、神。”簡本缺少占卜文辭，似應出於儒家《書》教之需而做的刻意省略。②

彭裕商則主張簡本没有“乃卜三龜一習吉”及其以後的相關文句，也没有武王瘳的記載，這可能是因武王在周公祝禱之後不久即去世，與三卜皆吉的説法不合，所以被删去。③

朱鳳瀚認爲楚簡本缺少了周公爲自請作人質以代武王侍奉鬼神事而占卜的重要内容，或許與此篇文章在楚地流傳之初，所載占卜行爲不爲楚人信奉而被删去有關，或許由於認爲周公既不同意二公“爲王穆卜”而自己又占卜相互有矛盾而删。如果是後者，則與對“爲王穆卜”之句的解讀有關。④ 趙培基本上同意朱先生的推測。他還認爲，今本所源自的齊魯傳本，在“子不語怪力亂神”之地流傳，却保留周公占卜一段，其原因與孔子對巫卜的態度有關。馬王堆帛書《要》篇説明孔子對於巫卜類事物並不排斥，但用之以崇德行義。今本與簡本同屬一個文本系統，在流傳過程中存留下占卜一段，目的是彰顯周公之德。⑤

---

① 廖名春：《清華簡與〈尚書〉研究》，第121頁。

② 馮時：《清華〈金縢〉書文本性質考述》，第161頁。

③ 彭裕商：《〈尚書·金縢〉新研》，第161頁。

④ 朱鳳瀚：《讀清華簡〈金縢〉兼論相關問題》，第56頁。

⑤ 趙培：《〈金縢〉篇的文本層次及〈尚書〉研究相關問題》，《清華大學學報（哲學社會科學版）》2021年第2期，第121—122頁。

趙思木認爲這段文字措辭古樸，而且在除病之祭後進行占卜的行爲見於楚卜筮祭禱簡，應是淵源有自的。簡本雖無這段文字，恐不宜將這段文字視爲很晚所加。没有這段文字，並不是因爲楚人不信奉這種占卜行爲。二公所謂“穆卜”與説祭之後進行的占卜性質不同，並不構成矛盾。在當時人的心中，這次占卜獲得吉兆，説明先王顯靈，答應周公請求；但武王若因此病去世，古人一定覺得先王之靈並没有實現周公請求。殷墟卜辭記載商王的移祟活動，卜問臣下能否“肩興有疾”，即代王生病，生病者會在卜辭中補刻驗辭，這一徵驗正體現鬼神之靈。簡本不載這段占卜過程，一方面是因爲這種除病之祭後進行的占卜活動不是配套的禮制，一方面可能是爲了不表現先王之靈的“背信”。《詩》《書》作爲貴族教材，其中若有關於先王之靈“背信”的記載可能會妨害人們對鬼神之靈的信仰。今本《金縢》後文有“王翼日乃瘳”一句，可以視爲這段占卜文字的“驗辭”。前有占卜後有驗辭，武王雖死，却不妨害周公有功、鬼神有靈。①

劉國忠指出今本叙述周公自己在禱告後去占卜吉凶，這一段記載最爲後人所詬病。如袁枚所言：“二公欲穆卜，公拒之，以爲未可以戚我先王……他人戚先王不可，而己戚先王則可，非伯尊之攘善而何！”現在從簡本來看，周公自始至終都没有占卜，只是向三王禱告，祈求自己代武王受過而已，禱告與占卜並非一事，可以説明周公並没有當面一套，背後一套。②

陳劍對比分析了《金縢》中周公以身代武王、《魯周公世家》和《蒙恬傳》中周公揃蚤沈河代成王，以及《吕氏春秋》《論衡》等書中商湯自以爲犧牲救旱之事，認爲此類事件皆屬古代轉移疾

① 趙思木：《〈清華大學藏戰國竹簡（壹）〉集釋及專題研究》，第247頁。
② 劉國忠：《從清華簡〈金縢〉看傳世本〈金縢〉的文本問題》，第43頁。

病的巫術,《金縢》篇中周公"秉璧戴珪"正係模擬犧牲之象,周公直接將自己模擬爲犧牲獻祭。周公既禱瘞埋珪璧,完成轉移武王之疾於己身的儀式,即歸而俟武王之病移於己身、待三王之召,因此無須再卜。今本多出的占卜部分的内容,屬於後人對此點已不瞭解而添加。①

黄湛認爲後人增入"乃卜三龜,一習吉"一段文句,目的是化解周公以身代死與武王病愈兩情節之間的矛盾。周公以身代死即是以自己的生命作爲交换條件,祈求武王病愈。隨後故事的發展應該只有兩種可能: 其一,若許誓靈驗,則武王病愈,周公代死;其二,若許誓未驗,則武王病逝,周公無恙。簡本的故事便是按照後者發展,並未交代武王病愈的情節,直接就説"就後武王陟"。周公許誓完畢,將許誓内容藏於匱中,武王不久後便病逝了。今本多出武王病愈的情節,此情節的增設,目的在於彰顯周公許誓之功。武王因周公而獲救,更能凸顯周公的忠誠和功勞。但這樣一來,却與周公以自身作爲交换條件的誓言兩相抵牾。今本作者或後世傳者大概也發現了這個問題,遂又增加了自圓其説的"乃卜三龜,一習吉"一段文句。前文二公在提議"穆卜"之時,周公明明説"未可以戚我先王",傳世本添加"乃卜三龜"之事,與前文拒絶"穆卜"顯然矛盾。相比之下,簡本没有後來占卜的情節,則顯得更爲合理。此情節之添設,無非是要化解周公以身代死與武王病愈兩情節之間的不合,却不曾想又生出新的問題。②

4. 簡本無"王翼日乃瘳"一句

今本在周公占卜一段的末尾有"王翼日乃瘳"一句,《史記·

---

① 陳劍:《清華簡〈金縢〉研讀三題》,第165—168頁。

② 黄湛:《簡本、傳世本〈金縢〉校釋——兼論經典文本的流變與詮釋》,第45—46頁。

魯周公世家》作“明日，武王有瘳”，簡本没有這一説法。結合《史記·周本紀》“武王已克殷，後二年……武王病。天下未集，群公懼，穆卜。周公乃祓齋，自爲質，欲代武王。武王有瘳，後而崩”，以及《史記·封禪書》“武王克殷二年，天下未寧而崩”，陳劍認爲武王之死就是《金縢》篇所言之疾所導致，從“有疾”到崩殂，時間不長，很難如今本所説“已瘳”，簡本没有提及周公對武王病情好轉起到作用，這才是符合歷史實際的，也反映出簡本的面貌較今本更爲原始。今本添加“王翼日乃瘳”一句，當是後人爲了神化周公而加入的。①

5. 簡本多出“成王猶幼在位”一句

簡本在“武王陟”以後，有“成王猶幼在位”一句，《史記·魯周公世家》作“成王少，在強葆之中”，而今本則無這句。

彭裕商指出這句可能是後人所加。結合相關材料來看，他認爲“成王幼在位”的説法與事實不符。這種説法是爲周公攝政説服務的，只有説成王即位時年幼，没有處理國家大事的能力，周公才有可能攝政。持這種説法的典籍，如《荀子·儒效》《禮記·明堂位》《尚書大傳》和《史記·周本紀》《魯周公世家》等成書年代均晚，大致從戰國晚期到秦漢。可見，成王年幼的説法流行於戰國晚期到秦漢。即使拋開戰國晚期以來的説法，僅就《尚書》本文及相關出土文獻來考察，也完全找不出周公攝政的可靠證據。《金縢》載周公於成王即位之初就因流言而避居於東，未曾受攝政之命於武王是明顯的。其返回宗周也是受成王所召，其後平叛踐奄的主帥也是成王。簡本“成王猶幼在位”一句，主要目的是説明管蔡叛亂的原因，但其來源當出自周公攝政説，而且“成王”爲謚稱，也不合古人記事體例，這些都説明此句爲後人

---

① 陳劍：《清華簡〈金縢〉研讀三題》，第158頁。

所加，與《魯周公世家》的情况類同。傳世本無此句，應當符合該篇原貌。①

6. 簡本在“秋大熟”前多出“是歲也”

劉國忠認爲對於“天降灾異”時間的交代，簡本明言爲“是歲也”，説明這是周公平定三監叛亂之後當年即已發生的事實。②杜勇認爲簡本“就後武王陟”“是歲也，秋大熟，未穫”“是夕，天反風”諸句當出自初始本，在整編時可能認爲事件發生的時間爲人所熟知，故删除“就後”“是歲也”“是夕”等時間副詞，造成後世理解上的嚴重分歧。③

白於藍和周悦注意到簡本與今本相比在“秋大熟”之前有“是歲也”三字，緊接在“周公石東三年，禍人乃斯得，於後周公乃遺王志（詩）曰《雕鴞》，王亦未逆公”之後。這種叙述很容易讓人將“是歲也”理解爲周公東征歸來“王亦未逆公”之當年，緊接其後的“天疾風以雷”、成王開啓《金縢》以及“王乃出逆公至郊”等事也發生在該年。如果“是歲也”指周公東征歸來當年，則周公在前後兩次“逆公”期間的活動便成難題。據《史記·魯周公世家》，從周公東征歸來至“秋大熟，未穫”之前，其間歷經了如“周公往營成周雒邑”“還政成王，北面就臣位”“周公作《周官》，官别其宜”等大事。若將“是歲也”三字理解爲周公東征歸來之當年，則與《史記》所記相差甚遠。他們推測認爲《金縢》所記史實並不完整，並非周公事迹的全部實録。“是歲也”三字今本未見，《史記·魯周公世家》則寫作“周公卒後”。簡本可能比較原始，編撰者在節取周公相關史料時，發現“是歲也”之前有關周公史事與《金縢》主旨關係不大，故未加引録，但仍舊保留了“是歲也”三

① 彭裕商：《〈尚書·金縢〉新研》，第160頁。
② 劉國忠：《從清華簡〈金縢〉看傳世本〈金縢〉的文本問題》，第42頁。
③ 杜勇：《清華簡〈金縢〉有關歷史問題考論》，第65頁。

字,致使出現上述問題。①

7. 其他差異

馮時還指出簡本雖較今本内容簡潔,但時有增益,目的則在補充經文。如今本“公歸,乃納册于金縢之匱中”,簡本作“周公乃納其所爲功自以代王之説于金縢之匱,乃命執事人曰‘勿敢言’”。簡本於後文有王問執事人,而答曰“勿敢言”,補充前文,使前後因果完整。類似幾處增補文字,目的都是對經文作更具體準確的説明,具有傳經的意義。由此而論,簡本顯非《尚書》原典。②

彭裕商主張簡本整體簡略,有些地方顯得語句不順。如簡本缺少“以旦代某之身”一句,導致祝辭的主旨不明確;簡文中也没有寫明祝告對象是太王、王季、文王三王,祝告對象不明;祝辭中“命于帝廷”以下指武王,其上緊接“是佞若巧能多才多藝,能事鬼神”又指周公,“命于帝廷”幾句遠承上文“惟爾元孫發也”,文句不如今本通順。③

程浩注意到今本“四方之民罔不祗畏。嗚呼! 無墜天之降寶命,我先王亦永有依歸。今我即命于元龜”32 字雖不見於簡本,但是簡本每簡的字數在 32 字左右,因此簡本的祖本在流傳過程中可能脱失了一支簡。④

簡文“禍人乃斯得”,今本作“則罪人斯得”,馮勝君認爲“禍人乃斯得”應理解爲管、蔡這些禍亂周邦之人被(武庚)俘獲(“得”)。歷代解經者,一般認爲“罪人”指管、蔡。今本“周公居東二年”與“罪人斯得”之間,多一“則”字,似表明這兩件事具有

① 白於藍、周悦:《清華簡〈金縢〉文句新釋》,第 205 頁。
② 馮時:《清華〈金縢〉書文本性質考述》,第 163—164 頁。
③ 彭裕商:《〈尚書·金縢〉新研》,第 161 頁。
④ 程浩:《有爲言之: 先秦“書”類文獻的源與流》,第 44 頁。

因果關係。如果周公不是東征,管和蔡怎麼能"得"? 這是不少解經者支持東征説的重要原因。簡本作"禍人乃斯得",没有"則"字,表明簡本"禍人乃斯得"與"周公蹠東"之間至少在文本層面没有明顯因果關係。另外,今本"罪人",簡本作"禍人"。使用"禍人"而非"罪人",實際上暗示了管、蔡自始至終都没有參與武庚叛亂。①

魏慈德認爲今本多出的占卜一段,似乎由占卜與先王對話,預知武王將痊愈,周公無須代命,而且後文再言"王翼日乃瘳",便難以凸顯周公欲代武王之志的高尚情操。簡文先有"乃命執事人曰'勿敢言'",後有"王問執事人",前後呼應;而今本先無對執事人的交代,後突入"乃問諸史與百執事",諸史與百執事居然全知周公與先王講條件的私密之事,顯得不合情理。②

高中正發現今本及《史記》的"丕/負子之責于天",簡本"于天"作"在上","在上"大概更古。西周時期的"天",跟商人眼中的"帝"相近,是他們信仰中的至上神。"備子之責"之後接處所之詞,具有人格化特徵的"天"顯然不如"上"放入此處合適。周人的觀念中祖先神所處之地爲"上",西周金文中即多言"在上""于上"。稱"天"的説法,目前看到的較早一例是春秋時秦公簋的"畯疐在天",從這看出西周以來的"天"由人格神向處所詞的變化痕迹。今本作"于天",大概是後人不熟悉"在上""于上"一類較古的用法而進行的改動。此外,他指出陳劍注意到商代甲骨中有一類"唐取婦好"卜辭,卜辭是在判斷婦好可能會被上帝或先王"取"走後,貞問她是否會"上升"在上,這類卜辭的

① 馮勝君:《也談清華簡〈金縢〉及〈詩·豳風·鴟鴞〉所見周初史事》,第19—22頁。

② 魏慈德:《楚地出土戰國書籍抄本與傳世文獻同源異本關係試探》,第115頁。

"上"可跟《金縢》的"在上"或"于天"相印證。按照陳先生的分析,"唐取婦好"卜辭確實跟《金縢》"有備子之責在上"的觀念相近。①

(二) 簡本今本優劣之比較

學者們立足簡本和今本文句差異的仔細對比,進而從整體上比較了二者的優劣。廖名春、黄懷信、姚蘇傑和程元敏等主張今本整體優於簡本;而陳劍、朱鳳瀚和王坤鵬等則主張簡本整體優於今本。

1. 今本優於簡本

廖名春一方面承認簡本一些異文有助解決古史和訓詁上的疑難問題。另一方面,他認爲簡本《金縢》整體上要晚於今本,存在删減的疏失,劣於今本。主要根據有二:第一,今本敘述周公祝告的文句比簡本邏輯清晰。今本説周公自己代武王去死的理由先是"予仁若考,能多材多藝,能事鬼神";後又説武王不如自己,"不若旦多材多藝,不能事鬼神",而且"命于帝庭,敷佑四方,用能定爾子孫于下地。四方之民,罔不祇畏",正反對比,理由闡發得非常清楚。而簡本多有省略,將"予仁若考,能多材多藝,能事鬼神"與"命于帝庭,敷佑四方,用能定爾子孫于下地"連在一起,顯得邏輯混亂。第二,簡本缺失占卜的一段文字導致整個事件的發展出現斷環。因此,從上述兩點來看,竹書本《金縢》從整體上要晚於今本,要劣於今本。②

黄懷信通過對簡本與今本差異的仔細比較,歸納認爲簡本雖然保留了部分較爲原始的面貌,如"戚"作"慼"、"爲一壇於南

① 高中正:《文本未定的時代——先秦兩漢"書"及〈尚書〉的文獻學研究》,第21—22頁。

② 廖名春:《清華簡與〈尚書〉研究》,第121頁。

方”“周公宅東三年”之類。但今本則更多地保留了原始面貌，叙事較完整。比如，簡本節略了今本所有的“四方之民”至“今我即命于元龜”，以及“乃卜三龜”至“能念予一人”兩處文句。改寫“乃告大王、王季、文王。史乃册祝曰”爲“史乃册祝告先王曰”，改寫“王乃問諸史與百執事”爲“王問執事人”，將“公乃自以爲功”移於後文作“周公乃納其所爲功自以代王之説于金縢之匱”等等，在“既克殷”前增“武王”，增“成王猶幼在位”“歲大有年”等句。另外還存在“秉璧植珪”之類訛誤。“秉”，動詞，表示把長物持於手中。璧爲圓物，不得言“秉”。今本作“植”，孔傳訓“置”，文意表達較爲合理。①

姚蘇傑同意黄懷信簡本爲删減本的説法，補充指出簡本的周公祝辭云“惟爾元孫發也，不若旦也，是佞若巧能，多才多藝，能事鬼神”，之前缺少“以旦代某之身”一語，文意很不連貫，即周公説武王不如自己的目的不明。簡本《金縢》雖可糾正傳世本文字多處訛誤，但其本身亦未必是當時善本，故不能據簡本而斷定傳世本所多之文字爲僞。②

程元敏從楚人對《金縢》改造的角度，歷數其改造的痕迹，認爲簡本劣於今本。改造《金縢》的痕迹，可歸爲八處：其一，不知《尚書》文體，增“也”字。其二，不知周公祝文，史官編入時因諱改字，改易“某”爲“發”。其三，不明西周史迹，改“群弟”爲“群兄弟”。其四，不通經義，將“秉珪植璧”改爲“秉璧植珪”。其五，爲便於講述討論，於“王”上或加“武”爲“武王”，或加“成”爲“成王”，於“公”上或加“周”爲“周公”，失原典之舊。其六，於“成王既喪”下、“管叔等流言”上，自增“成王猶幼在位”六字，等同傳注

① 黄懷信：《清華簡〈金縢〉校讀》，第 28 頁。

② 姚蘇傑：《論〈尚書・金縢〉篇的“穆卜”》，《安徽大學學報》2013 年第 1 期，第 81 頁。

之文。其七，篡改西周史實年歲，將“武王既克商二年”與“周公居東二年”之兩“二年”，均改爲“三年”。其八，大删原典經文，至少净削六十八字：去其中“予仁若考”三句十三字，移入下文，竟成周公數武王不仁不孝之罪。又删去實行卜龜相關經文四十三字，使《金縢》原意“周公乞身代武王死，神許所請”一事晦昧不明。①

2. 簡本優於今本

陳劍揭示了簡本多處可以改正今本字句訛誤或後人誤説的地方。首先是簡本“㠯(以)以攺(啓)金紒(縢)之匱”，今本作“以啓金縢之書”，《周禮・春官・卜師》鄭玄注引作“開籥見書”，《魯周公世家》作“以開金縢書”，由簡本可知“書”字皆誤。今本上文之“啓籥見書”、《魯周公世家》之“開籥乃見書”，因有上述“以啓金縢之書”之誤，導致王引之、王國維有將“籥”字解釋爲“簡屬”之誤説。其二，今本篇末“凡大木所偃，盡起而築之”，僞孔傳和孔疏以爲“築”是築大木之根，馬融、鄭玄、王肅等皆解“築”爲“拾”。簡本“偃”字作“𣁋(拔)”，與上文“禾斯旻(偃)，大木斯𣁋(拔)”一致，據此可知僞孔傳和孔疏是正確的。今本“偃”當係涉上文“禾盡偃，大木斯拔”而誤。②

對於簡本周公祝告文句邏輯不連貫的問題，陳劍主張簡本“爾元孫發”是“惟爾元孫發也，不若旦也，寔佞若巧，能多才多藝，能事鬼神。命于帝庭，匍有四方，以奠爾子孫于下地”兩句共同的主語。簡本用一句話將今本的意思表達清楚，顯得更爲質簡古樸。今本將其分作兩句，應視爲增繁改寫。③

關於今本多出的“即命于元龜”部分的内容，較之簡本“我乃

① 程元敏：《清華楚簡本〈尚書・金縢篇〉評判》，第36—37頁。

② 陳劍：《清華簡〈金縢〉研讀三題》，第145頁。

③ 陳劍：《清華簡〈金縢〉研讀三題》，第166—167頁。

以璧與珪歸”，今本多出“俟爾命”三字；同時，在許與不許二者各自的應對上，今本與簡本文句位置正倒。他認爲，按照今本，三王許之，則周公帶着璧與珪回去了；三王不許，則摒除璧與珪。如此以來，祝禱時出現璧和珪就没有意義。今本“爾之許我，我其以璧與圭，歸俟爾命”之“歸”字雖然很淺顯，但前人對整句的翻譯存在困難，怎麽解釋都可能導致祝禱時的璧與珪都用不上。這些問題説明，今本係脱胎於簡本，後人已經不明白周公之禱係試圖直接移武王之病於己身，故添加了關於占卜的内容、對有關文句加以顛倒改寫，却又未能照顧到此處不通的問題。①

朱鳳瀚也主張簡本《金縢》可能保留了原本一些非常重要的字句，在文句的古樸性上强於今本，有較高的文本價值。但是簡本缺少了周公爲自請作人質以代武王侍奉鬼神事而占卜的重要内容。②

王坤鵬從文本的叙述和結構上區分了簡本與今本的差異，認爲今本是多中心的，而簡本只有一個中心，整個故事前後十分緊湊。清代學者孫星衍將今本分成三段，第一段止於“王翼日乃瘳”，可能是周公所作；第二段止於“王亦未敢誚公”，或爲史臣所附記；“秋大熟”以下則是《尚書・亳姑》篇逸文。當代學者如趙光賢也認爲傳世本《金縢》可分三段，在分段上與孫説一致，但其認爲第一段是西周史官所記，第二、三段是一樣的性質，屬後人追憶往昔的傳説故事。前段叙述周公爲武王禱告，後段則叙述成王與周公的關係，中間却插入一段占卜文辭及禱病的結果。中間插入者與文章整體所表達的意思關係不大，反而分散了文

① 陳劍：《清華簡〈金縢〉研讀三題》，第168頁。
② 朱鳳瀚：《讀清華簡〈金縢〉兼論相關問題》，第56頁。

章的焦點。簡本《金縢》則不具有傳世本存在的問題，其叙事有一個鮮明的主綫，自始圍繞成王對周公的態度變化，表現爲"未逆公—親逆公—出逆公"三個階段。概言之，今本尚保留有過多的史官所記政府檔案的色彩，整理者只是將相關檔案記録粗略地整合在一起，尚未捋順前後的邏輯關係；簡本則對整個故事做了精心安排，很好地協調了整個故事前後的邏輯關係。①

（三）簡本與今本關係之探究

從文本生成和文獻流傳的角度，簡本與今本之間存在什麽樣的關係，也是學者討論的重點。大體上，李學勤、李鋭、杜勇、楊振紅和程浩等主張簡本與今本屬於同源而異流的關係；陳劍則認爲今本脱胎於簡本；程元敏却主張簡本改自今本。

1. 簡本與今本同源異流

李學勤先生最早指出簡文有一個很特殊的地方，就是没有傳世《尚書・金縢》中涉及占卜的文句，而《史記・魯世家》所引該篇是有那些内容的。他由此主張，清華簡與傳世本《金縢》應分屬於不同的傳流系統。② 李鋭在李學勤先生説法之上提出了兩種可能性：第一種是簡本在前，今本居後，具有早晚的傳承關係；第二種則是簡本和今本雖然"屬於不同的傳流系統"，但是存在共同的源头，二者属於同源異流的關係。二者同源異流之關係的證明，特别體現在周公的祝辭之中。其一，曾運乾曾指出今傳本《金縢》的祝辭"句皆用韻"，而簡本押韻相對較少。其二，簡本用了"元孫發"，明代袁枚等質疑今傳本《金縢》用"某"之不當，

① 王坤鵬：《簡本〈金縢〉學術價值新論》，第 26 頁。
② 李學勤：《清華簡九篇綜述》，第 54 頁。

則今本可能有所改動,而簡本或可謂保持了原貌。其三,兩種祝辭的文句相差很大,但是基本内容相差不大,而且這句話可能就是最初的册祝内容,當有所本。祝辭在流傳的過程中出現了異文,今本《金縢》更是多用韻,而且在本來押歌部韻的文字中多了一些内容,恐怕係更多地經過了後人的補充。其四,簡本用了3個"也"字,而今本没有"也"字,則又可以説明簡本寫定的時代非常晚。概言之,他認爲簡本與今本在流傳中都經過了改動,雖然保留了《金縢》故事的主體内容,但是兩者都不是《金縢》的原貌了。實際上現在所見的出土文獻與傳世文獻,以及出土文獻與出土文獻之間的同名(或主體相同的)篇章,也存在大量的彼此不同的現象。簡本與今本《金縢》之間也構成這種關係。①

杜勇也持相似的"同源異流"説法,主張《金縢》成篇時的寫本可視爲初始本,今本和簡本的歧異並非全由删節或摘抄所致,傳習過程中都有一定程度的加工與改造,已成爲與初始本有别的兩種變異本。二者皆具重要的史料價值,各有優長。整體上可以説,簡本除删去有關占卜文字外,大體上更接近初始本。其一,簡本"既克殷三年"和"周公宅東三年",似爲楚地經師改其初始本所致。今本均爲"二年",應出自初始本。"二年"或"三年"往往具有不確定性,如某一事件歷時兩周年,其起訖年代却占了三個年頭,稱謂二年可,稱謂三年亦可。其二,簡本"王亦未逆公"應源於初始本,今本"王亦未敢誚公"有可能爲秦漢時期整編所改。後文"王執書以泣"説明成王對周公遺詩之後"亦未逆公"多有悔恨之意,並非不敢責備周公。其三,簡本"周公乃遺王詩曰《周(鴟)鴞》"當爲初始本之文,所以孔、孟言及《鴟鴞》不知其

---

① 李鋭:《〈金縢〉初探》,第121—123頁。

作者。今本在整編時將“遺詩”與“爲詩”混爲一談，致使周公成爲該詩的作者。其四，簡本“就後武王陟”“是歲也，秋大熟，未穫”“是夕，天反風”諸句當出自初始本，在整編時可能認爲事件發生的時間爲人所熟知，故删除“就後”“是歲也”“是夕”等時間副詞，造成後世理解上的嚴重分歧。其五，簡本“王乃出逆公，至郊”當爲初始本之文。今本求其簡潔，省作“王出郊”，則不能清楚表達成王出郊意欲何爲，乃至後來生出成王以王禮改葬周公的郊祭，或成王出郊迎接周公待罪歸來等不同説法，使周公東征的史實不彰。其六，簡本無“王翼日乃瘳”可能同於初始本。今本此句與簡文“就後武王陟”（今本作“武王既喪”）相矛盾，當爲整編時依據傳聞異詞所增益。①

黄懷信通過對簡本與今本差異的仔細比較，歸納認爲簡本雖然保留了部分較爲原始的面貌，但今本則更多地保留了原始面貌，敘事較完整細緻。整體而言，簡本爲删減本，較今本晚出，可能是在其流傳或抄寫之時對原作進行了節略、壓縮與改寫。②

楊振紅則認爲今本和簡本雖然存在重要差異，但並不足以抵消兩者之間存在更多的相同之處，仍應認爲它們是同源異流的兩個本子，兩者在流傳過程中逐漸産生差異。③

程浩對兩本進行細緻對比之後，整體上認爲簡本與傳本之間的差異並不是非常大，簡單以及綫性地去考慮這二者孰先孰後或者孰優孰劣似乎並不合適。這兩種版本的《金縢》應該有着共同的“祖本”，但它們在各自的流傳過程中又各有損益。而且這種變異並不是任何人出於特定目的有意爲之，而是文獻流傳

① 杜勇：《清華簡〈金縢〉有關歷史問題考論》，第68頁。

② 黄懷信：《清華簡〈金縢〉校讀》，第25—27頁。

③ 楊振紅：《從清華簡〈金縢〉看〈尚書〉的傳流及周公歷史記載的演變》，第59頁。

過程中的自然現象以及抄寫者再整理的結果。①

2. 今本源自簡本

相較於其他學者的觀點,陳劍從簡本用詞和叙事邏輯上提出了不同的認識,認爲簡本整體上比今本的面貌更爲原始,今本脱胎於簡本。簡本周公祝告一段文句顯得質樸,今本將其分作兩句,是一種增繁改寫的行爲。今本多出的"卽命于元龜"部分,較之簡本"我其以璧與珪歸"多出"俟爾命"三字;同時,在許與不許的應對上,今本與簡本文句位置正倒。今本係脱胎於簡本,後人已經不明白周公之禱係試圖直接移武王之病於己身,故意添加了占卜的一段,並對有關文句加以顛倒改寫,但却未能照顧到叙事邏輯不通的問題。此外,簡本和今本都只是肯定周公想爲武王祛疾的"苦勞",都没有提及周公有過使武王病愈之"功勞"。據《史記·封禪書》:"武王克殷二年,天下未寧而崩。"武王之死應該就是由《金縢》篇首所説之疾所致。今本祝禱占卜之後的一句"王翼日乃瘳"應係後人出於神化周公的目的而添加的。②

魏慈德傾向認爲今本是簡本在流傳過程中抄者將經師注語混入而成。例如將"先王"改爲"太王、王季、文王",將"執事人"增衍爲"諸史與百執事",在周公祝告之後加入占卜一段,預告武王在先王護佑之下無恙,下文才又有"王翼日乃瘳",但顯得多餘。③

3. 簡本改自今本

程元敏精於《尚書》學和《尚書》傳世文本的研究。他主張今

---

① 程浩:《清華簡〈金縢〉篇性質與成篇辨證》,第92頁。

② 陳劍:《清華簡〈金縢〉研讀三題》,第168頁。

③ 魏慈德:《楚地出土戰國書籍抄本與傳世文獻同源異本關係試探》,第115頁。

傳本《金縢》成文於春秋中葉，原爲中原齊魯寫本，至戰國中葉或稍遲，南傳至楚地。楚國學人，在中原傳本基礎上，大加改造，以便詮解講論，用授生徒。①

二、簡本與今本差異補論

（一）論今本的完整性

簡本没有今本"乃卜三龜"這段叙述周公在祝禱之後占卜的一段文字。那麽，這段文字是《金縢》原本所有，還是後人所加？如前所述，學界對此有兩種看法，一種認爲這段文字是原本就有但被後人所删除的，一種認爲這段是後人所加。我們認爲，就古人占卜前後的程式而言，一些重要的占卜往往緊隨於祝禱之後，此處周公占卜的一段叙述可能是《金縢》原本所有的。

古人占卜的前前後後有一套複雜的程式，梳理其中的環節，有助我們理解《金縢》故事諸環節的禮制意義。甲骨等材料保留了古人占卜時實際的刻辭，對卜辭背後整個占卜程式的探索由來已久，陳夢家綜合甲骨材料和《周禮》的相關説法將其概括爲"入龜""整治""鑽鑿""命龜""灼龜""占龜"和"刻辭"等環節。②實際上，占卜前後的程式可能還存在一些比這些更爲豐富的儀節。《周禮·春官宗伯·小宗伯》："若國大貞，則奉玉帛以詔號。"可見，重要的占卜儀式前可能會有"詔號"，具體内涵接近於"祝禱"。

傳世文獻中或多或少保留了一些古人占卜前後的程式，如《儀禮·士喪禮》中卜問葬日的程式曾被學者概括爲"陳龜""爲

① 程元敏：《清華楚簡本〈尚書·金縢篇〉評判》，第36頁。
② 陳夢家：《殷虚卜辭綜述》，中華書局，1988年，第17頁。

位”“奠龜”“命龜”“占卜”“襲卜”等環節，而《士冠禮》中卜問冠日的程式則可概括爲“爲位”“命筮”和“旅占”等環節。[1] 今本《金縢》可以説是傳世文獻中保留相關程式較爲完整的一篇文獻，有學者曾將其中諸環節概括爲“爲位詔號”“祝禱命龜”“卜龜旅占”“占卜”和“應驗”。[2] 以下據今本移録各環節的原文：

表 2　今本《金縢》儀式分節表

敘其時與其事	既克商二年，王有疾，弗豫。二公曰：“我其爲王穆卜。”周公曰：“未可以戚我先王？”公乃自以爲功。
爲位詔號	爲三壇同墠，爲壇於南方，北面，周公立焉。植璧秉珪，乃告太王、王季、文王。
祝禱命龜	史乃册，祝曰：“惟爾元孫某，遘厲虐疾。若爾三王是有丕子之責于天，以旦代某之身。予仁若考能，多材多藝，能事鬼神。乃元孫不若旦多材多藝，不能事鬼神。乃命于帝庭，敷佑四方，用能定爾子孫于下地。四方之民罔不祗畏。嗚呼！無墜天之降寶命，我先王亦永有依歸。今我卽命于元龜，爾之許我，我其以璧與珪歸俟爾命；爾不許我，我乃屏璧與珪。”
卜龜旅占	乃卜三龜，一習吉。
占卜	啓籥見書，乃並是吉。公曰：“體！王其罔害。予小子新命于三王，惟永終是圖；兹攸俟，能念予一人。”
應驗	王翼日乃瘳。

誠然，因應不同目的的占卜，相關儀節也可能有增有删，如卜問葬日和冠日，“爲位”“命龜（或筮）”和“占卜”仍不可缺少，但“祝禱”一節就不必出現。

① 朴載福：《先秦卜法研究》，第 199—201 頁。
② 朴載福：《先秦卜法研究》，第 205—206 頁。

民族學的調查也爲探究上古占卜的完整程式提供了旁證。汪寧生等學者曾對彝族和納西族羊骨卜做過多次調查，[①]羊骨卜重要的環節包括“禱祝”“灼骨”和“釋兆”等，其中值得重視的是“禱祝”和“灼骨”環節往往並存。這也從側面説明“禱祝”是常與“占卜”相伴隨的重要儀節。[②]

簡本與今本一大差異是簡本没有今本在周公祝禱之後“乃卜三龜，一習吉”等占卜的一段文字。馮時指出“乃卜三龜，一習吉”事同殷周三卜制度，“習卜”也爲當時占卜術語，“王其罔害”的“罔害”即卜辭之“亡害”，因此此段文字當本諸原典，簡本缺少占卜文辭，似應出於儒家《書》教之需而做的刻意省略。[③] 這種説法考慮到了殷周時期具體的占卜制度，因而是可取的。比較而言，周公祝禱在先，祝禱的目的是希望先王允許由他來分擔武王的疾病；“乃卜三龜”的占卜發生在後，卜問的當是周公是否能分擔王的疾病。儘管周公已經有與三公交流的祝禱，但後面的占卜完全不多餘，兩環節的目的和功能不同，這應當是當時的禮俗習慣使然。

從占卜程式的完整性而言，今本較爲完整，“乃卜三龜，一習吉”一段可能是《金縢》原本就有的。簡本爲何不見這一段？究其原因，可能如馮時所分析的，《論語・述而》：“子不語怪、力、亂、神。”簡本出於儒家《書》教之需而做了刻意省略。也可能如朱鳳瀚所推測的，由於戰國時人認爲周公既不同意二公“爲王穆卜”而自己又占卜，顯得自相矛盾，所以將此段删去。

---

① 林聲：《記彝、羌、納西族的“羊骨卜”》，《考古》1963 年第 3 期。

② 近出荆州唐維寺 M126 號墓卜筮祭禱簡 4、5、6 號出現詳細的禱辭，雖然如整理者所言是“略占卜而詳禱祠”，但可間接佐證祝禱與占卜之間的緊密關係。參見趙曉斌：《荆州棗林鋪楚墓出土卜筮祭禱簡》，《簡帛》第 19 輯，上海古籍出版社，2019 年，第 21—28 頁。

③ 馮時：《清華〈金縢〉書文本性質考述》，第 161 頁。

（二）對比視角下簡本與今本的文本特色

如前引所言，不少學者主張簡本和今本具有"同源異流"的關係，這種觀點大體是成立的。儘管陳劍和裘錫圭等學者提出了幾則今本的字句可能是誤讀簡本而形成的證據，如今本面貌的形成蓋因後人將"孱/㕾"字誤釋爲"屏"，致使原文不通，遂將"屏璧與圭"句改爲接在"爾不我許"之下，"以璧與圭歸"句又相應地被改在"爾許我"之下後。[1] 但此類證據尚屬少數，這種現象完全可解釋爲今本和簡本是在共同祖本基礎上改訂而來。

簡本與今本極有可能是在共同祖本基礎上衍生而來，經歷了後人的多重再加工。比較而言，處於不同流傳系統的簡本與今本的差異表現在文本的完整度、敘述的連貫性和緊湊性，以及表達的準確性三個方面。上節已經從占卜程式的完整性詳細論證周公占卜一段本是《金縢》祖本不可或缺的一部分，今本保留了這一段，簡本則有意删去，兹不贅言。

就敘述的連貫性和緊凑性而言，簡本在段落起始處有"就後""是歲也""是夕"等提示時間和前後故事間聯繫的詞語，今本却没有。特别是"是歲也"至關重要，今本"秋大熟"之前没有"是歲也"三字，導致後人不清楚下文"秋大熟未穫，天大雷電以風，禾盡偃，大木斯拔，邦人大恐"一段與前段周公貽王《鴟鴞》等事發生在同一年。今文經説甚至解讀説"天大雷雨以風"乃是周公死後，成王狐疑於以天子之禮還是人臣之禮葬周公，清代學者孫星衍等人甚至懷疑"秋大熟"以下爲《亳姑》逸文，簡本"是歲也"三字夯實了前後文的連貫性，也足以證明這些説法難以成立。

---

① 陳劍：《清華簡〈金縢〉研讀三題》，第 168 頁。

在表達的準確性方面，簡本與今本各有千秋。先歸納簡本的關鍵性優勝之處。如陳劍所分析，若依今本"爾之許我，我其以璧與珪歸，俟爾命；爾不許我，我乃屏璧與珪"，璧與珪就不會發揮用處，簡本"爾之許我，我則瘞璧與珪。爾不我許，我乃以璧與珪歸"就顯得合理得多。又如，今本"王出郊"用詞簡潔，導致漢人創造出成王郊祭或成王出郊迎接周公等不同説法，簡本"王乃出逆公至郊"就表達得更爲到位，不會有歧義。再如，今本篇末"凡大木所偃，盡起而築之"，傳統注釋中，"築"有"築大木之根"和"拾"兩種解釋。陳劍認爲簡本"偃"字作"拔"，與上文"禾斯偃，大木斯拔"一致，可知"築大木之根"的解釋正確，今本"偃"因上文"禾盡偃，大木斯拔"而誤。還有，對天人感應的描述，簡本先是"天疾風以雷"，造成"禾斯偃，大木斯拔"的灾異，成王隨之醒悟，而後獲得"天反風"的良好感應，前後對應明確；而今本前有"天大雷電以風，禾盡偃，大木斯拔"，後有"王出郊，天乃雨，反風，禾則盡起"與之對應，"天乃雨"不利於"禾盡起"，表述不當。

再論今本的優勝之處。例如，彭裕商指出簡本的首段没有今本"以旦代某之身"一句，導致祝辭的主旨不明確。簡本直到下文"周公乃納其所爲貢自以代王之説于金縢之匱"才間接説明這一點。此外，今本"既克商二年"和"居東二年"的年數較爲準確，簡本"既克殷三年"和"石東三年"的年數與古書其他記載難相一致。①

比較之下，簡本表達的準確性，以及叙述的連貫性和緊凑性，整體上勝於今本，但在文本的完整度上又不及今本。究其原因，簡本未經過漢以後的流傳和改動，語言文字表達的準確性自

① 詳見本書第五章《〈金縢〉相關史事疏證》前二節的論證。

然要高。相對於祖本,簡本又經歷了戰國時期的進一步增飾修改。戰國時的編撰者没有漢以後對經典的神聖觀,敢於增删和改訂,所以删去了周公占卜一段,也補入"是歲也"等增加前後故事連貫性的詞句。今本相對於祖本,在戰國時期似乎没有經歷多少改動,更多的改動發生在西漢以後。西漢以後,對經典的神聖觀念逐漸確立,經士既不敢貿然删去周公占卜的一段,對於涉及史實的兩處"二年"也不能改,能做的反而是努力彌縫文本的内在矛盾,比如加入"王翼日乃瘳"。同時,漢人解讀先秦文本,面臨"書同文"之後可能不通戰國文字的狀況。裘錫圭先生懷疑今本"屏"字是誤釋"孱/厝"字的結果,這種誤釋就是漢人不懂戰國文字,誤以秦漢文字構形去釋讀戰國文字導致的。

爲何簡本經歷了戰國時期的增飾修改,今本幾乎在戰國時期没有經歷多少改動,這確實是一種不易解釋的早期《尚書》文本流傳現象。晚清以來,多位學者指出《尚書》部分"文"字訛作"寧",裘錫圭先生明確推定訛誤的時間不晚於春秋時期。他還發現《君奭》"割申勸寧王之德"的"申"當本作"䜌",《禮記・緇衣》讀作"田"屬因聲而誤,鄭注引今博士讀作"亂"屬於因形而訛。郭永秉在裘説基礎上,通過爬梳時代性的字形特徵,推定"䜌""亂"之訛的時代不晚於春秋晚期。① 既然漢人傳授的一些《尚書》本子中若干訛誤現象存在於春秋以前,他進而推論漢代經師能看到並傳授比戰國時代六國古文本含有更古老來源的《尚書》本子,這種看法與我們上述觀點不謀而合。究其原因,他提出一種推測,認爲今傳本《尚書》以及漢人經注中引到的夏侯、歐陽家今文讀法的來源可能間接反映了秦博士官本《尚書》文字

① 郭永秉:《由某些訛字的來源窺測〈尚書〉秦漢授受源流》,趙平安主編,石小力副主編:《訛字研究論集》,中西書局,2019 年,第 293—295 頁。

的面貌,該本與出土的六國文本以及傳世周秦諸子史傳中引的《尚書》屬不同系統。由於戰國時代六國文字變化和訛變較多,秦文字在戰國中期以前相對穩定等因素,秦官本《尚書》可能較爲忠實地保留或間接保留了周代《尚書》文本及文字面貌。[①] 筆者認爲這些推論有較大可能是成立的。

回到《金縢》,今本可能保留了春秋晚期戰國早期以前的不少面貌,可能隸屬秦博士官文本系統。漢代以來流傳下來的今本《金縢》,在結構上因其存古而更爲完整,可文本上却有漢人的誤讀誤改。

① 郭永秉:《由某些訛字的來源窺測〈尚書〉秦漢授受源流》,第296—298頁。

第四章　《金縢》的文本性質、成文年代和真僞

一、《金縢》的文本性質

（一）前人研究成果介紹

上博簡等出土文獻多見篇題書於簡背的現象，《金縢》簡背題寫有"周武王又(有)疾周公所自以弋(代)王之志"，這句話被不少學者視爲簡本的篇題，其中的"志"被看作解讀《金縢》文本性質的綫索。還有一些學者注意到了簡本與今本深層的旨意差別，嘗試從文本寫作目的的角度討論簡本和今本各自的文本性質。

1. 從體裁等角度論文本性質

簡背"周武王又(有)疾周公所自以弋(代)王之志"，整理者視作簡本編寫者所擬篇題。李學勤先生最早注意到簡本篇題"周武王又(有)疾周公所自以弋(代)王之志"所反映的"志"這種體裁的意義，認爲《逸周書》在《國語》等古書中常常被稱爲《周志》，簡本篇題的"志"當和《周志》相似。①

馮時比較了篇題的"志"和正文"王得周公之所自以爲功以代武王之說"的"說"，認爲二者含義相近。他指出《墨子・兼愛下》引過《湯說》，孫詒讓《閒詁》解釋說："《周禮・大祝》'六祈'，

---

① 李學勤：《清華簡與〈尚書〉〈逸周書〉的研究》，第105頁。

六曰‘説’,鄭注云:‘説,以辭責之,用幣而已。’此下文亦云‘以祠説於上帝鬼神’。若然,則説禮殷時已有之。”李學勤先生也曾主張《金縢》正文之“説”相當於《周禮》六祈之“説”,也即包山簡祝禱簡之名“敓”。由此看來,簡本《金縢》篇題的“志”也應是古書的原始名稱。①

朱鳳瀚認爲“書”是周王朝史官對王及像周公之類重要王臣之言行(或稱“事”)的實録,其編寫目的如《漢書·藝文志》所云“君舉必書,所以慎言行,昭法式也”,亦即要以史爲鑒。因此這些“書”是要流傳下來作爲教育王室及貴族子弟、規範其言行之教材的。《金縢》篇應該即是屬於“書”中以記行(即記事)爲主,但也兼記“言”和“事”的篇目。這類“書”篇應該是由王朝史官依據王朝檔案中的“書”篇摘録、合併後編撰而成的本子,張懷通認爲這種記行類書篇改編的時間集中於西周後期。記言與記行的“書”在春秋中期以前當長久保存於西周王朝。春秋中期以後,這些“書”篇因各種原因漸流入各諸侯國,成爲各貴族子弟及後起的諸子教育弟子的教材。②

程浩亦主張簡本《金縢》可能是楚地貴族教育中的一種教材,並從簡本對人物的稱謂和簡文中墨點兩個方面提出了佐證。一方面,相對於今本,簡本行文中對人物稱謂有多處修改,這可能是楚人爲了易讀而加入的。另一方面,簡本存在多處表示合文或重文的符號“=”;末簡末字下右側帶鈎短横是表示全篇終結的標記;字下右側一點,或表示句讀,或意義不明晰。結合簡本行文中對人物稱謂的修改以及與《金縢》同出的其他竹書的内容來考察,可猜測這些墨點是在教學過程中加入以標志重點及

① 馮時:《清華〈金縢〉書文本性質考述》,第163頁。
② 朱鳳瀚:《讀清華簡〈金縢〉兼論相關問題》,第55頁。

便於通讀簡文的符號。因此，簡本《金縢》在作爲陪葬品下葬之前應該是被使用過的貴族教材。①

此外，李守奎在討論清華簡《繫年》文本性質時，藉助《國語・楚語》申叔時所主張的教學科目和内容與清華簡相比較，主張《金縢》和《祭公之顧命》可以視作其中的"故志"一類教材。② 金仕起認爲：簡書内容比較近乎劉向《戰國策書録》所提到的"事語"。③

2. 以簡本今本對比視角論文本性質

馮時發現簡本和傳本存在五方面的差異，認爲簡本"較傳本增寫謚號""祝文直稱王名""缺少周公占卜内容""存有説經之文""自有篇題"。據此推斷簡本非《尚書》原典，爲後人叙史説經的《書》教之作，近於《史記・魯周公世家》一類後人引述説論之文，甚至可能是孔門後學據原典《金縢》增删改作的《志》書。簡本將周公自以爲功而代王的内容重新組織叙述，恰好證明了其所要强調的重點，其作用顯然在於《書》教，其教旨當在弘揚周公德行。④

彭裕商從謚稱、文句、祝辭和占卜四個方面的差異入手對比簡本和今本，結合謚號稱謂和"成王猶幼在位"的文句來看，除祝辭中的武王名而外，其餘的差異應當是簡本後來改寫所造成的。《金縢》原典出自史官之手，應條理分明，文筆流暢，意思表達清楚，不應含混不清。意思清楚、文筆流暢的今本爲原典的可能性較大。簡本的紀年及所記内容與相關史實不合，記事體例又不符合古人的原則，確實如馮時所言非《尚書》原典，應是戰國中晚

---

① 程浩：《清華簡〈金縢〉篇性質與成篇辨證》，第 94 頁；《有爲言之：先秦"書"類文獻的源與流》，第 62—64 頁。

② 李守奎：《楚文獻中的教育與清華簡〈繫年〉性質初探》，第 298 頁。

③ 金仕起：《出土古代醫療相關文本的書寫與編次》，第 20 頁。

④ 馮時：《清華〈金縢〉書文本性質考述》，第 168—169 頁。

期人改寫過的本子。今本源自先秦時期,列於學官,流傳範圍廣,爲後世所傳承,其記事體例合於古人的原則,紀年也與相關載籍及古文字材料相合,應該是可靠的本子。[①]

王坤鵬認爲簡本與戰國時期子書的叙述模式如出一轍。首先,簡本典型用語的時代和史事背景顯露出戰國時代的特徵,[②]而且簡本的編撰整理者將自身的一些政治和倫理觀融入文本之中,説明簡本已經完全擺脱了在今本中還略有遺存的檔案性質。具體而言,首先是簡本摻入了尊崇王權的觀念。簡本在周公進詩之後,叙述成王的態度爲"王亦未逆公",説明是否迎回、何時迎回周公,成王掌握着絶對的主動權,其中暗含着簡本的編撰整理者對王權的尊崇。與之相反,今本的叙述是"王亦未敢誚公",顯露出成王迫於周公的勢力不敢光明正大地責難周公。簡本之所以傳達周公在東都避難、苦苦等待成王醒悟,而不是居攝東征的威武形象,背後暗含的是編撰整理者這種尊崇王權的思想。其次,摻入了君勇於改過、臣忠心不二的君臣倫理。在迎回周公一事上,今本僅作"王出郊",簡本作"王乃出逆公至郊","郊"前有"至"字,明確指郊野外。加之前文比之今本多了"是歲也"三字,則表示周公生前、成王信讒的意思至爲明確。强調成王由"未逆公"到"出逆公至郊"的轉變,恰是爲了説明編撰整理者自己有關君臣的倫理觀念。君主可以暫時受到蒙蔽,但在認識到錯誤之後要勇於改正。體現在簡本中就是成王認識到周公未叛、自己聽信讒言的錯誤之後,立即表示迎回周公,並且是親自出迎至郊。而遭受流言的周公則一直是任勞任怨的形象。編撰整理者以此表達了君勇於改過、臣忠心不二的君臣倫理。這兩

① 彭裕商:《〈尚書·金縢〉新研》,第162頁。
② 王文具體論述思路參見本章第二節。

處於史事的敘述中或明或暗融入政治倫理的做法，與戰國時期子書的敘述模式如出一轍。[①] 與今本相比，簡本前後連貫，主題突出，已然消除了生硬的拼接痕迹。結合整個先秦時期的史學發展來看，這種主題式的古史述作反映了先秦史學由西周以來“君舉必書”的史官記注傳統開始向個性化的主題撰述轉變。[②]

曹娜也比較了簡本與今本的文本性質。她認同趙光賢的觀點，認爲今本的重心是周公代禱部分，至於武王死後諸事當爲後人附會。今本的敘述主綫是：武王生病，周公作禱辭—周公將禱辭置於金縢之匱—成王打開金縢看到禱辭。簡本淡化了周公代禱部分，轉而關注成王與周公關係。轉變的原因是早期檔案文獻中强調的周公敬事鬼神、願以身代死一事，不再契合現實政治，對貴族的教育意義甚微。故而簡本側重其中的君臣關係。簡本的筆削加工使得整體的故事框架更爲完整，在一些細節的敘述上也讓故事更爲緊湊、連貫。既加强了簡本故事的完整性，也構建出一種“君明臣敬”的理想的君臣關係，在現實中作爲貴族教育之範例也愈爲可信，更符合“志”“使知廢興者而戒懼焉”的借鑒功用。[③]

漢學家麥笛（Dirk Meyer）參照荷蘭學者米克・巴尔（Mieke Bal）文本（text）、故事（story）、素材（fabula）三分的敘事學理論[④]

---

① 王坤鵬：《簡本〈金縢〉學術價值新論》，第 28 頁。

② 王坤鵬：《從竹書〈金縢〉看戰國時期的古史述作》，《史學月刊》2017 年第 3 期。

③ 曹娜：《〈金縢〉與金縢故事》，《光明日報》2016 年 2 月 15 日第 16 版。

④ 參見米克・巴尔：《敘述學：敘事理論導論》，譚君强譯，北京師範大學出版社，2015 年。按，原作者的界定是：“敘述文本是敘述行動者或主題用一種特定的媒介，諸如語言、形象、聲音、建築藝術，或者混合的媒介向敘述接受者傳遞（‘講’給讀者）故事的文本。故事是這一文本的內容，它使素材具有特定的表現形式，曲折變化並富於‘色彩’，使素材以一種特定的方式呈現出來。素材是按邏輯和時間先後順序串聯起來的一系列由行動者所引起或經歷的事件。”

和德國人類學家揚·阿斯曼(Jan Assmann)的文化記憶理論,① 對比分析了簡本、今本和《魯世家》針對相同的素材所作的不同故事。面對同一素材,簡本和今本共同存在的要素有武王有疾(以及隨後去世)、周公提出祝禱、周公願自以爲功代替武王、周公禱辭記録裝束於金縢之匱、成王懷疑周公動機、因成王拒迎周公而天疾風且秋大熟未穫、開金縢之匱發現周公之忠、最終歲大穫。但是,簡本和今本的故事、文本意圖明顯存在差異。比較而言,簡本是戰國時代對周公忠誠有過懷疑的政治文化共同體編撰的文本;而今本相對開放,一開始就明確了周公的忠誠,没有限定明確的讀者。② 簡本和今本編撰意圖的差異體現在多處細節,例如簡本中周公的"祝禱"没有"以旦代某之身",讓人對周公的意圖不明就裏,有這句話的今本一開始就告訴讀者周公的目的是救武王;今本有"乃卜三龜"一段,簡本却没有,今本這段再次確認了周公對武王的忠誠,簡本仍舊讓讀者處在對周公意圖的疑慮之中;今本一開篇就明確周公的忠誠,而簡本直到結尾部分才明確這一點。從文化記憶的角度而言,簡本設定的讀者是戰國時代一群受到過正統周人文化理念教育的人。在他們的文化記憶中,周公在武王有病和成王年幼在位時期的所作所爲一直受到質疑。因此,簡本編撰的目的就是祛除這些人對周公忠誠的疑惑。③

---

① 參見揚·阿斯曼:《文化記憶:早期高級文化中的文字、回憶和政治身份》,金壽福、王曉晨譯,北京大學出版社,2015 年。

② Meyer, "The art of narrative and the rhetoric of persuasion in the '*Jīn Téng' (Metal Bound Casket) from the Tsinghua collection of manuscripts," 937-968.

③ Dirk Meyer, "'shu' Traditions and Text Recomposition: A reevaluation of 'Jinteng'金縢 and 'Zhou Wu Wang you ji'周武王有疾," in *Origins of Chinese Political Philosophy: Studies in the Composition and Thought of the Shangshu (Classic of Documents)*, eds. Martin Kern and Dirk Meyer(Leiden and Boston: BRILL. 2017),224-248.

馬瑞彬(Magnus Ribbing Gren)也注意到了今本周公的“祝禱”有“以旦代某之身”,而後多出了“乃卜三龜”一段,還特别强調“王翼日乃瘳”,簡本没有這些。他認爲簡本和今本表達的理念完全不同,今本的周公是忠誠完美的形象,而簡本的周公實際上意欲接替武王,核心證據在於對周公祝禱部分關鍵詞“責”“備”和“在上”的重新理解。簡本“爾毋乃有備子之責在上”的“責”有“責取”的意思,“備子”可讀爲“别子”,“在上”於西周金文中往往是在世的人用來形容祖先在天的説法,不一定是説要責取周公上天,整句話的意思反而可能是試問三王是否希望周公這個“别子”去接替武王。究其編撰的目的,他認爲簡本寫定於戰國時代,反映的是那個時代反對貴族世襲制、主張“尚賢”、重用功臣一類的思想。①

日本學者藪敏裕從簡本、今本和《魯世家》三種文本對周公事迹不同理解的角度來比較三種文本。他主張簡本明言武王死後成王即位,采用周公家臣説的可能性較大;今本不言周公“踐祚”“攝政”,也省略了“成王猶幼在位”這種交代成王在位的表述,也可能取自周公家臣説;《魯世家》則言武王死後,周公“踐祚”代成王攝行國政,采周公攝政説的可能性較大。具體而言,簡本講述周公受管叔讒言,贈成王《鴟鴞》詩,之後大風雷電導致穀物大樹盡倒的天譴發生,成王得見金縢之書後才回心轉意,至郊外迎接周公,天反風,穀物盡起,召公、太公令邦人復原樹木,此年大豐熟。《魯世家》講述周公受到管叔讒言,贈成王《鴟鴞》詩,四年後“還政”成王,周公死去,然後發生周公在天之靈的譴告,郊祭之後,天反風,穀物盡起,令邦人復原樹木,年大豐熟。

---

① Gren, “The Qinghua ‘Jinteng’ 金縢 Manuscript: What It Does Not Tell Us about the Duke of Zhou,” *T'oung Pao* 102, no. 4/5 (2016): 291 - 320.

今本的内容自周公受讒至天譴發生與簡本相同。不同的是，簡本“王乃出逆公至郊”講述成王至宗周郊外出迎周公，今本“王出郊”省去“逆”字意味着故事發生在周公生前，難以判斷是赴郊外迎接周公還是舉行郊祭。①

（二）《金縢》文本性質補論

要討論《金縢》的文本性質，需在兩個層面展開論述，首先是今本和簡本《金縢》共同的文本性質，其次是簡本和今本在編撰意圖上可能存在的細微差異。想要辨析清楚《金縢》的文本性質，除了在《尚書》或“書”類文獻中給予合適定位，還應在西周以降的文獻類型及其發展脈絡中確立《金縢》的位置。

在《尚書》内部，前人也注意對諸篇進行文本性質的探究，最初做的工作是《尚書》的分類。最爲典型的傳統説法莫過於《尚書》十體：典、謨、訓、誥、誓、命、征、貢、歌、範。②“典”如《堯典》《舜典》，“謨”如《大禹謨》《皋陶謨》，“訓”如《伊訓》《高宗之訓》，“誥”如《湯誥》《大誥》，“誓”如《甘誓》《湯誓》，“命”如《畢命》《顧命》，“征”如《胤征》《湯征》，“貢”如《禹貢》，“歌”如《五子之歌》，“範”如《洪範》。這種文體劃分帶有較强的理想性，只是從衆多單篇《尚書》篇名中歸納的十個通用名稱，没有考慮各篇結構、形式和内容的具體異同，《金縢》等篇的篇名不帶通用名稱，就難以歸入十體中的任何一體。有感於這種困境，孔穎達《尚書正義》

① 藪敏裕：《從清華簡〈金縢〉篇看周公事績與〈豳風〉毛序》，收入山東省文物考古研究院、曲阜市文物局和曲阜師範大學歷史文化學院編：《保護與傳承視野下的魯文化學術研討會論文集》，上海古籍出版社，2018年，第303—308頁。

② “十體”由“典、謨、訓、誥、誓、命”發展而來，後人有不同的發揮闡釋，參見孔安國傳，孔穎達正義：《尚書正義》，上海古籍出版社，2007年，第11—12頁；程元敏：《尚書學史》，華東師範大學出版社，2013年，第64—74頁。

不得不言："《書》篇之名，因事而立，既無體制，隨便爲文。"①

陳夢家以西周金文爲參照，在《論尚書的體例》一文將今文《尚書》分爲"誥命""誓禱"和"叙事"三類。其中，"誥命"類包括《多士》《多方》《大誥》《康誥》《酒誥》《梓材》《君奭》《無逸》《立政》《洛誥》《召誥》《康王之誥》和《盤庚》《文侯之命》等；"誓禱"類包括"師旅之誓"如《甘誓》《湯誓》《泰誓》《牧誓》《費誓》和《秦誓》，而《金縢》則比較特殊，可單列一個子類"禳疾代禱"；此外就是"叙事"類，如《堯典》《皋陶謨》《禹貢》《高宗肜日》《西伯戡黎》《微子》《洪範》和《吕刑》等篇。② 這種劃分主要着眼於諸篇的内容，缺少對諸篇形式上差異的足够認識。

今文《尚書》以記言爲主體的作品占大多數，這一類篇目的結構形式較爲接近，而少數篇如《堯典》《禹貢》《金縢》和《顧命》則與其他篇明顯不同，記叙部分比重遠超記言部分。"《金縢》既具有與《尚書》中絶大多數以記言爲主的《書》篇所共同的結構範式，又包括其他《書》篇所不具備的對時間跨度較大的故事情節的完整叙述"。③ "歷史學家在研究一系列複雜的時間過程時，開始觀察到這些事件中可能構成的故事。當他按照自己所觀察到的事件内部原因來講述故事時，他以故事的特定模式來組合自己的叙事"。④《金縢》不同於其他多篇的原因即在於篇中已經把西周早期横跨幾年的多個事件"武王有疾""周公祝禱""管蔡流言""周公居東""周公貽詩""成文未迎""禾偃木拔"

① 孔安國傳，孔穎達正義：《尚書正義》，第28頁。

② 陳夢家：《尚書通論》，中華書局，1985年，第309—310頁。

③ 王媛：《〈今文尚書〉文本結構研究》，花木蘭文化出版社，2014年，第170頁。

④ 海登・懷特：《作爲文學虚構的歷史本文》，張京媛譯，收入張京媛主編：《新歷史主義與文學批評》，北京大學出版社，1993年，第165頁。

"成王郊迎""禾盡起"按照時間順序和一定的因果鏈條組織起來。[①] 可以説,在《尚書》内部,《金縢》明顯是叙事比重極高的一篇文獻。

早在民國時期,已有學者指出,"《金縢》一篇,自爲一體,蓋後世傳記之類"。[②] 後來,學者們或主張《金縢》是早期小説,[③]或主張《金縢》是早期的史傳文。[④] 這些定性有一定道理,但終歸只是現代文體學的看法,還没能深入西周以降自有的文獻分類和脈絡中予以定位。立足於二十世紀以來所見的大量出土文獻,學界得以從宏觀上對早期的史書進行類别的區分。李零將早期的史書分爲譜牒、紀年、檔案、故事四大類,[⑤]隸屬於故事一類的"語"類文獻是東周時期最爲活躍的一種文獻類型。[⑥] 傳世文獻中以《國語》《戰國策》最具代表性,出土文獻也有馬王堆帛書《戰國縱横家書》和《春秋事語》等爲代表,此外還有大量篇名不帶"語"字的文獻。[⑦] 這類文獻或偏重記言,或偏重記事,或言事並重。[⑧] 不同於譜牒、紀年和檔案類史書,"語"類文獻的叙事性相對較强,即便是偏重記言的此類文獻也往往有一定故事情節作背景,通過一定的故事模式來講述歷史故事。

有學者在分析清華簡本《金縢》的文本性質時認爲"簡書内

---

① 于雪棠:《先秦兩漢文體研究》,北京師範大學出版社,2012 年,第 52 頁。

② 吴康:《尚書大綱》,商務印書館,1937 年,第 37 頁。

③ 譚家健:《先秦散文藝術新探》,齊魯書社,2007 年,第 427 頁。

④ 曹珺奇:《〈金縢〉文體辯證》,第 71—74 頁。

⑤ 李零:《簡帛古書與學術源流(修訂本)》,生活·讀書·新知三聯書店,2020 年,第 257—275 頁。

⑥ 李零:《簡帛古書與學術源流(修訂本)》,第 269 頁。

⑦ 李零曾梳理上博簡中和馬王堆帛書《春秋事語》《戰國縱横家書》類似的"語"類文獻 22 種,參見李零:《簡帛古書與學術源流(修訂本)》,第 270—272 頁。

⑧ 俞志慧:《語:一種古老的文類——以言類之語爲主》,《文史哲》2007 年第 1 期,第 6 頁;張陽:《先秦"語"體總説》,《鄭州大學學報(哲學社會科學版)》2020 年第 5 期,第 78—79 頁。

容比較近乎劉向《戰國策書録》所提到的‘事語’”。[①] 我們認爲，無論簡本還是今本，全篇整體上跨越“武王有疾”“武王既喪”和“歲則大熟”等幾個時段，亦有着較强的叙事完整性和情節連貫性，《金縢》篇“語”類文獻的特點不可謂不明顯。概言之，《金縢》較爲接近“故事類”史書。更具體地界定，可以是説是一篇接近“語”類文獻的史書。

但在另一方面，“書”類文獻呈現“家族相似性”[②]的特點，陳夢家所謂“誥命”和“誓禱”類的一些篇目較爲接近“書”類文獻的原型篇章，而《金縢》和《堯典》《皋陶謨》《高宗肜日》《西伯戡黎》《微子》《洪範》《吕刑》等篇的形式和内容不具備原型篇章的典型特徵，却與上述原型篇章存在各式各樣的家族相似性關係。[③]

李守奎主張把“書”類文獻看作開放的概念，判定“書”類文獻至少應當包括如下三個方面的標準：其一，所記内容是三代文獻；其二，不論是傳承還是仿擬，語言風格或如《周書》佶屈聱牙，或有明顯的古老痕迹；其三，文體主要以訓誥等記言爲主，不同的文體各有不同的特點。[④] 其説大體可從，《金縢》前半部分以

---

① 金仕起：《出土古代醫療相關文本的書寫與編次》，第 20 頁。

② “家族相似性”原是哲學家維特根斯坦提出的概念，指一個範疇内的事物不一定存在共同的特性，而是以不同的方式彼此相似。該概念後被廣泛運用到認知語言學之中，學者們還意識到範疇内一般存在原型，原型性强的成員具備的屬性多，非原型成員與其他成員存在各式各樣的家族相似性關係。相關理論的梳理參見喬治・萊考夫：《女人、火與危險事物：範疇顯示的心智》，李葆嘉、章婷、邱雪玫譯，世界圖書出版公司，2017 年，第 12—59 頁。

③ 黄澤鈞提出當區分“書”類文獻的核心篇章和外圍篇章。將時代較早的一些典型篇章作爲“書”類文獻中的核心篇章，其他的作爲外圍篇章。參見黄澤鈞：《出土文獻“書類文獻”判别方式討論》，出土文獻與尚書學研究國際學術研討會，上海大學，2018 年 9 月。按，此説有一定合理性，但“核心”與“外圍”的二分法容易遮蔽“書”類文獻之間各種複雜的相互關係，我們傾向用“家族相似性”和“原型”等概念來分析“書”類文獻的關係特徵。

④ 李守奎：《漢代伊尹文獻的分類與清華簡伊尹諸篇的性質》，《深圳大學學報(人文社會科學版)》2015 年第 3 期，第 44 頁。

西周早期史實爲背景,以西周歷史素材爲基礎編撰而成,關涉周公爲武王所作祝禱和占卜之事。從這幾條要素來看,《金縢》具有"書"類文獻的一些特徵,這當是《金縢》被收入《尚書》的内因。

"語"類文獻之所以成立,不是因爲某種特定的形式,而主要是因爲特定的體用特徵"明德"。① "書"類文獻從西周晚期的最初編撰,到春秋戰國時期的整理編訂,背後也存在"明德"和"致用"的深層意圖。《禮記・經解》曾記載孔子對"書教"的評價是"疏通知遠",《孔叢子》中甚至記載過孔子對單篇的評價,如"《洪範》可以觀度"。② 經學史上歷代學者也注重對諸篇背後微言大義的詮釋,如晚清皮錫瑞在《經學通論》中言今文《尚書》"二十九篇,篇篇有義","《金縢》言人臣忠孝,足以感天,人君報功當逾常格之義,觀此知周公所以爲聖而成王命魯郊非僭矣"。③ 現代學者,如徐中舒就曾主張"《金縢》篇或即魯人述其祖德的傳説"。④ 海外漢學家亦有學者主張《金縢》旨在爲周公作道德辯護。⑤ 此外,從叙事文的角度,通過故事的選擇、情節的設計、人物的描寫、觀點的表達和語言的運用,作者最終的目的就是向讀者傳達特定的意圖。⑥ 我們基本認同傳統的説法:《金縢》的文本撰作目的是塑造周公努力佐相天子的正面形象。

還須指出的是,簡本和今本《金縢》在情節的設計和語言的

---

① 俞志慧:《〈國語〉〈周、魯、鄭、楚、晉語〉的結構模式及相關問題研究》,《漢學研究》2005年第2期,第36—37頁;俞志慧:《語:一種古老的文類——以言類之語爲主》,第9頁。

② 傅庶亞:《孔叢子校釋》,中華書局,2011年,第17頁。

③ 皮錫瑞:《經學通論》,中華書局,1954年,第75頁。

④ 徐中舒:《豳風説——兼論詩經爲魯國師工歌詩之底本》,《徐中舒歷史論文選輯》,中華書局,1998年,第629頁。

⑤ Michael Nylan, "The Many Faces of the Duke of Zhou," in *Statecraft and Classical Learning: The Rituals of Zhou in East Asian History*, eds. Benjamin Elman and Martin Kern (Leiden: Brill, 2009), 99.

⑥ 王靖宇:《中國早期叙事文研究》,上海古籍出版社,2003年,第18頁。

表達等方面存在些許差異，説明二者最後編訂時的成文背景和編訂意圖也有差别。比較而言，簡本的成文時代下限是戰國，而今本可能晚至漢代；簡本可能如李守奎和程浩等學者主張的是楚地的一種教本，有相對明確的閲讀對象，可能是一些身處戰國而且有一定西周歷史文化知識背景的士人，而今本的讀者對象如麥迪所言相對開放。

整體而言，無論簡本還是今本，都屬於非典型的"書"類文獻，介於"書"類文獻和"語"類文獻之間。簡本和今本都是圍繞周公和成王關係的變化展開敘述，最終編訂的目的都是塑造周公努力相王的形象。

不同的是，簡本融入的戰國時代政治思想色彩較濃，重在强調"君臣倫理"，王坤鵬概括爲"君勇於改過、臣忠心不二"，曹娜概括爲"君明臣敬"；而今本保留的原初色彩較多，着重突出的是周公甘願犧牲自己换取武王病愈這種佑君形象。簡本與今本主旨的差異，除了前述王坤鵬和麥迪等人舉出的一些内證，還有不少證據。例如，簡本没有今本祝禱時帶有西周天命論色彩的"無墜天之降寶命"等幾句。如果簡本與今本共同的祖本有這幾句話，可能是戰國時的編訂者已經不懂這類西周習語的含義；也可能是在戰國時代主張"尚賢"和"禪讓"而不注重血緣關係的政治文化背景下，編訂者有意删去"天降寶命"這種話語。簡本没有"公乃自以爲功""以旦代某之身""王翼日乃瘳"等文句，今本這些話語明顯是在塑造周公苦心佑君的形象。今本"王亦未敢誚公"等話語則説明當時周公地位顯耀，成王畏懼心理較强，周公地位突出；而簡本却寫作"王亦未逆公"，凸顯的反倒是成王無上的君主地位。因此，今本反倒更爲接近周初成王與周公之間真實的關係；簡本融入的戰國時代君臣倫理觀念較多，成王與周公之間的關係被改造爲戰國式理想君臣關係。

二、《金縢》的成文年代

（一）簡本問世前的研究

《書序》言“武王有疾，周公作金縢”。宋代以後學術史上，包括程頤、王廉、袁枚和梁啓超等人，懷疑《金縢》篇晚起，疑似後人僞造。這些説法主要是以後世的理學觀念和進步觀念質疑篇中的周公形象如“險人佞子”、故事迷信鬼神。[①] 現代學界多數學者不再信從周公作《金縢》的説法，不再着力於此篇真僞的評判，而是探究其實際的成文時代和編撰目的。因此，現代學界的《金縢》篇研究中，文本的成文時代成爲一個重要議題。

簡本的刊布，有助學界對此問題的深入研究。今先分類介紹《金縢》成文時代研究的學術史，再討論簡本問世後學界的新論。整體而言，學術史上對《金縢》成文時代的討論後出轉精，有不少學者從整體上論定其成文時代，晚近一些學者則注意對《金縢》劃分文本層次後再論定各自成文時代。我們先討論整體上的一些論定意見。

1. 整體性的時代判定

(1) 西周説

最早論述《金縢》成文背景和時代的是《書序》，《書序》一般以故事主人公爲作者，對《金縢》篇明言“武王有疾，周公作金縢”。伏生《尚書大傳》因爲主張成王見天有異象後開啓金縢，進而出郊親迎周公之靈柩，所以認爲《金縢》作於周公殁後。[②] 在漫長的經學時代，“周初説”成爲《金縢》成文時代的主流説法。

---

① 蔣善國：《尚書綜述》，第 234 頁。

② 程元敏：《尚書周書牧誓洪範金縢吕刑篇義證》，萬卷樓圖書股份有限公司，2011 年，第 133 頁。

現代學者中，王國維主張包括《金縢》在内的多篇今文《尚書》"皆當時所作"。[①] 陳夢家以西周金文爲參照，將今文《尚書》分爲"西周初期的命書""西周中期以後的命、誓""約爲西周時代的記録""戰國時代擬作的誓"和"戰國時代的著作"五類，其中《金縢》和《顧命》《費誓》被視作"約爲西周時代的記録"。[②] 此外，當代學者錢宗武也認爲"《金縢》寫成於西周初年"。[③]

（2）東周説

在"東周説"内部，有籠統的"東周"説，也有具體的"春秋中葉""戰國初年""戰國中葉"等説法。

20 世紀 20 年代"古史辨"運動興起，顧頡剛把今文《尚書》分爲三組：第一組包括《盘庚》《大誥》《康誥》《酒誥》《梓材》《召誥》《洛誥》《多士》《吕刑》《文侯之命》《费誓》和《泰誓》，這組"在思想上文字上都可信爲真"。第二組包括《甘誓》《湯誓》《高宗肜日》《西伯勘黎》《微子》《牧誓》《金縢》《无逸》《君奭》《立政》和《顧命》，這組"决是東周間的作品"。第三組只有《堯典》《皋陶謨》和《禹貢》，可能是戰國至秦漢間與諸子學術有關的作品。[④] 顧氏的學生何定生最早以語法的時代爲參照來分析《尚書》諸篇的時代，他明確主張《金縢》是東周之作。[⑤]

程元敏則認爲《金縢》篇"乃春秋中葉(卽孔子之前)人(或爲魯人)據傳説撰作"。主要證據有四則：本篇"兩以'與'字作連詞，與西周著成之文獻不合，而與東周以後著成之文獻用字常例

① 王國維：《古史新證》，清華大學出版社，1994 年，第 3、259 頁。

② 陳夢家：《尚書通論》，第 112 頁。

③ 江灝、錢宗武譯注，周秉鈞審校：《今古文尚書全譯》，貴州人民出版社，1992 年，第 252 頁。

④ 顧頡剛：《論今文〈尚書〉著作時代書》，收入顧頡剛主編：《古史辨》第 1 册，上海古籍出版社，1983 年，第 200—206 頁。

⑤ 何定生：《〈尚書〉的文法及其年代》，《國立中山大學語言歷史學研究所周刊》(第 49、50、51 期合刊)，1928 年，第 1—189 頁。

合”“周公自稱‘予一人’,是春秋時風氣,是作於春秋以後”“强調‘仁’字,使成爲品德修養之最高准則,自孔子始。本篇僅一‘仁’字,訓敦厚,涵義尚狹,其著成當在孔子之前”“孔子據本篇‘公乃爲《詩》以貽王,名之曰《鴟鴞》’,因知《鴟鴞詩》爲周公所作,是孔子之前《金縢》已流傳”。①

張西堂采用與顧頡剛相似的思路,又將今文《尚書》分爲四組,其中的第二組包括《甘誓》《湯誓》《牧誓》《洪範》《金縢》,作於戰國中葉。② 對於《金縢》篇中的《鴟鴞》詩,他指出:“《孟子·公孫丑》引孔子曰:‘作此詩者,其知道乎?’孔孟俱不以爲周公所作……。顯見《金縢》也出於孟子之後,至早當在戰國之中世。”③

屈萬里也從文字風格和思想發展等角度認爲《堯典》《禹貢》《甘誓》《湯誓》《高宗肜日》《西伯戡黎》《微子》《牧誓》《洪範》和《金縢》諸篇文辭不像周誥幾篇的佶屈聱牙,也没有《文侯之命》《秦誓》那樣的古奥,倒是和《論語》《孟子》一樣平易。這些篇大概都是成篇於春秋晚年至戰國中期的述古之辭。④ 對於《金縢》篇,他認爲“本篇謂占兆之辭爲書(啓籥見書),言‘下地’不言‘下土’,皆東周以來之語”,《金縢》著成“蓋當戰國時”。⑤

李民參照先秦兩漢時期各種文獻對《金縢》的徵引情況,推測《金縢》的製作時代大體與《堯典》《禹貢》相同,三篇的製作模式都是在原本一些歷史素材基礎上,摻入一些傳聞資料,最終在戰國時期成文。⑥

---

① 程元敏:《尚書學史》,第133頁。

② 張西堂:《尚書引論》,陝西人民出版社,1958年,第173—203頁。

③ 張西堂:《尚書引論》,第192頁。

④ 屈萬里:《對於“與五行有關的文獻”之解釋問題敬答徐復觀先生》,《屈萬里先生文存》第1册,聯經出版事業公司,1983年。

⑤ 屈萬里:《尚書集釋》,聯經出版事業公司,1983年,第127頁。

⑥ 李民:《〈尚書·金縢〉的製作時代及其史料價值》,《中國史研究》1995年第3期,第110頁。

美國漢學家夏含夷認爲屈萬里判定《洪範》《金縢》和《吕刑》作於春秋戰國之間，根據的只是思想史證據，屬於“軟”的證據，而歷史語言學才能提供“硬”的證據。他先從兩周金文中總結出五條能反映西周與東周語言差異的規律，如“西周金文在‘以’之後基本上都接名詞，東周金文在‘以’之後却多接動詞”。根據這五條語言規律，判斷《周書》諸篇歸屬的時代。最終的結論是《大誥》《召誥》《多士》和《君奭》基本上未出現東周的語言用法，似乎是可靠的西周文獻。而《洪範》《金縢》《吕刑》和《泰誓》較多出現東周時代的語言現象。[①]

語言學家梅廣認爲古籍和方言的語音一樣存在多個時代多個地域的特徵，是各朝代各地域語言現象層積而成的，《尚書》就是一個典型例證。他指導的學位論文《表現在〈今文尚書〉的幾個句法特色》根據出土文獻所揭示虚詞“此”“矣”“焉”“與”的用法及其時代，以及“惟＋O＋是/之＋V”和“以＋DO＋V＋IO”兩句型的時代，考察今文《尚書》各篇，得出的結論是《牧誓》《金縢》《無逸》《立政》四篇具有相對較多的特徵，説明這四篇在流傳過程中受了東周影響，使用春秋戰國時期習用的虚字和語法結構，文本寫定爲今流傳本的時間應當不會早於兩周之交。[②]

此外，李學勤先生一直注重傳世文獻和出土文獻的對讀，他指出《金縢》中周公所言“體，王其罔害”和殷墟卜辭常見的“王亡害”文例相同，“這可作爲《金縢》一篇可信的證據”。[③] 後來又發

① 夏含夷：《略論今文〈尚書〉周書各篇的著作年代》，《古史異觀》，上海古籍出版社，2005年，第323—325頁。

② 楊素梅：《表現在〈今文尚書〉的幾個句法特色》，臺灣大學碩士學位論文，2006年，第107—108頁。

③ 李學勤：《〈洪範〉卜筮考》，《周易溯源》，巴蜀書社，2005年，第33頁。

現周公禱祝時跟三王講條件的現象與秦駰玉版中惠文王患病向華山禱祝講條件的説法相似，可見這是當時慣例；篇中"一習吉"等説法與包山簡卜筮祝禱簡中"習"字用法相同。他總結認爲"《金縢》與楚簡時代相隔久遠，其間却有着這樣的類似性，充分説明古代禮制的承續綿延"。[①]

2. 文本分層後的時代判定

宋代蔡沈曾懷疑《金縢》篇是"史録其册祝之文，並叙其事之始末，合爲一篇"。[②] 清代經學家孫星衍將其分爲三節，第一節從開篇到"王翼日乃瘳"，是爲本經；第二節始於"武王既喪"，止於"王亦未敢誚公"，或爲史臣附記其事；第三節自"秋大熟"以下，則被視爲《亳姑》篇的逸文。[③] 這個意見頗得經學家贊同，如皮錫瑞《今文尚書考釋》即同意此説。[④] 這是目前所見最早對《金縢》文本層次的劃分，孫氏的意見大概是認爲"武王既喪"之前是周初所作的經文，"武王既喪"至"王亦未敢誚公"是後世史官所附記，但他没有推測附記的可能時間。

現代學界中，于省吾熟悉甲骨和金文等出土文獻，常以出土文獻爲比較對象來分析傳世文獻的問題。他將今文《尚書》二十八篇分爲三類，第一類"或係東周以後儒家者流所擬作"，如《堯典》《臯陶謨》《禹貢》《甘誓》《湯誓》《洪範》；第二類"或爲後人所竄易"，如《盤庚》《高宗肜日》《西伯戡黎》《微子》《牧誓》；第三類"自《金縢》至《秦誓》共十七篇，除《金縢》下半篇係後人所增纂，餘無可疑"。[⑤] 蠡測其具體意思，大概是認爲《金

① 李學勤：《〈尚書・金縢〉與楚簡禱辭》，第408—412頁。
② 蔡沈著，王豐先點校：《書集傳》，中華書局，2018年，第157頁。
③ 孫星衍：《尚書今古文注疏》，中華書局，1986年，第323頁。
④ 皮錫瑞：《今文尚書考釋》，中華書局，1989年，第290頁。
⑤ 于省吾：《雙劍誃尚書新證・叙例》，《雙劍誃群經新證》，上海書店出版社，1999年，第55頁。

縢》"武王既喪"以上的文風合乎出土文獻所見當時真實的語言風貌,可能作於西周時期,而"武王既喪"以下的内容則屬後人的增篡。

趙光賢則將《金縢》篇分爲三段,第一段自篇首至"王翼日乃瘳",第二段自"武王既喪"至"王亦未敢誚公","秋大熟"以下爲第三段。他也認爲第一段的思想和文字可看作西周史官的記事,卽便不是當時所記,撰作時間也不太遠;第二和三段的記事"文從字順",但"簡而不明",不像真《周書》那樣的佶屈聱牙,大概是後人追憶往昔故事而寫成的。特别是"西周文字,'及'字多作'暨','其'字作代詞用多作'厥','無'字多作'罔'或'亡','則'字用作連詞亦罕見"。[①]

劉起釪也認爲"《金縢》的故事是真實的,《金縢》文字的主要部分(大體前半部)也基本是可靠的,但其叙事部分則可能是後來東周史官所補充進去的"。[②] 他所謂叙事部分,大概也是"武王既喪"以下的内容。語言學家裘燮君同意劉起釪的前後兩分法,他根據2001年出版的《金文引得》,統計出叙事部分出現的連詞"而"始見於西周晚期,盛行於春秋以後,據此認爲《金縢》文字拙樸而略顯流暢,成文時代在春秋前期。[③]

(二) 簡本問世後的研究

1.《金縢》的撰作時代

李鋭主張將《金縢》主體故事的形成和文本最終成文時代

---

① 趙光賢:《説〈尚書·金縢〉篇》,《古史考辨》,北京師範大學出版社,1987年,第56、64頁。

② 劉起釪:《〈尚書·金縢〉校釋譯論》,《尚書研究要論》,齊魯書社,2007年,第522頁。

③ 裘燮君:《今文〈尚書〉斷代研究綜述——先秦傳世文獻斷代研究之一》,《廣西師範學院學報(哲學社會科學版)》2007年第2期,第85頁。

分開而論,《金縢》故事主體的形成,應該要早於今本和簡本《金縢》。學者們雖然提出了許多懷疑《金縢》晚出的證據,但是現在藉助清華簡等相關文獻,仍然難以完全斷定《金縢》晚出於春秋戰國時期,不能排除西周中晚期有可能已經産生《金縢》這樣的作品,但是個别字詞後來或有改易。不同於《祭公之顧命》《皇門》那樣文辭比較典雅正規的史官作品;《金縢》篇更像故事,便於流傳,在流傳中也就會有比較多的改動,語言也更平易。①

杜勇認爲既然周公將祝册藏於匱中不欲人知,而且《金縢》文字平順,不似《尚書》誥體風格,説明《金縢》非西周作品。又由《孟子》記述的孟子論《詩》,以及引述孔子以《鴟鴞》論"道",推論《金縢》成篇不晚於春秋前期。《金縢》簡文説明周天子始終處於權力核心的地位,對於"猶幼在位"的成王,大權在握的周公也只有俯首聽命。這樣的觀念很符合周室東遷以後,在卿權膨脹的情況下傾力維護王權的情勢。或許《金縢》就是出於這種維護和强化王權的政治需要,由王室史官根據自己掌握的有關材料在春秋前期寫成的一篇文字。②

扈曉冰推論《金縢》成文於春秋末戰國初。在語法上,簡本篇内兼有春秋和戰國時期的不同特徵。如"未可以戚吾先王"中的"吾"是春秋中葉以後的用法。③ "爾元孫發也"的"也"表示判斷,是春秋時期的用法。④ "未可以戚吾先王"的"可以"和"爾之許我"的"之"也都是春秋時期的用法。"我則晋璧與珪"的"則"、

---

① 李鋭:《〈金縢〉初探》,第118—120頁。

② 杜勇:《清華簡〈金縢〉有關歷史問題考論》,第67頁。

③ 周玉秀:《〈逸周書〉的語言特點及其文獻學價值》,中華書局,2005年,第106頁。

④ 洪波:《漢語歷史語法研究》,商務印書館,2010年,第217頁。

"凡大木之所拔"的"所"是戰國時期的用法。從主旨思想而言，《金縢》篇旨在彰顯周公的忠誠，强調君爲臣綱，這是春秋末戰國初期的時代風潮。由於簡本是目前所能見到最早的《金縢》版本，其文本的多重特徵既有春秋時期也有戰國時期的，可判斷《金縢》最可能成書於春秋末期戰國初期。①

2. 今本和簡本的時代痕迹

王坤鵬認爲簡本典型用語的時代和史事背景顯露出戰國時代的特徵，其文本的形成應當不早於戰國早期。首先，簡本從用語到史事背景設置都顯露出較濃的戰國時期的色彩。從簡文用辭來看，簡文"爾毋乃有備子之責在上"的"毋乃"又作"無乃"，常見於先秦時期時代比較靠後的文獻。簡本使用這一詞彙，一定程度上揭示了文本形成的時期。簡文所設置的情景也具有戰國時期的特徵。簡文中"周公宅東"即是指周公避流言而遷居於東，馬融和鄭玄都解釋"東"爲東都，但當時東都並未建成，避居東都之説顯然有漏洞。簡本之所以設置"避居東都"這一情節，應是受到了戰國時期的社會環境的影響。春秋末期之前，個人隸屬於家族，個人的行動受到非常大的限制，一個西周貴族脱離家族避居東方是不可想象的事情。因政治上的避嫌或鬥争失敗之後出居外地的社會風氣，直到戰國時期才成爲一種普遍現象。據以上幾點，可以推斷簡本《金縢》文本的形成不會早過戰國早期。②

羅新慧也認爲簡本所見戰國要素較多。她首先指出傳世本和簡本的若干語詞皆有較早的起源，《金縢》篇記武王患病，太公、召公欲爲王卜，而周公則爲王禱事，淵源有自。如商代甲骨

---

① 扈曉冰：《清華簡〈金縢〉篇研究》，第 22—24 頁。
② 王坤鵬：《簡本〈金縢〉學術價值新論》，第 27 頁。

記載“貞：有疾身。禦于祖丁”，是説商王有疾，占卜後，禦祭祖丁。因此，遇疾而占卜，並祭祀先祖，商代時期已然。此類做法在春秋時期依然盛行，《左傳》中即有記載。同類做法也屢見於戰國竹簡，如包山簡238“盬吉以保家爲左尹它貞，既腹心疾，以上氣，不甘食，舊(久)不瘥，尚速瘥，毋有奈。占之，恒貞吉，疾難瘥，以其故敚之。舉禱太一犆，后土、司命各一牂”。有疾而占卜、再行祭禱是古人通常的做法，至遲在商代已經出現，到戰國時期仍然十分流行。

她也發現，今本與竹簡本在語辭的運用方面又體現出不同的因素。今本較竹簡本多出公曰“體，王其罔害。予小子新命于三王，惟永終是圖，兹攸俟，能念予一人”一段。其中的“永終”一語是西周語彙，見於今本《金縢》篇中，表明此篇確保留有早期語詞。今本中所用語詞也有明顯的戰國因素者，如多出“王翼日乃瘳”句，“瘳”義爲病情好轉，爲典型的戰國用語。今本與簡本祝辭中稱武王患疾，所用辭句分別是“遘厲虐疾”“遘害虐疾”，十分近似。此句可與新蔡簡“小臣成奉害虐”句相對照，應是戰國時期描述患病時的習語。相比於今本，簡本包含有更爲明顯的戰國語言因素。如周公禱辭中，其所稱呼武王，今本爲“惟爾元孫某”，竹簡本則作“惟爾元孫發”。其實，不僅西周諸王在先王之前直稱己名，戰國時人祈禱之時，亦需對神靈報出己名，如秦駰禱病玉版銘文謂“小子駰敢以芥圭、吉璧、吉叉以告華大山”，在這裏秦駰向華大山祈禱時亦稱自己爲“小子駰”。簡本記爲“元孫發”，可視爲符合戰國時期之通制。此外，簡本出現的幾處“也”字始見於春秋時期，流行於戰國以後。她的結論是：無論是今本，還是簡本，都應有較早的起源，但亦皆有明顯的經後人、特別是戰國時人加工、改訂的痕迹，其最終寫成年代不會很早。若進一步比較兩者的用詞特點，則可見簡本保留有更爲濃厚的戰國時期語彙色彩。①

魏慈德認爲簡本和今本構成"同源異本"的關係,簡本是戰國中晚期的抄本,今本是戰國晚期的抄本。今本整理改定的時間,與百篇《書序》的編成有關。當時的儒家不僅對内容加以增補改動,也將篇名"周武王有疾周公所自以代王之志"改爲"金縢"。②

3.《金縢》諸節的撰作時代

前輩學者趙光賢等認爲《金縢》可分三節,三節的寫作時代與性質不同。簡本問世以後,劉國忠認爲主張《金縢》篇的不同部分完成於不同時代的觀點可能並不正確。他提出兩條反駁的根據:其一,清華簡《金縢》只記載了周公替武王禱告的内容,並没有提到武王因此而痊愈,而是説此後不久武王即已病故,兩者之間並没有相隔很長時間。其二,對於"天降灾異"時間的交代,清華簡《金縢》中明言爲"是歲也",説明這是周公平定三監叛亂之後當年即已發生的事實。因此,全篇文章敘述緊密,應爲一人所完成。當然,該篇簡書未必是出自周公的手筆,而應該是周代史官的記録,因而能詳細記載周公與金縢故事的前後歷程。③

禄書果認爲清華簡《金縢》是三篇不同時代"書"類文獻的組合拼接。第一篇從開頭到"勿敢言",可命名爲《周武王有疾周公所自以代王之志》,爲武王時史官所記《志》。第二篇從"就後武王陟"到"王亦未逆公",可命名爲《周公遺成王〈鴟鴞〉》,爲成王時史官所記。從武王病重到武王去世、成王即位,再到周公因流

---

① 羅新慧:《〈尚書·金縢〉篇芻議》,第106—107頁。

② 魏慈德:《楚地出土戰國書籍抄本與傳世文獻同源異本關係試探》,第114—115頁。

③ 劉國忠:《從清華簡〈金縢〉看傳世本〈金縢〉的文本問題》,第42頁。

言而居東三年,再到禍人獲罪、周公獻詩,期間時間跨度較大,所有事件由同一史官所記的可能性較小,更可能是成王的史官對檔案記録的整合與追述。而最後一部分可命名爲《成王啓金縢》,爲成王時史官所記,屬於"史書"。本段文字首尾呼應,内容完整,情節生動,核心内容是講成王開啓金縢之匱而重新信任周公,完全可以視爲獨立的篇章。這段文字當源於成王時史官所記史事,本爲獨立一篇,經後人重新整理編訂而與前兩篇"綴合"。他認爲三篇來源文獻都是對史實的直接記録而未刻意强調其道德寓意,但經過拼接整合之後的《金縢》却使這些史實具備了更加豐富的内涵:展示周公之"善",凸顯周公之"忠",頌揚周公之"德"。周公是儒家推崇的聖賢楷模,孔子曾多次表達對周公的敬仰,所以很可能正是由儒家學者對《周書》或《周志》的文獻材料加以擇取編輯,才最終形成了清華簡《金縢》及《尚書·金縢》的文本面貌。①

(三)《金縢》成文年代補論

總結上述對《金縢》成文時代的各種説法,其根據無外乎外在的内容和内在的語言形式兩類證據。對於研究古書成文時代的方法論,有學者曾指出:

> 尚有另一種"二重證據法"似亦不容忽視,那便是:對"紙上材料"之斷代(或辨僞),除應重視其内涵意藴(可稱爲語料)外,語言形式(可稱爲語體)也是非常重要——有時甚至是决定性的因素;因爲文本内容(包括史實、傳説、風俗遺存以至天文、曆象記録等等)可借用先世的材料,有時會今古難辨,但"語言形式"則較易"洩漏天機",顯出其特定的時

① 禄書果:《清華簡〈書〉類文獻文本組合的三種形態》,第131頁。

代性。所以，最穩妥的方法就是，以文本之“語體”印證其“語料”，如兩者的時代特徵相合，始可作出認定，而成爲强有力的“本證”；否則，對相關“紙上材料”的可靠性也尚須存疑。①

語言往往具有一定的時代性，而要確定語言形式的時代，離不開同時代的語言材料的對比。日本學者太田辰夫曾提出“同時資料”和“後時資料”的區别，前者“指的是某種資料内容和它的外形（即文字）是同一時期産生的”；後者則“指資料外形的産生比内容的産生晚的那些東西，即經過轉寫轉刊的資料”。② 以出土文獻爲例，甲骨文、西周金文和戰國秦漢時期文書簡的内容和書寫時代一般是同時的，大都可被視作“同時資料”；成書於前，但是書寫却間隔較長時段的文本，如寫於西漢的馬王堆帛書《周易》和銀雀山漢簡《孫子兵法》等出土典籍古書，可被視作“後時資料”。根據某一時代確知的各種“同時資料”，語言學家可以判斷出該時代具體的語言特徵，而語文學家則可以利用這些特徵來判定其他文獻的年代是否屬於該時代，我們可以稱這種斷代方法爲“同時資料”斷代法。③ “同時資料”斷代法可依據的“同時資料”包括語言文字，以及史實、制度和思想等文本内容，前者的特徵至少可包括在特定時代詞彙（詞的有無、詞的功能、詞的搭配和習慣用語）、語法、聲韻、詞的習慣用字和文字的構形等五個方面。整體而言，後者如史實、制度和思想等文本内容層面的“同時資料”斷代法偏向於揭示古書

---

① 周錫䪖：《〈易經〉的語言形式與著成年代——兼論兩周禮樂文化對中國韻文藝術發展的影響》，《中國社會科學》2003 年第 4 期，第 166 頁。

② 太田辰夫：《中國語歷史文法》，蔣紹愚、徐昌華譯，北京大學出版社，2003 年，第 374—375 頁。

③ 黄甜甜：《論古書年代學中“同時資料”斷代法的重要性》，《中國文獻學研究》第 1 輯，待刊。

内容的時代；語言文字層面的"同時資料"斷代法較能判定古書的語言時代。

具體到《金縢》篇，一般認爲《金縢》自篇首至"王翼日乃瘳"的第一部分成文較早，後面的部分則是後人撰作。事實上，學界現有語言层面的論證已經表明，《金縢》"武王既喪"以上部分成文的語言時代也不大可能早至西周初年周公和成王的時代。以下，以表格形式歸納學界目前對《金縢》篇東周時代語言痕迹的較爲可信的研究結論。①

表 3 《金縢》語言特徵表

<table>
<tr><th colspan="2" rowspan="2"></th><th rowspan="2">用法及時代</th><th colspan="2">文　例</th><th rowspan="2">位置②</th></tr>
<tr><th>簡本</th><th>今本</th></tr>
<tr><td rowspan="2">實詞</td><td>吾</td><td>"吾"字普遍使用是春秋中葉以後。③</td><td>未可以慼吾先王</td><td></td><td>一</td></tr>
<tr><td>之</td><td>西周金文"之"較少作代詞，東周金文中慣用爲代詞。④</td><td></td><td>公乃爲詩以貽王，名之曰《鴟鴞》</td><td>二</td></tr>
</table>

① 現有論證囿於所見材料和學界所總結語言規律的局限，存在一些問題，如趙光賢認爲"則"字作連詞在西周罕見，扈曉冰甚至認爲簡本"我則瘞璧與珪"的"則"是戰國時代的用法，實際上今天所見西周金文中"則"字作連詞已多見，與"我則瘞璧與珪"中用法相同的"則"最晚已經見於西周中期的曶鼎銘文中，參見張世超等編：《金文形義通解》，中文出版社，1996 年，第 1024—1025 頁；夏含夷認爲連詞"及"不見於西周金文，僅見於東周金文，李鋭已經指出西周中期曶鼎已經有此用法，參見李鋭：《〈金縢〉初探》，第 120 頁。

② "位置"指的是按照通行的三章（三部分）的分法，本行的幾則文例屬於哪一章。

③ 周玉秀：《〈逸周書〉的語言特點及其文獻學價值》，第 106 頁。

④ 夏含夷：《略論今文〈尚書〉周書各篇的著作年代》，第 322 頁。

續　表

		用法及時代	文例		位置
			簡本	今本	
虚詞	也	始於春秋時期，戰國以後流行①	爾元孫發也		
	及	連詞"及"不見於西周金文，僅見於東周金文。② 西周文字，"及"字多作"暨"。③	管叔及其群兄弟乃流言于邦	管叔及其群弟乃流言于國	二
	其	西周"其"字作代詞用多作"厥"。④ 西周金文第三人稱所有格代詞主要是"厥"。⑤	管叔及其群兄弟乃流言于邦	管叔及其群弟乃流言于國	二
	焉	"焉"産生於西周晚期，盛行於東周。⑥	周公立焉	周公立焉	一
	與	"與"作並列連詞産生於春秋時期。⑦	1. 我則瘞璧與珪 2. 我乃以璧與珪歸	1. 我其以璧與珪 2. 我乃屏璧與珪	一

① 曹銀晶：《"也""矣""已"的功能及其演變》，北京大學博士學位論文，2012年。

② 同上，第322頁。

③ 趙光賢：《説〈尚書・金縢〉篇》，第64頁。

④ 趙光賢：《説〈尚書・金縢〉篇》，第64頁。

⑤ 夏含夷：《略論今文〈尚書〉周書各篇的著作年代》，第322頁。

⑥ 何定生：《〈尚書〉的文法及其年代》，第13頁；楊素梅：《表現在〈今文尚書〉的幾個句法特色》，第96—97頁。

⑦ 周生亞：《並列連詞"與""及"用法辨析》，《中國語文》1989年第2期，第140頁；楊素梅：《表現在〈今文尚書〉的幾個句法特色》，第97頁。

續 表

		用法及時代	文例		位置
			簡本	今本	
虚詞	而	“而”是東周以後用字。① 西周晚期已有“而”的連詞用法。②		盡起而築之	三
	所	“所”作爲結構助詞,産生和盛行於於東周以後。③		二公命邦人凡大木所偃,盡起而築之	三
	可以	一般認爲是東周以後出現的詞。	未可以慼吾先王	未可以戚我先王	一
	毋乃	一般認爲是東周以後出現的詞。	毋乃有備子之責在上		一
語法	以+動詞	西周金文在“以”之後基本上都接名詞,東周金文在“以”之後多接動詞。④	3. 王捕書以泣 4. 今皇天動威以彰公德	1. 我無以告我先王 2. 公乃爲詩以貽王 3. 王執書以泣 4. 今天動威以彰周公之德	1(二) 2(三) 3(三) 4(三)

① 何定生:《〈尚書〉的文法及其年代》,第 13 頁。

② 裘燮君:《今文〈尚書〉斷代研究綜述——先秦傳世文獻斷代研究之一》,第 81 頁。

③ 楊伯峻、何樂士:《古漢語語法及其發展(修訂版)》,語文出版社,2001 年,第 486—487 頁。

④ 夏含夷:《略論今文〈尚書〉周書各篇的著作年代》,第 322 頁。

續　表

		用法及時代	文例		位置
			簡本	今本	
語法	惟＋O＋是＋V	流行於西周晚期至東周前期，戰國中晚期以後從口語消失，僅存於書面作品。①		惟永終是圖	一

觀察上表不難發現：學界一般主張《金縢》第二、三部分是東周時代撰作的結果，這一點完全可以被第二、三部分多見的東周以後用法證明；第一部分的情況較爲複雜，可能有西周用法，但更多的是東周以後用法。

一方面，第一部分存在一些可能是西周早期的用法，亦或是西周早期用法的傳承。例如，今本"我其以璧與珪歸"的"其"是表意願的情態副詞，在西周早期金文中就出現過類似用法，如一般認爲是成王或康王時代的何尊銘文有"惟武王既克大邑商，則廷告于天曰'余其宅兹中國'"，②之中的"其"與上述用法基本一致。但這種功能的"其"東周以後仍然多見，《金縢》此處的"其"可能是西周早期的言語，也可能是由西周傳承而來的。又如，梅廣曾指出主謂之間加"之"將獨立句變非獨立句的動名結構，可用來表假設，西周已有這種用法，見於《尚書・費誓》"牿之傷，汝

① 許嘉璐：《關於"唯……是……"句式》，《中國語文》1983年第2期，第126—127頁；殷國光：《先秦漢語帶語法標志的賓語前置句式初探》，《語言研究》1985年第2期，第169—170頁；楊素梅：《表現在〈今文尚書〉的幾個句法特色》，第102—103頁。

② 釋文及器物年代的研究參見董珊：《何尊新釋》，《故宮文物月刊》2013年第9期，第60—73頁。

則有常刑”。簡本和今本共有的“爾之許我”即屬此種“主之謂”假設偏句,但他却懷疑這一例不能代表周初語言。① 究其原因,一則是受到《金縢》成文於東周的主流意見影響;二則“主之謂”假設偏句盛行於東周,以《左傳》中最爲多見。因此,“爾之許我”這一“主之謂”假設偏句可能是西周早期的言語,但也不排除是西周早期傳承而來的東周以後言語。

另一方面,在第一部分還能找出更多西周晚期以後用法的辭例。如,今本“惟永終是圖”的“永終”,接近於金文“無終”“永命”“霝終”等祈求福祚長久含義的嘏辭。二十世紀以來的金文研究已經充分表明,嘏辭興起於西周早期,但興盛於西周中晚期。目前所見西周金文中,“永終”有兩例,出現在西周晚期的井妄女鐘(《集成》109—112),所在文句是“永終于吉”。② 而與“永終”含義接近的“無終”“永命”“霝終”等嘏辭也都流行於西周中晚期。③

二十世紀以來,不少學者主張《金縢》第一部分可靠,似乎肯定這是西周早期的語言,這種看法實質上是建立在朦朧的語感之上,缺乏語言文字學上的充分證據。依前述研究不難發現,第一部分西周晚期以後的用法是居多的。前文討論“穆卜”含義時,已經充分説明周公的禱辭有商代以降祝禱的禮俗文化背景,周公祝禱之事可信性較高。然而,文本素材的時代不等於文本實際成文的時代,以祝禱爲核心的第一部分雖然以西周早期歷史素材爲史源和編撰基礎,但其最初編撰成文的時間最大可能

① 梅廣:《上古漢語語法綱要》,上海教育出版社,2018年,第103—104頁。

② 中國社會科學院考古研究所編:《殷周金文集成(修訂增補本)》,中華書局,2007年,第102、105頁。按,羅新慧曾引此説明《金縢》有西周文例,但没深究其具體時代。參見羅新慧:《〈尚書·金縢〉芻議》,第106頁。

③ 謝博霖:《西周金文用語流變研究》,臺灣政治大學博士學位論文,2021年,第373—378頁。

是西周晚期以後，甚至是東周時期，不大可能是周公等故事人物所在的西周早期。

既然第一部分實際成文可能是西周晚期以後，甚至是東周，可推知全篇三部分大概率是同時編撰的。前述劉國忠觀點，認爲主張《金縢》篇的不同部分完成於不同時代的觀點可能並不正確。因爲，全篇文章敍述緊密，應爲一人所完成。這種從事理和敍述角度的論證，也佐證各部分最初可能是同時編撰的。

《金縢》最初編撰時，編撰者同時編寫了全篇。儘管難以判定準確的撰作時間，但據上表多處詞和語法的流行時代，最初編撰成文的大致時代一定在西周晚期以後，最爲可能是春秋時期或者戰國早期。對此，還可從《金縢》的成文背景給予旁證。前一節已經説明，《金縢》文本撰作目的是塑造周公的努力佐相天子的辅臣形象。周公攝政稱王一直是經學史和先秦史聚訟的重要問題，依據西周中期史墻盤銘文對多位先王歷史功績的評價，武王和成王之間没有周公，顯示出西周中期以後正統史觀中周公並没有被賦予極高的位置。① 春秋至戰國早期，開始興起對周公的尊崇思潮。如《左傳》定公四年："昔武王克商，成王定之，選建明德以蕃屏周。故周公相王室以尹天下，於周爲睦。"《論語・述而》："子曰：'甚矣吾衰也！久矣吾不復夢見周公。'"《墨子・貴義》："周公旦佐相天子，其修至於今。"戰國中晚期至秦漢時期，在先前對周公的尊崇思想之上，衍生出周公攝政稱王説。② 如《韓非子・難二》："周公旦假爲天子七年。"《荀子・儒效》："武王崩，成王幼，周公屏成王而及武王，以屬天下。惡天下之倍周也，履天子之籍。"置入上述思想史背景，《金縢》最初極有

① 夏含夷：《周公居東新説——兼論〈召誥〉〈君奭〉著作背景和意旨》，第307頁。

② 彭裕商：《西周青銅器綜合年代研究》，第25—29頁。

可能是春秋至戰國早期,周公尊崇思潮下的産物。

最後談《金縢》最終成文的時代。《金縢》最初編撰的時代我們難以確證,可能是史官始編於西周晚期,也可能晚到"語"類文獻盛行的東周時期。簡本最終成文肯定在清華簡埋葬之前的一段時間,可能在春秋晚期和戰國早期之間。而今本的最終成文,雖然没有堅實的證據,但是也有間接的證據可窺一斑。裘錫圭先生提出今本面貌的形成蓋因後人將"㕤/㕤"字誤釋爲"屏",致使原文不通,遂將"屏璧與圭"句改爲接在"爾不我許"之下,"以璧與圭歸"句又相應地被改在"爾許我"之下後。① 將"㕤/㕤"字誤釋爲"屏",這是典型的以秦漢以後的隸書等今文字的字形去考釋戰國文字字形造成的錯誤,這種錯誤很可能是西漢時期學者的誤釋。當然,這只是根據文字構形的時代性特徵所作的單一推論,還需要其他證據的補充。

三、簡本《金縢》的真僞

《金縢》的真僞問題可分作兩個問題,一是《金縢》故事是否可信,可看作西周故事,還是漢人的杜撰?二是簡本《金縢》是否是今人的僞造?以下分别討論。

(一)《金縢》故事的真僞

古代學術史上程頤、金履祥、王廉、王夫之和袁枚等人都曾質疑《金縢》内容的可信度,最具代表性的是明代王廉和清代袁枚。王廉就篇中内容的合理性提出了五點質疑:

> 予讀書至《金縢》,反復詳究,疑其非古書也。使周公而

① 轉引自陳劍:《清華簡〈金縢〉研讀三題》,第168頁。

然，非周公也……夫周公面却二公穆卜，以爲未可戚我先王矣，陰乃私告三王，自以爲功，此憸人佞子之所爲也，而謂周公然之乎？死生有命，周公乃欲以身代武王之死，使周公而然，則爲不知命矣，且滋後世刲股醮天之俗，周公元聖，豈其然乎？……夫人子有事於先王，而可以珪、璧要之乎？使周公而然，非達孝者矣！……蓋卜册之書藏於宗廟，啓之，則必王與大夫皆弁，既曰周公别爲壇墠，則不於宗廟之中明矣，不於宗廟，乃私告也，周公，人臣也，何得以私告之册而藏於宗廟金縢之匱，又私啓之也？使周公而然，則爲挾冢宰之權而不有其君者也。……周公册書宜不在宗廟金縢之匱，卽在其中，武王疾瘳，四年而崩，周公居東，二年而歸，凡六年之久，周人尚卜，惡有朝廷六年無事，而不啓金縢之匱，至今乃啓之耶？卽此五事，反復詳究，頗疑是編非古書也。①

清代袁枚更是直指《金縢》是僞書，《金縢辨(上)》言：

《金縢》雖今文，亦僞書也。孔子曰："不知命，無以爲君子。"又曰："丘之禱久矣。"三代聖人，夭壽不貳。武王不豫，命也。豈太王、王季、文王之鬼神需其服事哉？以身代死，古無此法。……二公欲穆卜，公拒之，以爲"未可以戚我先王"。臣與子，一也。他人戚先王不可，而已戚先王則可，非伯尊之攘善而何？

《禮》："去祧爲壇，去壇爲墠。"又曰："士大夫去國，爲壇位，向國門而哭，爲無廟也。"當是時，太王、王季、文王赫赫寢廟，周公非去國之時，雖曰支子不祭，然公爲武王禱，非爲

① 王廉：《金縢非古書辨》，程敏政編：《明文衡》卷九，文淵閣《四庫全書》本。

身禱也。舍太廟而爲野祭,不祥孰甚焉! 方命卿士勿言,隱諱其迹,而乃登壇作墠,以自表揚者何也?“周人以諱事神,名終將諱之。”故禮卒哭乃諱。其時武王雖病,並未終也。不稱元孫發以禱,而稱元孫某以諱,是先以死人待武王也。某某者,後世之俗諱,三代所無也。商人曰帝甲、帝乙,此不稱名之證,不稱某也。周人所謂諱者,以謚代名,故禮凡祭不諱,臨文不諱;臨之以高祖,則不諱曾祖以下。晉荀偃禱,稱平公爲曾臣彪,此稱名之證,不稱某也。《詩》曰“一之日觱發”,曰“駿發爾私”,皆公作也。尋常咏歌,不諱于其子成王之前。而一旦禱祀,反諱於祖、父太王、王季文王之前,於義何當?

治民事神一也。故曰:“未能事人,焉能事鬼?”元孫既無才無藝,不能事鬼神矣,又安能君天下、子萬民乎? 贊周公之材之美,始于《論語》。造僞書者,竊孔子之言,作公自稱語,悖矣! ……武王已瘳,己身無恙,公之心已安,公之事已畢。此私禱之册文,焚之可也,藏之私室可也。乃納之於太廟之金縢,預爲日後邀功免罪之計。其居心尚可問乎? ……

《中庸》曰:“事死如事生。”孟子曰:“人能充無受爾汝之實,則義不可勝用也。”又曰:“享多儀,儀不及物。”然則爾汝者,古人狎長之稱;而圭璧者,所以將敬之物也。公呼先王爲爾,不敬;自夸材藝,不謙。終以圭璧要之,不順。若曰許我則以璧與圭,不許我則屏璧與圭。如握果餌以劫嬰兒,既驕且吝,慢神蔑祖。……①

① 袁枚:《小倉山房文集》,《袁枚全集新編》第6册,浙江古籍出版社,2015年,第430—432頁。

《金縢辨(下)》又言：

周人重卜。國有事，卜于太廟，禮也。金縢藏後，武王在位四年，公又居東二年，六年中周人竟不一卜太廟啓金縢乎。此説也，括蒼王氏曾言之。然康成以爲金縢者，古藏秘書者皆然，不自周公始，猶可支吾。

按，經文曰“公乃自以爲功”云云，是并二公不告，且不知也。二公尚不知，百辟卿士何以知之？曰：噫！公命我勿敢言。百辟卿士既知之，則二公必知之久矣。……

然則二叔流言？奈何曰：此尤不足信也。當時叛者武庚，非二叔也。監之者不早發覺，又從而助之，自宜同罪。亦成王周公之不得已也。……況兄終弟及，商法皆然，卽使周公代成王而踐其位，在武庚視之，亦不過如盤庚、陽甲，外丙、仲壬之相承而已矣。何不利孺子之有？何流言之有？若夫鴟，惡鳥也。周公憂盛危明，藉綢繆未雨之意，君臣交儆，可也。若爲王信流言而作，是以惡鳥比君父矣。擬人不倫，指斥已甚，周公其不聖矣乎？康成解“既取我子，毋毁我室”以爲既捕我黨羽矣，宜還我土地爵位。何蚩妄乃爾！

總之，漢求亡經過甚，致僞書雜出。梅福曰：成王以諸侯禮葬周公，而天動威，風雷交作。《魯世家》曰：“周公薨，大風拔木，成王乃啓金縢。”《尚書大傳》曰：“成王葬周公，遇風雷，追念前事，序而記之。”蒙恬曰：“成王有疾，周公揃爪沉河，書而藏之。二叔作亂，周公奔楚，成王讀記府之文，乃迎周公。”四説者，言人人殊，皆與《金縢》不合。善乎譙周之言曰：“《尚書》遭秦火，多缺失。學者談《金縢》，都難憑信。”斯得之矣。①

① 袁枚：《小倉山房文集》，《袁枚全集新編》第6册，第432—434頁。

客觀而論,上述多重質疑中,有個别可取之處,[①]如袁枚指出"凡祭不諱,臨文不諱",並舉《左傳》所載荀偃禱文爲例。又如袁枚意識到"當時叛者武庚,非二叔也。監之者不早發覺,又從而助之,自宜同罪"。但整體而言,王廉和袁枚於古史和古禮多有不通之處,如對"戚"和"穆卜"的誤解較爲典型。同時,"他們和程頤一樣,把周公是聖人作爲前提,認爲《金縢》所述周公言行不合於應有的聖德"。[②]

簡文發表後,針對歷史上袁枚等人質疑今傳本《金縢》用"某"之不當,李鋭發現簡本《金縢》用了"元孫發",説明今本可能有所改動,而簡本可能保持了原貌。[③] 朱鳳瀚指出史代讀祝辭並不等於是史本人稱呼王,而是代周公言,而且祝辭是向三王祈求,無論周公自稱還是稱呼所爲求佑之武王,在祖先神靈面前均無有避諱名字之必要。簡文記史代周公祝告先王時所稱武王爲"爾元孫發",是合乎當時制度的。[④] 謝能宗的舉證也説明了這一點。[⑤]

陳劍回應王廉和袁枚等人質疑周公藉璧及珪與三王討價還價的行爲不合情理的看法,認爲按照簡本"爾之許我,我則瘞璧與珪",這並非僅僅奉獻上璧和珪就能打動三王,而是同時也完成了轉移武王之疾於己身的巫術,將自己也奉獻給了三王,周公將回去等候生病、死去。而"爾不我許,我乃以璧與珪歸",更多地是表示一種無可奈何的意味,而不是"威嚇"。今本《金縢》"爾不許我,我乃屏璧與圭"句,有的譯文作"你們不允許我,我就收

---

① 張西堂曾對袁枚説法有簡要評述,參見張西堂:《尚書引論》,第191—192頁。

② 李學勤:《〈尚書·金縢〉與楚簡禱辭》,第408頁。

③ 李鋭:《〈金縢〉初探》,第121頁。

④ 朱鳳瀚:《讀清華簡〈金縢〉兼論相關問題》,第50頁。

⑤ 謝能宗:《〈尚書·金縢〉篇武王避諱問題補論》,第207—208頁。

藏璧和圭，不敢再請了"，其加上"不敢再請了"的意味，頗爲合理。這樣理解，周公之禱就很合於情理了。①

杜勇也認爲清華簡《金縢》的問世在相當程度上解決了該篇曾被視爲僞書的問題。簡本與今本的内容基本一致，首先能説明袁枚所謂漢代僞書説完全不能成立。《金縢》篇處處以第三者口吻來記述周公事迹，當然不會出於周公手筆。全篇多爲敘事之文，事件時間跨度很大，不只文體與《周書》多爲誥體不類，而且文字較爲平順，不似周初諸誥那樣艱澀古樸。這些情況説明，《金縢》不僅非周公所作，也不像是西周時期形成的作品。《金縢》三則故事的第一則講周公爲代武王死而作告神册書之事，應來自周王室原有檔案資料。過去有人懷疑這些迷信鬼神的活動非聖人所爲，故疑爲僞作。不僅有類似民族學材料，而且近年出土的戰國楚簡禱辭，都提供了該篇成於古時的證據。至於後兩則故事，敘事簡略，文字平易，風格與真《周書》迥異，應是作者根據有關傳聞資料寫成的。《金縢》所用材料都有一定的來源和根據，不能因爲它的晚出而全盤否定其歷史敘事的真實性。②

按，可做補充的是，古人觀念中，祝禱時與祖先和神靈講條件，完全是可行的。李學勤先生就曾指出，周公"用璧、珪向三王講條件，尤其反映出古人同現代全然不同的思想觀念。戰國秦惠文王患病，以玉牘向華山禱祝，也有類似的講條件的語句，説明這是那時的慣例"。③ 郭永秉也曾指出其他文獻亦有類似的記載，《左傳》哀公二年：

> 衛大子禱曰："曾孫蒯聵，敢昭告皇祖文王、烈祖康叔、

---

① 陳劍：《清華簡〈金縢〉研讀三題》，第 165 頁。

② 杜勇：《清華簡〈金縢〉有關歷史問題考論》，第 67 頁。

③ 李學勤：《〈尚書・金縢〉與楚簡禱辭》，第 408 頁。

文祖襄公：鄭勝亂從，晉午在難，不能治亂，使鞅討之。蒯聵不敢自佚，備持矛焉。敢告無絶筋，無折骨，無面傷，以集大事，無作三祖羞。大命不敢請，佩玉不敢愛。”

《詛楚文》之《告大沈氒湫文》：

又秦嗣王，敢用吉玉宣璧，使其宗祝卲鼛布檄告于丕顯大神厥湫，以底楚王熊相之多罪。……不畏皇天上帝及大沈厥湫之光烈威神，而兼背十八世之詛盟，率諸侯之兵以臨加我，欲剗伐我社稷，伐滅我百姓，求蔑廢皇天上帝及大沈厥湫之卹祠、圭玉、犧牲。……亦應受皇天上帝及大沈厥湫之機靈德賜，克劑楚師，且復略我邊城。敢數楚王熊相之倍(背)盟犯詛，著諸石璋，以明大神之威神。①

郭永秉分析指出衛國太子蒯聵以佩玉向先祖祈禱，希望在晉鄭之戰中“無絶筋，無折骨，無面傷，以集大事”，提出的條件就是以此才能“無作三祖羞”；秦惠文王在秦楚大戰前使宗主祝禱於大沈氒湫，希望秦國“克劑楚師，且復略我邊城”，要不然可能導致“蔑廢皇天上帝及大沈厥湫之卹祠、圭玉、犧牲”，言外之意是神靈如若不能滿足要求，可能喪失供奉的祭品。②

因此，前人將周公與三王的討價還價視作非聖人所爲的看法，實際是不成立的。

（二）簡本的真僞

1. 簡本僞造説

朱歧祥對比簡本和今本《金縢》的文句，發現簡本六例有意

---

① 此處采用寬式釋文，較新的釋文和研究參見王挺斌：《詛楚文集釋》，首都師範大學本科學位論文，2012年。

② 郭永秉：《秦駰玉版銘文考釋中的幾個問題》，第46—47頁。

補充今本疏略的地方,如簡本“武王既克殷三年”補充了句首主語,“二公告周公曰”補充了“二公曰”的對象,“爾元孫發也”補充了元孫的私名,“周公乃納其所爲功自以代王之說于金縢之匱”補充了“納册”的主語和册中的内容,“王乃出逆公至郊”補充了“王出郊”的原因,“歲大有年,秋則大穫”補充是“歲”豐收的狀態和“大熟”的時間,這些句例“似乎透露着清華簡某些文句可能是先根據或參考今本《尚書》爲底本而完成的”。他也發現《清華簡(壹)》諸篇的文字至少有 39 例於中山國金文字形相合,顯示出“簡中似乎混雜有不同時空的字形”。①

房德鄰則完全否定簡本,認爲簡本是今人的僞作。② 房文認爲今本記述的是武王重病,周公爲之向先三王祝告,希望代替武王死。祝告後,周公占卜得吉兆。第二天武王的病就好。簡本記述的是武王克殷後重病,周公爲之向先王祝告,表示希望由他來做代理王。祝告後武王就死了。

文中對比了簡本和今本的幾處重要差異:其一,今本中周公的祝告辭中“以旦代某”表示欲代武王死,“爾之許我,我其以璧與珪歸,俟爾命”希望先三王不讓武王死。其二,今本“公乃自以爲功”是説“周公乃自以請命爲已事”,隱含有“獨請代武王死”的意思。“嗚呼! 無墜天之降寶命,我先王亦永有所依歸”,意思是如果武王得救,我先王亦永有依歸。而簡文講的是周公欲做攝政王的故事,所以删除了今本中所有代武王死和不希望武王死的詞句。其三,今本“予仁若考能,多材多藝,能事鬼神。乃元孫不若旦多材多藝,不能事鬼神。乃命于帝庭,敷佑四方,用能定爾子孫于下地”,被簡本竄改爲“惟爾元孫發也,不若旦也。是

① 朱歧祥:《由金文字形評估清華大學藏戰國竹簡》第 51—66 頁。

② 房德鄰:《清華簡〈周武王有疾周公所自以代王之志(金縢)〉是僞作》,第 42—49 頁;《清華簡注釋之商榷》,第 56—60 頁。

佞若巧能,多材多藝,能事鬼神。乃命於帝庭,溥有四方,以定爾子孫於下地”,先説武王不如旦,再説旦多才多藝能事鬼神,然後説“乃命於帝庭”,“命”字後面没有賓語,承前可知省略的是周公旦,是“乃命周公旦於帝庭”,如果“命”解釋爲“受命”,則承前省略了主語周公旦,是“乃周公旦受命於帝庭”。周公希望繼武王而作受命之子,溥有四方,以安定先王子孫於下地。其四,簡文改“丕子”爲“備子”,意思是武王病重,三王有責任選備一子(以命之於帝庭,敷佑四方)。周公自薦,説旦比發更有本事。

其五,簡文删除了全部占卜的詞句,這是因爲簡文周公祝告欲作代理王,所以就不能寫占卜問吉凶。其六,簡文删除了“今我卽命於元龜”,不再顯示吉凶,無法知道三王是否答應周公的要求,周公怎麽還能説“許我如何”“不我許”如何? 其七,今本在祝告和占卜之後説“公歸,乃納册於金縢之匱中”,没説册中的内容,後來成王令人開啓金縢之匱時却有“乃得周公所自以爲功代武王之説”一句,這一句是對周公所藏祝告辭内容的概括,意思是周公以代武王死是自己的事。而簡文在周公祝告後就寫了“周公乃納其所爲功自以代王之説於金縢之匱”,這是説周公把作代理王視爲自己的事。其八,今本記“王翼日乃瘳”,這是周公祝告時表示欲代武王死而感動了先三王的結果。而簡文“就後武王陟”則是周公祝告欲作代理王而得到先三王同意的結果。其九,簡文作者之所以不用《金縢》而另擬篇題,是因爲所寫的故事不同,篇題當然也不同,用“周武王有疾周公所自以代王之志”準確地表達出“在周武王患重病時周公表達了作代理王的意願”。14 字的標題也不符合先秦標題的習慣,是現代人僞作。而且西周、東周及周亡後戰國人的著作中偶見的“周文王”“周武王”都是在與殷對舉時使用的,簡本的標題不是在與殷對舉時使用。

房文還認爲簡文參考了《魯世家》《尚書》傳注乃至明清人的著作，比如今本"植璧秉珪"被改爲"秉璧植圭"可能受到了古人經解的影響。宋代趙溥在解釋"植璧秉珪"説是在玉璧外圓的四個方向上各"植入"一個長一尺二寸的珪，這樣一來就是植珪了。又因爲璧和珪連在一起了，所以就成了"秉璧"。清代秦蕙田批評如此解釋反成"植圭秉璧"。最後，房文也猜測了簡本成文的原因，這大概爲了疏解印證譙周、程頤、王夫之、袁枚等人的質疑。當然，房文也承認這樣解釋簡本成文的原因，會招致更大的懷疑，似乎是周公咒死武王，自己做攝政王。

2. 簡本不僞説

針對篇題出現"周武王"的稱謂不符合當時文例的質疑，劉國忠從楚國的政治地位、戰國與前代稱謂區别這兩方面給予了回應。首先，戰國時代之後，周王室每況愈下，内部紛争不斷，早已是微不足道的小國，爲時人所輕視。這一背景下，在東周特别是戰國時代的一些文獻上可以看到時人已經直接使用周文王、周武王、周成王這樣的稱號，如《國語・魯語下》："周恭王能庇昭、穆之闕而爲'恭'。"《管子・七臣七主》："(紂)遇周武王，遂爲周氏之禽。"《墨子・三辯》："周成王因先王之樂，又自作樂，命曰《騶虞》。"《墨子・非攻下》："赤鳥銜珪，降周之岐社，曰：'天命周文王伐殷有國。'"在清華簡的篇名中出現"周武王"這樣的稱呼並不奇怪，更不能以此質疑清華簡的真實性。

其次，清華簡的抄寫者爲什麽要在文王前加"周"？他認爲這與抄寫者的國别背景有關。清華簡係用楚文字書寫，其抄寫者應當爲楚國人。楚國是南方的大國，對周王室早有不臣之心，歷代的楚君皆自稱王。雖然在華夏地區的正統觀念中對楚的稱王予以了抨擊和排斥，如《春秋》就一直貶稱楚王爲楚子，但這種做法顯然是在自欺欺人，掩蓋不了楚君稱王的事實。而且，楚王的謚號也多與周王相同,因而在楚國,也出現了武王、文王、成王、穆王、莊王、共王、康王、靈王、平王、昭王、惠王、簡王等王號,不少與周王的王號一致。因此,在楚國的典籍中,如果不加以區别説明,是很難搞明白"武王"究竟是"周武王"還是"楚武王","文王"是"周文王"抑或是"楚文王"。楚人在抄寫這些《尚書》類經典時,有意對裏面涉及的一些王號問題加以區别,所以給《金縢》擬的篇題爲"周武王有疾周公所自以代王之志",把《祭公》簡中的"文王"稱謂改寫爲"周文王",都是這樣一些明顯的例子。①

陳才認爲從語言的表層結構入手作僞相對容易,而深層結構上則很難作僞。今本收篇言"秋,大熟,未穫",而成王得知事件真相後,迎回周公,"歲則大熟",前文已言"大熟",再言"大熟",顯然不當。而簡本末尾則是"歲大有年,秋則大穫",從行文上看更合理。簡本可以糾正今本行文之誤,這可以作爲簡本《金縢》並非僞簡的重要證據之一。②

3. 簡本不僞説補證

對出土簡牘帛書的辨僞,至少可以從"文字、文法與文理""質材與形制""書法與書風""來路與出處"等四個方面予以辨析。③ 早在2008年,以北京大學李伯謙和復旦大學裘錫圭教授爲組長的鑒定組已經從竹簡形制和文字等方面對清華簡做出了肯定的鑒定意見。④

從出土文獻"文字、文法與文理"的角度言,古文字學界早已

---

① 劉國忠:《試析清華簡〈金縢〉篇名中的稱謂問題》,第175—178頁。

② 陳才:《清華簡〈蟋蟀〉看歷代詩經學的幾處誤讀》,《國學季刊》第2期,山東人民出版社,2016年,第60頁。

③ 胡平生:《論簡帛辨僞與流失簡牘搶救》,《出土文獻研究》第9輯,中華書局,2010年,第98—101頁。

④ 劉國忠:《走近清華簡(增補版)》,清華大學出版社,2020年,第63—64頁。

形成共識：真的出土文獻不僅能驗證學界由此前科學發掘簡牘中得出的新見，也能爲我們解决科學發掘簡牘中的文字學問題提供新綫索。或者説，如果清華簡是假的，那麽“作僞者的功力將遠遠在當世所有古文字學家之上”。① 早在清華簡首册刊布之前，李學勤先生就曾舉過簡本《金縢》爲解决先前古文字學疑難問題提供直接綫索的一個例證：

> 像《金縢》這樣有傳世本可資對照的簡文，在研究上還有一種特别的益處，就是使大家易於識出許多過去不識或者誤識的古文字。如傳世本《金縢》“予冲人”的“冲”字，簡文作“沓”，从“沈”聲。“沈”是定母侵部字，“冲”則屬定母冬部，侵冬兩部關係密切，故相通用，這是前此難於想到的。②

《尚書》《逸周書》等文獻多見“冲子”“冲人”的説法，這個詞的詞義不一定指年齡的幼小，也可能是一種謙稱。但此前學界並不清楚“沓”或“沈”與“冲”的通用關係，西周它簋銘文中的“沈人”、壴卣銘文中的“沈子”和㝬鐘銘文中的“沈孫”之“沈”先前一直没有正確的讀法。正是今本《金縢》“冲”的簡本對應詞作“沓”，學界才得以明白其中的通用關係和用字習慣，相關文辭才能够疏通文意。③ 這種新知是當代作僞者絶不可能先知的。

簡本《金縢》能爲學界解决疑難問題帶來綫索的通用關係還有好幾例。又如，今本所無的一句“就後，武王力”，整理者據《康王之誥》稱成王“新陟王”和《韓昌黎集·黄陵廟碑》引《竹書紀

① 麥笛（陳民鎮）：《爲什麽説清華簡安大簡絶非僞簡——淺談簡牘的辨僞》，《中華讀書報》2019年12月4日第9版。

② 李學勤：《清華簡九篇綜述》，第54頁。

③ 相關研究參見董珊：《釋西周金文的“沈子”和〈逸周書·皇門〉的“沈子”》；蔣玉兵、周忠斌：《據清華簡釋讀西周金文一例——説“沈子”“沈孫”》；蘇建洲：《楚簡中與“沈人”有關的字詞關係考察》。

年》“帝王之没皆曰陟”，將“力”讀作“陟”。後來刊布的清華簡中，還有幾處“力”或从“力”得聲的字讀作“陟”的用例。根據簡本《金縢》以及《周公之琴舞》《説命》的例證，陳劍指出《楚辭・天問》“禹之力獻功，降省下土四方”的“力”與“降”對言，“陟獻功”就是禹登天獻功於天帝之所。① “力”或从“力”得聲的字讀作“陟”的用字習慣，是此前傳世和出土文獻未曾出現過的，根據此種用字習慣能够成功解決傳世文獻疑難的訓詁問題。這再次證明簡本是先秦古本，今人僞造是不可能的。

最後回應房文“簡本今人僞造説”的多條證據。房文的看法是簡本講述的是周公欲取代武王而攝政，今本講述的才是欲代武王死的故事，房德鄰對簡本的錯誤認知主要建立在語文學的誤讀之上。房文的多條證據實際上可提煉爲三則核心證據，以下分别辯駁。②

房文第一則核心證據是今本“公乃自以爲功”是説“周公乃自以請命爲己事”，隱含有“獨請代武王死”的意思，“以旦代某”表示欲代武王死，簡文則删除了今本中所有代武王死和不希望武王死的詞句。按，簡文没有“公乃自以爲功”和“以旦代某”這樣的話，一定程度上造成了對周公欲代王死這種意圖的表達不够明確。但是在周公祝禱之後有多出的“周公乃納其所爲社自以代王之説于金縢之匱”。僞孔傳將“功”訓爲“事”，將“公乃自以爲功”解釋爲“乃自以請命爲己之事”，其中的“爲己”顯然有“增字解經”的嫌疑。房文據僞孔傳立説，没有多少道理可言。實際上，“公乃自以爲功”的“功”被司馬遷在《魯世家》中改作“質”，楊筠如、吴國泰、朱廷獻等學者曾提出過當讀爲“貢”。簡

① 陳劍：《結合出土文獻校讀古書舉隅》，第309—310頁。
② 對標題出現“周武王”稱謂的質疑，劉國忠已經辯駁，此處不贅言。

本刊布以來，學者對“功”讀作“質”“貢”二説雖未取得一致意見，但這兩説的共同點是都認爲“功”的背後暗含的意思是周公想要以自己替武王去死。①

第二則核心證據是簡本作“惟爾元孫發也，不若旦也。是佞若巧能，多材多藝，能事鬼神。乃②命於帝庭，溥有四方，以定爾子孫於下地”，房文認爲這是周公希望繼武王而作受命之子，溥有四方，以安定先王子孫於下地。按，這種看法實則是對句子結構的誤解。陳劍已經指出簡本“爾元孫發”是“惟爾元孫發也，不若旦也，是佞若巧，能多才多藝，能事鬼神。命于帝庭，匍有四方，以奠爾子孫于下地”兩句共同的主語。簡本用一句話將今本的意思表達清楚，顯得更爲質簡古樸。③ 況且，從前文多次的分析可知，此處文意的重點是周公希望代替武王死，去上天侍奉先王。下句所説“命於帝廷，溥有四方，以定爾子孫於下地”其實是强調武王責任重大，言外之意就是武王應該繼續活下去。

第三，至於説今本“植璧秉珪”被改爲“秉璧植圭”可能受到了古人經解的影響，完全是無稽之談。宋代趙溥解釋“植璧秉珪”爲在玉璧外圓的四方上各“植入”一珪，便是“植珪”了。又因璧和珪相連，所以成“秉璧”。趙説純粹是一種玄想和猜測。今本“植璧秉珪”，簡本作“秉璧旹珪”，《魯世家》作“戴璧秉圭”。整理者將“旹”讀作“植”，房文實際是據此立説。但學界多位學者已經指出該字多見於楚簡中，當是是“戴”之本字，楚簡大多用爲“戴”，簡文自然當考慮視作“戴”字異體。“秉璧戴圭”，陳劍認爲很可能本作“戴璧秉珪”的。周公“戴璧”就是將玉璧頂戴在頭上，模仿犧牲之象。他同時也指出“秉璧戴珪”於文意影響不大，

① 参見本書“校釋”第 17 條。
② 按，簡本無“乃”字，房文引用有誤。
③ 陳劍：《清華簡〈金縢〉研讀三題》，第 166—167 頁。

故簡文"秉""戴"二字位置互易。[①] 因此,房文所説的"植圭"説是不懂戰國用字習慣的一種誤説,跟宋代趙溥的説法也毫無關聯。

至於房文其他幾種説法,多是在上述幾則誤説之上對文本的推衍,不作一一駁辯。

① 陳劍:《清華簡〈金縢〉研讀三題》,第 162—163 頁。

第五章　《金縢》相關史事疏證

一、武王克商後在位年數

武王有疾與卒世的年代問題，也可稱之爲武王在位年數問題。在今本《金縢》、《史記・周本紀》和《史記・魯周公世家》中，從武王克商到生病之間的年數有如下表述：

今本：

> 既克商二年，王有疾，弗豫。……王翼日乃瘳。武王既喪，管叔及其羣弟乃流言於國曰：……

《史記・周本紀》：

> 武王已克殷，後二年……武王病。天下未集，羣公懼，穆卜。周公乃祓齋，自爲質，欲代武王。武王有瘳，後而崩……

《史記・魯周公世家》：

> 武王克殷二年，天下未集，武王有疾，不豫，群臣懼，太公、召公乃繆卜。周公曰：……周公藏其策金縢匱中，誡守者勿敢言。明日，武王有瘳。

此外，其他傳世典籍中散見過"三年""四年""六年""七年"和"八年"等不同説法，《史記・封禪書》有過一句"武王克殷二年天下未寧而崩"，清代學者梁玉繩總結過前人説法：

> 武王在位之年，無經典明文可據，此作"二年"。《漢書・律曆志》作"八年"，并爲西伯十一年，故《廣宏明集》載

陶隱居《年紀》稱周武王治十一年也。而《詩・豳風譜》疏謂鄭氏以武王疾瘳後二年崩,是在位"四年"。疏又引王肅云伐紂後六年崩。《周書・明堂解》《竹書紀年》及《周紀集解》引皇甫謐並云"六年",《管子・小問篇》作"七年",《淮南子・要略訓》作"三年",《路史・發揮・夢齡篇》注合武王嗣西伯爲七年。所説不同。後儒多從《管子》,如《稽古録》《外紀》《通志》等俱是七年,余謂當依《周書》爲近。①

諸多説法中,"二年"説和"三年"説最爲常見,其史源來自今本《金縢》和《史記》。簡本《金縢》的説法則是"三年":

武王既克𨌝(殷)三年,王不㾓又(有)𡰥(遲)。……臺(就)後,武王力(陟)。

而且,簡本没有今本"王翼日乃瘳"一句,直言"臺(就)後武王力(陟)"。兩相對比,這裏衍生出三個問題:一是從武王克商之年到武王有疾之間究竟是二年還是三年;二是武王有疾到崩卒之間的時間長短;三是今本多出的"王翼日乃瘳"是否爲後人所添加。

(一)前人研究成果介紹

簡文發表後,李學勤先生《由清華簡〈金縢〉看周初史事》一文特設"關於周武王有疾和卒世的年代"一節討論上述問題,他訓"臺(就)"爲"終",認爲這可説明武王有疾和卒世之間時間較長,而非當年病逝,因此簡本在武王有疾到崩卒之間年數上,和前人説法並不抵觸。其他學者或支持"二年"説,或認爲"二年""三年"無實質差别,也有主張"四年説"的。

① 梁玉繩:《史記志疑》,中華書局,1981年,第798—799頁。

1. “二年”説

黃懷信認爲《史記·周本紀》“武王病”載於“武王已克殷，後二年”下，與今本“金縢”同。《逸周書·作洛》載：“武王克殷……既歸，乃歲十二月崩鎬。”“乃”讀爲“仍”，二也。所以不可能有既克殷三年病，簡書作“三”應當是錯誤的。①

彭裕商也認爲今本的“二年”説顯得合理一些。他指出《史記·周本紀》在武王瘳後緊接着就説武王崩，從語氣看，武王應崩於瘳後不久，與《封禪書》記載相合。《逸周書·作雒解》“乃歲”孔注爲“乃後之歲也”，卽克殷後的第二年。唐蘭讀“乃”爲“仍”，意思是“再”。“再歲”也是第二年。這些典籍都説武王死於克殷後第二年。《尚書大傳》説：“周公居攝，一年救亂，二年克殷，三年伐奄、多方。”《尚書大傳》記踐奄在三年，再結合《多方》成王踐奄歸來後周公代王説“今爾奔走臣我監五祀”的記載，可知武王死於克殷後第二年。以上文獻所記彼此相合，如以武王克殷後三年方去世，則勢必要將踐奄移至成王二年方能與《多方》所記“五祀”相合。但自古無成王“二年踐奄”的説法，也没有能與之相互佐證的其他文獻記載，並且又與成王二年伐殷同年，而《多方》記成王踐奄歸來才五月，這樣就没有前此平息武庚、三監之叛的時間了。因此，傳世本《金縢》記載武王克殷後二年有疾較清華簡的三年爲優。②

2. “二年”“三年”無實質差別説

李學勤先生認爲簡本的首句“武王既克殷三年，王不豫有遲”作“三年”，不是“二年”，武王克商後在位二年説的基礎於是動摇。而且，簡本没有“王翼日乃瘳”一句，而是説“就後，武王力

① 黃懷信：《清華簡〈金縢〉校讀》，第25頁。
② 彭裕商：《〈尚書·金縢〉新研》，第155頁。

(陟)”,“就後”即是終後,意味着時間較長,這雖然没有標明其中距離,總不會是同年緊接的時候。因此,歷代學者提出的三年、四年、六年、七年、八年等説,都與《金縢》没有矛盾。①

杜勇從紀年方式的差異來解釋簡本和今本的不同,他指出簡本《金縢》中有關“既克殷三年”的異文,可能就是楚地經師根據自己對西周史事的認識,將武王崩逝之年由所見原本的“既克商二年”改訂爲“既克殷三年”。改的原因在於,人們對“既克商二年”這種紀年方式各有不同的理解。一種是不包括克商之年的後二年,司馬遷《周本紀》即是如此;另一種則理解爲包括克商之年的第二年,王肅稱“克殷明年”、僞孔傳稱“伐紂明年”即是如此。這兩種解讀恐怕是早就有的,而當時楚地經師認同的是後一種説法。簡本改“二年”爲“三年”只代表對“既克商二年”這種紀年方式在理解上的差異,而對其内涵的把握並無實質性的不同,均指武王已克商的後二年,同樣説明武王開國在位年數僅有三年,這也是歷來大多數學者認同的時間。②

郭偉川認爲“二年”和“三年”的差異是楚地在計年上將實歲改爲虚歲的習慣造成的,無實質差異。他也指出這種情形還出現在今本《金縢》“周公居東二年”與簡本《金縢》“周公宅東三年”的記載上,統一存在“二年”變“三年”的問題。兩次改變年數的原因應如出一轍,説明清華簡本《金縢》的整理及抄録者,在計年上顯然有將實歲改爲虚歲的習慣。這種習慣顯然與記載或抄録《尚書·金縢》的史官在地域觀念及計年習慣方面存在南北差别有關。先秦在北地流傳的《尚書·金縢》,以及漢初由伏生整理的傳世本《尚書·金縢》,顯然都出於北人之手,他們在計算及記

① 李學勤:《由清華簡〈金縢〉看周初史事》,第2頁。
② 杜勇:《清華簡〈金縢〉有關歷史問題考論》,第64頁。

載年數時，習慣采用實歲（即周年）。而清華簡《金縢》與包括《楚居》在内的一大批經籍簡本，應爲戰國楚簡，其整理與抄録則顯然多出於南國楚人之手，他們在計算及記載年數時，則習慣采用虚歲，將克殷之年算在内。所以，無論傳世本《金縢》的"二年説"，還是清華簡《金縢》的"三年説"，都没有錯，可以並世而存。①

黄澤鈞也持"二年説"和"三年説"只是計數方式不同的觀點。他首先評辨黄懷信的史料根據，認爲《逸周書・作雒》"乃歲十二月崩鎬"的"乃"在各重要刻本皆作"成"，因孔晁注"乃，謂乃後之歲也"，盧文弨本改爲"乃"，這是黄懷信所依原文的來源。但是，"乃後"應該就是"其後""之後"的意思，字面上看不出是二年後、三年後、五年後還是六年後，没必要將"乃"通假爲"仍"，再訓作"二"。而且在《逸周書》中，對於武王崩年也有異説，如《明堂解》就作克殷"六年"説。因此若要據"成/乃歲十二月崩鎬"作爲武王克殷二年崩的證據，立論無法成立。隨後，他列舉甲骨文"計日法"、《禮記》"計日法"、《韓非子》"計日法"、《史記》"計世法"之中都有計數方式的差異，指出在古代"計數法"當中，有包含所數自身（自身爲第一），以及下一次序開始計算（下一次序爲第一）兩種計算法。因此，古代"計數法"的差異可能是造成今本兩處"二年"於簡本中皆作"三年"的原因。"二年"與"三年"可能不是實際時間的差異，而是由於計數法不同所造成。②

3. "四年"説

李學勤先生早先曾撰有《武王在位有四年説》一文，根據《毛詩正義》所收鄭玄《詩譜》的《豳譜》之疏和《史記・周本紀》古抄

---

① 郭偉川：《武王崩年考》。

② 黄澤鈞：《關於出土、傳世本〈金縢〉中二處"計年"的問題》，第327—332頁。

本一條佚文推斷武王克商後在位四年。孔穎達基於鄭玄《尚書注》在《毛詩正義》中説:"鄭以爲周公避居之初,是武王崩後三年,成王年十三也。居東二年,罪人斯得,成王年十四也。迎周公,反而居攝,成王年十五也。七年致政,成王年二十一也。故《金縢》注云:文王十五生武王,九十七而終,時武王八十三矣,於文王受命爲七年。後六年伐紂;後二年有疾,疾瘳;後二年崩,崩時年九十三矣。"《史記·周本紀》"後而崩"之語,梁玉繩已有質疑,瀧川資言《史記會注考證》則言:"愚按古鈔本'後'下有'二年'二字。"李鋭在李先生説法基礎上指出,簡本《金縢》"武王既克殷三年"就是説武王克商後第四年,武王克商後總共在位四年。此外,"四年"説其實在古書中也有相關記載。首先,由《逸周書》中的《大匡》和《文政》篇,可知三監之設在"文王受命"的"十有三祀",即武王六年。又據《尚書·多方》中"今爾奔走臣我監五祀"可知,五年之後,成王三年,周公踐奄。由此反推出武王設三監後尚在位二年,則其崩於受命之十五年即武王八年,克商後在位四年。①

吕廟軍也認爲簡本"武王既克殷三年"的記載更加印證了武王克殷在位四年的説法。在關於武王克殷後在位年數的問題上,雖然傳統的二年、三年説等影響較大,但其分歧主要在於對《金縢》《史記》紀年方式包括克殷當年與否的不同解讀。簡本"武王既克商三年"的説法,根據司馬遷對"既克商二年"即"已克殷,後二年"的解讀,即是"武王已克殷,後三年"的意思,恰好證明武王克殷在位四年説也有重要的史料依據。同時,他也承認目前的"二年説""三年説""四年説"各自都有一定根據,問題的

① 李鋭:《由清華簡〈金縢〉談武王在位四年説》,第215—217頁。

真正解決還有待其他新材料的問世。[①]

（二）武王克商後在位年數補論

1. "既克商二年"包括克商之年，"後二年"不包括克商之年

上古漢語中表達成義的動詞如"殺""成""得""克""定"等，包含明確的時間終點，"既"修飾達成動詞時，指示的時間定點通常只能是動作的終點，不包括過程本身。[②] 但是，當處於"既＋達成動詞＋表時段成分"時，"既"指示的時間定點則可以包括動作自身所在時段。雖然上古文獻中未能找見《金縢》篇首以外"既＋克＋表時段成分"的用例，但是《史記》中如下兩個同類的"既＋達成動詞＋表時段成分"用例，可以幫助我們理解這種結構下時間的起點問題。[③]

（1）冠軍侯去病既侯三歲，元狩二年春，以冠軍侯去病爲驃騎將軍，將萬騎出隴西，有功。（《史記·衛將軍驃騎列傳》）

（2）遂既王趙二十六年，孝景帝時坐鼂錯以適削趙王常山之郡。（《史記·楚元王世家》）

按，查閲西漢相關史料，霍去病被封冠軍侯是在公元前 123 年，元狩二年是公元前 121 年，則第一條"既＋侯＋三歲"所言的三歲包括被封的那一年。第二條中劉遂被立爲趙王是在公元前 180 年，漢景帝二年（公元前 155 年）時被削常山郡，"二十六年"自然包括公元前 180 年當年。

---

① 吕廟軍：《清華簡〈金縢〉與武王克殷在位年數研究》，第 243 頁。

② 焦一和：《上古漢語的時間副詞"既"》，第 122 頁。

③ 兩條用例轉引自焦一和《上古漢語的時間副詞"既"》，但是本書不同意文中認爲的二例中"既"修飾達成動詞時所指示的時間定點始終在動作結束處。

因此，若按照簡本“武王既克殷三年”，則是包括克商之年共計三年；若按照今本“武王既克商二年”，則是包括克商之年共計二年。在語法結構的約束下，這種差異明確存在一年之差，恐怕不能用古人計數法包不包括第一個數來解釋。實際上，在《史記》不同篇，司馬遷對武王克商後在位年數有着不同説法，分别見於《周本紀》《魯周公世家》和《封禪書》：

(3) 武王已克殷，後二年，問箕子所以亡。……武王病。天下未集，羣公懼，穆卜。周公乃祓齋，自爲質，欲代武王。武王有瘳，後而崩。（《史記·周本紀》）

(4) 武王克殷二年，天下未集，武王有疾，不豫，群臣懼，太公、召公乃繆卜。周公曰：“未可以戚我先王。”周公於是乃自以爲質，……明日，武王有瘳。其後武王既崩。（《史記·魯周公世家》）

(5) 武王克殷二年，天下未寧而崩。（《史記·封禪書》）

我們知道，《周本紀》這段是以《尚書》等材料爲史源進行的重新敘述。司馬遷先言“已克殷，後二年”，①隨後説“問箕子所以亡”。《洪範》篇首言“惟十有三祀，王訪於箕子”，説明《周本紀》前面的“已克殷，後二年”很可能是司馬遷據《洪範》得出此事發生在文王受命第十三年，相距武王在受命十一年克商，前後有三年。就前後文意脈絡和對應程度而言，《魯周公世家》此處的史源則是《金縢》，言“克殷二年”的意思其實和今本《金縢》“既克

① 可做補充的間接證據是，《新序·善謀》篇：“晉文公時，周襄王有弟太叔之難……其明年春，秦伯師入河上，將納王。狐偃言於晉文公曰：‘求諸侯，莫如勤王，……’晉侯辭秦師而下……晉於是始開南陽之地。其後三年，文公遂再會諸侯以朝天子，天子錫之弓矢秬鬯，以爲方伯……”晉侯勤王是在公元前 635 年，文公再會諸侯以朝天子是在公元前 632 年。因此，這裹的“後三年”不包括勤王之年。據此類推，《周本紀》的“後二年”不包括克商之年。

商二年"是一致的,即武王克商之年到有疾不豫之年是兩年。

此外,《淮南子·要略》也有一個"三年"説:

> 武王立三年而崩,成王在襁褓之中,未能用事。

由此看來,從戰國時期,至《史記》和《淮南子》成文的西漢時期,"二年"説和"三年"説是並存的。無怪乎顧頡剛在研究武王在位年數時,評價司馬遷這種矛盾之處説:"不知道是否司馬遷確有所見,還是他的筆滑?"[①]我們認爲,司馬遷在《史記》不同位置存在兩種説法,也許是疏失,但也不排除是有意而爲地保存不同説法。

2. 對"就後"的理解關係到武王有疾後在世時間的長短

今本首句言"既克商二年,王有疾弗豫",中間重點講述周公爲武王禱祀先王,而後交代了一句"王翼日乃瘳",隨後就是"武王既喪"。"王翼日乃瘳"説明武王事後病愈,"武王既喪"説明最終還是逝去。《史記·周本紀》正是據此,説"武王已克殷,後二年……武王病。天下未集,羣公懼,穆卜。周公乃祓齋,自爲質,欲代武王。武王有瘳,後而崩"。司馬遷雖未明言武王克商後在位幾年,但從這段話所處《周本紀》的脈絡來看,就是在叙述武王克商後的主要經歷,"已克殷後二年"可能就是司馬遷在《周本紀》中認定的武王克商後在位年數。

後人主張武王克商後在位二年或三年的各種説法,也都以今本《金縢》和《史記》爲基本史料依據。今本《金縢》雖然没有明言武王在"既克商二年"逝去,但其藴涵的"二年"説和"三年"説爲何具有可信度,現代學者章鴻釗解釋説:"徵之古文獻,武王行事之可見者,至克殷後二年而止,此其一;《史記》於周王享國之

---

① 顧頡剛:《武王之死及其年歲和紀元》,《文史》第 18 輯,中華書局,1983 年,第 1 頁。

年闕者多矣，獨於武王一再詳之，自不能無所據而云然，此其二。”①前一條較有説服力，唐蘭也持相同看法。② 即便如此，今本《金縢》没有明確提示武王有疾後多久去世，這是不争的事實。

簡本没有“王翼日乃瘳”一句，而是説“就後，武王力（陟）”，李學勤先生認爲“就後”即是終後，意味着時間較長，前人所謂三年、四年、六年、七年、八年等説，都與《金縢》没有矛盾。③ 但是，如宋華强所指出，古文字材料中“就”常表“至”義，如包山簡“自荆夷之月以就荆夷之月”。《史記·魯周公世家》作“其後，武王既崩”，簡本“就後”蓋即“其後”的意思。④ 沈培也指出，這種用法和上博簡《邦人不稱》“就復邦之後”相似，具體用法相當於“及”。⑤ 因此，“就後，武王力（陟）”並没有向我們明確提示武王有疾後多久去世，這段時間可能較長，亦可能較短。

3. 設三監之年關係到武王克商後在位年數

鑒於上述問題，尋找武王克商後在位年數還需要一個明確的時間定點。《尚書·多方》中周公代成王發布誥辭説：“猷告爾多方多士，暨殷多士，今爾奔走，臣我監五祀。”唐蘭認爲這就是一條推算武王克商後在位年數的證據，但是被古人所忽略，句中的時間是周公攝政三年，説明武王克商後只在位兩年。⑥ “今爾奔走，臣我監五祀”中的“五祀”一般被認爲是武王設三監至成王

① 章鴻釗：《武王克殷年考》，收入《金文文獻集成》第 39 册，綫裝書局，2005 年，第 173 頁。

② 唐蘭：《唐蘭全集（七）：青銅器銘文分代史徵》，上海古籍出版社，2015 年，第 11 頁。

③ 李學勤：《由清華簡〈金縢〉看周初史事》，第 2 頁。

④ 宋華强：《清華簡〈金縢〉校讀》，簡帛網，2011 年 1 月 8 日。

⑤ 沈培：《從清華簡和上博簡看“就”字的早期用法》，楊榮祥、胡敕瑞主編：《源遠流長：漢字國際學術研討會暨 AEARU 第三屆漢字文化研討會論文集》，北京大學出版社，2017 年，第 209—210 頁。

⑥ 唐蘭：《青銅器銘文分代史徵》，第 11 頁。

伐奄歸來，共計五年。因此，武王設三監的時間就成了關鍵。《逸周書·作雒解》對設三監和武王崩殂時間的説法是：

> 武王克殷，乃立王子禄父，俾守商祀。建管叔于東，建蔡叔、霍叔于殷，俾監殷臣。王既歸，成歲十二月崩鎬，肂于岐周。

這説明武王克商的當年[①]就設立了管叔、蔡叔和霍叔三監。一年後崩殂。

若依據《逸周書·大匡解》和《文政解》，設三監則又似乎是克商後二年發生的事。

> 惟十有三祀，王在管，管叔自作殷之監，東隅之候咸受賜於王。(《大匡解》)
>
> 惟十有三祀，王在管。管蔡開宗循。(《文政解》)

簡文發表後，彭裕商先據《周本紀》和《逸周書·作雒解》等説法，認爲武王克商後派管叔和蔡叔等作爲"三監"監視殷人。再據《多方》篇首"惟五月丁亥，王來自奄，至于宗周"，推知此篇是成王踐奄歸來所作。《多方》下文"今爾奔走臣我監五祀"則説明"自武王克商至此成王踐奄歸來，其間總共才五年"。另一方面，據《尚書大傳》"周公居攝，一年救亂，二年克殷，三年伐奄、多方"，將"居攝"直接視爲成王主政，那麽成王"三年伐奄"。如此一來，武王剛好在克殷後第二年去世，加成王三年伐奄，剛好滿足《多方》的五年。因此，他認爲今本武王克商後在位二年的説法優於簡本的"三年"。[②] 問題是若依據《逸周書·大匡解》和《文政解》，武王設"三監"之年在文王受命的第十三年，即武王克商後二年。如此一來，"臣我監五祀"的"五祀"除去從成王即位

---

① 《周本紀》記載武王克商在文王受命十一祀。

② 彭裕商：《〈尚書·金縢〉新研》，第154—155頁。

(或周公攝政)至踐奄的三年後有兩年(即文王受命十三和十四祀),兩年加上武王克商至設三監前的兩年(即文王受命十一和十二祀),推論出武王克商後在位四年。

相對而言,《作雒解》對武王設三監之年記載的史料價值更大。一方面,相同的説法也見於清華簡《繫年》第三章:“周武王既克殷,乃設三監于殷。武王陟,商邑興反,殺三監而立窠子耿。成王屎(踐)伐商邑,殺窠子耿。”①另一方面,《作雒解》對三監人物的理解,符合西周時期的國監制度,對三監相關問題的記載,應存在西周時期的史料來源。② 而《大匡解》和《文政解》這兩則材料相對篇内的下文更像後人所加入的序,很難被直接當作反映周初歷史的一手史料。

因此,倘若《多方》“今爾奔走臣,我監五祀”可做時間定點,想要進一步確定武王克商後的在位年數,設三監之年就成爲了關鍵。《逸周書·作雒解》和清華簡《繫年》關於武王克商卽設三監的説法,更爲支持武王克商後包括克商之年在位二年的説法。也就是説,今本《金縢》“既克商二年”的説法更爲可信。

二、周公“居東”的實質

周公居東及年數問題,主要是對今本“武王既喪”一段的理解歧異。今本和簡本相關文句對比如下:

> 今本:武王既喪,管叔及其群弟乃流言於國,曰:“公將不利於孺子。”周公乃告二公曰:“我之弗辟,我無以告我先

① 此處釋文綜合學界意見而定,原釋文參見清華大學出土文獻研究與保護中心編,李學勤主編:《清華大學藏戰國竹簡(貳)》,中西書局,2011 年,第 141 頁。

② 章寧:《〈逸周書〉若干篇章成篇時代研究》,北京師範大學博士學位論文,2019 年,第 141 頁。

王。”周公居東二年，則罪人斯得。

簡本：臺(就)後，武王力(陟)，盛(成)王由(猶)學(幼)才(在)立(位)，官(管)叔彶(及)亓(其)羣䨻(兄)俤(弟)乃流言於邦曰：公牆(將)不利於需(孺)子。周公乃告二公曰：“我之□□□□亡以遉(復)見於先王。”周公石(蹠)東三年，禍(禍)人乃斯旻(得)。

歷代對於此段的分歧集中在如何訓釋“辟”，如何理解“居東”以及“罪人”，還有“居東二年”與《詩・豳風・東山》“自我不見，于今三年”之三年的衝突。

《詩・豳風・東山》第三章：

我徂東山，慆慆不歸。我來自東，零雨其濛。
鸛鳴于垤，婦歎于室。洒埽穹窒，我征聿至。
有敦瓜苦，烝在栗薪。自我不見，于今三年。

(一) 傳統説法的回顧

劉國忠在《清華簡〈金縢〉與周公居東的真相》一文中，詳細歸納了前人關於“居東”的各種説法，大致分爲“周公東征説”“周公待罪於東”説以及“周公奔楚説”等三大觀點，可劃分爲十六種説法。① 以下以此文爲基礎，擇要介紹。

1. 周公東征諸説

第一種説法，以僞孔傳爲代表，訓“辟”爲“法”，主張周公對於東征態度堅决，果斷出兵平亂。僞孔傳的注解認爲：“辟，法也……言我不以法法三叔，則我無以成周道告我先王。”“周公既

① 劉國忠：《清華簡〈金縢〉與周公居東的真相》，第 32—38 頁。下文十六種説法皆從劉文擇要提煉，不再一一注明出處。

告二公，遂東征之。二年之中，罪人斯得。"將"辟"釋爲"法"，根據是《説文》辟部對"擘"字的解釋："擘，法也。《周書》曰：我之不擘。"

第二種説法，司馬遷在《史記・魯周公世家》將"辟"讀爲"避"，句意理解爲"我之所以弗辟而攝行政"。《魯周公世家》對《金縢》這一段的改寫是："我之所以弗辟而攝行政者，恐天下畔周，無以告我先王……於是卒相成王……管、蔡、武庚等果率淮夷而反，周公乃奉成王命，興師東伐……遂誅管叔，殺武庚，放蔡叔……寧淮夷東土。二年而畢定。"

第三種説法，以章太炎《説〈金縢〉篇成王疑周公事》爲代表，也將"辟"訓爲"法"，但認爲周公的目的是要懲治流言。

第四種説法，以曾運乾《尚書正讀》爲代表，將"辟"釋爲"君"，有攝政之義，認爲"周公言我不攝政，將無以告我先王也"。

上述四種説法對"辟"字訓釋雖有不同，但都認爲"周公居東"指周公東征，"罪人"是指管叔、蔡叔、武庚等叛亂之人。問題在於"居東二年"如何與一般認爲的"三年"相統一。孔穎達在《尚書正義》中提出："此言二年者，《詩》言初去及來，凡經三年，此直數居東之年，除其去年，故二年也。"這一解釋較爲牽强，難以獲得廣泛認同。

2. 周公待罪居東諸説

第五種説法，以馬融、鄭玄的解釋爲代表，也將"辟"字理解爲"避"，但把"居東"理解爲"避居東都"。鄭玄言："我今不避孺子而去，我先王以謙謙爲德，我反有欲位之謗，無以告我先王。"至於"罪人"，鄭玄理解爲周公的屬黨。《豳風・鴟鴞》"既取我子，無毁我室"，鄭箋："時周公竟武王之喪，欲攝政，成周道，致太平之功，管叔、蔡叔等流言云：公將不利於孺子。成王不知其意，而多罪其屬黨。"

第六種説法，以江聲《尚書集注音疏》爲代表，訓"辟"爲治，認爲“我之弗辟”意爲“我之所以不治流言之事”,原因是“蓋流言雖出於三叔,而公與三叔同母兄弟,不虞三叔之叛己,雖聞流言,不料其出於三叔,且下云‘罪人斯得’,則居東之時方始審知流言之所自來,初時固未知也。然則公言‘我之不辟’,但謂不窮治流言之事,非謂不治三叔之罪也”。

第七種説法,以項安世的理解爲代表,《書經傳説匯纂》卷一二引項的説法:“予嘗反復本文,則鄭説爲是。蓋周室初基,中外未定,流言乘間而作,成王疑於上,國人疑於下,周公苟不避之,禍亂忽發,家國傾危,將無以見先王於地下矣。……故周公居東二年,外變不起而内論亦明,向者倡爲流言謀作禍亂之人遂得主名,内外之人始知其爲管叔之罪也。”項氏訓“辟”爲“避”,視“居東”爲避居於東,將“罪人”解爲“流言謀作禍亂之人”。

第八種説法,以蔡沈《書集傳》爲代表,同樣將“辟”讀爲“避”,主張“居東”是“居國之東”,卽國都之東。管、蔡等人被視爲“罪人”。

第九種説法,以俞樾《群經平議》爲代表,主張周公避居商奄。他認爲:“‘罪人斯得’之文卽承周公居東二年之後,是周公得之,而非成王得之也。所謂得之者,謂得流言之所自起也。……若當其時,則但聞‘公將不利於孺子’之言播滿國中,其倡自何人,傳自何地,非獨成王與二公不知,雖周公亦不知也。……周公旣至商奄,與東人相習,故能盡得其狀,而王與二公則猶未之知也,此當日之情事。故於其避居東也,可見周公之仁;而於罪人之盡得也,可見周公之智。”

第十種説法,以孔廣森《經學卮言》爲代表,同意司馬遷對“辟”字的解釋,進一步指出“避”與上古禪讓制度下的避位儀式有關:“昔者舜避堯之子于南河之南,禹避舜之子于陽城,益避禹之子於箕山之陰。所謂避者,其義如此。”“其後不得已居東二年,以靖流言之難”。

第十一種説法,以牟庭《同文尚書》爲代表,將“居東”理解爲避位待罪居豳。

第十二種説法,以《墨子》爲代表,《墨子·耕柱》篇言:“古者周公旦非關叔;辭三公,東處於商蓋。”這一敘述被認爲是有關周公避居於東的最早史料。

第十三種説法,以漢學家夏含夷《周公居東新説——兼論〈召誥〉〈君奭〉著作背景和意旨》一文的説法爲代表,與《墨子·耕柱》篇比較相近,也認爲周公居東是由於周成王疑己,居東的地方則是“蓋”,“蓋”又寫作“奄”,即同音之别字,而奄在今曲阜一帶,屬於周公的封國魯。而且,他主張周公居東的時間應當是周公在攝政七年還政於成王之後。

第十四種説法,以郝敬《尚書辯解》爲代表,主張周公居東的主要目的是以兄弟之誼感化管叔。他認爲:“辟與避同,謂去位也…… 東謂殷土,管叔監殷在東,周京在西,謂中原爲東也。……東方初定,人情叵測。公知流言自東來,有變必以西討爲名,不若因而就之,果事由管叔,則以兄弟之誼感之。”

3. 周公奔楚諸説

第十五種説法,主張周公奔楚,相關説法見於《史記·魯周公世家》《蒙恬列傳》及《論衡》。《魯周公世家》言:

> 初,成王少時,病,周公乃自揃其蚤沈之河,以祝於神曰:“王少未有識,奸神命者乃旦也。”亦藏其策於府。成王病有瘳。及成王用事,人或譖周公,周公奔楚。成王發府,見周公禱書,乃泣,反周公。

《蒙恬列傳》則言:

> 及成王有病甚殆,公旦自揃其爪以沈於河,曰:“王未有

識,是旦執事。有罪殃,旦受其不祥。”乃書而藏之記府,可謂信矣。及王能治國,有賊臣言:“周公旦欲爲亂久矣,王若不備,必有大事。”王乃大怒,周公旦走而奔於楚。成王觀於記府,得周公旦沈書,乃流涕曰:“孰謂周公旦欲爲亂乎!”殺言之者而反周公旦。

而王充《論衡·感類》篇也提及:

古文家以武王崩,周公居攝,管、蔡流言,王意狐疑周公,周公奔楚。

第十六種説法,徐中舒在《殷周之際史迹之檢討》中認爲周公適楚與居東是不同的兩件事,奔楚之説“當有所本”。他提出了一種假設:“《牧誓》稱從武王伐紂之師有庸、蜀、羌、髳、微、盧、彭、濮人。此諸族大都皆在西南。此可見周之勝殷,實有賴於此。其後武庚叛,周公奔楚者,或即挾南方諸族之力以爲征服東方之準備。”

此外,古代學者對“奔楚説”中的楚地具體位置存在不同説法,清代學者徐文靖在他的《管城碩記》中主張“周公居東”當爲避居於“楚”,但“楚”非楚國,而是終南山之别稱:

據《國策》季歷葬于楚山之尾。季婦鼎銘曰:“王在成周,王徙于楚麓。”《括地志》終南山一名楚山,在雍州萬年縣南五十里。周公奔楚當是因流言出居,依于祖考之墓地,必無遠適東都之理。……觀下文“王啓金縢,執書以泣曰,惟朕小子其新迎。王出郊,天乃雨,反風”,則居東在成周之東,爲甚近,而必非東都明矣。①

① 曾芬甜曾對各種“奔楚説”有較詳的分析,參見曾芬甜:《〈尚書·金縢〉新研》,《北大古典學》2016年總第2期。

(二) 今人研究成果介紹

1. 東征説

簡本正式發表前，李學勤先生在《清華簡九篇綜述》中率先揭示了簡本所見異文的學術價值，認爲古代注家關於"我之弗辟"之"辟"的讀法和周公居東實質的種種異説，根源在於《金縢》"居東二年"與《豳風・東山》周公東征三年矛盾。簡本的這一句不作"二年"而作"三年"，就恰與東征一致了。① 劉國忠也認爲"居東三年"説與東征三年説法相一致，居東的目的只可能是東征。② 廖名春持類似説法，認爲簡本證明了僞孔傳此處解釋的正確，"破解了西周史研究上的一大疑難"。③

李鋭發現簡本作"周公宅東三年"，"宅"與今本的"居"義近，"三年"之説正好和東征三年之説相合。此外，根據《尚書大傳》的説法："周公攝政，一年救亂，二年伐殷，三年踐奄。"周公東征過程中重要的戰争是後兩年，而整個過程則是三年。這些共同説明，即使單論今本《金縢》，"居東"也當指東征。④

李學勤先生後來進一步指出今本"周公居東二年"的"居"字似有和平居處之義，"二年"又與其他文獻所記"三年"不合，以致有注家認爲"居東"與東征是兩件事。而簡本"周公石東三年"的"石"字爲楚文字常見的"迈"，即"適"字，可訓爲"前往"。"周公迈東三年"即言周公前往東國三年，正是東征之事。⑤

朱鳳瀚也主張今本"居東"和簡本"宅東"實爲東征，而且東

---

① 李學勤：《清華簡九篇綜述》，第 54 頁。
② 劉國忠：《清華簡〈金縢〉與周公居東的真相》，第 40 頁。
③ 廖名春：《清華簡與〈尚書〉研究》，第 121 頁。
④ 李鋭：《〈金縢〉初探》，第 122 頁。
⑤ 李學勤：《由清華簡〈金縢〉看周初史事》，第 4 頁。

征三年説比二年説更符合史實。據《尚書大傳》所載"周公攝政，一年救亂，二年克殷，三年踐奄，四年建侯衛，五年營成周，六年制禮作樂，七年致政成王"。周公東征包括"救亂、克殷、踐奄"三個環節，前後共三年，這與簡文記述相和，可證簡文所載正確，而今本"二年"有誤。①

杜勇也力主"居東"卽東征的説法，但在論證方式上有所不同。他首先認爲某一事件歷時兩周年，其起訖年代却占了三個年頭，稱之二年或三年皆可。周公東征始於周公攝政（成王繼位）元年秋天，班師則在周公攝政三年秋天。説周公東征三年是指整體包括三個年頭，説二年是指整整用了二年時間。前者如《東山》"于今三年"、《尚書大傳》"周公居攝，一年救亂，二年克殷，三年踐奄"、《史記・周本紀》"管蔡叛周，周公討之，三年而畢定"。後者如《史記・魯世家》説周公"寧淮夷東土，二年而畢定"。因此，想要論定周公"居東"實爲東征，還要從其他方面去考慮。②

其一，從《大誥》看，"居東"實質是東征。《大誥》作爲東征的戰前動員令，充分顯示了周公平定三監之亂的剛毅果敢的政治性格。而居東待罪的做法則完全不像大政治家做派。其二，從《鴟鴞》看，"居東"實質也是東征。全詩核心的三句"鴟鴞鴟鴞，既取我子，無毀我室"采用比興的手法，馬瑞辰《毛詩傳箋通釋》以爲"《詩》以鴟鴞取子喻武庚誘管、蔡"，"言其既誘管、蔡，無更傷毀周室，以鳥室喻周室也"。所以，周公遺詩於王，把"鴟鴞"比作武庚，"我子"比作管、蔡，"我室"比作周室，與今本《金縢》説"周公居東二年，罪人斯得"（簡文作"禍人乃斯得"）正相表裏。其三，從竹書《金縢》看，"居東"卽是東征。孫星衍曾將今本《金

① 朱鳳瀚：《讀清華簡〈金縢〉兼論相關問題》，第58頁。
② 杜勇：《清華簡〈金縢〉有關歷史問題考論》，第67頁。

縢》分爲三節,從開篇到"王翼日乃瘳"是第一節,是經文;"武王既喪"至"王亦未敢誚公"是第二節,爲史臣附記其事;"秋大熟"以下是第三節,爲《亳姑》逸文,理由是《史記·魯世家》記載"秋未穫,暴風雷"一事,置於周公卒後。如今簡本顯示,第二節與第三節實際是不可分割的整體。上節末尾説"王亦未逆公",後節説"王乃出逆公至郊",前後呼應。"秋大熟"之前,簡文也有"是歲也"一句,起連接作用,説明"王亦未逆公"與"王乃出逆公至郊"發生在同一年,皆屬周公生前之事。假設是周公待罪於東,成王及一班大臣似無必要"出郊"親迎,更不應説出"惟余沖人其親逆公,我邦家禮亦宜之"這樣的話。相反,周公東征歸來,駐師郊外,等待受命入京,"王亦未逆(迎)公",待雷雨飈風發生,求卜以問應對之策,啓金縢之匱,明白周公爲國的一片赤誠。於是成王等人出城至郊,以"邦家禮"親迎周公班師回朝。以"邦家禮"親迎周公,充分説明這是周公東征凱旋,而非待罪歸來。①

楊振紅立足漢代今古文經學對《金縢》詮釋的差異,發現今文家主張"東征説",古文家主張"信讒説"和"避居説"。簡本多出的年代信息"是歲也",證明古文家"信讒説"淵源有自,東征之説在邏輯上難以成立。②

此外,羅恭據《繫年》"迈齊"推論"迈"當讀爲"適",認爲"石東三年"目的只可能是東征。③ 王志平認爲"迈(跖/蹠)東三年",即"踐東三年"。"蹠東三年"與《尚書大傳》"三年踐奄"可以相互印證。④

---

① 杜勇:《清華簡〈金縢〉有關歷史問題考論》,第 67 頁。

② 楊振紅説法詳見本書第六章第三節《〈金縢〉與今古文經學》。

③ 羅恭:《清華簡〈金縢〉與周公居東》,《文史知識》2012 年第 4 期,第 49—52 頁。

④ 王志平:《楚簡與傳世文獻中的"石(迈)"》,《中國文字研究》第 31 輯,華東師範大學出版社,2020 年,第 71—77 頁。

2. 居東説

彭裕商指出，討論“周公居東”究竟是避東還是東征，先要弄清東征的原因和東征的主帥。據《尚書大傳》《逸周書·作雒解》和《書序》等典籍記載，周公東征是因爲東方的奄君鼓動商王子武庚作亂，既而與武庚和三監發動叛亂，周公因此東征。《金縢》所記周公居東的時間是在成王卽位之初，管蔡流言之時。“公將不利於孺子”的流言説明管蔡以成王受到威脅指責周公，此時他們表面上還是站在成王一邊，尚未與武庚發動叛亂。因此，將居東理解爲東征，於時間上不合。其次，據典籍和古文字材料，平息武庚、三監的叛亂和踐奄，是由成王親自主持的，周公只居於輔相地位。如《大誥》是平叛出師時發布的誥命，通篇都是成王的口吻來行文。篇末明確説“肆朕誕以爾東征”，卽言成王親自率軍出征。平定武庚和三監的叛亂後，緊接着就是“踐奄”，而且踐奄之役仍然是成王親征。如《書序》所言：“成王既踐奄，將遷其君于蒲姑，周公告召公，作《將蒲姑》。”周初青銅器中關於東征的材料也能證明這一點，如渣司徒逘簋“王來伐商邑”指成王平息武庚、三監之亂而返還之時。《金縢》中“周公居東”是周公一人的行爲，與典籍與古文字材料所載東征之實情不符。鑒於當時的形勢，周公居東只能是避居於東，以待成王查明事實真相，洗清嫌疑。①

既然認爲“周公居東”實質是避東，那麽具體地點在哪裏？彭裕商同意馬融、鄭玄等主張的“東都”之説。《金縢》篇中記天雷電疾風是在秋季穀物已大熟之時，王迎周公還歸後，歲乃大穫，前後相差的時間不長，周公避居的地點應離王都鎬京不太遠。洛邑及殷墟等地均在鎬京之東，周人稱之爲“東國”或“東

① 彭裕商：《〈尚書·金縢〉新研》，第155—156頁。

土”,直稱爲“東”也是没有問題的。據《召誥》記載:“惟二月既望,越六日乙未,王朝步自周,則至於豐。惟太保先周公相宅。越若來三月惟丙午朏,越三日戊申,太保朝至於洛,卜宅。”自豐至於東都洛邑用時約13日左右。據此可推估,王遣使召周公還歸,應在一月以内,完全合於《金縢》篇的記時。如果是東征的話,從齊魯地區返回鎬京,起碼得兩三個月,早錯過了秋收之時。①

馬衛東認爲將“居東”定性爲“東征”的説法與傳世文獻和金文資料至少存在兩方面的抵牾。其一,武王去世後,成王年幼繼位,周公以冢宰的身份攝政當國,遭到不少人的猜忌。《尚書·君奭》篇講述的就是在召公不悦的情形下,周公闡述大臣輔政的必要性和重要性,成功説服召公。《逸周書·作雒》明確記載,東征之前,“周公、召公内弭父兄、外撫諸侯”。因此,召公在周公東征前已理解周公的舉動,並積極協助周公。金文材料也表明,成王親自參加了對商奄的討伐。如禽簋銘文所言:“王伐奄侯,周公謀。”倘若周公“居東”即是“東征”,按照《金縢》的記載,周公東征時未獲支持,東征後仍然不被理解,這有悖情理,與文獻及金文記載亦不相合。其二,傳世和金文材料也表明,召公也參加了東征。《史記·周本紀》記載:“召公爲保,周公爲師,東伐淮夷,踐奄,遷其君薄姑。”成王時器保卣銘文言:“乙卯,王令及殷東國五侯。”“保”即召公。在《金縢》中未提及召公偕同周公居東。這是周公“居東”非“東征”之明證。②

楊朝明早年《也説〈金縢〉》一文曾根據《今本竹書紀年》和《逸周書·作雒》的説法,主張“周公居東二年”前後句當斷句爲

---

① 彭裕商:《〈尚書·金縢〉新研》,第157頁。

② 馬衛東:《“周公居東”與〈金縢〉疑義辨析》,《史學月刊》2015年第2期,第5—7頁。

"周公居東。二年,則罪人斯得"。而且,"二年"指成王紀年。[1]據此,馬衛東認爲"周公居東"指的是周公於成王元年和二年間親臨武庚和三監叛亂的策源地,深入調查散布留言的罪人,查找動亂的根源,爲東征作準備。"居東"之"東"並非東都,而是《逸周書·作雒》所言"建管叔於東"之"東",實爲管叔的封地。[2]

申超試圖從《金縢》文本内部找出幾點與東征説相矛盾之處,以此來説明避東説較爲合理。例如,"逆"與"誚"的訓釋與東征説不合。簡本"於後,周公乃遺王詩,曰《鴟鴞》。王亦未逆公",今本作"於後,公乃爲詩以貽王,名之曰《鴟鴞》。王亦未敢誚公"。若釋爲"逆",訓爲"迎",周公率軍駐扎都城外,難免有擁兵自重的嫌疑。若成王閉門不納,也有可能激起變亂。若"誚"訓爲"責備",則周公所遺成王詩,意在告誡成王現今形勢危急,希望成王醒悟,召周公回朝。若是周公東征得勝而歸,完全不必再言《鴟鴞》所謂"予室翹翹,風雨所漂摇,予維音嘵嘵"。比較而言,避居於東的説法更有可能成立。從當時歷史背景來看,武王死後周公本擬攝政,但管蔡流言紛至沓來,成王和諸臣疑慮周公有不臣之心,面對這種情形,周公怎麽能不去位避嫌?管蔡此時只是散布流言,尚未叛亂,周公以退爲進是最好的選擇。此外,顧炎武在《日知録》卷二"周公居東"條中指出:"主少國疑,周公又出居於外,而上下安寧,無腹心之患者,二公之力也。"二公是周公避東期間的潛在支持者,這也能爲簡本和今本所證明。[3]

馮勝君同意彭裕商所主張的東征由成王主持,周公只居輔助地位,"居東"不是"東征",但不同意東征地點是東都。毛奇齡

---

① 楊朝明:《也説〈金縢〉》,《儒家文獻與早期儒學研究》,齊魯書社,2002年。

② 馬衛東:《"周公居東"與〈金縢〉疑義辨析》,第9—10頁。

③ 申超:《清華簡〈金縢〉與周公居東問題新探》,《出土文獻綜合研究集刊》第3輯,巴蜀書社,2016年,第186—191頁。

《尚書廣聽録》卷三曾指出,"以爲東都,則是時殷頑未遷,洛邑尚未成也;以爲東魯,則魯公未之國,周公則留國於周,終身未嘗一至魯也"。再考慮到後文記述由於天現異象,成王最終知曉周公曾欲代武王死的經過後,到郊外親自迎接周公,"是夕"就挽回了灾害損失。這説明成王從瞭解情況到迎接並見到周公,是發生在同一天的事,因而周公所蹠之"東"離國都並不遠,應該就在國都東郊,不一定是某個具體的地點。周公"居東(蹠東)"只是表明其爲避嫌而"下野"的姿態,没有必要到很遠的地方,地點應該就是《東山》之"東山",卽國都郊外的東山。①

曾芬甜也主張"避居説",他認爲周公避流言而出,只是暫時離開權力中心以避免成王的猜疑,無需遠赴東國。從《金縢》成王出郊迎周公返的情節來看,周公避居之地也不應離宗周太遠。清人徐文靖關於"周公奔楚"的説法很有可能是正確的,卽"周公奔楚"可能指周公避居於"楚",但這裏的"楚"非指楚國,而是當時被稱爲楚山的終南山。②

3. 創造記憶説

西山尚志梳理了西周早期金文和清華簡《金縢》《繫年》,以及《逸周書·作雒》《史記·周本紀》《史記·魯周公世家》等戰國中期至西漢不同時代、不同文獻所記述的"三監之亂",發現這些不同的敘述中周公的作用呈現兩種矛盾的説法:一種主張受誹謗的周公逃往别地,形成"周公居東説";一種主張周公親自鎮壓叛亂,形成"周公征伐説"。由於兩説之間的矛盾,當時基本上不會在同一文獻中同時出現周公"居東説"與"征伐説"。③

---

① 馮勝君:《也談清華簡〈金縢〉及〈詩·豳風·鴟鴞〉所見周初史事》,第19—22頁。

② 曾芬甜:《〈尚書·金縢〉新研》,《北大古典學》2016年總第2期。

③ 西山尚志:《被創造的"三監之亂"的記憶:以與周公旦的關係爲中心》。

漢代以後出現嘗試解決“居東説”與“征伐説”矛盾的種種努力。司馬遷在《周本紀》《魯周公世家》中涉及“三監之亂”的敘述以《金縢》爲基礎而成，將“居東説”巧妙改編爲當時主流的“征伐説”。同時，在《魯周公世家》《蒙恬列傳》中將“周公居東説”改成“奔楚説”，並將其融入與“三監之亂”無關的成王患病故事之中，而且不明確記述誹謗周公的人物，從而與“三監之亂”進行區分。鄭玄則認爲周公從“居東”回來之後進行了“征伐”，使這兩種説法得以共存。《尚書·金縢》孔穎達疏引鄭玄説認爲“居東”是“避居東都”之意，《豳風·東山》序“東山，周公東征也。周公東征，三年而歸……”，鄭箋云：“成王既得金縢之書，親迎周公。周公歸，攝政。三監及淮夷叛，周公乃東伐之，三年而後歸耳。”鄭玄推估的《金縢》相關事件前後順序是“周公居東”“成王迎周公”“周公攝政”“三監之亂”“周公征伐”。僞孔安國傳把周公所言“我之弗辟，我無以告我先王”的“弗”解釋爲“法也”，“周公居東二年則罪人斯得”直接解釋爲“東征”之意。王肅也把《金縢》“居東二年”解釋爲“東征二年”。考慮到西周早期金文和清華簡《繫年》等一手史料没有明確記述“周公居東”、管叔等人的誹謗與叛亂、周公征伐管叔等人的内容，西山尚志强調周公的“居東説”與“征伐説”可能全部或至少一方是被創造的歷史。對於這兩種可能是後人創造出來而且自相矛盾的説法，毫無解釋的必要。司馬遷，特别是鄭玄和王肅等人解決兩種説法間矛盾的做法終究是經學的思維方法，如果今人依然陷於證實或者調和兩種説法的學術泥淖之中，學術思維可能就“未脱離前近代經學世界觀的桎梏”。①

① 西山尚志：《被創造的“三監之亂”的記憶：以與周公旦的關係爲中心》。

（三）周公"居東"問題補論

1. "居東"當爲避居於東

釐清周公"居東"的本質，既需要回到當時的歷史背景中，找出"居東"最可能的歷史真相，還須在《金縢》文本内部給予内緣的合理解釋。

首先，從外緣的歷史脈絡而言，學者們的研究已經揭示出武王病逝後成王即位，周公輔政。雖然没有時年年齡的確切記載，但可以確定的是此時的成王心智成熟，接近成年或者已經成年。① 最重要的是西周早期青銅器銘文中明確記載的成王是東征的統領者，而不是周公。相關銘文可羅列於下：②

(1) 王來伐商邑，誕命康侯啚于衛……。（沬司徒逘簋，《集成》4059）

(2) 王後返克商，在成師，周公錫小臣單貝十朋，用作寶尊彝。（小臣單觶，《集成》6512）

(3) 王伐奄侯，周公謀，禽祝。禽又肇祝，王錫金百寽，禽用作寶彝。（禽簋，《集成》4041）

(4) 王征奄，錫岡劫貝朋，用作□□祖寶尊彝。（岡劫尊，《集成》5383）

(5) 唯王令明公，遣三族伐東或……。（明公簋，《集成》4029）

(6) 王令遣捷東反夷，疐肇從遣征……。（疐鼎，《集成》2731）

---

① 李學勤：《由清華簡〈金縢〉看周初史事》，第3頁；彭裕商：《〈尚書·金縢〉新研》，第160—161頁。

② 彭裕商《〈尚書·金縢〉新研》和曾芬甜《〈尚書·金縢〉新研》等文已經引述相關銘文，論定成王是東征的主帥。

其次，《金縢》“武王既喪”以下部分是東周時代的撰作，撰作者接受的歷史教育是周公主持了東征，訴諸《金縢》内部的言語表達、故事脈絡和情理，篇中所言的周公“居東”或“石（蹠）東”也不可能是指周公東征。

第一，在言語的表達上，《金縢》篇的撰作者如果最初想表達的是周公東征，完全没有必要用“居東”或“蹠東”①這樣模棱兩可的詞彙來表達東征的意思。參考上述成王東征的相關銘文，基本上都直接用上了“伐”或“征”這種字眼，如“王來伐商邑”“王伐奄侯”“王征奄”，完全没有出現“模糊之辭”。② “居東”或“石（蹠）東”最大的可能還是如表面意思所表達的，只是周公居住或前往東邊，實質是在成王解除誤會之前先行避居。

第二，故事發展脈絡和情理上，蔡沈《書集傳》從情理的角度斥東征之説：

> 夫三叔流言，以公將不利於成王，周公豈容遽興兵以誅之耶？且是時王方疑公，公將請王而誅之也？將自誅之也？請之，固未必從；不請自誅之，亦非所以爲周公矣。③

成王此時已經能够獨立判斷和行事，因爲誤信流言，對周公處在不信任的階段，周公如果請求帶兵東征，很難得到許可。如果未經請求，擅自率軍東征，只會讓成王更加不信任。再結合《金縢》

---

①　按，王志平（2020）認爲簡本“石東”一句與《史記・秦本紀》“蜚廉爲紂石北方”句法和文意接近，“石（蹠）東”的“蹠”可訓爲“踐”，與征伐、征服同義。因此，“周公石東三年”確實與周公東征有關。禤健聰（2014）亦有類似看法。我們認爲，傳世和出土文獻中“蹠”雖然可訓爲“履”或“踐”，但本身没有征伐義。征伐和征服義是特定文句中的語境義，例如“二年克殷，三年踐奄”這種語境下“踐”才會有征伐、征服義。《金縢》“石東三年”没有明顯的語境産生出征伐、征服義。

②　馮勝君：《也談清華簡〈金縢〉及〈詩・豳風・鴟鴞〉所見周初史事》，第16頁。

③　蔡沈著，王豐先點校：《書集傳》，第178—179頁。

的文本編撰意圖,編撰者想要塑造的是周公忠君愛國的形象,從這個角度而言,擅自東征的行爲也不應該是周公的作爲。

有學者還從情理上主張正是因爲周公東征凱旋才能享有成王親迎的待遇,假設是周公待罪於東,成王及一班大臣似無必要"出郊"親迎,更不應説出"惟余沖人其親逆公,我邦家禮亦宜之"這樣的話。① 實際上,《金縢》的情節脈絡是成王解除對周公的誤會之後,帶着一定的虧欠心理,親自郊迎周公。如季旭昇所言,郊迎爲天子和諸侯迎貴客之最敬禮,《管子・小筐》:"初,桓公郊迎管子而問焉。"《戰國策・秦策》:"(甘羅)見趙王,趙王郊迎。"《魏策》:"楚王聞之,因郊迎惠施。"②又如《左傳》僖公三十三年:"秦伯素服郊次,鄉師而哭,曰:'孤違蹇叔,以辱二三子,孤之罪也。'"先秦古書雖無《金縢》以外周天子郊迎的例子,但這幾條諸侯親迎臣子的例子,可間接説明《金縢》篇言成王親迎避東歸來的周公,情理上可以成立。

2. "居東二年"年數爲宜

最後討論"居東二年"和"石(蹠)東三年"的年數差別。不少學者認爲"居東三年"説與《豳風・東山》東征三年説法恰恰一致,説明居東的目的只可能是東征。前文的論述已經説明"居東"的實質是周公避居於東,那麼避東的時間到底是二年還是三年? 綜合而論,今本的"二年"説更爲合理。

研究成王即位初期幾年(或周公攝政稱王期間)的大事,學界主要依據有二:一是《尚書大傳》"周公攝政:一年救亂;二年克殷;三年踐奄;四年建侯衛;五年營成周;六年制禮作樂;七年致政於成王",二是據《尚書・多方》篇首"惟五月丁

① 杜勇:《清華簡〈金縢〉有關歷史問題考論》,第 66 頁。

② 季旭昇主編:《清華大學藏戰國竹簡(壹)讀本》,藝文印書館,2013 年,第 181 頁。

亥，王來自奄，至於宗周”及篇中内容推斷這一年爲成王即位第三年。《尚書大傳》此條實屬漢初伏生理想化的叙述，不可盡信。① 不過，“二年克殷”的説法，鄭玄注“誅管蔡及禄父等也”，②這也與《逸周書·作雒》篇“二年……降辟三叔”等説法相一致；“三年踐奄”的説法與《孟子·滕文公下》“周公……伐奄三年討其君”年數相一致。因而，兩説有可信度。③ 至於“一年救亂”，可能只是周公起意去改變局面，但並没有實質大的舉動。

在“二年克殷，三年踐奄”的時間框架下，倘若在成王即位第一年周公就因爲管蔡的流言而“石(蹠)東三年”，加之《金縢》篇内交代成王醒悟後周公歸來是秋季，又經歷“克殷”和“踐奄”兩年，輔佐成王征伐歸來最早是四年的秋季以後，這與三年“五月丁亥，王來自奄”的時間點“五月”存在矛盾。

比較而言，“居東二年”的“二年”在時間上更爲自洽。彭裕商對此的分析比較到位，他據《多方》三年五月丁亥成王已自奄歸至宗周，推測管蔡之叛在成王二年上半年，整個平叛的時間應

① 個别説法如“六年制禮作樂”不可能發生在短短一年内，而且今人已經通過考古證據推知“制禮作樂”實爲西周中期以後的事，因此對《尚書大傳》的説法不可盡信。參見傑西卡·羅森：《是政治家，還是野蠻人？——從青銅器看西周》，鄧菲等譯，《祖先與永恒：傑西卡·羅森中國考古藝術文集》，生活·讀書·新知三聯書店，2011年；曹瑋：《從青銅器的演化試論西周前後期之交的禮制變化》，《周原遺址與西周銅器研究》，科學出版社，2004年；羅泰：《有關西周晚期禮制改革及莊白微氏青銅器年代的新假設：從世系銘文説起》，《中國考古學與歷史學之整合研究》，“中研院”歷史語言研究所，1997年；李朝遠：《青銅器上所見西周中期的社會變遷》，《學術月刊》1994年第11期；曹斌：《恭懿之際西周國家的轉型》，《中國人民大學學報》2017年第3期；黄銘崇：《從考古發現看西周墓葬的“分器”現象與西周時代禮器制度的類型與階段》，《“中研院”歷史語言研究所集刊》第83本第4分，“中研院”歷史語言研究所，2012年。

② 陳壽祺輯：《尚書大傳》，《陳壽祺全集》第7册，廣陵書社，2017年，第219頁。

③ 對成王二年三年大事的最新梳理，參見王紅亮：《邶、康丘與殷墟——清華簡〈繫年〉與周初史事重構》，《“中研院”歷史語言研究所集刊》第91本第4分，“中研院”歷史語言研究所，2020年。

是從成王二年秋冬季到成王三年的上半年。周公從成王元年之初"居東",到成王二年秋季還歸,其間實不到兩年,舉成數可算兩年。①

至於《東山》"三年",彭裕商認爲"該詩正文並無'周公東征'或類似的文句,甚至連周公也未曾提到,也没有記載討伐的對象,完全看不出來是記述周公東征的。而最重要的是'三年'的記載與其他相關材料不合"。筆者贊同其説,《豳風》各詩的次序只是一種後人的組合,不一定符合歷史事實,而且各詩的來歷不一定如《詩序》所言。徐中舒曾舉多條證據説明《豳風》非西周初年詩,而是春秋時的魯詩。② 朱鳳瀚認爲西周時期東征不只周公時有,《東山》的詩句未必能早到西周初年。③ 因此,《東山》"于今三年"之類話語不能當作西周早期歷史的史料來用。

三、周公與《鴟鴞》

《詩經・豳風》有《鴟鴞》詩,即《金縢》篇中周公所遺成王詩。毛傳以降,圍繞"鴟鴞"具體所指和周公遺詩的目的,古今注家争訟不已。簡本《金縢》的問世,爲學界反思前人的詮釋,解釋《鴟鴞》的作者及"本事"、理解周公遺詩的意圖,乃至窺測毛鄭詮釋的動機,帶來了新的研究空間。爲叙述方便,兹録《詩經・豳風・鴟鴞》原詩如下:

> 鴟鴞鴟鴞!既取我子,無毁我室。恩斯勤斯,鬻子之閔斯。

---

① 彭裕商:《〈尚書・金縢〉新研》,第157—158頁。

② 徐中舒:《豳風説——兼論詩經爲魯國師工歌詩之底本》,第628—634頁。

③ 朱鳳瀚:《商周家族形態研究(增訂本)》,天津古籍出版社,2004年,第419頁。

迨天之未陰雨，徹彼桑土，綢繆牖户。今女下民，或敢侮予。

予手拮据，予所捋荼，予所蓄租，予口卒瘏，曰予未有室家。

予羽譙譙，予尾翛翛，予室翹翹，風雨所漂摇，予維音曉曉。①

（一）傳統説法的回顧

《詩序》：

《鴟鴞》，周公救亂也，成王未知周公之志，公乃爲詩以遺王，名之曰《鴟鴞》焉。②

孔穎達《毛詩正義》於《詩序》下評述了毛、鄭的詮釋思路：

毛以爲武王既崩，周公攝政，管、蔡流言，以毁周公，又導武庚與淮夷叛而作亂，將危周室。周公東征而滅之，以救周室之亂也。於是之時，成王仍惑管、蔡之言，未知周公之志。疑其將篡，心益不悦。故公乃作詩，言不得不誅管、蔡之意，以貽遺成王，名之曰《鴟鴞》焉。經四章，皆言不得不誅管、蔡之意。

鄭以爲武王崩後三年，周公將欲攝政，管、蔡流言，周公乃避之，出居於東都。周公之屬黨與知將攝政者，見公之出，亦皆奔亡。至明年，乃爲成王所得。此臣無罪，而成王罪之，罰殺無辜，是爲國之亂政。故周公作詩，救止成王之

① 毛亨傳，鄭玄箋，孔穎達疏，十三經注疏整理委員會整理：《毛詩正義》，北京大學出版社，2000年，第599—600頁。

② 毛亨傳，鄭玄箋，孔穎達疏，十三經注疏整理委員會整理：《毛詩正義》，第599頁。

亂。於時成王未知周公有攝政成周道之志，多罪其屬黨。故公乃爲詩，言諸臣先祖有功，不宜誅絶之意。以怡悦王心，名之曰《鴟鴞》焉。四章皆言不宜誅殺屬臣之意。①

可見，毛傳的詮釋基礎是周公東征管蔡等反叛勢力，成王爲管、蔡流言所迷惑而對周公有疑，周公東征歸來後，成王仍有疑惑，周公遺詩成王，解釋征伐管、蔡的必要性；鄭箋則認爲周公因流言而避居東都，屬臣隨之崩亡，於次年被成王所得，周公遺詩言屬臣不宜誅殺的理由。上文只是《毛詩正義》對毛傳和鄭箋整體詮釋思路的綜述。放諸《金縢》篇語境之中，"鴟鴞"具體指誰？對首章幾句詩，毛傳和鄭箋中各自有過詳細解釋，移録如下：

鴟鴞鴟鴞！既取我子，無毁我室。

毛傳：

興也。鴟鴞，鸋鴂也。無能毁我室者，攻堅之故也。寧亡二子，不可以毁我周室。

鄭箋：

重言鴟鴞者，將述其意之所欲言，丁寧之也。室猶巢也。鴟鴞言：已取我子者，幸無毁我巢。我巢積日累功，作之甚苦，故愛惜之也。時周公竟武王之喪，欲攝政成周道，致大平之功。管叔、蔡叔等流言云："公將不利於孺子。"成王不知其意，而多罪其屬黨。興者，喻此諸臣乃世臣之子孫，其父祖以勤勞有此官位土地，今若誅殺之，無絶其位，奪其土地。王意欲誚公，此之由然。

① 毛亨傳，鄭玄箋，孔穎達疏，十三經注疏整理委員會整理：《毛詩正義》，第599頁。

恩斯勤斯，鬻子之閔斯。

毛傳：

> 恩，愛。鬻，稚。閔，病也。稚子，成王也。

鄭箋：

> 鴟鴞之意，殷勤於此稚子，當哀閔之。此取鴟鴞子者，指稚子也。以喻諸臣之先臣，亦殷勤於此成王，亦宜哀閔之。①

如上可見，毛傳對首句"鴟鴞鴟鴞"的詮釋並不明確，鄭箋主張"鴟鴞"是周公自喻。《詩經》他篇如《大雅・瞻卬》和其他文獻中一般視"鴟鴞"爲惡鳥，鄭箋的解釋傾向却與之迥然不同。

正是鑒於古詩文中對"鴟鴞"常見的惡鳥定性，又慮及《金縢》的故事背景。宋人以來，漸次有注家提出"鴟鴞"當是惡者之喻，如程頤《伊川經説》：

> 鴟鴞喻爲惡者，子喻管、蔡，室喻王室。②

朱熹《詩集傳》對首章所處歷史背景的解釋更是明確點明"鴟鴞"指武庚：

> 武王克商，使弟管叔鮮、蔡叔度監于紂子武庚之國。武王崩成王立、周公相之。而二叔以武庚叛，且流言於國曰："周公將不利於孺子。"故周公東征二年乃得管叔武庚而誅之。而成王猶未知周公之意也。公乃作此詩以貽王。託爲鳥之愛巢者，呼鴟鴞而謂之曰：鴟鴞鴟鴞，爾旣取我之子

---

① 毛亨傳，鄭玄箋，孔穎達疏，十三經注疏整理委員會整理：《毛詩正義》，第600頁。

② 轉引自劉毓慶、賈培俊、張儒編：《詩經百家別解考（國風）》，山西古籍出版社，2002年，第1333頁。

矣。無更毁我之室也。以我情愛之心,篤厚之意,鬻養此子,誠可憐憫。今旣取之、其毒甚矣。况又毁我室乎。以比武庚旣敗管、蔡,不可更毁我王室也。①

(二) 今人研究成果介紹

1.《鴟鴞》的作者及"本事"

今本説周公"爲詩以貽王,名之曰《鴟鴞》",《魯世家》《詩序》等皆主張《鴟鴞》一詩是周公所作。杜勇指出《孟子·公孫丑上》稱引《鴟鴞》第二章"迨天之未陰雨"諸句,引孔子曰"爲此詩者,其知道乎!"可知孔孟也不知《鴟鴞》爲周公所作。而簡本只説"周公乃遺王詩曰《周鴞》",可以確定周公只是"遺詩"而非"爲詩"。《鴟鴞》可能只是當時流傳的一首禽言詩,周公以此詩遺王的行爲,性質接近春秋時代"賦詩言志"。②

此外,曹勝高贊同杜勇所指出的《鴟鴞》是周公賦詩,而不是周公所作。孟子所處的戰國中期,一般史料並無《鴟鴞》與周公相關的記載。《鴟鴞》與周公的有關之説當在戰國晚期形成。《豳風》以《七月》爲首,記録周族居豳期間的生産生活;《鴟鴞》描述周人自豳遷岐時的情形,其間流露出對商族的不滿,以鴟鴞欺負禽鳥來喻之,因而此詩記録了周族"實始翦商"的戰略轉折。周公制禮作樂,《鴟鴞》本爲豳地樂曲,因涉周之史事,故位次《豳風》其二。樂以聲傳,詩以義明,樂壞之後,《鴟鴞》詩樂分離。孔子、孟子用其義,不言作者爲誰,叔孫穆子賦《茅鴟》、清華簡《金縢》作《周鴞》、至《尚書》《史記》《毛詩》方確定爲《鴟鴞》,逐漸取

① 朱熹:《詩集傳》,鳳凰出版社,2007年,第108頁。

② 杜勇:《清華簡〈金縢〉有關歷史問題考論》,第64—65頁;《從清華簡〈金縢〉看周公與〈鴟鴞〉的關係》,第57頁。

其詩義用於諷喻，最終附益爲周公所作。①

2. 周公的賦詩意圖

與宋代以來主流説法接近，朱鳳瀚認爲周公賦《鴟鴞》目的在於藉凶鳥譴責當時破壞、動摇周王室基業的勢力，並以鳥類護巢抒發自己對周王室與王朝的摯愛之心。②

馮勝君注意到傳世典籍盛言管、蔡等"三監"參與武庚叛亂，出土文獻中毫無這方面的記載，反倒是清華簡《繫年》第三章"武王陟，商邑興反，殺三監而立寡子耿"，明確記載"三監"被以"寡子耿"(卽大保簋之"彔子耶"，紂王之子武庚禄父)爲首的殷人所殺。結合《繫年》所記史事來理解《鴟鴞》，詩中"既取我子"，卽言武庚已經俘獲了周人之子(卽管、蔡等"三監")。《説文》又部："取，捕取也。""既取我子"之"取"，《爾雅・釋詁下》："俘，取也。"邢疏引李巡曰："伐執之曰取。""既取我子"之"取"正是捕取、伐執義。武庚俘取管、蔡等"三監"，發生在殷遺叛亂之初，正是在東征之前；"毋毁我室"喻指殷人起兵叛亂，欲取我周室；"鬻子之閔斯"則指成王幼沖繼位，卽遭此大亂，誠可哀憫也；"予室翹翹，風雨所漂摇"，當理解爲以武庚爲首的殷遺叛亂，導致周王室阢隉不安；"予維音曉曉"則緊扣周公以此詩進諫、諷喻成王的寫作背景。由此看來，《金縢》篇的"禍人乃斯得"就相當於《鴟鴞》篇的"既取我子"，應理解爲禍亂周邦之人被武庚俘獲。③

3. 毛傳、鄭箋的詮釋意圖

黄冠雲注意到《詩經》他篇和其他文獻中一般視"鴟鴞"爲惡

---

① 曹勝高：《〈鴟鴞〉與"武丁戡周""實始翦商"史事考》，《文學遺産》2017年第2期，第30—37頁。

② 朱鳳瀚：《讀清華簡〈金縢〉兼論相關問題》，第53—54頁。

③ 馮勝君：《也談清華簡〈金縢〉及〈詩・豳風・鴟鴞〉所見周初史事》，第21—22頁。

鳥的傾向與毛傳和鄭箋的解釋全然不同。他發現除了《鴟鴞》,鴟鴞還見於《大雅·瞻卬》"懿厥哲婦,爲梟爲鴟。婦有長舌,維厲之階。亂匪降自天,生自婦人。匪教匪誨,時維婦寺",鄭玄:"梟鴟,惡聲之鳥,喻褒姒之言無善。"將鴟鴞視作惡鳥,多與讒言有關,類似的主題還出現於許多其他文獻中,如賈誼的《弔屈原文》描述亂世爲"鸞鳳伏竄兮,鴟梟翱翔",《荀子·賦》描繪亂世爲"螭龍爲蝘蜓,鴟梟爲鳳皇"。尹灣漢墓出土《神烏賦》所説的烏鴉與鴟鴞雖有差别,但此篇"禽鳥奪巢"的主題可以上溯到《鴟鴞》,或者説兩者都屬於一個共同的文學傳統。① 他後來又舉出《周頌·小毖》和上博簡《有皇將起》《鶹鷅》作爲相同文學主題的實例。特别是《周頌·小毖》"肇允彼桃蟲,拚飛維鳥",鄭箋:"始者信以彼管、蔡之屬,雖有流言之罪,如鷦鳥之小,不登誅之,後反叛而作亂,猶鷦之翻飛爲大鳥也。"而《有皇將起》"保子"和"舍三夫之謗"等詞句也可與周公遭讒故事聯繫起來。②

毛、鄭的詮釋之所以與上述常見的"惡鳥"説不同,根源在於他們想要塑造周公的仁人形象,爲周公誅管叔的行爲進行辯護。古代文獻中記載不少論述對周公企圖的懷疑,甚至是負面批評,核心是質疑周公究竟是否"仁"。如《孟子·公孫丑下》陳賈對孟子的疑難:"周公使管叔監殷,管叔以殷畔;知而使之,是不仁也;不知而使之,是不智也。仁、智,周公未之盡也,而况於王乎?"孟子答復周公至多只是"不智"。陳賈的質疑顯示戰國時期甚至更早已出現對於周公的質疑。而孟子的答復則跟毛、鄭解釋的動機十分一致。二者除了盡力爲周公開脱罪名,還强調周公愛護

① 黄冠雲:《周公、〈金縢〉和〈鴟鴞〉》,清華大學出土文獻研究與保護中心編:《清華簡研究(第二輯)》,中西書局,2015 年,第 231—235 頁。

② Huang, Kuan-yun. "POETRY, 'THE METAL-BOUND COFFER,' AND THE DUKE OF ZHOU." *Early China* 41 (2018): 87 - 148.

管、蔡二叔的仁心宅厚。這樣的解釋最終建立了周公作爲道德典範的聖人形象。概言之，根據《詩經》本身以及文獻關於"鴟鴞"的論述，當時廣泛存在一個鴟鴞與讒言相關的主題，將鴟鴞視作反派。毛傳、鄭箋故意將鴟鴞的惡鳥名聲和相關的讒言主題放到一旁，把鴟鴞視作周公的自喻，通過鴟鴞之口來呼籲"既取我子，無毀我室。恩斯勤斯，鬻子之閔斯"，目的是爲了緩解周公與其兄弟之間的衝突，藉此塑造周公的仁人形象。①

(三)《鴟鴞》作者、詩本事及周公的用詩意圖

論及《鴟鴞》的作者，《詩序》以降的古代經學史，特别是《詩經》學史上，包括鄭箋、朱熹《詩集傳》和清代多家注，幾乎皆視周公爲《鴟鴞》的作者。一個明顯的例外是《孟子·公孫丑上》：

> 孟子曰："仁則榮，不仁則辱。今惡辱而居不仁，是猶惡濕而居下也。如惡之，莫如貴德而尊士，賢者在位，能者在職。國家閒暇，及是時明其政刑。雖大國，必畏之矣。《詩》云：'迨天之未陰雨，徹彼桑土，綢繆牖户。今此下民，或敢侮予？'孔子曰：'爲此詩者，其知道乎！能治其國家，誰敢侮之？'……"

今本《金縢》"于後，公乃爲詩以貽王，名之曰《鴟鴞》"，簡本作"於後，周公乃遺王詩曰《雕鴞》"，"爲詩"意指周公作詩，而"遺詩"則可能是引詩，周公不是作者。所以，在簡本提示下，杜勇重新重視起《孟子》中這則"論詩"材料，認爲"孔孟也不知《鴟鴞》爲周公所作"。

近現代以來，在以去經學化爲基本原則的《詩經》研究史中，

---

① 黄冠雲：《周公、〈金縢〉與〈鴟鴞〉》，第 233—234 頁；Huang，Kuan-yun. "POETRY，'THE METAL-BOUND COFFER，' AND THE DUKE OF ZHOU." *Early China* 41 (2018)：87－148.

多位學者皆主張《鴟鴞》只是源自民間的一首禽言詩,《金縢》篇中的周公只是借用來賦詩言志。① 目前,我們無法確證這首詩具體的撰作時代,雖然不排除周公所作的可能性,但從語言風格上推定,較爲可能是東周時期的詩作。顧頡剛曾有過如下分析:

> 這是一個人藉了禽鳥的悲鳴來發洩自己的傷感,這是作詩的人在憂患之中發出的悲音。……況且詩上並没有確實説出是周公,《金縢篇》也不像西周時的文體,我們决不能輕易承認……孔子孟子都是最喜歡稱道周公的,爲什麽只説這詩的作者大概是一個"知道"的人,而不説是周公,好像他們並没有讀過《金縢篇》的樣子呢?②

我們大體同意顧頡剛和前述杜勇的分析,《周公》大概率不是《鴟鴞》的作者。特别是古典學養深厚的孔子和孟子本來就推崇周公,如果《鴟鴞》是周公所作,不可能不明言。

從《左傳》等書所見大量的賦詩用例來看,古人賦詩,經常斷章取義,不一定講求詩中每一句詩意與賦詩的背景完全吻合。杜預爲《左傳》作注時曾指出"其稱全詩篇者,多取首章之義",③或者是"賦詩者取其一章而已"。④ 即便是賦整首詩,也往往只取個别章之意。例如,《左傳》襄公二十六年齊景公和鄭簡公前往晉國,請求晉國釋放被執的衛侯,晉平公賦《假樂》。《假樂》分四章,全詩如下:

> 假樂君子,顯顯令德。宜民宜人,受禄於天。保右命

① 張樹波編著:《國風集説》,河北人民出版社,1993 年,第 1256—1258 頁;郝志達主編:《國風詩旨纂解》,南開大學出版社,1990 年,第 575—578 頁。

② 顧頡剛主編:《古史辨》第 3 册,上海古籍出版社,1982 年,第 316 頁。

③ 杜預:《春秋經傳集解·僖公二十三年》,上海人民出版社,1979 年,第 338 頁。

④ 杜預:《春秋經傳集解·襄公二十八年》,第 1101 頁。

之，自天申之。

干禄百福，子孫千億。穆穆皇皇，宜君宜王。不愆不忘，率由舊章。

威儀抑抑，德音秩秩。無怨無惡，率由群匹。受福無疆，四方之綱。

之綱之紀，燕及朋友。百辟卿士，媚於天子。不解於位，民之攸塈。

有學者曾剖析此處晉平公賦《假樂》，用了其中三章的部分詩句來表達言外之意。用第二章的"不愆不忘，率由舊章"表示扣留衛侯屬於按舊制慣例而行；用第三章的"無怨無惡、率由群匹"表示晉國與衛侯無私人恩怨，扣留衛侯是形勢所迫；用第四章的"不解於位，民之攸塈"是希望齊景公和鄭簡公不要干涉此事，將自己國家治理好才是人民之福。①

結合《金縢》前後文意，周公"遺王詩"主要擷取第一章"鴟鴞鴟鴞！既取我子，無毁我室。恩斯勤斯，鬻子之閔斯"和第四章的部分詩句"予羽譙譙，予尾翛翛，予室翹翹，風雨所漂摇，予維音嘵嘵"，其他兩章雖然可用來比喻周公或周王室的處境，但是較爲牽强。② 概言之，《金縢》篇中周公"遺王詩"，雖可能是遺全詩，但選用的重點在第一章，而非全詩，這也從側面證明《金縢》非周公所作。因此，《金縢》最爲可能只是源自民間的一首禽言詩。

今本《金縢》"公乃爲詩以貽王，名之曰《鴟鴞》"，簡本作"周

① 陳致宏：《語用學與〈左傳〉外交賦詩》，萬卷樓圖書出版公司，2000年，第134—135頁。

② 經學史上對《鴟鴞》的詮釋，幾乎每一句都能牽强地與周公或周王室當時的處境聯繫起來，典型的解釋參見毛亨傳，鄭玄箋，孔穎達疏：《毛詩正義》，第599—606頁。

公乃遺王詩曰《雕鴞》",“爲詩”意思是周公作詩,“遺詩”意思是周公引詩,其中差異如何解釋? 實際上,東周以後流傳着許多“詩本事”,[①]可能有一種認爲《鴟鴞》詩是周公創作的,因爲成王被管蔡流言所惑,對周公有疑,周公作《鴟鴞》,以禽言的方式寄託自己對周室的忠誠。這一“詩本事”在當時成爲了一種“公共知識”,《金縢》後半部分的撰作者熟悉這一“公共知識”,所以有了今本的説法“公乃爲詩以貽王,名之曰《鴟鴞》”。同時,同一詩也存在不同説法的“詩本事”,例如《唐風・蟋蟀》若按照《詩序》的説法,是刺晉僖公的詩;若按照清華簡《耆夜》,則是伐耆勝利後周公所作。回到《鴟鴞》,另一種詩本事主張《鴟鴞》只是豳地民間一種以“鳥之愛巢者”的口吻叙説自己不幸遭遇的禽言詩,所以有了簡本的説法“周公乃遺王志(詩)曰《周(雕)鴞》”,認爲周公只是引用此詩,賦詩言志。

明曉周公遺《鴟鴞》只是引詩言志,最後在《金縢》的故事框架下分析周公用此詩的用意。[②] 全詩是以遭遇不幸的一隻禽鳥的口吻來抒説境遇。“鴟鴞”當從宋人以來的主流説法,是以鴟鴞喻武庚禄父。“我子”指的是周王室之子管叔和蔡叔。清華簡《繫年》第三章“武王陟,商邑興反,殺三監而立宩子耿”説明作爲三監之二的管叔和蔡叔是被宩子耿(武庚禄父)所殺。[③] 管叔和蔡叔的流言誘發了商遺的反叛,首當其衝的二人隨之被殺,這才是“既取我子”喻指的涵義。“毋毁我室”指的自然是以武庚爲首

① 方孝岳:《中國文學批評》第4章《〈左傳〉的詩本事》,生活・讀書・新知三聯書店,2007年;曹建國:《論先秦兩漢時期〈詩〉本事》,《文學遺産》2012年第2期;徐建委:《〈左傳〉早期史料來源與〈風詩序〉之關係》,《文學遺産》2012年第2期。

② 下文的分析基本參考馮勝君《也談清華簡〈金縢〉及〈詩・豳風・鴟鴞〉所見周初史事》的説法。

③ 當然,這可能只是東周時期不同説法之一。但如馮勝君所説,有助解讀《鴟鴞》詩在《金縢》中的用意。

的商遺造反，想要顛覆新立的周人政權。“鬻子之閔斯”原意可能是作者慨歎養育雛鳥不易，雛鳥實在可憐。成王年少卽位，可以被比喻爲“鬻子”，這句詩被周公用來提醒成王此時形勢危機。末章的“予羽譙譙，予尾翛翛，予室翹翹，風雨所漂摇，予維音嘵嘵”用禽鳥羽毛“譙譙”“翛翛”“翹翹”三種情狀描繪自身的不幸遭遇，“風雨所漂摇”原意指巢穴的慘狀，可用來喻指周王室基業處在危機之中，最後的“予維音嘵嘵”原意是禽鳥的恐懼吶喊，當然也可以被周公用來向成王暗示和呼籲，希望成王解除誤會，讓周公返朝輔助成王平叛。

第六章　簡本《金縢》與《尚書》學

一、篇題及《書序》問題

《書序》的作者和時代一直是《尚書》學的重要問題。嚴格而論,《書序》包括書大序和書小序。書大序是總括性的看法,一般認爲是孔安國所作。而書小序的作者争議較大,《漢書·藝文志》最早提出是孔子所作:"《書》之所起遠矣,至孔子纂焉,上斷於堯,下訖於秦,凡百篇而爲之序,言其作意。"但是,宋代以後有不少懷疑此説的新論。①

簡本《金縢》第 14 簡的簡背有"周武王又(有)疾周公所自以弋(代)王之志"14 字,整理者認爲是篇題,不少學者同意這種看法。鑒於《書序》對《金縢》篇的概括是"武王有疾,周公作《金縢》",而簡本這 14 字叙述了本篇的寫作背景和主旨,與今本《金縢》篇小序的作用相同,有學者懷疑"周武王有疾周公所自以代王之志"不是篇題,而可能是簡本的序言。

此外,簡本的原作者是否看到過《書序》,《書序》在當時是否存在,簡本《金縢》的簡背信息能够爲《書序》的研究帶來哪些新思考,學界也有不少討論。

李學勤先生推測認爲清華簡的墓主人很可能没有見過《書

① 對《書序》最爲詳備的整理與研究,參見程元敏:《書序通考》,學生書局,1999 年。

序》。他强調説既然《書序》很明確稱這一篇爲《金縢》,《史記》也稱《金縢》,可見當時有"金縢"這一名稱。如果《尚書序》當時曾普遍流行,身處楚地的竹簡主人也看到過《尚書序》的話,他爲什麽不把這一篇稱爲《金縢》? 而且,這一篇用了很長的題目,幾乎完全相同的話也見於《史記》,這個標題還是有一定道理的。墓主人承認這個標題,而且特別用了"志"。《逸周書》在《國語》等古書中常常被稱爲《周志》,"志"應該是對前人言論、事迹的記述,此處用了"志",和《周志》接近。這一篇在百篇裏面是很重要的一篇,墓主人却没有承認《書序》。如果他看見《書序》或承認《書序》,爲什麽不用"金縢"而用這樣一個名字? 究其原因,很可能他没有看見過《書序》。當然,墓主人没有看見《書序》,並不一定等於在公元前三百年没有《書序》或與之類似的文字。[①]

廖名春推論簡背這 14 字可能是原來的篇題,係概括文意而來,而"金縢"之名則應是後人從文中擷取的。今本《尚書》文前有《序》云:"武王有疾,周公作《金縢》。"當從原篇題"周武王有疾周公所自以代王之志"概括而來。[②]

劉國忠也認爲第 14 簡的簡背 14 字是篇題,同時指出這一篇題最爲重要的價值是可能會對《尚書》小序的作者和時代問題有重要的提示。《尚書》的小序相傳是孔子整理《尚書》時所作,其中對於《金縢》篇的内容概括説"武王有疾,周公作《金縢》",已經明確使用了《金縢》這個篇題。孔子是春秋後期人,生活的時代比清華簡的抄寫時代要早,然而清華簡中却没有使用"金縢"這個篇題,説明簡文的抄寫者可能没有見到過《尚書》的小序。是清華簡的作者没有見過《金縢》這個篇題,還是當時這一篇根

① 李學勤:《清華簡與〈尚書〉〈逸周書〉的研究》,第 105 頁。
② 廖名春:《清華簡與〈尚書〉研究》,第 121 頁。

本就没有《金縢》這個篇題？如果是前者的話，那就説明當時有不同的《尚書》傳流版本，而且清華簡的抄寫者未見過或者不同意《金縢》這個篇名；如果是後者的話，那麽《尚書》的小序就不可能是此前的孔子所作，其真正作者生活的時代可能還要比清華簡的抄寫者晚。①

馮時同意説簡本自有篇題"周武王有疾，周公所自以代王之志"，分析認爲前半句取自《書序》，後半句取自經文。以《書序》一般體例來看，簡背 14 字的前半爲因，後半爲全篇之核心。簡本將周公自以爲功而代王的内容重新組織叙述，恰好證明了其所要强調的重點，其作用顯然在於《書》教，其教旨當在弘揚周公德行。②

劉光勝則認爲此句 14 字可能是清華簡本《金縢》的小序，而且這種認識能够給《書序》研究帶來新的認識。其一，目前公布的清華簡《尚書》體裁文獻没有篇題的占了多數，《祭公之顧命》的篇題甚至寫在竹簡正面，可見清華簡尚未形成固定的篇題書寫制度。從戰國時期簡牘制度看，簡背的文字不一定是篇題，如"競建納之"並非是上博簡的篇題，而是表明該文獻爲競（景）建所獻，上博簡與清華簡時代接近，皆爲戰國中晚期楚簡，其篇題書寫規律可以互相參照。其二，《尚書》篇題一般少則兩三字，多則四五字，從先秦典籍引用《尚書》情况看，《祭公之顧命》字數最多，爲五個字，而此句有十四字之多，不免讓人懷疑此句不是《金縢》的篇題。其三，陳夢家先生比較了鄭玄本與《孔傳》本《書小序》，二者在全書的位置、篇名、次序、文字都可能不同，必須交代篇章撰寫的主旨或背景才是判定《書小序》最重要的標準。"周

---

① 劉國忠：《從清華簡〈金縢〉看傳世本〈金縢〉的文本問題》，第 42 頁。
② 馮時：《清華〈金縢〉書文本性質考述》，第 163 頁。

武王有疾，周公所自以代王之志”處於第 14 支簡簡背的位置，與正文不相聯屬，“代王之志”是指周公爲使周人的統治長治久安，願將己壽换武王之壽，交代了《金縢》篇寫作的背景及主旨，與今本《尚書·金縢》小序“武王有疾，周公作《金縢》”作用相同，從位置、内容及作用看，此句不是篇題，而可能是清華簡《金縢》篇的序言。

在上述認識基礎上，他認爲清華簡《金縢序》與今本《金縢序》文字繁簡不同，證明當時的《書小序》不止一種，今本《書小序》只是其中保存下來的一種。①

騰興建對劉光勝的説法提出了質疑，他認爲固然可以説“清華簡尚未形成固定的篇題書寫制度”，但絶不能據此認爲“周武王有疾周公所自以代王之志”是《金縢》篇的序言，因爲百篇《書序》在最早是合爲一篇，列於全書之後的。正如朱彝尊所概括的：“古者《書序》自爲一篇，列於全書之後，故陸德明稱馬、鄭之徒，百篇之序，總爲一卷。至孔安國之《傳》出，始引小序分冠各篇之首。”②

高中正則指出作爲文體的“序”的得名與“次序”之義有關，《書序》《詩序》就是以《詩》《書》“本事”爲順序來編次篇目的。《書序》的重要性不單在於説明内容、作意，或者提供一份目録，當時的儒生將存世的衆多“書”類文獻進行編選，《書序》所呈現的對《書》的編選工作意義，要遠大於一書的目録，可以説是一份“書”類文獻的選集之目。劉光勝認爲簡本《金縢》背面撮述該篇大意的文字是“序”體，就是誤跟後世常見的“序跋”意義上的“序”相比附，未考慮到早期“序”背後的整體性特徵。因此，這十

① 劉光勝：《清華簡與先秦〈書〉經流傳》，第 79—81 頁。

② 騰興建：《清華簡與〈書〉序研究》，《孔子研究》2017 年第 4 期，第 38—39 頁。

四字還是視作篇題爲好，可能是書手或藏者的自擬，或僅限於小範圍内的流布。①

按，我們傾向認爲"周武王有疾周公所自以代王之志"爲此篇的篇名。

其一，古書篇名書名的取定，固然遵循簡潔性原則，但是爲了概括的準確和完整，個別書名較長也是可能的。如西漢揚雄的《方言》原名《輶軒使者絶代語釋别國方言》，因爲書名"冗贅"，"諸家援引及史志著録皆省文謂之《方言》"。② "金縢"二字雖可作篇名，但若論概括的精要，"周武王有疾周公所自以代王之志"反倒較爲準確。

其二，"志"顯示的是取名者對其體裁屬性的界定，在篇名末字交代其體裁屬性也是古人的習慣。如李學勤等先生所舉例，將前代言論、事迹的記述稱作"志"是當時習見的做法。"周武王有疾周公所自以代王之志"於末尾注明"志"的體裁，符合當時的習慣。

其三，"周武王有疾周公所自以代王之志"與《書序》各篇的體例存在差異。儘管《書序》也存在今古文之别，馬、鄭所注之《書序》與孔傳本《書序》的差别是少數的。③《書序》的體例往往是簡要交代該篇的成文背景，最後以"作某題"或"某人作"結尾。④"周武王有疾周公所自以代王之志"與這種體例並不相符。

其四，如高中正所言，視"周武王有疾周公所自以代王之志"爲"序"，建立在後世"序跋"意義上的"序"觀念之上，忽略了當時

① 高中正：《文本未定的時代——先秦兩漢"書"及〈尚書〉的文獻學研究》，第35—36頁。

② 永瑢等撰：《四庫全書總目》，中華書局，1965年，第340頁。

③ 陳夢家：《尚書通論》，第251頁。

④ 程元敏：《書序通考》，第149—150頁。

的《詩》《書》序本是整體性、有次序性的“本事”合編。後世“序跋”意義上的“序”源自劉向《叙録》，重點不再强調次第和條列，而側重闡述每篇的創作意圖。①

二、《金縢》錯簡問題

《書序·亳姑》：

> 周公在豐，將没，欲葬成周。公薨，成王葬于畢。告周公，作《亳姑》。

清代學者孫星衍據《尚書大傳》《史記·魯世家》等説法，認爲“秋大熟”以下爲《亳姑》逸文，皮錫瑞和王先謙等人同意其説。②孫星衍在撰作《尚書今古文注疏》過程中，懷疑《金縢》“秋大熟”以下爲《亳姑》篇逸文，因錯簡而誤置於《金縢》。後在《尚書錯簡考·亳姑逸文》中先是羅列相關句段，隨後予以論證。以下擇要呈現：

> 周公疾，曰：吾死必葬於成周，示天下臣於成王也。周公死，天乃雷雨以風，禾盡偃，大木斯拔。國恐，王與大夫開金縢之書，執書以泣曰：周公勤勞王家，予幼人弗及知。及不葬於成周而葬之于畢，示天下不敢臣。（《漢書·梅福傳》顔師古注引《尚書大傳》）
>
> 周公死，成王不圖大禮，故天大雷雨，禾偃，木拔。及成王寤金縢之策，改周公之葬，尊以王禮，申命魯郊，而天立復風雨，禾稼盡起。（《後漢書·周舉傳》引《尚書洪範五行傳》）

---

① 内山直樹：《漢代所見序文體例的研究——以〈説文解字·序〉“叙曰”爲中心》，柳悦譯，曹峰主編：《日本學者論中國哲學史》，華東師範大學出版社，2010 年，第 288 頁。

② 皮錫瑞：《今文尚書考證》，第 290 頁；王先謙：《尚書孔傳參正》，北京大學《儒藏》編纂中心編：《儒藏·精華編二〇》，北京大學出版社，2009 年，第 438 頁。

孫氏的論證是：

按，今《金縢》篇自“王亦未敢誚公”已上，蓋《金縢》文，自“秋大熟”已下，據《尚書大傳》及《史記》，當爲《亳姑》逸文也。《書序》“武王有疾不豫，周公作《金縢》”在《大誥》《微子之命》諸篇之前。《史記·魯世家》於“王亦未敢訓周公”下，述營洛邑、還政之事，及作《多士》《毋逸》《周官》《立政》諸篇，其後乃稱周公在豐及卒後暴風雷雨之事，明經文“秋大熟”已下，非《金縢》本文矣。《序》稱《亳姑》爲葬畢告周公之事，正與《大傳》前文及《史記》合，是知告周公卽告以悔悟尊禮之事也。後人或以其文有“啓金縢”之語，遂入其文于《金縢》篇中，事隔武王成王及周公生死，中隔《大誥》《微子之命》《歸禾》《嘉禾》《康誥》《酒誥》《梓材》《召誥》《洛誥》《多士》《無逸》《君奭》……凡十八篇，何得合而爲一！……①

簡文刊布後，馬楠明確指出“錯簡”説根源在於前人不明“秋大熟”於何年，因“秋大熟”幾句載於《亳姑》以下，誤以爲《亳姑》逸文。她從《魯世家》梳理出了導致清人誤説的故事發展綫條，爲便讀者理解，特引於下（《魯世家》用今本《金縢》的部分用下劃綫標出）：

1. 武王有疾，周公爲禱祀。明日有瘳。武王卒，周公攝政，管蔡流言。

2. 伯禽就魯，周公誡伯禽。

3. 誅管蔡，封康叔、微子，平淮夷。

4. 唐叔得禾，成王命唐叔以饋周公于東土，作《饋禾》。周公作《嘉禾》。東土以集，周公爲《鴟鴞》貽王。

① 孫星衍：《孫淵如先生全集·嘉穀唐集》，《續修四庫全書》第1477冊，第497頁。

5. 作雒，召公相宅，周公告卜（《召誥》《洛誥》）。

6. 歸政成王（初，成王有疾病，周公爲禱。及成王用事，人或譖周公，周公越楚。成王發府，見周公禱書，乃泣，反周公）。

7. 周公歸，作《多士》，作《毋逸》。

8. 作《周官》，作《立政》。

9. 周公在豐將設，欲葬成周。周公薨，成王葬之于畢（《亳姑》）。

10. 周公卒後，秋未穫，天變示警，成王啓金縢書。

她指出《魯世家》説法與《亳姑》小序的説法正合，《尚書大傳》“乃不葬於成周而葬之於畢，示天下不敢臣”也可能源自《亳姑》小序。今本《金縢》“秋大熟”數句在《魯世家》中被次於《亳姑》之下（即上述《魯世家》第10條），這導致孫星衍等人以爲《金縢》“秋大熟”以下當爲《亳姑》逸文。現在，有了簡本明言的“是歲也”，“逸文”説可祛疑。①

李學勤先生也注意到簡本“秋大熟”前有“是歲”二字，説明“秋大熟”與“啓金縢之書”，以及前面緊臨的《鴟鴞》詩事是同年發生的，《尚書大傳》相關説法有誤，這足够説明“錯簡”説不成立。他還指出《尚書大傳》的説法本來就不合理，清段玉裁《古文尚書撰異》已有批駁：“案今文之説最爲荒謬。……豈有爲詩貽王之後，秋大熟之前，間隔若干年、若干大事，不書周公薨而突書其薨後之事，人讀罷不知其顛末者？”②此外，劉國忠、李鋭和杜勇等也都認爲“是歲也”説明“秋大熟”一段應該和上文緊密相聯，不存在錯簡的問題。

按，孫星衍本人意識到了若將“秋大熟”以下視爲《亳姑》逸

① 馬楠：《〈金縢〉篇末析疑》，第66頁。
② 李學勤：《由清華簡〈金縢〉看周初史事》，第5頁。

文,故事發生在周公死後,那麽該如何解釋"惟朕小子其親迎之"的"迎",又該如何解釋"王出郊"的"出郊"。他采取了畢以田的說法,訓"迎"爲"迎尸","郊"爲"郊祭":

《尚書》:"王出郊,天乃雨,反風。"出郊者,謂祭天於郊,以周公配之也。《書序》所云成王葬周公於畢,告周公,作《亳姑》,即其事。此經上文云:"今天動威以彰周公之德,惟予小子其親迎。"言親迎而祭之。迎,迎尸也,惟郊是郊祭周公之事,故言"我國家禮亦宜之"。禮者,謂祭也,《尚書大傳》曰:"乃不葬周公成周而葬於畢,尊以王禮,申命魯郊。"據此而言則魯之郊禘,由風雷之變始也。舊解不察此篇爲《亳姑》逸文之錯簡,乃以郊爲郊天,親迎爲生迎周公,不特"我國家禮亦宜之"句不可通,且周公居東,遠在千里之外,豈能迎於一日之内以致反風之應乎,厥誼疏矣!①

在孫星衍的同時代,批評錯簡説的大有其人,如魏源在《書古微》中就曾質疑把"秋大熟"以下看作《亳姑》逸文會造成《金縢》篇有首無尾:

惟是《亳姑》篇既不存,而突以周公卒葬之文承於"王亦未敢訓公"之下,則上篇無尾,下篇無首,横决不屬,且成王啓金縢與周公納策金縢事比詞屬,亦無以决其必爲《亳姑》篇之文。②

魏源之説終究是從文意的連貫性和完整性提出的外部證據,完全否定錯簡説還需要《金縢》文本的内證,簡本爲此提供了契機。

簡本比起今本,在前後文意的銜接上較爲明確,"秋大熟"前

① 孫星衍:《孫淵如先生全集·嘉穀唐集》,第497—498頁。
② 魏源:《魏源全集》第2册,嶽麓書社,2004年,第302頁。

有"是歲"二字，説明"秋大熟"與"啓金縢之書"，以及前文周公貽《鴟鴞》等事是同年發生的，因而"秋大熟"以下不可能是其他篇的逸文，還屬《金縢》的一部分。

此外，漢代今文經學家將"秋大熟，未穫。天大雷電以風，禾盡偃，大木斯拔，邦人大恐"一段詮釋爲周公死後，成王在天雷示警下疑惑是否以天子之禮葬周公。孫星衍之所以主張誤簡説，重要原因還是由於誤信今文經學家的"疑葬説"。

三、《金縢》與今古文經學

清代學者閻若璩在其《尚書》學名著《尚書古文疏證》中曾説"今文明則古文如指諸掌。其相關合，尤在《金縢》《蔡仲之命》二篇"。[①] 可見對《金縢》篇的不少争議，實爲今古文《尚書》學的關鍵。明確記載《金縢》今古文之争核心所在的，首推《論衡·感類篇》：

> 《金縢》曰："秋大熟，未穫。天大雷電以風，禾盡偃，大木斯拔，邦人大恐。"當此之時，周公死，儒者説之，以爲成王狐疑於〔葬〕周公，欲以天子禮葬公，公，人臣也；欲以人臣禮葬公，公有王功。狐疑於葬周公之間，天大雷雨，動怒示變，以彰聖功。古文家以武王崩，周公居攝，管、蔡流言，王意狐疑周公，周公奔楚，故天雷雨以悟成王。夫一雷一雨之變或以爲疑葬，或以爲信讒，二家未可審。[②]

《漢書·儒林傳·張山拊傳》載谷永奏疏中"昔周公薨，成王葬以變禮，而當天心"一句，顔師古注對《金縢》今古文經説的差

---

① 閻若璩撰，黄懷信等點校：《尚書古文疏證》，上海古籍出版社，2010年，第536頁。

② 王充撰，黄暉校釋：《論衡校釋》，中華書局，1990年，第787—789頁。

異也有所涉及：

> 周公死，成王欲葬之於成周，天乃雷雨以風，禾盡偃，大木斯拔。國大恐。王乃葬周公於畢。示不敢臣也。事見《尚書大傳》，而與古文《尚書》不同。①

《尚書大傳》由伏生所撰，可知《論衡》"儒者説之"的"疑葬説"代表的是今文家説法，"信讒説"和"奔楚説"代表的是古文家説法。今文家主張"天大雷雨以風"乃是周公死後，成王狐疑於以天子之禮還是人臣之禮葬周公；古文家則主張成王因聽信管蔡的流言而誤會周公，周公被迫奔走楚地。

此外，《漢書·儒林傳》言司馬遷曾從孔安國學習，《史記》徵用《金縢》等五篇"多古文説"：

> 孔氏有古文《尚書》，孔安國以今文字讀之，因以起其家逸《書》，得十餘篇，蓋《尚書》玆多於是矣。遭巫蠱，未立於學官。安國爲諫大夫，授都尉朝，而司馬遷亦從安國問故。遷書載《堯典》《禹貢》《洪範》《微子》《金縢》諸篇，多古文説。②

清華簡《金縢》篇刊布以來，學界圍繞今古文《尚書》學一些觀點的來源展開了分析，或分析《金縢》今古文經説的成立與否，或分析這些今古文經説在秦漢以前的來源，或據簡本窺測漢代今古文的經説和用字。

今文篇末的"王出郊"的"郊"，今文家一般認爲指"郊祭"。③馬楠注意到簡本篇末"王乃出逆公至郊"與今本"王出郊"對應，"王乃出逆公至郊"説明"王出郊"之"郊"只是郊野，而非"郊祭"。

---

① 班固撰，顔師古注：《漢書》卷八八，中華書局，1962年，第3605—3606頁。
② 班固撰，顔師古注：《漢書》卷八八，第3607頁。
③ 皮錫瑞：《今文尚書考證》，第303頁。

《魯世家》"王出郊"下文"於是成王乃命魯得郊祭文王",以爲"出郊"指"郊祭"。"魯郊之説"實際是戰國秦漢之際對《禮記·明堂位》"是以魯君孟春乘大路,載弧韣,旗十有二旒,日月之章,祀帝于郊,配以后稷,天子之禮也"一句的誤解。《明堂位》這裏的"郊祭"指的是《左傳》襄公七年"啓蟄而郊,郊而後耕"的祈農之祭,而非《禮記·郊特牲》所言的冬至天子郊天之"郊祭"。鄭玄《駁五經異義》已經有詳細辨析。簡本"王乃出逆公至郊"再次證明"王出郊"之"郊"只是郊野,與"郊祭"無涉。①

楊振紅結合簡本《金縢》提供的信息,評判了該篇的今古文經説成立與否,也推論出漢代《尚書》古文説淵源有自。首先是,簡本篇末"是歲也"表明"周公乃遺王詩"與"天疾風以雷"以及成王啓金縢三事發生在同一年。當時周公顯然未死,"天疾風以雷"不可能是因爲成王"狐疑於葬周公",因而今文家"疑葬説"不成立。管叔等流言後,周公宅東三年,直至出現"天疾風以雷"的災異,成王才出迎公至郊。周公顯然是因爲成王相信了管叔等流言,才被迫"宅東"。清華簡的年代爲公元前305±30年,爲戰國中晚期之際,古文家"信讒説"至晚可追溯至戰國中晚期的《金縢》本。

其次是成王卽位年齡問題,今文家主張"繈褓説",古文家主張"七歲説""十歲説"和"十三歲説"。簡本説武王死時,"成王猶幼在位",成王可以"信讒",周公送《雕鴞》詩給成王,"王亦未逆公",以及成王啓金縢後,出郊迎回周公,表明成王卽位時心智已相當成熟。"繈褓説""七歲説"難以成立,但"十歲説"和"十三歲説"也難以確定孰是孰非。

再次,周公"居東"究竟是"東征"還是"避居"?《史記·魯周公世家》和《蒙恬列傳》載有周公"奔楚"事,説明這一説法在秦漢

① 馬楠:《〈金縢〉篇末析疑》,第65頁。

時較爲流行，當有所據。今文家將“居東”理解爲東征，古文家則認爲是“避居”。由於成王聽信流言，周公被迫“宅東三年”。在“禍人乃斯得”、周公作詩《鴟鴞》送給成王後，成王仍未迎回周公，説明成王尚未原諒周公。直至天以“疾風以雷”警示成王，成王啓金縢，瞭解了周公的爲人後，才迎回周公。試想這種情況下，周公如何進行東征呢？因而，在“信讒説”下，“東征説”從邏輯上無法成立。此外，《墨子》《尸子》等書的相關記載也表明孔墨時代的流行説法是，管叔流言後，周公辭相位，避居於商奄，這也佐證了古文家的“避居説”。

總體而論，漢代《尚書》古文説淵源有自，至遲在戰國中晚期或更早已經出現，相對於秦漢時期通行的今文説，它不僅出現的時間早，而且應當更接近原初的《尚書》本。①

劉光勝認爲簡本 14 篇題當爲另一種序言，這 14 字有助解決《金縢》的今古文經學紛爭。首先是《尚書大傳》把雷雨示警之事定在周公去世後，今本《金縢序》却説“周公作《金縢》”，如果周公已去世，他如何能完成《金縢》的寫作呢？其次，《尚書·金縢》説“昔公勤勞王家”，又説“今天動威以彰周公之德”，明明是史官的口吻，爲何《金縢序》却説“周公作《金縢》”？再次，《論衡·感類》篇説：“古文家以武王崩，周公居攝，管、蔡流言，王意狐疑周公，周公奔楚，故天雷雨以悟成王。”《史記·魯周公世家》説：“及七年後，還政成王。”周公攝政七年後，才還政於成王，此説不能解釋的是周公東征時，成王處於“繈褓之中”，如何能讓周公“奔楚”，又親迎他回朝呢？面對以上幾種説法的解釋難題，學者便以今本《金縢序》爲僞作來作解。清華簡《金縢》所言“周公居東

① 楊振紅：《從清華簡〈金縢〉看〈尚書〉的傳流及周公歷史記載的演變》，第48—57 頁。

三年”與《毛詩序》云“周公東征，三年而歸”相合，如李學勤先生所言這證明“居東”確爲周公東征。《尚書·金縢》成王說“惟朕小子其新逆，我國家禮亦宜之”。成王看見“金縢”時，周公東征未歸，因此“新逆”是指成王出郊，親自迎接周公，而不是改葬周公，那麽《尚書大傳》把雷雨示警之事定在周公去世後是錯誤的。清華簡《金縢序》説“周武王有疾周公所自以代王之志”，也未説周公自作《金縢》，以上兩種説法的矛盾涣然冰釋。①

黄人二《清華簡〈周武王有疾周公所自代王之志〉通釋》一文特設“今古文經學之探討——兼論簡文爲古文《尚書》經學家之本或改編本”一節，認爲今古文問題早在戰國時代已出現，今古文經學背景下，“居東二年”，“居東”即“東征”，爲今文家説；“宅東三年”，“宅東”即“奔楚”，爲古文家説。今文家的經説（主要是在討論周公亡故之後，葬於宗周或成周的問題，即“王狐疑於葬周公”），在戰國簡文中已經出現。簡本既云“昔周公勤勞王家”“余沖人其親迎公，我邦家禮亦宜之”表明周公已死，又云“王乃出，逆公，至郊”，於理不通。可見簡本本爲今文家説，但爲古文學家改動過，可視爲古文學家“改編自今文的改編本”。②

鄭玄注《尚書》，一般認爲所用是古文本。而且，前人一般認爲鄭注兼采今古文，班固雖説司馬遷引《尚書》五篇多古文，但段玉裁等人却主張司馬遷所録皆今文。李晶認爲單憑傳世文獻，難以辨别鄭注哪些屬於今文經説、哪些屬於古文經説，也難以判斷司馬遷偏重古文還是今文，而清華簡《金縢》篇是戰國中晚期的古文本，“稱得上真正的古文本”，通過文本對讀可以推斷《尚書》鄭玄所用本的用字，以及鄭注和《史記》中《尚書》經説的具體

---

① 劉光勝：《清華簡與先秦〈書〉經傳流》，第80—81頁。

② 黄人二：《〈周武王有疾周公所自以代王之志〉通釋》，第7—22頁。按，此文對“我邦家禮亦宜之”理解有誤，此時周公未死，參見“校釋”第44條。

情况。她認爲鄭氏經説主要采用了古文,如今本"未可以戚我先王",簡本作"未可以慼吾先王",《魯世家》集解引鄭注"未可以憂怖我先王",僞孔傳則訓爲"近"。據《説文》,"慼"作"慽","憂"也。因此,鄭注爲長,合乎古文。又如《金縢》正義引鄭注"武王崩,周公爲塚宰。三年服終,將欲攝政,管、蔡流言,卽避居東都",鄭注係采用古文家的"信讒"説。同時,亦可確知《魯周公世家》述《金縢》兼采今古文經説。《魯周公世家》司馬遷以"王出郊"爲成王舉行郊祭,而竹書本《金縢》明言"王乃出逆公至郊"是成王外出到郊野以迎接周公,這是《史記》用今文説的證據。又如,周公禱辭中對武王的稱呼,竹簡本和《魯世家》皆作"惟爾元孫發",與今傳本的"惟爾元孫某"不同。據周厲王㝬簋等銅器銘文,西周諸王在禱於先王時徑稱己名是當時的習慣,戰國卜筮祭禱簡也顯示時人祈禱時須對神靈報出己名。因而《魯世家》之"元孫發"可以看作是《史記》用古文説的新證據。①

趙培依據清人皮錫瑞和陳壽祺等人區分的《金縢》今古文用字,對比了簡文、今文和古文的十幾處差異(見下表),認爲十三例中除第四和第十三例簡文同今古文皆不同外,一條近於今文,餘者有十條近於古文,這十條所用字形雖異,但或爲通假,或是用字習慣的差異。用字習慣的差異的例子,如表示"事功",秦文字多用"功""紅",楚文字用"社""攻"等字。再如,秦文字用"説"表示"悦",楚文字用"敓""兑"。由此,他主張簡本與漢古文本的戰國文本之間已經具有區域性的差别。今傳古文用字中的秦文字特徵反映此本出自孔壁,或爲伏所藏秦古文官本;而今文本所涉諸字,多爲經訓、經説字,映射出其文本之流傳痕迹及對師説

① 李晶:《據清華簡談〈尚書·金縢〉之鄭注——兼論〈史記〉述〈金縢〉的今古文問題》,第40頁。

之依重。趙文還以熹平石經所見西漢今文家歐陽本殘字對照簡本，發現例如清華簡之"鄗"，石經作"郊"，已改楚文字習慣用字爲秦文字，或可説明今文所本爲伏生所藏之秦官本。概言之，簡本爲《金縢》篇在戰國時期之一種存在形態，而兩漢古文本，雖出自齊魯，但似已頗受秦官本影響。①

表 4　今古文與簡文比較表②

	今　文	古　文	簡　文
1	開	啓	攼
2	質	功	社
3	死	所	所
4	噫	懿	殹
5	執事　　執士	執事	執事
6	繆	穆	穆
7	幼	沖	沓
8	迎	親迎	親迎
9	疑葬説	信讒説	信讒説
10	國	邦	邦
11	郊祭説　　觀變説	出郊迎周公説	出郊迎周公
12	築大木	拾	笁(筑)大木
13	天止雨　天乃霽　天霽雨	天乃雨	無"乃雨"二字

① 趙培：《〈金縢〉篇的文本層次及〈尚書〉研究相關問題》，第 118—120 頁。
② 趙培論文原表。

按，簡本《金縢》的問世，確實如馬楠和楊振紅等學者研究的，使一些今古文經學争議得以消彌，如簡本“王乃出逆公至郊”證明“王出郊”之“郊”只是郊野，今文經學家“郊祭”的説法難以成立。又如，“是歲也”表明“周公乃遺王詩”與“天疾風以雷”以及成王啓金縢三事發生在同一年，周公此時未死，今文家“疑葬説”不成立。周公因爲成王誤信流言，被迫“蹠東”，説明至晚在清華簡所處的戰國中期已經存在與古文家“信讒説”類似的説法。《墨子》《尸子》等書記載周公避居於商奄，説明古文家的“避居説”在戰國中期也有相似傳説。前人評價今古文經學，多主張今文經學善於發揮微言大義，古文經學注重訓詁和史學的考證。以簡本《金縢》爲參照，古文經學的“信讒説”（包括與之相應的“避居説”）確實優於今文經學的“疑葬説”。

其次，清華簡雖是戰國中期的古文字寫本，但是“戰國古文字”與漢人所謂“古文”是絶然不同的概念，更不能直接將簡本《金縢》視作“古文本”。現代學者中，王國維較早注意區分漢代“古文”一詞的不同含義。《觀堂集林》所收《〈史記〉所謂古文説》認爲《史記》中古文皆指“先秦寫本舊書”。[①]《〈漢書〉所謂古文説》主張西漢末以後，所謂“古文”已經專指“孔壁中書”。《漢書》中古文或指“學派”，如《藝文志》所載經籍冠以“古文”二字，《地理志》“某地古文以爲某地”；或指“文字”，如《郊祀志》言“張敞好古文字”。[②] 陳夢家《古文考略》將漢代所謂古文至少劃分爲三類：第一類指“書同文”之前的文字，與今文相對，第二類是漢代相傳孔壁和民間所出的先秦經傳，第三類指古文學派。[③] 兩位學者對《史記》和《漢書》中古文的不同所指已經有比較清晰的辨

---

① 王國維：《觀堂集林》，中華書局，1959 年，第 309 頁。
② 王國維：《觀堂集林》，第 312—313 頁。
③ 陳夢家：《尚書通論》，第 170—171 頁。

析，大體分“字體”“先秦舊籍”和“學派”。

第一類字體意義上的“古文”，現代學者藉助大量出土文獻爲對比的對象，研究逐漸表明，漢人所謂“古文”的主體是戰國文字，但是其中也有不少秦漢文字的痕迹。[①] 第二類，“先秦舊籍”意義上的“古文”一般稱作“古文本”，但“古文本”往往不是純粹的戰國古文字寫本。張富海曾指出，“《儀禮》古文、《周禮》故書中有與秦漢文字相合的部分，如‘早’作‘蚤’、‘資’作‘齎’、‘既’作‘曁’、‘朋’作‘倗’。這可以證明，鄭注所謂古文和故書都並非指古文字形，而是指一種版本，這種版本的祖本當然是用古文抄寫的，但早已被轉寫爲隸書。轉寫時，會保留古文的一些字形結構或用字特點，也會摻入當時的寫法”。[②] 范常喜更是認爲“鄭玄注《儀禮》時所據古文本中摻入的漢時用字相當多，保留的戰國時古文用字則比較少”。[③] 鄭注所據古文本《尚書》的情形當與此接近，摻入的漢時用字比例不小，與簡本的用字差異想必是不會太小的。第三類，“學派”意義上的“古文”或者“古文”經説指的是古文經學派的觀點。

一方面，如張富海所言，漢時古文本的用字可能會保留古文的一些字形結構或用字特點，但也會摻入當時的寫法。據此，趙培由今傳古文用字[④]中保留的“功”等秦文字特徵推論此本或爲伏生所藏秦古文官本的説法就難以證實了，“自以爲功”的“功”可能是戰國時代秦文字用字面貌的真實反映，也可能是漢人轉

---

① 張富海：《漢人所謂古文之研究》，綫裝書局，2007年，第331頁。

② 張富海：《漢人所謂古文之研究》，第330頁。

③ 范常喜：《鄭玄注“古文”新證》，中山大學博士學位論文，2007年，第114頁。

④ 按，今傳古文用字多是清人的推理，是否爲漢人古文本用字真實面貌，也有待研究。

寫之後的用字面貌，難以判斷二者孰是。[①]

另一方面，古文學派立説的根據可能是據漢隸轉寫而成的古文本，也可能有其他古書未明確記載的來源。簡本不等同於漢時古文本，不能據簡本判定《史記》和鄭玄本某説屬古文經學還是今文經説。前述李晶因《魯世家》之"元孫發"和簡本"元孫發"相同，又結合當時祈禱時自稱習慣，判定此處是《史記》用古文説的新證據。就方法論而言，這種推斷古文經説的方法是不適當的，此處充其量説明司馬遷的説法與戰國簡本相通。傳世文獻並没有關於"爾元孫發"屬於古文説的證據，孫星衍認爲可視作古文，皮錫瑞持否定意見。[②]《魯世家》之"元孫發"和簡本"元孫發"相同，可能是司馬遷熟悉西周古制，將"某"改爲"發"，也可能是他所據的本子本身寫作"發"，合乎西周古制。

司馬遷引述《尚書》，實質做法是兼采今古文，清代學者陳壽祺曾明言："遷非經生，而好鈞奇，故雜臚古今，不肯專守一家。"[③]班固所謂"遷書載《堯典》《禹貢》《洪範》《微子》《金縢》諸篇多古文説"，並非指其中"古文説"數量之多。馬楠曾列舉這五篇的今古文《書》説之異，對比《史記》對《尚書》的引述，發現《史記》述《尚書》係古文説、或與今文説小異者，《堯典》一則、《禹貢》二則、《洪範》三則、《微子》一則、《金縢》一則，班固所謂"多古文

---

① 按，趙文對簡本與漢古文本的戰國文本之間已經具有區域性差别的論證也有問題，其根據是表示"事功"，秦文字多用"功""紅"，楚文字用"衽""攻"等字，而秦文字用"説"表示"悦"，楚文字用"敚""兑"。但《金縢》文中的"功""衽"表示的是"貢"這個詞，而非"事功"這個詞；"説"和"敚"表示的也不是"悦"這個詞。要證明簡本與漢古文本背後戰國文本之間地域性用字差異，自然是圍繞《金縢》内部的詞的用字，而非"事功"和"悦"這種不相干的詞。相關訓釋參見本書"校釋"部分第17條。

② 皮錫瑞：《今文尚書考證》，第291—292頁。

③ 陳壽祺：《左海經辨》，《陳壽祺全集》第6册，廣陵書社，2017年，第60頁。

説”的實質是：

> 《史記》載《尚書》本伏生以來今文説，自不待言；因孔安國起其家逸書，史遷從而問故，於是《堯典》以下五篇兼采古文説，是其古文説較時人爲多。采摭數條即可稱“多古文説”，而篇次大義、文句釋義同伏生、歐陽説則不言而喻，班書舉其難明，省其易曉。①

具體到《金縢》，今古文經説之異見於前引《論衡・類感》，馬楠指出《魯世家》言“成王有疾病，周公爲禱。及成王用事，人或譖周公，周公奔楚。成王發府，見周公禱書，乃泣，反周公”，此處當爲司馬遷引《金縢》用到的唯一一則“古文説”。

就目前文獻中所見《尚書》今古文異説，馬楠的分析當是成立的。簡本的出現，説明了《金縢》篇現有的古文經説淵源有自，有其合理性，並不能給我們提供更多《金縢》篇的古文經説證據。

四、從《金縢》看《尚書》的成書和流傳

（一）學界研究成果概述

李鋭仔細對比簡本和今本，反思前人所舉的今本《金縢》晚出的證據，認爲簡本和今本雖屬不同流傳系統，二者在流傳過程中皆有改動，但却有共同源頭，而且其源頭有可能在西周中晚期産生。②

---

① 馬楠：《“遷書載堯典禹貢洪範微子金縢諸篇多古文説”考》，《儒教文化研究》第19輯，成均館大學校出版部，2013年。

② 李鋭：《〈金縢〉初探》，第121頁。

楊振紅也認爲簡本與今本同源異流，最初都來源於一個相同的祖本，後來在流傳的過程中逐漸産生差異。結合清華簡，她對《尚書》的形成過程作推測：春秋戰國時期保存了很多前代遺留下來的典策，或稱“書”，或稱“志”，或稱“言”，或稱“告”。《周武王有疾周公所自以代王之志》即是當時流行的一種志。這些書、志、言、告是後代編纂《尚書》的來源素材。孔子所處的春秋時代末期，《書》《志》等僅僅作爲前代的歷史典籍而存在，尚未取得《詩》《禮》《樂》那樣的經典地位。孔子没有删訂過《尚書》，也没有作《書序》。孔子之後，或者爲了方便，或者出於一種理想和目的，這些《書》《志》等開始按照時代和國别被分類，冠以夏、商、周、晉、魯等書名，並給每篇冠以篇名。從《周武王有疾周公所自以代王之志》到《金縢》篇名的變化，正是這一過程的個案反映。在孟子（前372—前289）生活的時代，《書》尚未形成今本《尚書》的樣子，其地位仍不高。至荀子（約前313—前238）時代，《書》的地位已經與《詩》《禮》《樂》等齊，表明其當時可能已經完成了經典化的過程，《尚書》和《書序》可能已經成書。①

謝科峰不同意孔子没有删訂過《尚書》，也没有作《書序》的説法，他主張雖然從孔子生活的時代到清華簡的時代有大約二百年，對古書流傳來説時間已較長，但孔子此時並没有取得政治權威的支持，在知識權威上也没有達到漢代那樣尊崇的地位，如果他整理了《書》並作了《書序》，依當時的流傳條件，他的成果並没有成爲大家所奉行的“定本”是很正常的。②

① 楊振紅：《從清華簡〈金縢〉看〈尚書〉的傳流及周公歷史記載的演變》，第60—61頁。

② 謝科峰：《清華簡〈金縢〉研究三題》，《湖南人文科技學院學報》2019年第1期，第81頁。

禄書果認爲清華簡"書"類文獻有三種文本組合形態,一種以《尹至》《尹誥》《赤鵠之集屋之湯》爲代表,"以類相合";一種以《傅説之命》三篇爲代表,"以人聚合";一種以《金縢》爲代表,"以事綴合"。所謂"以事綴合"的綴合型是將若干篇具有相關人物、相關事件或相關情節的獨立文本根據特定主題重新拼接綴合,形成一篇前後呼應、内容貫通、叙事完整、主題突出的新文本。《金縢》是三篇不同時代"書"類文獻的組合拼接。第一篇從開頭到"勿敢言",爲武王時史官所記《志》。第二篇從"就後武王陟"到"王亦未逆公",爲成王時史官所記。最後一部分可命名爲《成王啓金縢》,爲成王時史官所記,屬於"史書"。周公是儒家推崇的聖賢楷模,孔子曾多次表達對周公的敬仰,所以很可能正是由儒家學者對《周書》或《周志》的文獻材料加以擇取編輯,才最終形成了清華簡《金縢》及《尚書·金縢》的文本面貌。①

(二)由《金縢》看《尚書》的成書

《尚書》諸篇最初的編纂,即爲《尚書》成書史的起始。近年來,有多位學者推測西周中晚期是"書"類文獻開始編纂的第一個高峰。葛志毅認爲,隨着西周厲、宣之際記事史官的設立,上探前代而纂《書》輯《詩》的工作開始展開。② 周人帶着以史爲鑒的歷史意識,以原始的詔令、册命等文件爲基礎開始編纂《尚書》篇章:

> 《周官》所載的約劑制度在名稱上雖采取了契約的形式,但實質上它乃是西周的制度體制,是有關政治、經濟、民

---

① 禄書果:《清華簡〈書〉類文獻文本組合的三種形態》,第130頁。

② 葛志毅:《中國古代的記事史官與早期史籍》,《譚史齋論稿四編》,黑龍江人民出版社,2008年,第85—90頁。

> 事、宗教、禮俗等的各種制度規定。策命命書則主要是受封貴族所得地位與權力的法律證明文件。但約劑與命書二者同出於史官之手，同鑄於禮器之上，又同是用於統治管理的詔令文件。所有這些，是二者同於《尚書》篇章的原始體例之處。但每一件命書的制定，在當時都與一個具體的法權關係相聯繫。當把這些命書文件同原來的法權關係脱離開來，它們已被抽象爲一篇篇的歷史記載資料。當把它們再編纂爲《尚書》的時候，則以匯編的整體共同表現爲一種以史爲鑒的歷史意識。因而可以認爲，《尚書》實以萌芽狀態的歷史編纂學成果，使其篇章與原始狀態的詔令文件形式區别開來。既然《尚書》篇章與約劑命書之間原本存在着如此密切的聯繫，那麽，根據青銅器銘文這種約劑文書大盛於西周中晚期來推測，《尚書》的編纂很可能始於厲、宣之世的前後。①

李山認爲《尚書》中的大部分《商書》和《周書》經歷了"從檔案文件變爲經典篇章"的過程，甚至推測最初的整理時間是西周中期。② 張懷通也主張西周中後期的稽古思潮下，形成了一些《尚書》篇章。③

簡本《金縢》刊布後，不少學者主張簡本和今本是同源異流的關係，那麽簡本和今本共同的祖本最初編撰成文於何時？判斷古代文本的年代最爲可靠的方法是藉助"同時資料"顯示的時代性語言規律。今天所見的西周文獻終究有限，雖然不能排除

---

① 葛志毅：《試據〈尚書〉體例論其編纂成書問題》，《學習與探索》1998 年第 2 期；收入葛志毅：《譚史齋論稿續編》，黑龍江人民出版社，2004 年，第 53 頁。

② 李山：《〈尚書〉"商周書"的編纂年代》，《西北師範大學學報（社會科學版）》2011 年第 6 期，第 1—4 頁。

③ 張懷通：《〈尚書〉新研》，中華書局，2021 年，第 300 頁。

《金縢》祖本形成於西周晚期的可能性,但是,從前文對簡本和今本實詞、虚詞和語法的整體分析來看,篇中東周時代用法較爲佔優。加之《金縢》文本撰作目的是塑造周公勠力佐相天子的輔臣形象,契合於春秋至戰國早期尊崇周公的思潮。而且,《金縢》《堯典》等少數幾篇與其他篇《尚書》明顯不同,記叙部分比重遠超記言部分,《金縢》雖有"書"類文獻的特徵,也可算是一篇接近"語"類文獻的史書。"語"類文獻興盛於春秋戰國時期,《金縢》自然更爲可能是這一時期的作品。

"古史辨"運動以來,《堯典》成篇於戰國時代已經成爲學界共識。篇中雖不乏早期素材和語言的存餘,①但整體的編撰成篇當在戰國時期。李零曾指出一些早期古書或是脱胎於文書檔案,或是"收集故老傳聞改編",或是"後人擬作"。②《堯典》可算是一篇有一定古老素材作基礎的戰國"擬作"。綜合起來,我們認爲春秋戰國時期是"書"類文獻編纂的第二個高峰時期。《多士》《多方》《大誥》《康誥》《酒誥》《梓材》《君奭》《無逸》《立政》《洛誥》《召誥》等較爲典型的"書"類文獻成文於西周晚期這首個高峰時期,而《金縢》《堯典》等與之結構體式差異較大的幾篇成文於第二個高峰時期。

清華簡其他"書"類文獻也基本都是這兩個高峰期的産物,甚至有個别是在西周晚期初次編纂基礎上,經過春秋戰國時期的第二次再加工,典型的如《説命》上篇的對貞卜辭和"我其已"句式合乎甲骨卜辭的習慣,"生二戊豕"源自商代習俗,但篇中對

① 余靄芹:《〈尚書〉的定中結構》,《中國語文研究》(香港)2003 年第 1 期,第 6 頁。

② 李零:《簡帛古書與學術源流(修訂本)》,第 54 頁。張懷通對後人的改編有初步研究,參見張懷通:《〈逸周書〉新研》,中華書局,2013 年,第 35—36、387—391 頁。

傅説以布衣爲相的强調則可能是戰國士人爲鼓吹士人階層的進階而建構出來的説法,説明整篇既有前代文獻的背景又有東周整合編撰的痕迹。① 中篇主體部分有反映西周金文用詞和思想的"啓乃心"等説法,其間也有較多東周時代的語言特徵。② 下篇與中篇類似,主體部分雖有"經德配天""柔遠能邇"等西周語言和思想的體現,其間也有東周時代編撰的痕迹。③

比較起來,在第一個高峰期,西周史官主要承擔着編纂的角色;而春秋以後,"士"階層興起,大力促進着社會文化的發展,他們在第二個高峰期承擔起"書"類文獻編纂的角色。在第二個高峰期,不單單是舊篇的改造、新篇的編纂,也有多篇的編選。

學術史上有"孔子删書"説,亦有"孔子編書"説和"孔子選書"説,三説没有本質差異,④實質是主張孔子曾經編選删定"書"類文獻。傳世文獻中有幾種影響較大的説法,《史記·孔子世家》言:"孔子之時,周室微而禮樂廢,詩書缺。追迹三代之禮,序書傳,上紀唐虞之際,下至秦繆,編次其事。"《漢書·藝文志》在叙述《尚書》的成書史時亦説"至孔子纂焉,上斷於堯,下訖於

---

① 李學勤:《論清華簡〈説命〉中的卜辭》,《華夏文化論壇》2012 年第 2 期;羅琨:《〈説命〉"生二牡豕"解》,《出土文獻》第 6 輯,中西書局,2015 年;沈建華:《清華楚簡〈説命〉與有關卜辭史蹟》,《出土文獻與中國古代文明:李學勤先生八十壽誕紀年論文集》,中西書局,2016 年,第 29—34 頁;甘嵐、閆志:《傅説傳説與戰國"選賢"思想》,《中州學刊》2014 年第 11 期;曹定雲:《清華簡〈説命上〉"二戊豕"解——兼論〈説命〉的真實性與傳抄時代》,《中原文化研究》2019 年第 2 期。

② 曹娜:《清華簡所見"書"類文獻研究——基於〈尹至〉〈尹誥〉〈金縢〉〈説命〉的考察》,北京師範大學博士學位論文,2018 年,第 190 頁。

③ 曹娜:《清華簡所見"書"類文獻研究——基於〈尹至〉〈尹誥〉〈金縢〉〈説命〉的考察》,第 197—199 頁。

④ 有學者主張將"選書"和"删書"截然分開,甚至認爲"删書"説的前提是舊已有編本,參見程元敏:《尚書學史》,第 48—62 頁。

秦,凡百篇”。① 近年的出土文獻中,也有類似説法。郭店簡《性自命出》及同篇的上博簡《性情論》在論及“詩”“書”“禮”“樂”時説:“聖人比其類而論會之,觀其先後而逆順之,體其義而節文之,理其情而出入之,然後復以教。”②這説明,最遲在戰國時代,已經有孔子編訂“書”類文獻的説法。

之所以出現“孔子删書”(或“選書”“編書”)説,可能與當時的“作者觀”有關。學者曾分析早期兩種“作者觀”,一是“神聖性作者觀”,一是“所有權作者觀”。後者流行於韓非子和荀子以後的時代,接近於現代的作者觀。前者是先秦的主流觀念,漢代仍有影響。“神聖性作者觀”認爲所有權是開放的,任何人可以參與作品的創作,但又視參與作品爲神聖性的活動,任何人不敢壟斷創作者之名,作者被視爲神聖的。③ 孔子本人不敢自居爲聖人,但是孔門後學及儒家均視其爲聖人,視之爲重要經典的作者。在《孟子・滕文公下》篇中孟子回應公都子“夫子好辯”的疑問時,給出的説法是“予豈好辯哉? 予不得已也。……世衰道微,邪説暴行有作……孔子懼,作《春秋》”。這卽是儒門後學對孔子的神聖化。④ 這種“作者觀”也影響至古書的編選删定問題,後學自然就把孔子視作這位神聖的編選删定者。前述《性自命出》和《漢書・藝文志》的説法體現的就是這種觀念。

---

① 孔子是否删訂《尚書》,古今學術史上多有争議,詳細梳理參見顧頡剛:《論孔子删述〈六經〉説及戰國著作僞書》,顧頡剛主編:《古史辨》第1册;錢玄同:《答顧頡剛先生書》,顧頡剛主編:《古史辨》第1册。

② 此處采用學界較有共識的寬式釋文,原圖版及釋文參見荆門市博物館編:《郭店楚墓竹簡》,文物出版社,1998年,第62、179頁;馬承源主編:《上海博物館藏戰國楚竹書(一)》,上海古籍出版社,2001年,第78—80、230—234頁。

③ 龔鵬程:《漢代思潮》第四章《文人傳統之形成》,商務印書館,2005年,第55—94頁。

④ 程蘇東:《也談戰國秦漢時期“作者”問題的出現》,《文藝評論》2017年第8期,第7頁。

從“神聖性作者觀”的角度來理解，所謂“孔子刪書”指的應當是：在春秋戰國時期這一“書”類文獻編纂的第二個高峰時期，儒門依照一定標準編選了若干篇“書”類文獻作爲孔門《書》教的教本。如果祛除“神聖性作者觀”，究竟是孔子抑或儒門哪些人做出了編選的工作，顯得無足輕重，像前文一樣分析《金縢》等“書”類文獻編選的標準和目的才更爲重要。

（三）由《金縢》看《尚書》的流傳

春秋戰國是文化昌盛的時代，簡本與今本《金縢》共同的祖本成文後迅速傳播開來。簡本作爲楚文字色彩鮮明的一篇寫本文獻，説明《金縢》可能最晚在清華簡下葬之前的戰國早期已經在楚地流傳。藉助簡本，至少能從楚人對《金縢》的接受得出許多認識，特别是地域色彩的改動和選編。

第一，《金縢》的祖本流入楚地之後，在語言文字和内容上都經過改造。[①] 如周鳳五先前在研究郭店簡時指出的，楚國“這樣一個南方的大國，自國外引進學術思想，在外來典籍傳抄過程中，勢必經歷‘馴化’的階段”。[②] 衡量外地傳入楚地的“馴化”的程度，至少可以從楚文字特有的字形結構和常用詞的用字習慣進行觀察。例如，簡本“秉璧旹珪”的“旹”从“首”“之”聲，楚文字中从“之”聲、以“首”或“頁”爲意符的字大多用作“戴”，可看作

---

① 究竟哪些語言文字背後的内容屬於楚人的改造，缺乏明確的判斷標準，難有充足的證據，此處不做過多討論。朱鳳瀚認爲占卜的内容，或許是在楚地流傳之初，占卜行爲不爲楚人信奉而被删去；劉國忠推測楚人可能爲了將周王和楚王類同的謚號區分開來，所以在簡本成王和文王前加上了“周”字。二説皆有可能，參見劉國忠：《試析清華簡〈金縢〉篇名中的稱謂問題》、朱鳳瀚：《讀清華簡〈金縢〉兼論相關問題》。

② 周鳳五：《楚簡文字的書法史意義》，收入周鳳五：《朋齋學術文集：戰國竹書卷》，臺大出版中心，2016 年，第 39 頁。

“戴”的異體。[1] 又如簡本“以奠爾子孫于下地”的“地”寫作“埅”,這種字形結構是典型的楚文字“地”字寫法。[2] 再如,楚文字“迈”字較早已見於九店簡和包山簡等處,李家浩指出在睡虎地秦簡《日書》甲種相應文字作“遮”,“遮”有“適”“至”義。[3] 表“適”“至”義的“遮”,古書中也寫作“蹠”。楚簡中的“迈”用作“遮”或“蹠”。簡本“周公石東三年”的“石”也用作“蹠”,符合楚文字用字習慣。此外,沈培曾指出簡本“就後”的“就”表時間的用法可能是楚方言的特色,這也是《金縢》在楚地經歷了語言上“在地化”的證據。[4] 因此,簡本《金縢》楚文字色彩較爲明顯,説明從北方傳入楚地之後“馴化”的程度較高。

第二,結合清華簡“書”類文獻做整體思考,楚地或者至少墓主人對文獻是有一定選擇標準的。近年來,出土文獻研究中,開始注意隨葬簡用途與功能的研究。如日本學者鈴木直美指出:“隨葬簡牘不是一件獨立的‘文獻’,而是整個墓葬的一部分。”她以馬王堆三號墓爲例,研究了隨葬簡牘的形狀、書式和出土位置,分析了背後的各種意圖。[5] 籾山明針對隨葬的典籍類文獻的功能,援引《後漢書・周盤傳》的如下記載:

> 建光元年,年七十三,歲朝會集諸生,講論終日,因令其二子曰:“吾日者夢見先師東里先生,與我講於陰堂之奥。”

---

① 沈培:《試釋戰國時代从“之”从“首(或从‘頁’)”之字》,2007 中國簡帛學國際論壇,臺灣大學,2007 年;周忠兵:《説古文字的“戴”字及相關問題》,《出土文獻與古文字研究》第 5 輯,上海古籍出版社,2013 年。

② 何家興:《戰國文字分域研究》,安徽大學博士學位論文,2010 年,第 1641 頁。

③ 湖北文物考古研究所、北京大學中文系編:《九店楚簡》,第 89—90 頁。

④ 沈培:《從清華簡和上博簡看“就”字的早期用法》,第 210—211 頁。

⑤ 鈴木直美:《馬王堆三號墓出土簡にみる遣策作成過程と目的》,籾山明、佐藤信主編:《文獻と遺物の境界:中國出土簡牘史料の生態的研究》,六一書房,2011 年,第 185 頁。

既而長嘆："豈吾齒之盡乎！若命終之日，桐棺足以周身，外槨足以周棺，斂形懸封，濯衣幅巾。編二尺四寸簡，寫《堯典》一篇，並刀筆各一，以置棺前，云不忘聖道。"

以此説明墓主人或家人在選擇隨葬典籍時可能存在特殊的考量。①

具體到清華簡，裘錫圭先生曾指出：

清華簡的主人，顯然並未受到儒家《詩》《書》選本的影響。他所蒐集的《詩》篇、《書》篇，絶大部分不見於儒家選本；即使是見於儒家選本的，其篇名也不相同，其文本也全都明顯有異。②

李學勤先生更早也曾指出，初步觀察清華簡都是典籍簡，没有文書和遣策。隨葬的書籍總是與墓主的身份和愛好有一定關係，他推測清華簡的主人也許是歷史學家。③ 清華簡的主人爲什麽選擇了這些文獻進行類聚，這些文獻之間有何關聯性，都是值得思考和回答的問題。

清華簡《赤鵠之集湯之屋》一般被認爲有濃厚的巫術色彩，可能與楚人好信巫鬼有關，④以至於許多學者將其排除在"書"類文獻之外。但是，從竹簡形制和内容相關度來看，《赤鵠之集湯之屋》和明顯屬於"書"類文獻的《尹至》《尹誥》是首尾連貫的

---

① 游逸飛、籾山明：《在簡牘學、古文書學、法制史與秦漢史之間》，《文匯報·文匯學人》2017 年 2 月 3 日。

② 裘錫圭：《出土文獻與古典學重建》，《光明日報》2013 年 11 月 4 日；又載《出土文獻》第 4 輯，中西書局，2013 年。

③ 李學勤：《初識清華簡》，《光明日報》2008 年 12 月 1 日；收入李學勤：《初識清華簡》，中西書局，2013 年，第 3 頁。

④ 李學勤：《新整理清華簡六種概述》，《文物》2012 年第 8 期，第 69 頁。

三篇。[①] 劉光勝認爲該篇也當屬於"書"類文獻，只是不屬於儒家編選的"書"類文獻系統，其中的巫鬼和神話色彩見於多篇清華簡"書"類文獻，如《傅説之命》甲篇的"失仲是生子，生二牡豕"，又如《金縢》中周公的疾病轉移巫術。[②]

上述觀點是可以成立的。《金縢》篇還有一處帶神話色彩的叙述，那就是周公遺王詩《鴟鴞》之後，成王未逆公，結果導致"秋大熟，未穫""天疾風以雷，禾斯偃，大木斯拔"；當成王開啓金縢之書，明白周公苦心之後，親迎周公，結果是"是夕，天反風，禾斯起"和"歲大有年，秋則大穫"。不止簡本，今本《金縢》也帶有這種早期"天人感應"色彩的叙述。

概言之，雖然不是篇篇如此，但不少篇清華簡"書"類文獻含有巫鬼神話色彩是不争的事實。前人常言楚人好信巫鬼，墓主人或這批竹簡的擁有者對"書"類文獻是有一定選擇標準的，反映出"書"類文獻在不同地域可能有不同的接受和選擇標準。

陳夢家曾指出："先秦在不同時代、不同國别内有種種的傳本，這些傳本有的進入伏生的《尚書》中，有的亡佚了；……先秦時代的《書》，有不同的傳本，有寫法的歧異，有字句上的不同，也有解説上的差别。"[③]清華簡"書"類文獻足以證明這種觀點的合理性。

---

① 肖芸曉：《試論清華竹書伊尹三篇的關聯》，《簡帛》第 8 輯，上海古籍出版社，2013 年，第 471—476 頁。

② 劉光勝：《同源異途：清華簡〈書〉類文獻與儒家〈尚書〉系統的學術分野》，《中國高校社會科學》2017 年第 2 期，第 117—122 頁。

③ 陳夢家：《尚書通論》，第 110 頁。

第七章　結　語

《周武王有疾周公所自以代王之志(金縢)》篇是清華簡中唯一一篇亦見於後世今文《尚書》的“書”類文獻,學術史上對此篇已經有深入的研究,但無論是字詞的訓詁還是古史的研究,仍舊存在較多争議。簡本的問世,雖解决了傳世本的不少問題,但還是有一些懸而未決的疑難點;同時,學界對簡本與今本有差異處的研究又出現新的分歧。本書在系統梳理學界十餘年來研究成果的同時,於字詞考釋和專題研究方面也提出了不少新的看法,以下做簡要總結。

首先是文本校釋部分。例如,簡 10 的字,整理者隸定爲“繞”,書後《字形表》又隸定作“縩”,復旦讀書會隸定爲“繠”。筆者梳理發現,目前所見楚文字材料中,存在與“尭”字上部區分較爲明顯的“叕”旁,如安大簡“蕞”字形爲;也有與“尭”字上部形近的“叕”旁,如郭店簡“惙”字作。最爲關鍵的是,望山等楚簡中有以“叕”爲基本聲符,讀爲“組綴”之“綴”的字,字形作,不僅“叕”旁與“尭”字上部字形近同,而且字形結構與清華簡該字相同。因此,依據楚文字的構形方式,筆者懷疑望山簡該字从貝,綴聲;清華簡該字从示,綴聲。結合前後文意,“繠”最可能是表示禮服的字。陳劍讀爲“端冕”“玄端”“端委”“端章甫”之“端”,可從。

又如,開篇處周公反對二公爲王“穆卜”,但“穆卜”的讀法和實質是什麽,至少有“敬卜”“卜穆”“卜瘳”和“默卜”等多種説法。簡文發表後,不少學者主張參考僞孔傳的“敬卜”説來解釋“穆

卜”。馮時和朱鳳瀚傾向用“卜穆”説來解釋“穆卜”，即是卜問武王之穆，這實際是采用了清代學者王鳴盛和現代學者唐蘭提出的“卜穆”説。陳偉則提出“穆”字應讀爲“瘳”，“瘳卜”即卜瘳，卜問疾愈之事。筆者認爲，周公言“未可以戚吾先王”言外之意是二公的“穆卜”雖然也是在爲武王祈禱祝福，但是其行爲的功能和效果遠不如下文周公的“以身代禱”。“穆卜”當讀如字，不是一種專門稱法，字面義是“肅穆地占卜”，在《金縢》篇的實際所指當十分接近於甲骨文中求禱病瘳一類的占卜。

其次是專題部分，全書劃分了“簡本與今本的對比性研究”“《金縢》的文本性質、成文年代和真僞”“《金縢》相關史事疏證”“簡本《金縢》與《尚書》學”四大專題，分類梳理了學界的研究意見，同時給出了筆者的看法。

在第三章《簡本與今本的對比性研究》，從“簡本與今本差異之比較”“簡本與今本優劣之比較”“簡本與今本關係之探究”三個方面，先細緻歸納了簡本與今本的差異，進而比較二者的優劣，再從文本流傳角度分析彼此的關係。筆者重點分析了今本相對簡本的文本完整性，簡本没有今本“乃卜三龜”這段叙述周公在祝禱之後占卜的一段文字，學界對此有兩種看法，一種認爲這段文字是原本就有但被後人所删除的，一種認爲這段是後人所加。我們認爲，就古人占卜的程式而言，重要的占卜儀式前往往會有“詔號”，具體内涵接近於“祝禱”，此處周公占卜的一段叙述可能是《金縢》原本所有的。民族學的調查也爲探究上古占卜的完整程式提供了旁證，也從側面説明“禱祝”往往是與“占卜”相伴隨的重要儀節。比較而言，周公祝禱在先，祝禱的目的是希望先王允許由他來分擔武王的疾病；“乃卜三龜”的占卜發生在後，卜問的當是周公是否能分擔王的疾病。儘管周公已經有與三公交流的祝禱，但後面的占卜完全不多餘，兩環節的目的和功能不同,這應當是當時的禮俗習慣使然。

對於簡本和今本各自的文本特色,筆者同意二者具有"同源異流"關係的説法。進一步言,處於不同流傳系統的簡本與今本,差異表現在文本的完整度、敘述的連貫性和緊凑性,以及表達的準確性三個方面。比較之下,簡本表達的準確性,以及敘述的連貫性和緊凑性,整體上勝於今本,但在文本的完整度上又不及今本。

在第四章《〈金縢〉的文本性質、成文年代和真僞》,立足簡本帶來的新知,討論了《金縢》的文本性質、成文的時代和文本的真僞。筆者認爲想要辨析清楚《金縢》的文本性質,除了在《尚書》或"書"類文獻中給予合適定位,更要在西周以降的文獻類型及其發展脈絡中確立《金縢》的位置。一方面,"書"類文獻呈現"家族相似性"的特點,《尚書》中《大誥》《康誥》《酒誥》等"誥命"類和《牧誓》《費誓》和《秦誓》等"誓禱"類的一些篇較爲接近"書"類文獻的原型篇章,《金縢》和《堯典》《臯陶謨》《高宗肜日》《西伯戡黎》《微子》《洪範》《吕刑》等篇的形式和内容不具備原型篇章的典型特徵,却與上述原型篇章存在各式各樣的"家族相似性"關係。另一方面,"語"類文獻是東周時期最爲活躍的一種文獻類型。這類文獻或偏重記言,或偏重記事,或言事並重,叙事性相對較强,即便是偏重記言的此類文獻也往往有一定故事情節作背景,通過一定的故事模式來講述歷史故事。《金縢》篇"語"類文獻的特點不可謂不明顯,是較爲接近"語"類文獻的史書。整體而言,無論簡本還是今本,屬於非典型的"書"類文獻,介於"書"類文獻和"語"類文獻之間。簡本和今本都是圍繞周公和成王關係的變化展開叙述,最終編訂的目的都是塑造周公努力相王的形象。不同的是,簡本融入的戰國時代政治思想色彩較濃,重在强調"君臣倫理";而今本保留的原初色彩較多,着重突出的是周公甘願犧牲自己换取武王病愈這種佑君者形象。

語言往往具有一定的時代性，而要確定歷史文本的時代，離不開同時代的語言材料的對比。根據某一時代確知的“同時資料”，語言學家可以判斷出該時代具體的語言特徵，而語文學家則可以利用這些特徵來判定其他文獻的年代是否屬於該時代。具體到《金縢》篇，學界一般認爲《金縢》自篇首至“王翼日乃瘳”的第一部分成文較早，後面的部分則是後人撰作。筆者歸納了學界目前對《金縢》篇東周時代語言痕迹的較爲可信的研究結論，同時舉出了一些更多的東周以後的用法。以祝禱爲核心的第一部分雖然以西周早期歷史素材爲史源和編撰基礎，但其最初編撰成文的時間最大可能是西周晚期以後，甚至是東周時期，不大可能是周公等故事人物所在的西周早期。而且，全篇三部分大概率是同時編撰的，趙光賢等前輩學者主張的三部分不同時間編撰的説法並不成立。

《金縢》的真僞涉及《金縢》故事的真僞和簡本是否今人僞造兩個問題。宋代以來，不少人從禮制和聖人觀念質疑《金縢》的可信性，甚至懷疑《金縢》是秦漢以後的僞作。簡文發表後，針對歷史上袁枚等人質疑今本《金縢》祝禱時用“某”之不當，學者或指出簡本《金縢》用“元孫發”，説明今本可能有所改動，而簡本可能保持了原貌。更多學者指出祈禱之時，不論是周公自言，還是史官代讀策書，都不應避諱。王廉和袁枚等人質疑周公藉璧與珪與三王討價還價的行爲不合情理。實際上在古人觀念中，祝禱時與祖先和神靈講條件，完全是可行的。筆者引用李學勤先生的觀點，指出周公用璧、珪向三王講條件，反映出古人同現代全然不同的思想觀念。秦駰玉版銘文所載秦惠文王患病，以玉牘向華山禱祝，也有類似的講條件的語句，説明這是那時的慣例。此外，《左傳》哀公二年“無絶筋，無折骨，無面傷，以集大事”

和《詛楚文》“無作三祖羞”等記載，也足可證明時人可與王討價還價，周公祝禱時提條件的行爲並不是“非聖人所爲”。

在簡本是否今人僞造的問題上，筆者遵從出土文獻與古文字學界的共識，認爲出土文獻不僅能驗證學界由此前科學發掘簡牘中得出的新見，也能爲我們解決科學發掘簡牘中的字詞釋讀問題提供新綫索。簡本《金縢》能爲學界解決疑難問題帶來綫索的情況有好幾例，特别是根據簡本帶來的用字習慣能够成功解決《金縢》和其他傳世文獻疑難的訓詁問題，證明簡本是先秦古本，今人僞造是不可能的。此外，筆者也從質疑者對文本的誤讀的角度，反駁了簡本今人僞造説的一些論點。

在第五章《〈金縢〉相關史事疏證》，分别討論了武王克商後在位年數、周公“居東”的實質，以及周公與《鴟鴞》的關係等古史問題。傳世周初史料極其有限，今本《金縢》“既克商二年，王有疾，弗豫。……王翼日乃瘳”等説法成爲前人確定武王克商後在位年數的重要依據，簡本“武王既克殷三年”的年數不同，學界看法不一，不少人主張“二年”和“三年”只是計數方式不同，没有實質差異。筆者爬梳上古漢語中“既＋克＋表時段成分”的用例後，發現在該語法結構的約束下，簡本與今本的年數明確存在一年之差。由戰國時期至《史記》和《淮南子》成文的西漢時期，“二年”説和“三年”説是並存的。討論武王克商後在位年數還需要一個明確的時間定點，唐蘭認爲《尚書・多方》成王三年伐奄後周公代成王言的“猷告爾多方多士，暨殷多士，今爾奔走，臣我監五祀”就是一條被古人所忽略的推算武王克商後在位年數的證據，“五祀”一般被認爲是武王設三監至成王伐奄歸來，共計五年。再根據《逸周書・作雒解》武王克商的當年就設立三監的記載，今本《金縢》“既克商二年”的説法更爲可信。

周公“居東”歷來有東征、避居和奔楚等多種説法。今本“周公居東二年”，簡本作“周公石東三年”。簡本問世後，學界對東征、避居二説仍有争議。筆者傾向避居説，就外緣的歷史脈絡而言，學者們的研究已經揭示出武王病逝後成王即位，周公輔政。在言語的表達上，《金縢》篇的撰作者如果最初想表達的是周公東征，完全没有必要用“居東”或“蹠東”這樣模棱兩可的詞彙來表達。故事發展脈絡和情理上，成王對周公處在不信任的階段，周公如果未經請求，擅自率軍東征，只會讓成王更加不信任。再結合《金縢》的文本編撰意圖，編撰者想要塑造的是周公忠君愛國的形象，從這個角度而言，擅自東征的行爲也不應該是周公的作爲。筆者同意彭裕商等學者的説法，據《多方》三年五月丁亥成王已自奄歸至宗周，推測管蔡之叛在成王二年上半年，整個平叛的時間應是從成王二年秋冬季到成王三年的上半年。周公從成王元年之初“居東”，到成王二年秋季還歸，其間舉成數可算兩年。

《詩經·豳風》有《鴟鴞》詩，今本《金縢》言“公乃爲詩以貽王，名之曰《鴟鴞》”，簡本作“於後，周公乃遺王詩曰《鴟鴞》”，“爲詩”意指周公作詩，而“遺詩”則可能是引詩，周公不是作者。早先顧頡剛曾據《孟子》引此詩未言周公作此詩，證明《周公》不是《鴟鴞》的作者，簡本更加證明了這一點。近代以來，多位學者已指出《鴟鴞》只是一首源自民間的禽言詩。筆者根據《左傳》大量賦詩用例，以及杜預總結的“其稱全詩篇者，多取首章之義”“賦詩者取其一章而已”等賦詩規律，周公“遺王詩”主要擷取的是第一章“鴟鴞鴟鴞！既取我子，無毁我室。恩斯勤斯，鬻子之閔斯”和第四章的部分詩句“予羽譙譙，予尾翛翛，予室翹翹，風雨所漂摇，予維音嘵嘵”。

簡本《金縢》於尚書學的意義也是學界研究的焦點。第六章《簡本〈金縢〉與〈尚書〉學》從篇題及《書序》、《金縢》的錯簡、《金縢》與今古文經學、《金縢》與《尚書》的成書和流傳等四方面展開歸納和分析。

簡本《金縢》第14簡的簡背有"周武王又(有)疾周公所自以弋(代)王之志"十四字,整理者認爲是篇題,不少學者同意這種看法,也有學者主張這是簡本《金縢》的小序。筆者傾向認爲這是此篇的篇名,後世"序跋"意義上的"序"源自劉向《叙録》,側重闡述每篇的創作意圖,而《詩》《書》之"序"强調次第和條列,單獨的"周武王有疾周公所自以代王之志"不符合早期"序"的體例。清代學者孫星衍據《尚書大傳》《史記·魯世家》等説法,認爲"秋大熟"以下爲《亳姑》逸文,皮錫瑞和王先謙等人同意其説。簡文刊布後,馬楠等學者明確指出"錯簡"説根源在於前人不明"秋大熟"於何年,因"秋大熟"幾句載於《亳姑》以下,誤以爲《亳姑》逸文。筆者同意此説,並補充指出孫星衍之所以主張誤簡説,重要原因還是由於誤信今文經學家的"疑葬説"。

清華簡雖是戰國中期的古文字寫本,但是"戰國古文字"與漢人所謂"古文"是絶然不同的概念,更不能直接將簡本視作"古文本"。張富海和范常喜等人的研究説明《儀禮》古文和《周禮》故書摻入的漢時用字比例不低,已經是據漢隸轉寫的本子。由此可推知漢代古文本《尚書》的情形與此接近,與戰國古文字寫本的用字差異想必不會太小。因此,簡本不等同於漢時古文本,不能據簡本判定《史記》和鄭玄本某説屬古文經説還是今文經説,也難以用來直接推估漢時古文本與秦官本的關係。

隨着清華簡"書"類文獻的陸續公布,《尚書》的編纂成書和早期流傳情形再次成爲學界關注的熱點議題。葛志毅和張懷通等學者主張西周晚期出現了第一次"書"類文獻編纂高潮,筆者基本同意此説,《多士》《多方》《大誥》《康誥》《酒誥》《梓材》《君奭》《無逸》《立政》《洛誥》《召誥》等較爲典型的"書"類文獻成文於這首個高峰時期。但是,“書”類文獻的編纂在東周時期出現了第二次高潮,《金縢》《堯典》等與前述篇章結構體式差異較大的幾篇成文於第二個高峰時期。同時,首個高峰期編纂的諸篇在第二個高峰期也可能再次被改動。清華簡其他“書”類文獻也都是這兩個高峰期的產物。

最後談“書”類文獻在東周的流傳。簡本與今本《金縢》共同的祖本成文後迅速傳播開來,《金縢》的祖本流入楚地之後,在語言文字和内容上都得到過改造。簡本《金縢》楚文字色彩較爲明顯,説明從北方傳入楚地之後“馴化”的程度較高。若結合清華簡“書”類文獻做整體思考,還可發現楚地或者至少墓主人對清華簡“書”類文獻是有過一定選擇的,不少篇清華簡“書”類文獻含有巫鬼神話色彩,《赤鵠之集湯之屋》較爲典型,而《金縢》也帶有這種早期“天人感應”色彩的敘述,共同反映出“書”在不同地域可能有不同的接受和選擇標準。

概言之,《周武王有疾周公所自以代王之志(金縢)》的研究已有十餘年,在字詞訓詁、西周史、《尚書》學乃至經學史等領域仍然有較大研究空間。本書作爲一本集釋,只是對十餘年研究工作的總結。相信隨着新出材料的增多、新理論和新方法的運用,《周武王有疾周公所自以代王之志(金縢)》乃至整個《尚書》和“書”類文獻的研究將會更上一個臺階。

參考文獻

一、中文文獻

清華大學出土文獻研究與保護中心編,李學勤主編:《清華大學藏戰國竹簡(壹)》,中西書局,2010 年。

簡　稱:整理者

清華大學出土文獻研究與保護中心編,李學勤主編,劉國忠撰:《清華大學藏戰國竹簡書法選編(第一輯)》之《金縢》釋文,文物出版社,2016 年。

簡　稱:書法選編 2016

B

白於藍、周悦:《清華簡〈金縢〉文句新解》,《歷史研究》2020 年第 5 期。

簡　稱:白於藍、周悦 2020

C

蔡偉:《誤字、衍文與用字習慣——出土簡帛古書與傳世古書校勘的幾個專題研究》,復旦大學博士學位論文,2015 年;後由花木蘭文化出版社出版,2019 年。

簡　稱:蔡偉 2015

曹方向:《記清華簡第一册竹書的若干書寫情況》,武漢大學簡帛網,2011 年 1 月 31 日。

曹娜：

A.《〈金縢〉與金縢故事》,《光明日報》2016 年 2 月 15 日第 16 版。

B.《清華簡所見"書"類文獻研究——基於〈尹至〉〈尹誥〉〈金縢〉〈説命〉的考察》,北京師範大學博士學位論文,2018 年。

曹勝高:《〈金縢〉與"武丁戡周""實始翦商"史事考》,《文學遺産》2017 年第 2 期。

陳才:《由清華簡〈蟋蟀〉看歷代詩經學的幾處誤讀》,《國學季刊》第 2 期,山東人民出版社,2016 年。

陳劍：

A.《清華簡〈金縢〉研讀三題》,《出土文獻與古文字研究》第 4 輯,中西書局,2011 年;後收入陳劍:《戰國竹書論集》,上海古籍出版社,2013 年。

簡　稱:陳劍 2011

B.《備子之責與唐取婦好》,第四届國際漢學會議"出土材料與新視野"組論文,"中研院"歷史語言研究所,2012 年 6 月;後正式發表於李宗焜主編:《出土材料與新視野》,"中研院",2013 年。

簡　稱:陳劍 2012

C.《清華簡字義零札兩則》,戰國文字研究的回顧與展望國際學術研討會,復旦大學,2015 年 12 月;後正式發表於復旦大學出土文獻與古文字研究中心編:《戰國文字研究的回顧與展望》,中西書局,2017 年。

簡　稱:陳劍 2015

陳絜:《清華簡札記二則》,《中原文化研究》2013 年第 4 期;亦收入杜勇主編:《中國出土文獻與上古史國際學術研討會論文集》,中國社會科學出版社,2014 年。

簡　稱:陳絜 2013

陳民鎮、胡凱：《清華簡〈金縢〉集釋》，復旦大學出土文獻與古文字研究中心網，2011 年 9 月 20 日。

簡　稱：陳民鎮、胡凱 2011

陳偉：《清華簡〈金縢〉零釋》，承繼與拓新—漢語語言文字學國際研討會，香港中文大學，2012 年 12 月。

簡　稱：陳偉 2012

陳偉武：《清華簡釋讀拾遺》，清華大學出土文獻研究與保護中心編：《清華簡研究（第一輯）》，中西書局，2012 年。

程浩：

A.《清華簡〈金縢〉研究——兼論"書"類文獻在秦以前的流傳特點》，上海大學碩士學位論文，2012 年。

簡　稱：程浩 2012

B.《清華簡〈金縢〉篇性質與成篇辨證》，《上海交通大學學報（哲學社會科學版）》2013 年第 4 期。

簡　稱：程浩 2013

C.《"書"類文獻先秦流傳考——以清華藏戰國竹簡爲中心》，清華大學博士學位論文，2015 年；正式以《有爲言之：先秦"書"類文獻的源與流》爲題出版，中華書局，2021 年。

程少軒、鄔可晶主編，復旦大學出土文獻與古文字研究中心研究生編：《清華簡字形辭例檢索數據庫 1.1 版釋文索引》，2011 年。

簡　稱：釋文索引 2011

程燕：《談楚文字中的"亟"字》，《安徽大學學報（哲學社會科學版）》2017 年第 5 期。

簡　稱：程燕 2017

程元敏：《清華楚簡本〈尚書・金縢篇〉評判》，《傳統中國研究輯刊》九、十合輯，上海人民出版社，2012 年；收入程元敏：《尚書周書牧誓洪範金縢吕刑篇義證》，萬卷樓圖書股份有限公司，

2012 年。

簡　稱：程元敏 2012

D

杜勇：

A.《清華簡〈金縢〉有關歷史問題考論》，《古籍整理研究學刊》2012 年第 2 期。

簡　稱：杜勇 2012

B.《從清華簡〈金縢〉看周公與〈鴟鴞〉的關係》，《理論與現代化》2013 年第 3 期。

C.《清華簡與古史探賾》，科學出版社，2018 年。

鄧佩玲：《從清華簡〈金縢〉篇試論與卜筮祭禱相關的兩個問題》，饒宗頤教授百歲華誕國際學術研討會，香港大學，2015 年 12 月。

簡　稱：鄧佩玲 2015

董珊：《釋西周金文的"沈子"和〈逸周書·皇門〉的"沈人"》，《出土文獻》第 2 輯，中西書局，2011 年。

F

范麗梅：

A.《清華簡〈金縢〉〈祭公〉"不豫有"的經典意涵》，《清華大學藏儒家經典》與儒家經典專題國際學術研討會，煙臺大學，2014 年 12 月；後正式發表於江林昌、孫進主編，劉國忠等副主編：《清華簡與儒家經典》，上海古籍出版社，2017 年。

簡　稱：范麗梅 2014

B.《委蛇與威儀——戰國竹簡與經典詮釋中的身體思維》，《饒宗頤國學院院刊》第 2 期，中華書局（香港）有限公司，

2015 年。

房德鄰:

A.《清華簡〈周武王有疾周公所自以代王之志(金縢)〉是僞作》,《故宫博物院院刊》2013 年第 6 期。

B.《清華簡注釋之商榷》,《中國高校社會科學》2014 年第 2 期。

馮勝君:

A.《清華簡〈金縢〉及〈詩・豳風・鴟鴞〉所見周初史事再議》,中國簡帛學國際論壇 2017,武漢大學,2017 年 10 月;以《也談清華簡〈金縢〉及〈詩・豳風・鴟鴞〉所見周初史事》爲題發表於《簡帛》第 18 輯,上海古籍出版社,2019 年。

簡　稱:馮勝君 2017

B.《清華簡〈尚書〉類文獻箋釋》,上海古籍出版社,2022 年。

簡　稱:馮勝君 2022

馮時:《清華〈金縢〉書文本性質考述》,《清華大學藏戰國竹簡(壹)》國際學術研討會,2011 年 6 月;後正式發表於清華大學出土文獻研究與保護中心編:《清華簡研究(第一輯)》,中西書局,2012 年。

簡　稱:馮時 2011

復旦大學出土文獻與古文字研究中心研究生讀書會,蔡偉執筆:《清華簡〈金縢〉研讀札記》,復旦大學出土文獻與古文字研究中心網,2011 年 1 月 5 日。

簡　稱:復旦讀書會 2011

G

高中華:

A.《清華簡"不豫有遲"再考察》,復旦大學出土文獻與古文字中心網,2012 年 8 月 6 日。

簡　稱：高中華 2012

B.《〈清華簡(壹)〉校讀四則》,復旦大學出土文獻與古文字中心網,2013 年 6 月 8 日。

簡　稱：高中華 2013

高中正：《文本未定的時代——先秦兩漢“書”及〈尚書〉的文獻學研究》,復旦大學博士學位論文,2018 年。

簡　稱：高中正 2018

葛思康(Lennert Gesterkamp)：《周公與〈金縢〉中的儀式實踐：以清華簡、〈尚書〉及〈史記〉爲例》,《儒家典籍與思想研究》第 13 輯,北京大學出版社,2021 年。

古育安：《傳世與出土〈尚書・金縢〉對讀研究一題》,出土文獻研究視野與方法研討會,臺灣政治大學,2012 年 6 月;後以《試論清華簡〈金縢〉的“爾毋乃有備子之責在上”》爲題正式發表於《出土文獻研究視野與方法》第 4 輯,政治大學中文系,2014 年。

簡　稱：古育安 2012

郭偉川：

A.《武王崩年考》,《光明日報》2012 年 9 月 17 日第 15 版。

B.《論清華簡〈金縢〉武王崩年及病因》,《炎黄文化研究》第 16 輯,大象出版社,2013 年。

H

何有祖：《清華簡補釋一則》,武漢大學簡帛網,2011 年 1 月 5 日 。

簡　稱：何有祖 2011

洪莉媛：《清華簡〈金縢〉與〈尚書・金縢〉比較研究》,上海師範大學古籍整理研究所編:《中國傳統文化與典籍論叢》,甘肅人民出版社,2014 年。

扈曉冰:《清華簡〈金縢〉篇研究》,天津師範大學碩士學位論文,2012 年。

黄冠雲:

A.《周公、〈金縢〉與〈鴟鴞〉》,清華簡與《詩經》研究國際學術研討會,香港浸會大學,2013 年 11 月;後正式發表於清華大學出土文獻研究與保護中心編:《清華簡研究(第二輯)》,中西書局,2015 年。

B.《談談〈金縢〉對古文字考釋的意義》,離詞、辨言、聞道——"古典研究再出發"學術研討會,"中研院"文哲研究所,2016 年 6 月。

黄懷信:

A.《清華簡〈金縢〉校讀》,武漢大學簡帛網,2011 年 3 月 21 日。

簡　稱:黄懷信 2011A

B.《清華簡〈金縢〉校讀》,《古籍整理研究學刊》2011 年第 3 期。

簡　稱:黄懷信 2011B

C.《由清華簡看〈書〉——兼説關於古史資料的可信性問題》,古史史料學研究的新視野——新出土文獻與古書成書問題學術討論會,上海大學,2013 年 10 月;後正式發表於謝維揚、趙争主編:《出土文獻與古書成書問題研究》,中西書局,2015 年。

簡　稱:黄懷信 2013

黄人二、趙思木:

A.《讀〈清華大學藏戰國竹簡〉書後(一)》,武漢大學簡帛網,2011 年 1 月 7 日。

簡　稱：黄人二、趙思木 2011A

B.《讀〈清華大學藏戰國竹簡(壹)〉書後(二)》，武漢大學簡帛網，2011 年 1 月 8 日。

簡　稱：黄人二、趙思木 2011B

黄人二：

A.《〈周武王有疾周公所自以代王之志〉通釋》，《中國經學》第 8 輯，2011 年。

簡　稱：黄人二 2011

B.《先秦新出土文獻與兩漢今古文經學公案》，高文出版社，2012 年。

黄尚明：《從楚簡證"〈詩〉、〈書〉、執禮"的"執"應讀爲"埶"》，武漢大學簡帛網，2011 年 10 月 14 日。

黄澤鈞：

A.《清華大學藏戰國竹簡(壹)·金縢、祭公研究》，高雄師範大學碩士論文，2013 年。

簡　稱：黄澤鈞 2013A

B.《出土、傳世本〈金縢〉合校——"穆卜"一詞爲對象》，《有鳳初鳴年刊》第 9 期，東吴大學，2013 年。

簡　稱：黄澤鈞 2013B

C.《關於出土、傳世〈金縢〉中二處"計年"的問題》，季旭昇主編：《孔壁遺文論集》，藝文印書館，2013 年。

黄湛：

A.《簡本、傳世本〈金縢〉校釋——兼論經典文本的流變與"合理化"》，第十三屆青年經學學術研討會，高雄師範大學經學研究所，2017 年 10 月；後以《簡本、傳世本〈金縢〉校釋——兼論經典文本的流變與詮釋》爲題正式發表於《中國經學》第 25 輯，2019 年。

簡　稱：黄湛 2017

B.《〈金縢〉字詞考釋及"周公居東"故事的再探討》，李雄溪、郭鵬飛、招祥麒、許子濱主編：《單周堯教授七秩壽慶論文集》，萬卷樓圖書股份有限公司，2017 年。

侯瑞華：《楚簡"刈"字補論》，《出土文獻》2021 年第 1 期。

J

季旭昇：《從清華簡談仁的起源》，出土文獻與中國古代文明研究國際學術研討會，清華大學，2013 年 6 月；後正式發表於《出土文獻與中國古代文明研究——李學勤先生八十壽誕論文集》，中西書局，2016 年。

簡　稱：季旭昇 2013A

季旭昇校訂：《清華大學藏戰國竹簡(壹)讀本——〈金縢〉》，藝文印書館，2013 年。

簡　稱：季旭昇 2013B

賈連翔：

A.《談清華簡所見書手手迹和文字修改現象》，《簡帛研究二〇一五(秋冬卷)》，廣西師範大學出版社，2015 年。

B.《戰國竹書形制及相關問題研究》，中西書局，2015 年。

C.《清華簡"尹至書手"字迹的擴大及相關問題探討》，《出土文獻綜合研究集刊》第 13 輯，巴蜀書社，2021 年。

姜允玉：《論楚國儒家出土文獻中的"仁"内涵》，第三届簡牘學國際學術研討會，蘭州，2016 年 8 月。

蔣玉斌、周忠兵：《據清華簡釋讀西周金文一例——説"沈子""沈孫"》，《出土文獻》第 2 輯，中西書局，2011 年。

金正男：《出土戰國時代〈書〉類文獻與傳世〈尚書〉文字差異研究》，復旦大學博士學位論文，2015 年。

簡　稱：金正男 2015

K

孔令元：《清華簡〈尚書·金縢〉“[illegible]”字研究》，第十届青年經學學術研討會，高雄師範大學，2014 年 11 月。

L

李春桃：《清華簡與〈尚書〉對讀二題》，第二屆簡帛學的理論與實踐學術研討會，首都師範大學，2016 年 11 月。

簡　稱：李春桃 2016

李建雄：《清華簡所見周公史料考辨——以〈金縢〉和〈繫年〉爲中心的探討》，《寧夏大學學報（人文社會科學版）》2020 年第 3 期。

李晶：《據清華簡談〈尚書·金縢〉之鄭注——兼論〈史記〉述〈金縢〉的今古文問題》，中國典籍與文化：古委會第三届青年學者學術研討會，南京大學，2011 年 10 月；收入《愛知大學中國交換研究員論叢》（32），愛知大學國際交流センター，2015 年 3 月；後正式發表於《古代文明》2016 年第 3 期。

簡　稱：李晶 2011

李俊楠：《淺談清華簡〈金縢〉篇相關問題》，第六届出土文獻研究與比較文字學全國博士生論壇，西南大學，2016 年 10 月。

李麗：《〈尚書·金縢〉研究》，河南大學碩士學位論文，2010 年。

李麗紅：《清華簡〈金縢〉〈祭公之顧命〉異文研究》，河北大學碩士學位論文，2012 年。

李苗：《〈金縢〉新訓及大義研究》，曲阜師範大學碩士學位論文，2017 年。

李鋭：

A.《〈金縢〉初探》,《史學史研究》2011 年第 2 期。

簡　稱：李鋭 2011

B.《讀清華簡札記(五則)》,《簡帛研究 二〇一二》,廣西師範大學出版社,2013 年。

簡　稱：李鋭 2013

C.《由清華簡〈金縢〉談武王在位四年説》,《學術交流》2015 年第 7 期。

簡　稱：李鋭 2015

李守奎：《楚文獻中的教育與清華簡〈繫年〉性質初探》,《出土文獻與古文字研究》第 6 輯,上海古籍出版社,2015 年。

簡　稱：李守奎 2015

李松儒：《清華簡書法風格淺析》,《出土文獻研究》第 13 輯,中西書局,2014 年。

李學勤：

A.《清華簡九篇綜述》,《文物》2010 年第 5 期。

簡　稱：李學勤 2010

B.《清華簡與〈尚書〉〈逸周書〉的研究》,《史學史研究》2011 年第 2 期。

簡　稱：李學勤 2011A

C.《由清華簡〈金縢〉看周初史事》,《中國經學》第 8 輯,廣西師範大學出版社,2011 年。

簡　稱：李學勤 2011B

D.《釋清華簡〈金縢〉通假爲穫之字》,《出土文獻研究》第 10 輯,2011 年；後收入李學勤：《三代文明研究》,商務印書館,2011 年。

簡　稱：李學勤 2011C

李煒、田佳鷺:《“清華簡(壹)”中的“厥”和“其”》,武漢大學簡帛網,2011年6月17日。

簡 稱:李煒、田佳鷺 2011

來國龍:《釋“歺”與“𥎦”:兼論“以形爲主”與“音形義綜合”兩種不同的古文字考釋方法》,《饒宗頤國學院院刊》第6期,中華書局(香港)有限公司,2019年。

簡 稱:來國龍 2019

連劭名:《戰國楚簡新證》,《文物春秋》2017年第4期。

簡 稱:連劭名 2017

廖名春:

A.《清華簡與尚書研究》,《文史哲》2010年第6期。

簡 稱:廖名春 2010

B.《清華簡〈金縢〉篇補釋》,孔夫子2000網“清華大學簡帛研究”版,2011年1月5日;後正式發表於《清華大學學報(哲學社會科學版)》2011年第4期。

簡 稱:廖名春 2011

C.《〈尚書〉“孺子”考及其他》,《文獻》2019年第5期。

簡 稱:廖名春 2019

林啓新:《〈清華大學藏戰國竹簡(壹)〉所見“書”類文獻綜合研究》,高雄師範大學博士學位論文,2016年。

林素清:《清華簡文字考釋二則》,清華簡與《詩經》國際學術研討會,香港浸會大學,2013年11月;後正式發表於清華大學出土文獻研究與保護中心編:《清華簡研究(第二輯)》,中西書局,2015年。

簡 稱:林素清 2013

凌若凡:《戰國竹書所見〈尚書〉篇章文句與相關今本之字詞對比研究》,復旦大學碩士學位論文,2015年。

劉波:《由出土楚文獻中的音轉現象看古人的"一聲之轉"》,朴慧莉、程少軒主編:《古文字與漢語歷史比較音韻學》,復旦大學出版社,2017年。

簡　稱:劉波 2017

劉成群:《清華簡與古史甄微》,上海古籍出版社,2016年。

劉光勝:

A.《清華簡與先秦〈書〉經傳流》,《史學集刊》2012年第1期。

簡　稱:劉光勝 2012

B.《〈清華簡(壹)〉文本校釋》,劉光勝:《〈清華大學藏戰國竹簡(壹)〉整理研究》,上海古籍出版社,2016年。

簡　稱:劉光勝 2016

C.《同源異途:清華簡〈書〉類文獻與儒家〈尚書〉系統的學術分野》,《中國高校社會科學》2017年第2期。

簡　稱:劉光勝 2017

D.《出土文獻與〈古文尚書〉研究》,中國社會科學出版社,2020年。

劉國忠:

A.《清華簡〈金縢〉與周公居東的真相》,《出土文獻》第1輯,中西書局,2010年。

簡　稱:劉國忠 2010

B.《清華簡九篇釋文簡注》,收入劉國忠:《走近清華簡》,高等教育出版社,2011年。

簡　稱:劉國忠 2011A

B.《試析清華簡〈金縢〉篇名中的稱謂問題》,《清華大學藏戰國竹簡(壹)》國際學術研討會,2011年6月;後正式發表於清華大學出土文獻研究與保護中心主編:《清華簡研究(第一輯)》,中西書局,2012 年。

簡　稱:劉國忠 2011B

C.《從清華簡〈金縢〉看傳世本〈金縢〉的文本問題》,《清華大學學報(哲學社會科學版)》2011 年第 4 期。

簡　稱:劉國忠 2011C

D.《清華簡與古代文史研究》,《文史知識》2012 年第 3 期。

劉洪濤:《清華簡補釋四則》,復旦大學出土文獻與古文字研究中心網,2011 年 4 月 27 日;後正式發表於《考古與文物》2013 年第 1 期。

簡　稱:劉洪濤 2011

劉樂賢:

A.《讀清華簡札記》,武漢大學簡帛網,2011 年 1 月 11 日。

簡　稱:劉樂賢 2011A

B.《清華簡〈金縢〉"社"字試釋》,《清華大學藏戰國竹簡(壹)》國際學術研討會,清華大學,2011 年 6 月;後正式發表於清華大學出土文獻研究與保護中心主編:《清華簡研究(第一輯)》,中西書局,2012 年。

簡　稱:劉樂賢 2011B

劉信芳:《清華藏簡(壹)試讀》,復旦大學出土文獻與古文字研究中心網,2011 年 9 月 9 日。

簡　稱:劉信芳 2011

劉雲:《清華簡文字考釋四則》,復旦大學出土文獻與古文字研究中心網,2011 年 6 月 10 日;後正式發表於《考古與文物》2012 年第 1 期。

簡　稱:劉雲 2011

劉禕汀:

A.《清華簡〈金縢〉篇題再探》,出土文獻與物質文化——第五届出土文獻青年學者論壇，香港浸會大學，2016 年 7 月；後正式發表於史亞當主編：《出土文獻與物質文化》，中華書局（香港）有限公司，2017 年。

B.《讀清華簡〈金縢〉劄記兩則》，出土文獻與先秦經史國際學術研討會，香港大學，2015 年 10 月。

龍國富：《戰國楚簡語言研究》，中國人民大學出版社，2022 年。

簡　稱：龍國富 2022

禄書果：

A.《清華簡〈書〉類文獻整理與研究》，鄭州大學博士學位論文，2017 年。

B.《清華簡〈書〉類文獻文本組合的三種形態》，《中州學刊》2018 年第 9 期。

羅恭：《清華簡〈金縢〉與周公東征》，《文史知識》2012 年第 4 期。

羅新慧：《〈尚書・金縢〉芻議》，中國出土文獻與上古史國際學術研討會，天津師範大學，2013 年 9 月；修訂本正式刊登於《史學史研究》2014 年第 2 期；亦收入杜勇主編：《中國出土文獻與上古史國際學術研討會論文集》，中國社會科學出版社，2014 年。

簡　稱：羅新慧 2014

羅運環：《清華簡（壹—叁）字體分類研究》，《出土文獻研究》第 13 輯，中西書局，2014 年。

吕廟軍：

A.《清華簡〈金縢〉與武王克殷在位年數研究》，《清華大學藏儒家經典》與儒家經典專題國際學術研討會，煙臺大學，2014 年 12 月；後正式發表於《中原文化研究》2015 年第 3 期；又收入煙臺大學人文學院中國學術研究所編:《清華簡與儒家經典》,上海古籍出版社,2017 年。

B.《清華簡〈金縢〉與傳世本語法比較研究》,《出土文獻綜合研究集刊》第 4 輯,巴蜀書社,2016 年。

C.《清華簡〈尚書·金縢〉與周公東征史實考論》,王暉主編:《西周金文與西周史研究暨第 10 屆中國先秦史學會年會論文集》,三秦出版社,2018 年。

M

馬楠:

A.《清華簡第一册補釋》,《中國史研究》2011 年第 1 期。

簡　稱:馬楠 2011A

B.《〈金縢〉篇末析疑》,《清華大學學報(哲學社會科學版)》2011 年第 2 期。

簡　稱:馬楠 2011B

C.《楚簡與〈尚書〉互證校釋四則》,《出土文獻》第 2 輯,中西書局,2011 年。

簡　稱:馬楠 2011C

D.《周秦兩漢書經考》,清華大學博士學位論文,2012 年。

簡　稱:馬楠 2012

馬衛東:《"周公居東"與〈金縢〉疑義辨析》,《史學月刊》2015 年第 2 期。

馬曉穩:《出土戰國文獻〈尚書〉文字輯證》,安徽大學碩士學位論文,2012 年。

馬雲龍:《清華簡〈保訓〉、〈金縢〉叙事藝術探析》,《金田》2012 年第 10 期。

米雁:

A.《清華簡〈金縢〉、〈耆夜〉研讀四則》,武漢大學簡帛網,2011 年 1 月 10 日。

簡　稱:米雁 2011A

B.《清華簡〈金縢〉“衽”字試詁》,復旦大學出土文獻與古文字研究中心網,2011 年 1 月 12 日。

簡　稱:米雁 2011B

P

彭裕商:《〈尚書・金縢〉新研》,《歷史研究》2012 年第 6 期。

Q

强晨:《清華簡與西周開國史研究》,河北師範大學碩士學位論文,2014 年。

裘錫圭:

A.《陳劍〈清華簡《金縢》研讀三題〉審閲意見》,《出土文獻與古文字研究》第 4 輯,上海古籍出版社,2011 年。

簡　稱:裘錫圭 2011

B.《出土文獻與古典學重建》,《出土文獻》第 4 輯,中西書局,2013 年。

R

阮明套:

A.《〈尚書・金縢〉新探》,《西北大學學報(哲學社會科學版)》2016 年第 4 期。

B.《清華簡〈繫年〉與〈尚書・金縢〉研究》,新史料與古史書寫:40 年探索歷程的回顧與思考學術研討會,華東師範大學,2018 年 10 月。

S

單育辰：《佔畢隨録之十三》，武漢大學簡帛網，2011 年 1 月 8 日。

簡　稱：單育辰 2011

石小力：

A.《戰國文字"[illegible]"形的來源、混同與辨析》，第一届出土文獻與中國古代史學術論壇暨青年學者工作坊，復旦大學，2019 年 11 月。

簡　稱：石小力 2019

B.《清華簡〈五紀〉的"壇"與郭店簡〈唐虞之道〉的"禪"》，《出土文獻》2021 年第 4 期。

簡　稱：石小力 2021

沈培：《清華簡和上博簡"就"字用法合證》，武漢大學簡帛網，2013 年 1 月 6 日；修訂本《從清華簡和上博簡看"就"字的早期用法》，收入楊榮祥、胡敕瑞主編：《源遠流長：漢字國際學術研討會暨 AEARU 第三届漢字文化研討會論文集》，2017 年。

簡　稱：沈培 2013/2017

申超：

A.《清華簡〈金縢〉與周公居東問題新探》，《出土文獻綜合研究集刊》第 3 輯，巴蜀書社，2016 年。

B.《清華簡與先秦史事探研》，光明日報出版社，2019 年。

史應勇：《周公其人的不同解釋鏡像——以〈尚書・金縢〉篇爲例》，《史林》2016 年第 3 期。

宋華强：

A.《清華簡〈金縢〉校讀》，武漢大學簡帛網，2011 年 1 月 8 日。

簡　稱：宋華强 2011A

B.《清華簡〈金縢〉讀爲"穫"之字解説》,武漢大學簡帛網,2011年1月14日。

簡　稱:宋華强 2011B

藪敏裕:《從清華簡〈金縢〉看周公事績與〈豳風〉毛序》,山東文物考古研究院、曲阜市文物局、曲阜師範大學歷史文化學院編:《保護與傳承視野下的魯文化學術研討會論文集》,上海古籍出版社,2018年。

蘇建洲:

A.《〈清華簡〉考釋四則》,復旦大學出土文獻與古文字研究中心網,2011年1月9日。

簡　稱:蘇建洲 2011A

B.《論楚竹書"厇"字構形》,復旦大學出土文獻與古文字研究中心網,2011年4月9日。

簡　稱:蘇建洲 2011B

C.《清華簡(壹)考釋十一則》,後收入蘇建洲:《楚文字論集》,萬卷樓圖書股份有限公司,2011年。

簡　稱:蘇建洲 2011C

D.《是"刈"還是"穫"》,復旦大學出土文獻與古文字研究中心網站,2017年11月26日;修訂版發表於"古籍新詮——先秦兩漢文獻國際學術研討會暨中國文化研究所五十周年慶典",香港中文大學,2017年12月。

簡　稱:蘇建洲 2017

E.《説清華簡〈金縢〉的"尃有四方"》,出土"書"類文獻研究高端學術論壇,西南大學,2021年3月;正式發表於《出土文獻綜合研究集刊》第13輯,巴蜀書社,2021年。

簡　稱:蘇建洲 2021A

F.《楚簡中與"沈人"有關的字詞關係考察》,陳斯鵬主編:

《漢語字詞關係研究(二)》,中西書局,2021年。

簡　稱:蘇建洲2021B

孫合肥:《讀清華簡札記七則》,出土文獻與學術新知學術研討會暨出土文獻青年學者論壇,吉林大學,2015年8月。

簡　稱:孫合肥2015

T

騰興建:《清華簡與〈書序〉研究》,《孔子研究》2017年第4期。

W

王化平:《〈金縢〉篇的禱辭及相關文字的釋讀》,《醫療社會史研究》第2輯,中國社會科學出版社,2017年。

簡　稱:王化平2017

王輝:《一粟居讀簡記(三)》,"簡帛・經典・古史"國際論壇,2011年11月;後正式發表於陳致主編:《簡帛・經典・古史》,上海古籍出版社,2013年。

簡　稱:王輝2011

王坤鵬:

A.《簡本〈金縢〉學術價值新論》,《古代文明》2012年第4期。

B.《從竹書〈金縢〉看戰國時期的古史述作》,《史學月刊》2017年第3期。

C.《清華簡〈金縢〉戰國古史重構》,王坤鵬:《近出古書與早期史學源流》,吉林大學出版社,2017年。

王維:《清華簡研究三題》,東北師範大學碩士學位論文,2018年。

王玉蛟：

A.《〈清華簡大學藏戰國竹簡(壹)〉人稱代詞研究》,武漢大學簡帛網,2011年11月2日。

B.《淺論〈清華簡(一)〉中的"于"和"於"》,武漢大學簡帛網,2011年11月3日。

王志平：

A.《説"䜭"與相關字》,紀念清華簡入藏暨清華大學出土文獻研究與保護中心成立十周年國際學術研討會,清華大學,2018年11月。

簡　稱：王志平2018

B.《楚簡與傳世文獻中的"石(迈)"》,《中國文字研究》第31輯,華東師範大學出版社,2020年。

簡　稱：王志平2020

魏慈德：《楚地出土戰國書籍抄本與傳世文獻同源異本關係試探》,《出土文獻》第9輯,中西書局,2016年。

鄔可晶：《説金文"贅"及相關之字》,《出土文獻與古文字研究》第5輯,復旦大學出版社,2013年。

簡　稱：鄔可晶2013

X

蕭旭：《清華竹簡〈金縢〉校補》,復旦大學出土文獻與古文字研究中心網,2011年1月8日。

簡　稱：蕭旭2011

解冠華：《清華簡"書"類文獻之政治思想探論》,西南大學碩士學位論文,2018年。

謝科峰：

A.《早期古書流傳問題研究》,上海大學博士學位論文,

2015 年。

B.《清華簡〈金縢〉研究三題》,《湖南人文科技學院學報》2019 年第 1 期。

謝能宗:《〈尚書·金縢〉篇武王避諱問題補論》,《中國史研究》2017 年第 3 期。

簡　稱:謝能宗 2017

邢文:《清華簡〈金縢〉與"三監"》,《深圳大學學報(人文社會科學版)》2013 年第 30 卷第 1 期。

徐在國:《〈詩·周南·葛覃〉"是刈是濩"解》,《安徽大學學報(哲學社會科學版)》2017 年第 5 期。

簡　稱:徐在國 2017

禤健聰:《〈史記〉釋讀札記二則》,《文獻》2014 年第 2 期。

簡　稱:禤健聰 2014

Y

姚蘇傑:《論〈尚書·金縢〉篇的"穆卜"》,《安徽大學學報(哲學社會科學版)》2013 年第 1 期。

簡　稱:姚蘇傑 2013

楊振紅:《從清華簡〈金縢〉看〈尚書〉的傳流及周公歷史記載的演變》,《中國史研究》2012 年第 3 期。

簡　稱:楊振紅 2012

袁金平:

A.《清華簡〈金縢〉校讀一則》,《清華大學藏戰國竹簡(壹)》國際學術研討會,2011 年 6 月;後正式發表於清華大學出土文獻研究與保護中心主編:《清華簡研究(第一輯)》,中西書局,2012 年。

簡　稱:袁金平 2011

B.《清華簡〈金縢〉校讀一例》,《古代文明》2012 年第 3 期。

楊博:《戰國楚竹書史學價值探研》,上海古籍出版社,2019 年。

楊坤:《清華大學竹書〈金縢〉跋》,武漢大學簡帛網,2011 年 2 月 25 日。

Z

曾芬甜:《〈尚書·金縢〉新研究》,《北大古典學》2016 年總第 2 期。

曾召霞:《清華簡〈金縢〉篇最早成書時代考》,《蘭臺世界》2020 年第 8 期。

張崇禮:《釋楚文字"列"及从"列"得聲的字》,復旦大學出土文獻與古文字研究中心網,2013 年 6 月 28 日。

簡　稱:張崇禮 2013

張富海:《諧聲假借的原則及複雜性》,徐剛主編:《嶺南學報》復刊第十輯(出土文獻:語言、古史與思想),上海古籍出版社,2018 年。

簡　稱:張富海 2018

張連航:《尋找典籍文本的年代標記——以清華簡尚書類文獻爲例》,第三届出土文獻與上古漢語研究(簡帛專題)學術研討會暨 2017 中國社會科學院社會科學論壇,中國社會科學院,2017 年 8 月。

張顯成、王玉蛟:《清華簡〈壹〉虛詞研究》,《出土文獻》第 2 輯,中西書局,2011 年。

簡　稱:張顯成、王玉蛟 2011

張振謙:《釋"冠""完"》,《中國文字研究》第 18 輯,上海書店出版社,2013 年。

簡　稱：張振謙 2013

趙朝陽：

A.《出土文獻與〈尚書〉校讀》，吉林大學碩士學位論文，2018 年。

B.《"書"類文獻札記五則》，《漢字漢語研究》2020 年第 2 期。

簡　稱：趙朝陽 2020A

C.《出土文獻與〈尚書〉校讀》，蘭臺出版社，2020 年。

簡　稱：趙朝陽 2020B

趙朝陽、趙成傑：《試論先秦兩漢〈書序〉之流傳與今古文之争》，《勵耘學刊》2020 年第 2 輯。

趙成傑：

A.《今文〈尚書・金縢〉異文研究及彙編》，東北師範大學碩士學位論文，2013 年。

B.《今文〈尚書・金縢〉異文校釋——兼論〈清華簡・金縢〉篇有關問題》，《書目季刊》(臺灣)48 卷第 2 期，2014 年。

簡　稱：趙成傑 2014

趙培：《〈金縢〉篇的文本層次及〈尚書〉研究相關問題》，《清華大學學報(哲學社會科學版)》2021 年第 2 期。

趙思木：《〈清華大學藏戰國竹簡(壹)〉集釋及專題研究》，華東師範大學博士學位論文，2017 年。

簡　稱：趙思木 2017

鄭佩聰：《〈説文〉古文新識四則及相關問題討論》，復旦大學出土文獻與古文字研究中心網，2014 年 6 月 7 日。

簡　稱：鄭佩聰 2014

鍾雲瑞：

A.《〈尚書・金縢〉篇"予仁若考"解詁》，《青島農業大學學報(社會科學版)》2015 年第 27 卷第 3 期。

B.《戰國〈尚書〉學研究》,曲阜師範大學碩士學位論文,2016年。

莊文如:《〈清華簡(壹)·周武王有疾周公所自以代王之志(金縢)〉研究》,臺灣師範大學碩士論文,2013年。

朱鳳瀚:《讀清華簡〈金縢〉兼論相關問題》,"簡帛·經典·古史"國際論壇,香港浸會大學,2011年11月;收入陳致主編:《簡帛·經典·古史》,上海古籍出版社,2013年。

簡　稱:朱鳳瀚2011

朱歧祥:

A.《由金文字形評估清華藏戰國竹簡》,楚簡楚文化與先秦歷史文化國際學術研討會,武漢大學,2011年10月;後正式發表於《東海中文學報》2012年第24期;收録於羅運環主編:《楚簡楚文化與先秦歷史文化國際學術研討會論文集》,湖北教育出版社,2013年;又收録於朱歧祥:《朱歧祥學術文存》,藝文印書館,2012年;亦收録於朱歧祥:《釋古疑今——甲骨文、金文、陶文、簡文存疑論叢》,里仁書局,2015年。

B.《質疑〈清華簡〉的一些特殊字詞》,第十八屆中區文字學學術研討會,東海大學,2016年5月。

C.《"植璧秉珪"抑或是"秉璧植珪"——評估清華簡用字,兼釋御字本形》,《釋古疑今——甲骨文、金文、陶文、簡文存疑論叢》,里仁書局,2015年。

子居(網名):《清華簡九篇九簡解析》,孔夫子2000網,2010年6月30日。

簡　稱:子居(網名)2010

二、外文文獻

宮島和也:《清華簡〈金縢〉譯注》,出土資料と漢字文化研究會編:《出土文獻と秦楚文化》第 7 號,2014 年。

金城未來:《清華簡〈周武王有疾周公所自以代王之志(金縢)〉之思想史的特質》,《中國研究集刊》總 53 號,2011 年。

西山尚志:《被創造的"三監之亂"的記憶: 以與周公旦的關係爲中心》,東洋古典學會 2019 年冬季學術大會,成均館大學,2019 年 2 月;載《東洋古典研究》第 75 輯,東洋古典學會,2019 年。

簡　稱: 西山尚志 2019

小泽賢二:《清華簡〈尚書〉文體考》,《中國研究集刊》總 53 號,2011 年。

원용준(元勇準):

A.《周公의 東夷征伐에 대하여-金文 및 清華簡을 중심으로-》,《儒教文化研究》第 20 輯,儒教文化研究所,2012 年。

B.《清華簡〈金縢〉의文獻的性格과思想史的意義》,《東洋哲學研究》第 72 輯,東洋哲學研究會,2012 年。

박재복(朴載福):《〈尚書〉에 보이는 甲骨占卜考察》,《東洋古典研究》第 61 輯,東洋古典學會,2015 年。

Gren, Magnus Ribbing. "The Qinghua 'Jinteng' Manuscript: What It Does Not Tell Us about the Duke of Zhou." *T'oung Pao* 102, no. 4/5 (2016): 291 – 320. also in *Origins of Chinese Political Philosophy: Studies in the Composition and Thought of the Shangshu (Classic of Documents)*. edited by Martin Kern and Dirk Meyer, Leiden and Boston: BRILL. 2017.

Huang, Kuan-yun. "POETRY, 'THE METAL-BOUND COFFER,' AND THE DUKE OF ZHOU." *Early China* 41

(2018)：87－148.

Kern, Martin, and Dirk Meyer, eds. *Origins of Chinese Political Philosophy: Studies in the Composition and Thought of the Shangshu (Classic of Documents)*. Leiden and Boston: BRILL. 2017.

Meyer, Dirk. "The art of narrative and the rhetoric of persuasion in the' ＊Jīn Téng' (Metal Bound Casket) from the Tsinghua collection of manuscripts," *Asiatische Studien – Études Asiatiques* 68, no. 4 (2014)：937－968.

Meyer, Dirk. *Documentation and Argument in Early China: The Shàngshū 尚書 (Venerated Documents) and the Shū Traditions*, Berlin, Boston: De Gruyter Mouton, 2021.

Stryjewska, Anna. "The 'Zhou Wu Wang' ('Jinteng') from Qinghua Manuscripts: Translation, Commentary and Comparison with Received Counterparts." Master's thesis, University of Oxford, 2013.

圖書在版編目(CIP)數據

清華簡《金縢》集釋 / 黄甜甜著. —上海：中西書局，2024
(清華簡集釋叢書 / 李學勤主編)
ISBN 978-7-5475-2274-5

Ⅰ.①清… Ⅱ.①黄… Ⅲ.①簡(考古)-研究-中國-戰國時代 Ⅳ.①K877.54

中國國家版本館 CIP 數據核字(2024)第 110615 號

國家古籍整理出版專項經費資助項目

清華簡《金縢》集釋

黄甜甜 著

責任編輯 田 穎
助理編輯 王濼雪 楊 珂
裝幀設計 黄 駿
責任印製 朱人傑

出版發行 上海世紀出版集團
中西書局(www.zxpress.com.cn)
地 址 上海市閔行區號景路 159 弄 B 座(郵政編碼：201101)
印 刷 上海商務聯西印刷有限公司
開 本 890 毫米×1240 毫米 1/32
印 張 12.875
字 數 300 000
版 次 2024 年 6 月第 1 版 2024 年 6 月第 1 次印刷
書 號 ISBN 978-7-5475-2274-5/K·463
定 價 68.00 元